KB276130

살아있는 한국 근현대사 교과서

살아있는 한국 근현대사

김육훈 지음

미래는 어느 날 갑자기 우리 앞에 다가오는 것이 아니다. 미래는 과거를 돌아보고, 현재를 변화시키기 위해 꾸준히 노력한 결과이다. 그래서 미래는 우리 스스로가 만들어 가는 것이다. 현재 역시 누구의 손에 의해 던져진 것이 아니라, 지금까지 살아온 사람들의 피와 땀, 환희와 눈물의 결과물이다.

Humanist

'살아있는 교과서', 살아 있는 역사

1

"차라리 독립운동이 없었으면 좋겠어요."

언젠가 교과서로 독립운동사를 공부하던 학생이 한 말이다. 삶과 죽음의 갈림길을 수없이 넘나들며 독립을 위해 헌신하였던 이들의 역사가 이렇게까지 읽힌다는 것은 참으로 가슴 아픈 일이다.

아이들은 역사 교과서의 페이지마다 숱하게 등장하는 인물과 그들이 속했던 단체를 외느라 바쁘다. 앞뒤 맥락이 설명되지 않은 수많은 사건의 나열 속에서, 아이들이 왜 이렇게 많은 사람이 여러 갈래로 독립운동을 했는지 원망을 느낄 법도 하다.

교과서가 늘 가까운 곳에 두고 싶은 소중한 역사책일 수는 없을까? 편하게 읽다 보면 어느 새 그때 그 현장에 있는 듯한 느낌을 줄 수는 없을까? 과거로 그치는 게 아니라, 미래를 탐색하는 데 도움이 되는 역사 교과서는 과연 불가능할까?

2

미래는 어느 날 갑자기 우리 앞에 던져질 그 무엇이 아니다. 오늘을 살고 있는 우리가, 자신이 바라는 미래를 만들기 위해 땀 흘리며 만들어 가는 것이다.

우리가 살아가고 있는 현재 역시 마찬가지다. 그저 그렇게 주어진 듯 보이는 현재도 무수히 많은 사람이 흘린 땀과 눈물의 결과이다. 역사 공부는 그들이 흘린 땀과 눈물을 기억하고, 그들의 걸음걸음에 담긴 의미를 다시 살려 내는 과정이다.

지금의 나와 밀접한 근·현대사는 그래서 더욱 중요하다. 그동안 우리가 성취한 것이 무엇인지 확인하고, 걸어온 길과 가지 않은 길을 확인하는 것은 함께 만들어 가야 할 새로운 미래를 모색하는 과정이다. 과거야말로 오래된 미래가 아닌가.

3

―――――

'살아있는 교과서'라고 이름 붙인 것은 교과서가 독자를 향해 살아 있어야 한다는 소망을 담고 싶어서였다. 편안하게 읽을 수 있도록 글을 쓰려 했고, 여러 종류의 시각 자료를 역동감 있게 보여 주어 시대와 삶을 생생하게 읽을 수 있도록 노력하였다. 그리고 단원의 도입에서 마무리까지, 책의 처음에서 끝까지 일관된 시각을 유지함으로써 책 읽기가 생각하기로 이어지길 바랐다.

수많은 사건과 사람, 수많은 역사적 사실을 분명한 주제 의식과 큰 흐름 위에 배열하기는 쉽지 않았다. 결과적으로 무리한 곳도 있을 것이다. 그래도 큰 흐름을 이해하고, 사람들의 숨결을 느낄 수 있는 교과서여야 한다는 생각에 용기를 냈다.

'살아있는 교과서'란 이름에는 역사가 살아 있어야 한다는 소망도 담겨 있다. 이 책에 실린 모든 이야기에는 스스로 생각할 만한 질문이 담겨 있다. 단원의 맨 마지막을 '과거를 향해 질문을 던지다'라는 꼭지로 갈무리한 것도 그러한 이유에서이다. 또, 모든 단원에 우리 역사를 세계사적 맥락에서 살피고, 다른 시선으로 보려는 내용도 담았다.

역사는 오늘 이곳에서 살아 있어야 한다. 역사 공부는 단순히 과거에 대한 지식을 얻는 것이 아니라, 새로운 미래를 만들기 위해 자신을 향해, 그리고 자신과 생각이 다른 이들과 함께 토론의 장을 마련하는 과정이어야 한다.

4

―――――

이 책의 단원 구성은 기존 교과서나 시중에 나와 있는 근·현대사 책과 조금 다르다. 앞부분은 국권을 상실한 1910년이 아니라 3·1 운동과 대한민국 임시 정부 구성을 기준으로 단원을 나누었다. 그리고 1945년 해방에서 1960년 무렵까지를 한 단원, 그 이후부터 1980년대 후반까지를 또 한 단원으로 삼았다. 근·현대사의 시기 구분을 이렇게 한 것은 근대와 현대를 민주주의란 일관된 흐름으로 파악하고 싶었기 때문이다.

첫 단원은 새로운 국가 체제를 모색하고 신분제를 폐지하는 과정, 둘째 단원은 전제 군주제를 지양하고 민주 공화정에 합의하기까지의 과정, 셋째 단원은 일제와 싸우며 민주 공화정의 내용을 탐색하는 과정, 넷째 단원은 민주주의의 제도화와 분단이 이에 미친 영향, 다섯째 단원은 산업화와 민주화를 이룩하는 과정과 그 특징을 중심으로 이야기를 풀어 갔다.

민주주의, 공화주의야말로 오랜 세월의 분투를 통해 이룩한, 그래서 어느 누구도 되돌릴 수 없는 우리 모두의 현재임을 확인하고, 민주 공화국이란 무엇인지를 끊임없는 성찰의 대상으로 삼자는 뜻에서였다.

결과적으로 정치·경제와 관련된 이야기가 많으나 일상의 삶과 관련된 사회·문화의 내용도 비중 있게 다루려 하였다. 과학 기술과 삶의 변화, 한국사와 세계사의 관련성에도 관심을 기울였다. 그러면서도 각 분야의 이야기를 큰 흐름 속에 담으려 노력했다는 점이 이 책의 또 다른 특징이다.

5

올해로 역사 교사가 된 지 21년째를 맞는다. 부족한 이 글은 그동안 아이들과 대화하고, 부족함을 느낄 때마다 자료를 찾아 공부하며, 함께 역사를 가르치는 선생님들과 나눈 소중한 대화의 산물이다.

그동안 내 이야기에 귀 기울여 주고 늘 나를 일깨워 주었던 학생들, 역사 교육이 조금이나마 달라졌으면 하는 바람으로 어려운 길을 함께 걸어온 전국역사교사모임 선생님들께 감사의 마음을 전한다. 집 안 곳곳을 먼지투성이 책으로 채워 알러지와 전쟁을 벌였던 가족에게도 미안함과 고마움을 전한다.

감히 '살아있는 교과서'란 말을 써도 되는지 두려움이 없지 않다. 그러나 교과서는 살아 있어야 하고, 역사도 살아 있어야 한다는 소망이 또 한 걸음을 내딛었다는 점에서 약간의 자부심도 있다. 이 책을 읽는 이들과 우리가 함께 만들어 갈 미래에 대한 토론의 장이 열리길 소망한다.

2007년 4월
김 육 훈

다른 시선으로 본 한국

과학 기술과 생활의 변화

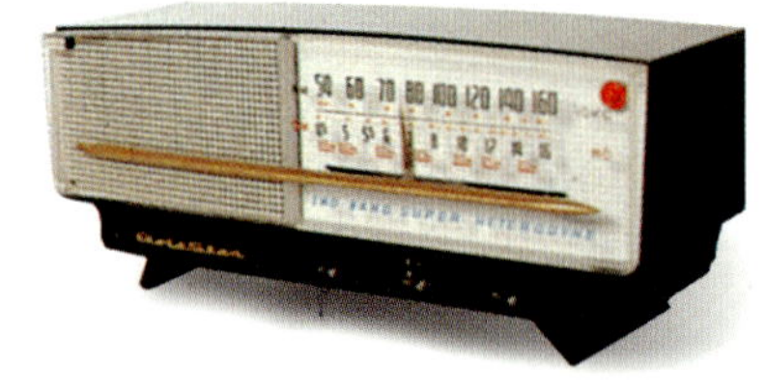

과거를 향해 질문을 던지다

1876 강화도 조약

1894 동학 농민 전쟁

대 – 한민국!

> 유구한 역사와 전통에 빛나는 우리들 대한 국민은 기미 삼일 운동으로 대한민국을
> 건립하여 세계에 선포한 위대한 독립 정신을 계승하여 이제 민주 독립 국가를
> 재건함에 있어서 정의 인도와 동포애로써 민족의 단결을 공고히 하며 모든 사회적
> 폐습을 타파하고 민주주의 제 제도를 수립하여 정치, 경제, 사회, 문화의 모든 영역에
> 있어서 각인의 기회를 균등히 하고 능력을 최고도로 발휘케 하며…….
>
> – 1948년에 제정된 헌법 전문

"대–한 민국!"

월드컵 현장에서 목이 터져라 외쳤던 자랑스러운 우리나라 이름이다. 월드컵 때뿐만이 아니라 우리는 삶의 현장 곳곳에서 대한민국을 외친다. 그리고 그럴 때마다 가슴이 벅차오르는 것을 느낀다.

대한민국은 바로 내 나라이며, 그 이름 아래 우리 모두가 하나 됨을 느끼기 때문일 것이다. "대한민국은 민주 공화국"^{위 헌법 제조}으로, "대한민국의 주권은 국민에게 있으며, 모든 권력은 우리 자신, 곧 국민으로부터 나오"^{위 헌법 제2조}는 그런 국가이기 때문이다. 국민이 군주 한 사람을 위해 존재하는 나라가 아니라, 국가가 모든 국민의 자유와 평등을 보장하고 공공 복리를 향상시키겠다고 자임한 국가^{위 헌법 제3조}이기 때문이다.

1919 3·1 운동

1945 해방

대한민국은 어디서 유래하였을까?

대한민국은 대한인이 세운 민국, 즉 국민이 나라의 주인인 민주주의 국가이며, 공익 실현을 최고의 선으로 여기는 공화정을 지향하는 나라란 뜻이다.

불과 얼마 전까지 이 나라의 주인은 국민이 아니었다. 국민 모두가 반대해도 한 사람의 결심이 모든 이들의 운명을 결정짓기도 했던 시대가 있었다. 아니, 대부분이 그런 역사였다. "모든 국민은 법률 앞에 평등이며 성별, 신앙 또는 사회적 신분에 의하여 정치적·경제적·사회적 생활의 모든 영역에 있어서 차별을 받지 아니한다."위 헌법 제8조는 원칙 역시 당연하지 않았다. 오랜 기간 불평등한 신분 관계가 도덕적으로나 법적으로 정당하였다. 국가는 소수 특권 계급의 이익을 중심으로 운영되었으며, 대다수 백성은 소외되었다. 그러나 신분제와 군주제로 대표되는 낡은 질서는 나라의 주인이 되겠다고 나선 민중의 저항 앞에서 무너졌다. 군주와 관리들은 일제의 통치를 받아들였으나, 민중들은 이를 거부하고 자유와 평등의 새 질서를 만들기 위해 싸웠다.

1919년 3월, 전국은 독립 만세의 함성으로 들끓었다. 그리고 독립된 민주 공화국을 지향하는 대한민국 임시 정부가 탄생하였다.

제1조 대한민국은 민주 공화제로 한다.

제3조 대한민국의 인민은 남녀 귀천 및 빈부의 계급이 없고 일체 평등하다.

– 1919년 4월 11일에 발표된 임시 헌장

1950 한국 전쟁

1962 산업화(경제 개발 계획 시작)

민주 공화국이란 무엇인가?

몇몇 의사나 열사만 독립 투쟁에 나섰던 것은 아니다. 눈곱만큼도 나라님 덕을 보지 못한 촌민부터 글깨나 읽은 식자층까지, 새로운 사회의 주역이 되겠다고 나선 기업인부터 날마다 생계 걱정을 하였던 노동자까지, 각계각층이 투쟁의 물줄기를 이루었다.

일제에 맞서 싸우는 일은 새 사회를 꿈꾸는 과정이기도 하였다. 일제와 지주의 가혹한 수탈로 고통받던 농민은 지주제가 없는 세상을, 온갖 차별로 좌절하였던 기업인은 국민 경제가 실현되는 세상을 꿈꿨다. 저임금, 장시간 노동에 시달리던 노동자들은 차별받지 않는 세상을 소망하였다. 그리고 아이들은 우리말과 우리 역사를 배울 수 있고, 자신의 꿈을 가꾸고 민족을 위해 일할 수 있는 능력을 기를 학교를 꿈꿨다.

독립운동의 최전선에 서 있던 이들은 각계각층의 꿈을 모아 새 국가의 본보기를 만들어 나갔다. 1941년 대한민국 임시 정부는 독립한 국가의 본보기를 다음과 같이 발표하였다.

> 보통 선거 제도를 실시하여 정권에 고루 참여할 수 있게 하고, 국유 제도를 채용하여 경제적 이권을 고르게 하며, 국비로서 교육을 하여 모두가 학교를 다닐 수 있도록 하며, 국내외에 대하여 민족 자결의 권리를 보장하여서 민족과 국가의 불평등을 혁파하여 제거할 것이니…….
>
> – 건국 강령

1987 6월 민주 항쟁

2000 남북 정상 회담

마침내 대-한민국, 민주주의는 제도화되었으나……

1945년, 꿈에도 그리던 해방이 찾아왔다. 연합군의 승리가 가져다 준 선물이자 수십 년 동안 이어 온 독립 투쟁의 소중한 결실이기도 하였다.

그리고 1948년, 국민이 나라의 주인임을 제도화한 헌법이 제정되었다. "유구한 역사와 전통에 빛나는 우리들 대한 국민은 기미 삼일 운동으로 대한민국을 건립하여 세계에 선포한 위대한 독립 정신을 계승하여 이제 민주 독립 국가를 재건"[전문]하였으니, 마침내 대한민국이 정식으로 탄생한 것이다.

국민들이 뽑은 국회 의원이 법을 만들고, 대통령이 왕을 대신하였다. 친일 민족 반역자 처단과 수천 년간 이어진 불평등의 근원인 지주제의 폐지를 헌법에 담았다.

그러나 대한민국의 수립이 곧 민주주의의 실현을 뜻하지는 않았다. 헌법 정신과 어긋나게 친일파들이 권력의 중심에 자리 잡았다. 권력은 국민이 아니라 제왕적 통치자이길 원한 독재자에게서 나왔다.

민주주의 제도 수립과 동시에 분단이 찾아왔고, 분단은 이내 전쟁으로 이어졌다. 갈가리 찢긴 금수 강산 위에 이제 한 민족, 두 나라가 분단 질서의 일부로 존재하였다. 1,300년 만의 분단이었다.

흥선 대원군

박규수

김옥균

과거를 향해 질문을 던지다

1953년, 전쟁이 끝난 뒤 대한민국은 어떤 모습이었을까? 전체 인구의 92%가 초등 학교도 졸업하지 못한 사람들이었다. 1인당 국민 소득 67달러, 인구의 70%가 농사를 짓는 가난한 농업 국가였다. 대통령이 권력 연장을 위해 헌법을 누더기로 만들던 나라였다.

21세기, 전쟁이 끝난 지 50년, 해방된 지 60년이 지난 오늘의 대한민국은 어떤가? 우리 삶 속에서 그때의 모습을 찾긴 어렵다. 고등 학교 졸업률이나 대학 진학률이 세계 어느 나라와 견주어도 뒤지지 않을뿐더러, 1인당 국민 소득이 2만 달러에 이르는 세계 10위권의 경제 대국이 되었다. 무엇보다 대한민국이 민주 공화국임을 어느 누구도 부정할 수 없게 되었다.

분명히 변화하였다. 서구가 수세기에 걸쳐 이룬 산업화와 민주화를 한국인들은 불과 수십 년 만에 이루어 냈다. 후세의 역사가들은 이를 두고 한국의 이중 혁명이라 부를지도 모른다. 비록 변화의 소용돌이를 헤치고 살아온 우리 자신은 그것이 얼마나 혁

김좌진

홍범도

김 구

전봉준

신돌석

신채호

명적인 세월이었는지를 느끼지 못할지라도 말이다.

미래는 어느 날 갑자기 우리 앞에 다가오는 것이 아니다. 미래는 과거를 돌아보고, 현재를 변화시키기 위해 꾸준히 노력한 결과이다. 그래서 미래는 우리 스스로가 만들어 가는 것이다. 현재 역시 누구의 손에 의해 던져진 것이 아니라, 지금까지 살아온 사람들의 땀과 노력, 환희와 눈물의 결과물이다.

이제 과거를 향해 질문을 던지자. 지금 우리가 서 있는 곳은 어디이며 지금까지 우리는 어떤 길을 걸어왔는지, 우리가 함께 이룬 성취를 확인하고 급격한 성취가 가져온 문제점은 없는지, 결과적으로 현재가 되어 버린 그 길 말고 또 다른 길은 없었는지 생각해 보자.

오늘에 이르는 그 길목 길목에 새겨진 소중한 걸음걸음을 기억하고, 그때 그곳에서 나누었던 말들을 되새겨 보자. 그리하여 우리는 어떤 미래를 만들어 갈 것인지 토론의 장을 열자.

이승만

박정희

김일성

1 조선, 전환기를 맞다

신분제를 폐지하라!

> "공·사 노비 제도를 폐지하고,
> 사람을 매매하지 않도록 할 것,
> 문벌과 양반, 상민 등의 계급을 타파하여
> 귀천 구분 없이 인재를 뽑아 쓸 것"
> – 갑오개혁 –

농민들은 낡은 체제의 변혁을 요구하며 봉기
하였고, 개화파 정치인들은 능력에 따른 인재
등용을 내세우며 이에 화답하였다.
수천 년을 이어 온 신분제는 그렇게 무너졌다.
외세의 침략이 본격화된 19세기,
자주독립을 지키려는 노력 속에서
신분제와 군주제를 바탕으로 한 왕조 체제는
종말을 향해 치달았다.

1 문명과 야만

푸른 눈에 비친 조선

물리적인 힘이 유일한 법률이고 범죄를 부끄러워하지 않고 이해 관계에 따라서만 행동하며 조국에 대한 사랑조차 알지 못하는 이 야만적인 나라에서 무슨 일이 일어나고 있는지를 가지고 판단하라. …… 조선인들은 반야만 상태에 있기 때문에 성격이 매우 까다롭다. 이 나라에는 교육이란 것이 전혀 없다.

1845년 10월 12일에 조선에 들어와 1866년에 처형된 프랑스 선교사 다블뤼(Antoine Daveluy, 1818~1866, 한국명 안돈이(安敦伊)가 본국에 보낸 편지의 일부이다. 그의 글 속에 드러난 '야만적인' 조선은 그를 조선으로 보낸 '문명화된' 서양과 늘 대비되었다.

다블뤼보다 수십 년 뒤에 조선을 찾아오기 시작한 미국인 선교사들도 마찬가지로 문명의 서양과 야만의 조선이란 이해 방식을 갖고 있었다. 선교사들 대부분이, 위생 관념이 없고 게으르며 시간 관념이 없는 야만적인 조선인을, 청결하고 부지런하며 시간 관념이 투철한 문명화된 서양인과 비교하였다.

이양선의 출몰

- 러시아
- 프랑스
- 미국
- 영국
- 국적 불명의 이양선

이양선 조선 사람들은 여러 개의 돛을 달고 조선 해안에 나타난 낯선 모양의 배를 '이양선'이라 불렀다. 1840년대 무렵에는 이양선이 수시로 모습을 드러냈다. 사진은 1871년 조선 해안에 나타난 미국 함선 콜로라도 호이다

조선 속의 서양

다블뤼가 처음으로 조선에 온 프랑스 선교사는 아니었다. 이들은 1836년부터 조선에 들어왔는데, 1866년까지 프랑스 선교사 20여 명이 조선에서 천주교를 전하기 위해 활동하였다.

다블뤼가 이 글을 쓴 무렵에는 많은 서양인이 조선 해안에 나타났다. 모양이 달라 이양선이라 불린 낯선 배들은 풍랑을 만나 해안으로 밀려들거나, 통상을 요구하며 접근하였다. 도시 상점에서는 면직물이나 모직물, 시계, 유리 그릇 같은 서양 상품을 종종 볼 수 있었다.

한눈에 이방인임을 알 수 있는 푸른 눈의 선교사들을 불러들이고, 관청의 감시로부터 이들을 숨겨 주는 조선인들도 있었다. 19세기에는 조선인들 가운데 천주교 신자가 적지 않았던 것이다.

서양이란 전혀 다른 세계가 있다는 것을 알고 서양의 학문과 종교를 공부하기 시작한 것은 17세기 이후였다. 18세기에는 서양 연구^{서학}가 점차 확산되었으며, 왕실이 나서서 서양 책을 사들여 연구 활동을 지원하기도 하였다.

명례방 집회(기록화)와 정약용 서학 연구는 유교적 사고에서 벗어나 실용적인 기술과 사회 개혁의 논리를 찾으려던 노력의 하나였다. 정약용(1762~1836)과 그의 형제들도 천주교를 믿었는데, 천주교 신앙을 이유로 처형되거나 오랫동안 유배 생활을 하였다. 왼쪽은 서울 명례방(현재 명동 성당 부근)에 있던 김범우의 집에서 남인 계열의 인사들이 모여 서학을 공부하던(1875년 무렵) 모습을 묘사한 그림이다. 오른쪽은 정약용이 18년간 유배 생활을 하였던 전남 강진에 세워진 그의 동상이다.

조선의 서양 연구는 천주교가 학문이 아닌 신앙으로 자리 잡으면서 점차 위기를 맞았다. 특히, 천주교 신자 가운데 유교식 장례와 제사 의례를 지키지 않는 사람들이 생기면서, 천주교에 대한 인식이 못마땅한 다른 문화에서 탄압해야 할 잘못된 종교로 바뀌었다.

조선은 부모에 대한 효를 최고의 가치로 여기고, 효도하는 마음가짐이 예라는 형식으로 표현된다고 가르치는 유교 사회였다. 따라서 유교식 제사를 거부하는 행위는 곧 효라는 최고 윤리를 부정하는 것이었다.

> 사람이 사람인 까닭은 인륜이 있기 때문이고, 나라가 나라인 까닭은 이를 널리 가르치기 때문이다. 천주교를 믿는 이들은 아비도 없고 임금도 없어 인륜을 저버리고 가르침을 어겨 스스로 오랑캐나 짐승의 자리에 빠진다.
>
> — 《순조 실록》

위 글은 천주교 신앙을 고집하는 사람들을 반역죄로 다스리라고 명령하는 교서의 일부이다. 조선의 통치자들은 천주교도를 인륜이라는 문명의 가치를 알지 못하는 짐승 같은 존재라고 비난하였다.

문명과 야만

다블뤼가 조선을 '야만적인 나라'로 묘사한 그해[1846], 프랑스의 중국-인도 해군 사령관 세실[Cecille]이 함대를 이끌고 조선에 왔다. 1839년에 조선이 프랑스 신부와 조선인 천주교도를 처형한 사실을 지적하면서 "조선을 침략하여 '야만적인' 행위를 규탄하고 조선에 신앙의 자유가 뿌리내리게 하겠다."고 본국에 편지를 띄운 뒤였다.

세실은 조선 재상에게 보낸 편지에서 "다시 그처럼 포악한 정치를 한다면, 왕과 관리들 모두에게 큰 해가 미칠 것"이라고 협박하였다.

조선 조정은 그해 체포된 최초의 조선인 신부 김대건을 처형하였다. 천주교를 반대하고 유교 윤리란 문명의 가치를 지키겠다는 점을 더욱 분명히 한 것이다.

중 · 영 전쟁과 중국의 개항 영국 상인이 중국인에게 마약의 일종인 아편을 수출하고 있었는데, 중국이 이를 금지시키자 영국이 '자유 무역 보장'을 요구하며 침략하였다(중 · 영 전쟁). 이 전쟁에서 승리한 영국은 난징 조약(1842)을 맺어 중국을 강제로 개방시켰다.

일본의 개항 태평양으로 진출하고자 한 미국의 압력에 굴복하여 개항하였다. 1854년에 맺은 미 · 일 화친 조약과 1858년에 맺은 통상 조약은 일본에 불평등한 내용을 많이 담고 있었는데, 일본은 훗날 그 내용을 고스란히 조선에 강요하였다.

프랑스의 베트남 침략 프랑스는 천주교 탄압을 구실로 1858년 베트남을 침략하였다. 4년에 걸친 전쟁에서 패한 베트남은 베트남 남부의 곡창 지대를 프랑스에 넘겨주었고, 이후 프랑스의 공격이 더욱 강화되어 1884년 무렵에는 사실상 프랑스 식민지가 되었다.

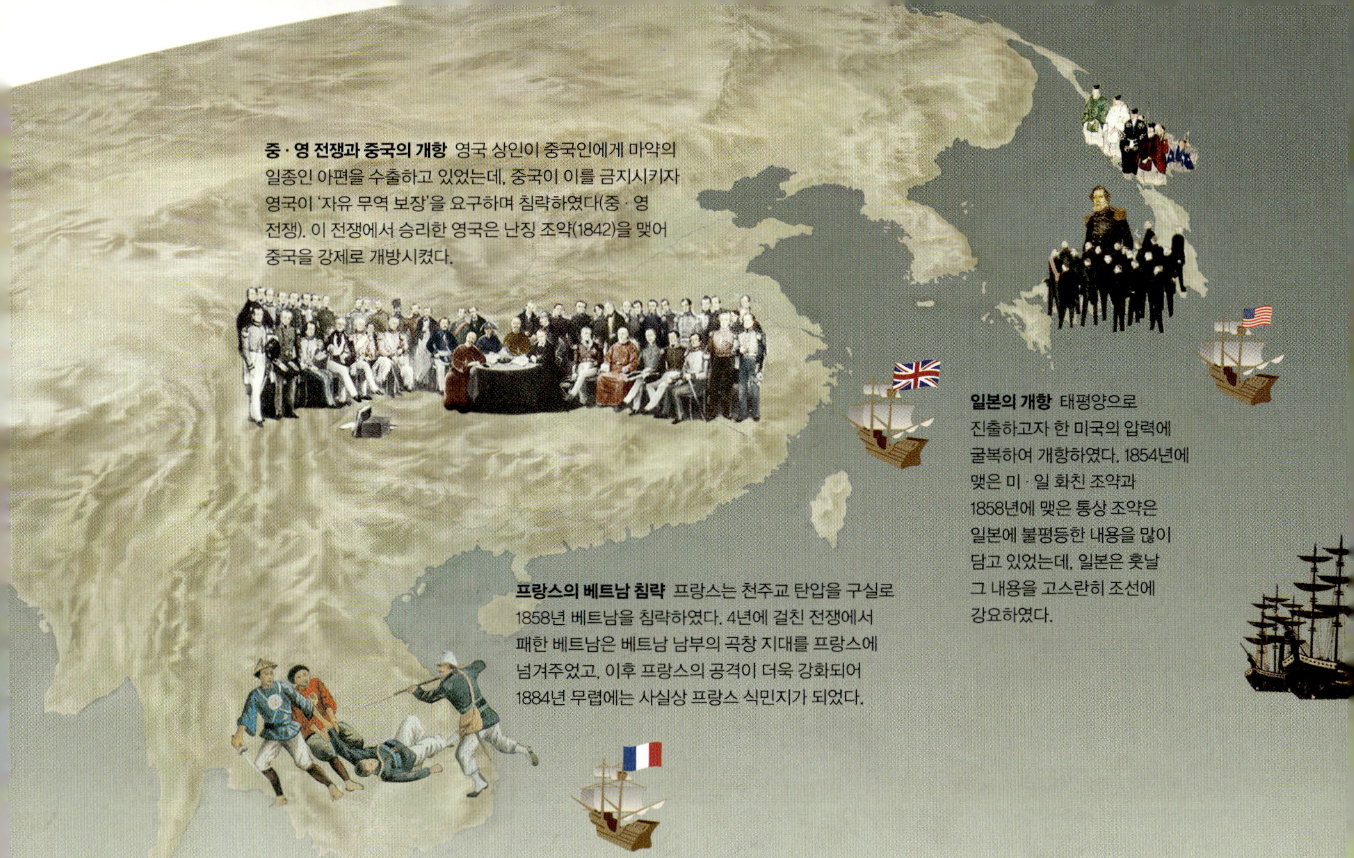

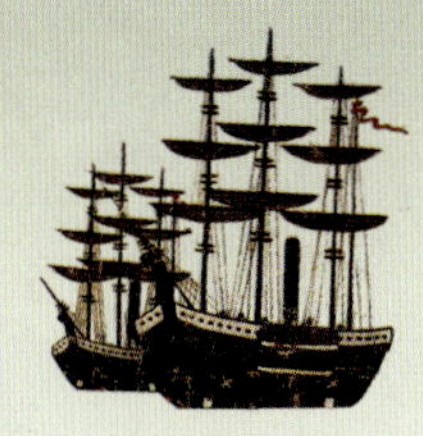

자본주의 열강의 동아시아 침략

산업 혁명을 완수한 서양 여러 나라는 원료 공급지와 상품 시장을 확보하기 위해, 나아가 새로운 투자처를 찾아 아시아 여러 지역을 침략하였다. 1842년에는 중국이, 1854년에는 일본이, 1862년에는 베트남이 개항하였다. 각각 영국, 미국, 프랑스에 의해 강제 개방당한 것이다. 당시 아시아 국가들은 서양 열강으로부터 대단히 불리한 내용의 불평등 조약을 강요당하였다.

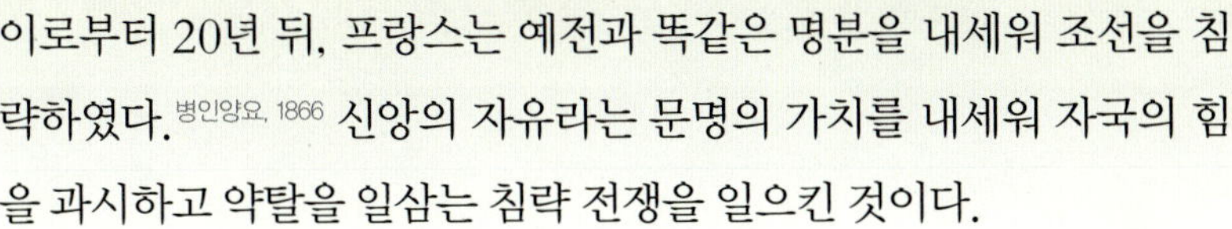

이로부터 20년 뒤, 프랑스는 예전과 똑같은 명분을 내세워 조선을 침략하였다. 병인양요, 1866 신앙의 자유라는 문명의 가치를 내세워 자국의 힘을 과시하고 약탈을 일삼는 침략 전쟁을 일으킨 것이다.

조선의 천주교 탄압도 유교 윤리란 문명의 가치를 지키기 위해서만은 아니었다. 조선은 "나라를 원망하는 우리나라 사람들과 뭉쳐 다른 일을 도모하려 한 것"이라며 프랑스 신부들을 처형하였다. 또, 집권 세력이 경쟁 상대가 될지 모를 다른 정치 세력을 공격하고자 천주교 신앙을 문제 삼기도 하였다. 유교 윤리를 지키기 위해서라는 명분으로 정치 · 종교적 신념이 다른 이들을 마구 죽이는 일도 문명적일 수는 없다.

변화가 필요한 조선

천주교 신앙이 서학 연구에서 시작되었기에 초기의 천주교 신자들은 대부분 양반 지식인이었다. 그러나 천주교에 대한 탄압이 거듭되면서 양반 남성 신자의 수는 줄어든 반면, 소외 계층이라 할 수 있는 평민 신분과 양반가의 여성들 사이에서 신자가 빠르게 늘었다.

거듭된 탄압에도 신자들의 수가 늘어난 것은 삶이 너무 힘든 때문이었다. 하느님 앞에 모두가 평등하다는 천주교 교리를 익히는 가운데 이들 사이에서 평등에 대한 열망이 점차 커졌으나, 조선 사회의 신분 차별과 성 차별은 여전하였다.

19세기에는 왕조의 종말을 예언한 《정감록》이나, 사람이 곧 하늘이라 주장하며 새 세상이 열리기를 기원하는 동학도 널리 확산되었다.

조선의 통치자들은 변화가 필요한 이 시기에 서학^{천주교}과 동학을 사악한 이단 사상으로 규정해 배척하였고, 유교 윤리만을 반드시 지켜야 할 문명의 가치로 고집하였다. 위정척사^{衛正斥邪}, 즉 바른 것을 지키고 사악한 것을 물리친다는 이 네 글자는 집권 세력의 생각을 대변하는 말이었다.

사악한 것을 배척하는 이유를 지켜야 할 바른 것, 즉 정학^{유교}에서 찾

동학을 창시한 최제우(1824~1864) '사람이 곧 한울(인내천)'이라며 모든 사회적 차별을 반대하였다. 말세가 다하고 새 세상이 열린다는 의미의 '개벽'을 주장하였는데, 정부는 동학을 서학과 다름없는 사교로 간주하여 포교를 금지하고 최제우를 처형하였다.

용담정 최제우가 도를 깨달은 곳으로 알려져 있다. 동학의 교리를 가사로 표현한 《용담유사》도 이곳에서 지었다고 한다. 경주시 현곡면에 있으며, 1960년과 1974년 두 차례에 걸쳐 복원하였다.

았기에 유교적 사고를 뛰어넘어 자유롭게 상상하기란 어려울 수밖에
없었다. 유교를 문명, 유교를 제외한 나머지를 모두 이단으로 봄으로
써 조선의 통치자들은 빠르게 변화하는 사회 현실을 이해하고 개혁
방향을 창의적으로 모색하는 데 어려움을 겪었다.

　1866년, 조선의 통치자들은 야만적인 종교^{천주교}를 믿는다는 이유만
으로 수천 명의 천주교도를 처형하였다. 같은 해 프랑스는 신앙의 자
유를 구실로 야만적인 침략 전쟁을 일으켰다.

프랑스가 조선을 침략한 병인양요는 문명과 문명의 대결이었을까, 야만과
야만의 대결이었을까? 문명과 야만으로 세상을 구분하는 게 가당하기는 한
걸까?

'사옥(邪獄)'이란 사학(邪學)에 물든 사람을 잡아 가둔
다는 뜻입니다. 죄가 크다고 판결 난 사람을 죽이기도
하고, 오랫동안 먼 국경 지대로 유배 보내기도 하였습
니다. 사학은 천주교를 가리키는 경우가 대부분이었
으니, 사옥은 천주교도들이 겪은 수난인 셈이지요.

　정약용의 형제들이 처형되거나 유배된 것으로 널리
알려진 1801년의 신유사옥, 54명이 순교하고 60여
명이 옥사한 기해사옥(1839), 최초의 조선인 신부 김
대건이 순교한 병오사옥(1846), 6년 동안 박해가 이어
지면서 8,000여 명이 희생된 병인사옥(1866) 등이 대
표적이고, 그 밖에도 크고 작은 사옥이 있었습니다.

절두산에서의 천주교도 처형 장면(기록화)

　위 그림은 병인박해 때 수많은 천주교 신자들이 한
강 가에서 목 잘린 일을 묘사한 것인데, 이때부터 이곳이 절두산(切頭山, 잘린 머리가 산처럼 높이 쌓였다는 뜻에서 붙
여진 이름)이라 불렸답니다. 현재 이곳에는 순교 박물관(www.jeoldusan.or.kr)이 있습니다.

　조선이 프랑스와 국교를 맺은 1886년 이후, 천주교 신앙에 대한 탄압은 거의 없어졌습니다. 프랑스와의 조약 체
결 과정에서 천주교 포교의 자유를 인정하였기 때문입니다.

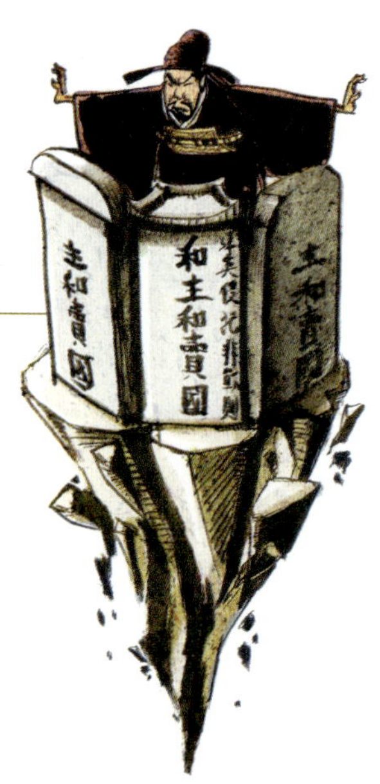

2 조선 왕조, 전환기를 맞다

"서원을 허물라."

대원군이 명령을 내려서 나라 안 서원을 모두 허물고, 서원 유생들을 쫓아 버리라 하였다. 저항하는 자는 모두 죽이라고도 하였다. 양반 유생들이 크게 놀라서 온 나라 안이 물 끓듯 하였다. 대궐 문간에 나아가 울부짖는 자만도 수십만이었다. 조정에서는 변고라도 있을까 하여 대원군에게 간언하였다. "선현의 제사를 받드는 것은 선비의 기풍을 기르는 것입니다. 이 명령만은 거두기를 청합니다." 대원군은 크게 화를 내며 말하였다. "진실로 백성에게 해가 된다면 비록 공자가 다시 살아난다 하더라도 용서하지 않겠다."

— 박제형, 《근세 조선 정감》

조선은 유교 국가였다. 정치를 유교 이념의 실천으로 여기고, 유교 경전을 연구하는 선비^{유생}의 특권을 보장하였다.

그런데 대원군이 유생들의 중심지인 서원을 도둑 소굴로 몰아세우고 유생들과 정면 대결을 벌였다. 왜 이런 일이 일어났을까? 그리고 유교 국가 조선에서 유교 교육을 담당해 온 서원을 폐쇄하는 일이 어떻게 가능했을까?

전환기의 조선 왕조

왕의 아버지이나 자신이 왕은 아니었던 사람을 대원군이라 한다. 아버지에 이어 아들이 왕이 되는, 왕위의 부자 상속이 일반적인 왕조 체제에서는 드문 존재이다. 더구나 그가 살아 있는 존재라면 효도가 충성보다 강조되는 시기였던 만큼, 늘 권력의 중심일 수밖에 없다.

유일하게 살아서 대원군의 지위를 누린 사람이 바로 홍선 대원군 이하응이다. 이하응은 아들이 조선 제26대 왕 고종재위 1863~1907으로 즉위한 1863년 12월 이후 10여 년간 사실상 왕과 같은 권력을 누렸다.

홍선 대원군이 처음부터 큰 권력을 누린 것은 아니었다. 조선 사회가 워낙 신하의 권력, 즉 신권臣權을 존중하는 사회였는 데다 특히 19세기는 신권이 매우 강한 세도 정치기였기 때문이다. 하지만 홍선 대원군은 나라 안팎의 정세를 잘 활용하여 권력을 자신에게 집중시켰고, 역대 어느 왕보다 강력한 통치자가 되었다.

고종 즉위 1년 전, 나라 안에서는 대규모 농민 항쟁이 일어났다. 농민들은 부패한 관리를 쫓아내고, 잘못된 조세 제도를 고치라고 요구하였다. 봉기는 전국 곳곳에서 발생해 나라의 제도를 바꿔야 할 상황이었다.임술 농민 항쟁, 1862

그보다 앞서 즉위 3년 전인 1860년에는 세계 최강국이라 믿던 청나라가 서양의 침략을 받아 수도를 짓밟히고, 문화 유산을 파괴 또는 약탈당하였다.제2차 중·영 전쟁 조선 해안에도 서양 배들이 나타나던 때였으니, 그 충격 또한 컸다.

아래로부터의 저항, 밖으로부터의 위협으로 집권층은 위기감을 느꼈다. 대원군은 이러한 상황을 활용하여 권력을 강화하고자 하였다.

대원군, 서양과 강경하게 맞서다

대원군은 위기 극복을 내세우며 재야에서 새로운 인재를 찾아 등용하였다. 왕의 비서격인 동부승지에 추천된 이항로와 그의 제자들이 대표적인 인물이었다.

> 오늘날 서양 오랑캐가 가져온 피해가 홍수나 맹수의 해보다 심할 지경입니다. 전하께서 부지런히 힘쓰고 경계하시어, 안으로 관리들이

운현궁 고종이 왕이 되기 전인 12세까지 살았던 곳이자 홍선 대원군의 집이다. 고종이 즉위한 1863년부터 운현궁으로 불렸으며, 고종 때 궁궐 밖의 또 다른 정치 중심지로서 많은 사람의 주목을 받았다. www.unhyungung.com

1862년 임술 농민 항쟁 1862년에 경상도 단성, 진주 등에서 시작된 농민 봉기는 1862년 한 해 동안 남부 지방 군현의 절반에서 일어났다. '민란의 시대'라 할 만하였다.

이항로(1792~1868) 위정척사를 주창한 재야 양반 유학자 가운데 대표적인 인물이다. 전쟁을 두려워하지 말고 프랑스의 강화 요구를 물리치자고 주장하며 흥선 대원군과 뜻을 같이하였다. 그러나 흥선 대원군이 경복궁을 다시 짓는 데 막대한 자금을 쏟아 붓는 것에 대해서는 강하게 비판하였다.

사학^{천주교}의 무리를 잡아 베게 하시고, 밖으로는 장병들이 바다를 건너오는 적을 물리치게 하소서. 사람 노릇을 하느냐 짐승처럼 사느냐, 살아남느냐 망하느냐가 잠깐 사이에 결정되오니 서두르소서.

— 이항로, 《화서집》

대원군과 이항로는 금수 같은 적의 침략을 막아 문명의 가치^{유교 윤리}를 지켜야 한다고 주장하였다. 서양과 싸우지 않는 것은 곧 문명의 가치를 포기하는 것이니, 관민을 향해 전쟁 정책에 협조하도록 요청하였다.

대원군은 천주교를 대대적으로 탄압하였다.^{병인박해, 1866} '위정척사'란 명분을 내세우는 한편, 천주교도가 외세와 손잡을지 모른다는 또 다른 이유를 내세웠다.

이해 8월, 프랑스 함대가 조선을 침략하였다.^{병인양요} 조선이 천주교를 탄압하면서 프랑스 신부 9명을 처형한 사실을 침략의 빌미로 삼았다.

프랑스 함대는 강화도를 점령하고 조선의 사과와 통상 조약 체결을 요구하였다. 이에 대원군은 물러서지 않았고, 재야 유생들도 이런 대원군을 지지하였다. 양헌수가 이끄는 군대가 프랑스군에게 큰 타격을 입히자, 프랑스군은 강화도에 있던 왕실 도서관^{외규장각}을 약탈하고 불태운 뒤 철수하였다. 민·관군이 손을 잡고 침략자 프랑스 군대를 물리친 것이다.

병인양요 1866년 8월, 2,500여 명의 프랑스군이 군함 7척을 나눠 타고 강화도 앞바다에 나타났다. 이들 가운데 일부는 한강을 거슬러 서울 입구까지 정찰하고 돌아갔다. 1866년 9월에는 강화성을 점령한 다음, 국교 수립을 요구하며 서울 공격을 준비하였다. 조선의 많은 의병이 관군과 함께 싸웠는데, 이들은 문수산성과 정족산성에서 연거푸 프랑스군을 물리쳤다.

"서양에서 배워 서양을 물리치자."

척사를 내세우며 서양과 맞서는 정책은
집권층 내부에서 높은 지지를 받았다. 그러나 모두가
서양을 배척하였다거나, 대원군이 무턱대고 척사를 고집하였던 것은
아니었다.

조정의 적지 않은 관리들이 청이 서양과 싸워 크게 패한 사실과, 서양의 군사·산업 기술을 받아들이기로 한 일양무 운동을 알고 있었다. 그래서 이들 가운데 박규수를 비롯한 일부는 서양의 우수함을 배워야 한다고 주장하였다.

> 동양의 도를 지키고 척사하는 것은 말이나 글로 이루어질 수 없다. 반드시 무기를 동원해야 하는데, 나 같은 서생이 어찌할 수 없어 한탄스럽다.
>
> – 박규수, 《환재집》

박지원(1807~1877) 일찍이 청의 발전된 문물을 받아들이자고 주장한 실학자 박지원의 손자로, 할아버지의 저서를 읽으면서 많은 감명을 받았다. 1860년, 청이 서양의 침략을 받을 때 이를 알아보기 위해 청에 다녀왔으며, 1862년 진주 농민 봉기 때에는 수습 책임을 맡고 진주로 파견되기도 하였다. 미국 상선 제너럴 셔먼호가 평양에서 행패를 부리던 1866년에는 평안도 관찰사로 있었다. 그의 제자들 가운데 개화파들이 많았는데, 그는 실학과 개화 사상을 잇는 위치에 있었던 인물이다.

박규수는 서양을 물리칠 지혜를 서양에서 빌리자며 서양과 국교를 맺는 것도 고려하자고 하였다.

대원군도 청에서 서적을 사들이고, 기술을 배워 신무기 개발을 시도하였다. 그러나 일이 대원군의 뜻대로 풀리지는 않았다. 서양을 배척하면서 서양 기술을 제대로 배우기는 어려웠기 때문이다. 몇 차례에 걸쳐 진행되었던 신무기 개발은 실패로 끝났고, 본격적인 기술 도입 없이 몇 년의 세월이 또 흘러갔다.

개화파

대원군과 유생들

대원군과 유생들은 강경한 척사 정책을 펴자는 데는 뜻을 같이하였으나, 외세에 맞설 힘을 기르고 나라를 운영할 방안에 대해서는 의견을 달리하였다.

대원군은 정부의 재정 수입을 늘리기 위해 조세 제도를 고쳤다. 양반에게도 군포를 부담시키는 호포제를 처음 실시하였으며, 부정하게 세금을 면제받아 온 사람들을 찾아 이들에게도 세금을 물렸다. 반면 유생들은 "나라가 부유하면 백성의 살림이 어려워진다."며 조세를 늘리는 데 반대하였다.

대원군은 왕권 강화에 힘썼다. 이를 위해 권력 구조를 바꾸어 왕에게 힘을 집중시켰고, 지방 양반의 근거지인 서원을 철폐하여 양반이 서원을 통해 농민을 지배하는 것을 막고, 왕이 임명한 지방관의 권한을 높였다. 이른바 위로부터의 개혁을 추진하여 왕에게로 권력을 집중시키고 강한 국가를 만들고자 하였던 것이다.

흥선 대원군(1820~1898) 영조의 5대손으로, 안동 김씨를 견제하려던 조 대비(풍양 조씨)의 도움을 받아 아들을 왕으로 만들 수 있었다. 대원군은 세도 정치의 기반이 되었던 비변사를 폐지하고 의정부와 6조 중심의 전통적인 통치 체제를 되살려 왕권을 강화하려고 하였다.

그러나 스스로를 정치의 주체라 생각한 양반들은 이에 반발하였다. 이들은 신권과 여론을 존중하는 정치여야 한다며 왕권 강화에 반대하였고, 양반들에 의한 지방 자치와 유교 교육을 강조하면서 서원 철폐에 맞섰다. 정부가 유교 교육을 중시하고, 나라 전체가 유교 윤리를 생활화하면 국가도 튼튼해질 것이라 주장하였다. 대원군이 막대한 예산을 쏟아 부어 경복궁을 다시 짓고, 전국 대부분의 서원을 강제로 폐쇄시키자, 대원군과 유생들은 강경하게 부딪혔다.

이 나라를 어찌할 것인가?

1871년, 미국 함대가 강화도를 침략하였다. 5년 전 미국 상선 한 척이 대동강에서 행패를 부리다가 불탄 사건^{제너럴 셔먼 호 사건, 1866}을 구실로 사과와 배상을 요구하며 침략한 것이다.

조선은 미국의 요구를 거절하였으며, 초지진과 광성진을 지키던 조선 군인들은 장렬하게 맞서 싸웠다. 전면 전쟁도 불사한 조선의 태도에 당황한 미국 함대는 결국 뱃머리를 돌릴 수밖에 없었다. ^{신미양요, 1871}

이 사건을 계기로 대원군은 강경한 척사 정책을 다시 다짐하였다. "서양 오랑캐가 쳐들어왔다. 싸우지 않으면 곧 화친해야 하는데, 화친을 주장하는 것은 나라를 팔아먹는 것과 같다."라고 쓴 척화비를 전국 곳곳에 세운 것도 이런 의지의 반영이었다. 여러 차례 일본이 국교 수립을 요청해 왔으나, 이 또한 물리쳤다.

그러나 대원군에 대한 지지는 점차 줄어들었다. 척사에 뜻을 같이하면서도 더 이상 대원군을 지지하지 않는 재야 유생들이 늘고, 대원군의 강경 정책이 외국과의 불필요한 전쟁을 불러일으킬 수 있고, 신문물을 받아들여 국력을 기를 기회를 놓치게 할 수 있다고 우려하는 이들도 늘었다.

1873년, 대원군은 결국 물러났다. 국력을 기를 방안은 무엇인지, 척사 정책을 계속 유지해야 할지, 말아야 할지를 두고 논쟁이 시작될 터였다.

척화비 흥선 대원군 시대 외교 정책의 상징물이다. 비석에는 "우리들의 만대 자손에게 경계하노라. 병인년에 짓고 신미년에 세우다."라고 적혀 있는데, 1871년에 전국적으로 세워졌다가 대원군이 청에 끌려간 1882년에 대부분 철거되었다. 사진은 경상 남도 함양에 있는 척화비이다.

3 개화를 둘러싼 논란이 뜨겁게 일다

"일본이 진실로 강하더냐?"

1881년 3월 말, 동래부에는 암행어사 12명과 그 일행이 도착하였다. 이들은 사실 암행어사가 아니라 왕의 특명을 받은 일본 시찰단이었다.

시찰단 명칭도 조사 시찰단으로, 조선국이 일본국에 파견하는 공식 사절이 아니었다. 시찰단의 일본행은 조선 조정에서조차 비밀이었다. 조정 안팎에서 반발이 일어나지 않을까 걱정한 때문이었다.

조사 시찰단은 4월 말에 도쿄에 도착해서 7월 말에 고베를 떠날 때까지 일본의 여러 관청과 산업·학교·군사 시설을 두루 방문하였다. 방문을 마치고 귀국해서는 조사 보고서를 작성하여 분야별로 왕에게 상세히 보고하였다.

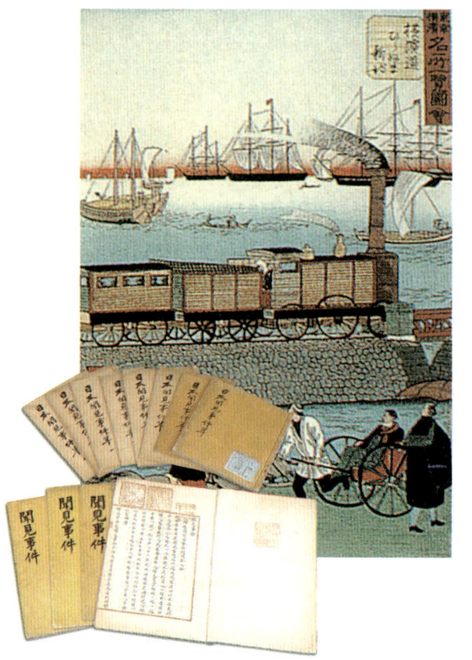

고종 일본의 제도가 장대하고 나라가 부강해졌다는데, 과연 그러한가?

홍영식 그렇습니다. 하지만 이는 밤낮을 가리지 않고 부지런히 마음과 힘을 모아 이룩한 것입니다.

어윤중 지금의 형세는 부강해야만 나라를 지킬 수 있으니 상하가 한뜻으로 노력해야 할 것입니다.

오랑캐로만 여겼던 일본이 배워야 할 대상으로 바뀔 것인가?

근대화된 일본의 모습과 조사 시찰단의 보고서 조사 사찰단은 일본의 화륜선(증기선)을 타고 바다를 건넌 뒤, 화륜차(증기 기관을 이용한 기차)를 타고 이동하였다. 일본에는 1870년대부터 기차가 운행되었는데, 기차를 탔던 강문형은 "화륜이 순식간에 백 리를 달리니 빠르기가 번개와 같다."며 놀라움을 금치 못하였다.

운요 호 사건과 강화도 조약 군사 충돌을 유도하여 국교 교섭을 유리하게 이끌려던 일본은 1875년 8월에 운요 호라는 군함을 강화도에 침투시켰다. 여러 차례 포격전이 오간 뒤 운요 호는 영종도를 약탈하고 돌아갔다(운요 호 사건). 이듬해 1월, 일본은 7척의 군함을 이끌고 나타나 배상과 국교 수립을 요구하였다. 1876년 2월에 강화도 조약이 체결될 때까지 일본 군함은 본국으로 돌아가지 않고 회담장 가까운 곳에 대기하고 있었다. 왼쪽 그림은 운요 호 사건을, 오른쪽 그림은 강화도 조약 체결 장면을 묘사한 것이다.

강화도 조약, 일본과 국교를 수립하다

1876년, 조선은 일본과 국교를 수립하였다. 마지막 통신사를 파견한 지 65년 만에 일본과 국교를 회복한 것이었으며, 1868년 일본이 새 정부를 수립하고 국교 맺기를 요청한 지 8년 만의 일이었다 .

일본이 국교 수립에 더 적극적이었다. 조선에서는 신문물을 받아들이자는 사람이 여전히 소수에 지나지 않은 데 비해 일본에서는 1870년대 내내 언제 조선을 침략할지를 두고 논란이 일어났을 정도였다. 1875년, 일본은 조선이 반대하면 전쟁을 해서라도 개방시킨다는 생각으로 조선에 '운요 호'라는 군함을 파견하였다. 군사 충돌을 유도해 침략의 명분으로 삼기 위해서였다. 1876년 1월, 군함을 이끌고 강화도에 나타난 일본은 조약을 맺지 않으려면 전쟁을 택하라고 위협하였다. 조선은 전쟁을 피하기 위해, 개방으로 나아가기 위해 일본과 조약을 체결하기로 결정하였다.

조선은 일본과 "옛 우호 관계를 회복하여 친목을 굳게 다지자."라며 강화도 조약조·일 수호 조규, 1876를 맺었다. 그러나 이 조약은 군대를 앞세운 일본이 힘으로 강요한 불평등 조약이었다.

> 제4조 조선국은 부산과 그 외에 두 곳의 항구를 개항하고, 일본인이 와서 통상할 수 있도록 한다.
> 제7조 일본국 항해자가 자유로이 해안을 측량할 수 있도록 허가한다.
> 제10조 일본국 인민이 조선국 항구에서 죄를 지은 것이 조선국 인민에게 관계된 사건일 때, 모두 일본국 관원이 심판한다.
> 부록 제7조 조선국이 지정한 여러 항구에서 일본 화폐를 인민 상호 간에 사용할 수 있다.
>
>   – 강화도 조약

강화도 조약은 예전처럼 상대국에 대한 조공이나 책봉과 같은 방식이 아니라, 국제법에 따라 조선이 상대국과 대등한 주권 국가의 자격으로 맺은 최초의 근대적 조약이었으며, 이미 서구화의 길을 걷고 있던 일본을 통해 자본주의 세계와 만나게 될 획기적인 사건이었다.

조약 체결 직후 수신사 김기수가 이끄는 사절단 75명이 일본을 방문하였다. 일본은 이들에게 자국의 변화된 모습을 보여 주었고, 이들이 보고 들은 새로운 기술 문명은 조선에 적지 않은 충격을 주었다.

그러나 곧바로 변화가 시작되지는 않았다. 많은 관리가 단지 전쟁을 피하기 위해 일본과 조약을 맺었을 뿐이라 생각하였고, 재야 유생들은 "일본이 곧 서양이니 서양을 배척하듯이 일본을 배척하라."며 강하게 반발하는 상황이었다.

변화의 필요성이 널리 인식되지 않았고, 변화를 이끌고자 한 이들도 다른 사람을 설득하여 변화에 동참시킬 분위기를 만들어 내지 못하였기 때문이다. 그렇게 또 몇 해가 흘러갔다.

개화 정책을 추진하다

변화는 1880년부터 본격화되었다. 이해 6월에 김홍집이 2차 수신사

로 일본에 파견되었으며, 12월에는 변화를 이끌어 갈 새로운 기구로
서 정1품 관청 통리기무아문이 설치되었다. 1881년 4월에는 정부에
서 파견한 조사 시찰단이 일본에 도착하였으며, 9월에는 영선사 김윤
식이 이끄는 대규모 유학생이 청의 군수 공장에서 기술을 배웠다. 앞
서 5월에는 별기군이란 최초의 신식 군대도 창설하였다.

통리기무아문에는 12사_{분과}를 두었는데, 외교와 내정, 군정을 비롯한
주요 국가 업무가 이곳에서 이루어졌다. 각 사에는 수신사나 조사 시찰
단으로 일본을 다녀온 인사들이 배치되었다. 별기군 창설이나 무기 제
조 기술을 배워 올 유학생을 파견하는 업무도 여기서 담당하였다.

외교적인 면에서는 청에 대해 사대 관계를 폐지하고 양국 관계를
대등하게 조정한 새로운 조약을 맺자고 요구하였으며, 일본과 맺은
강화도 조약을 개정하기 위한 노력도 기울였다. 미국 등 서양 국가와
의 수교도 검토하였다.

이처럼 조선 정부가 변화를 서둘러 추진한 것은 더 이상 개혁을 미
룰 수 없다는 위기감이 높아졌고, 개혁의 필요성을 느낀 이들이 많아

별기군 장교 양성을 목적으로 양반 자제들 가운데 80여 명을 뽑아 일본인 교관에게 훈련을 맡겼다. 그
비용을 마련하기 위해 구식 군대 예산의 상당 부분이 투입되었으며, 구식 군대에 비해 우월한 대우를 하여
구식 군인들의 강한 반발을 샀다.

최익현(1833~1906) 19세기 말의 대표적인 유학자였다. 흥선 대원군의 척사 정책은 지지하였으나, 서원 철폐와 왕권 강화 정책에는 반대하여, 대원군의 퇴진을 주장하기도 하였다. 강화도 조약 체결 당시 이에 반대하여 자신의 요구를 받아들이지 않으려면 도끼로 목을 치라는 뜻에서, '도끼를 옆에 차고 대궐 앞에 엎드려 올리는 상소(지부복궐상소)'를 벌인 것으로 유명하다. 을사조약 이후 항일 의병 운동을 이끌었으며, 1906년에 일본군에게 잡혀 세상을 떠났다.

모덕사 최익현의 항일 투쟁과 독립 정신을 기리기 위해 세워진 사당으로, 그의 영정과 위패가 모셔져 있다. 충청남도 청양군 송암리에 있다.

졌기 때문이다. 이는 생존 경쟁이 치열해진 상황에서 여러 나라와 조약을 맺어 독립을 보장받고, 부국 강병을 추진하여 독립을 지키고 나라를 발전시키려는 전략이었다.

양반 유학자들, 척사 운동을 벌이다

정부의 개화 추진 의사가 민들에게 알려지자, 양반 유생들을 중심으로 강력한 반대 진영이 형성되었다. 특히, 정부가 미국과 국교 수립을 추진하고 나선 1881년에는 대규모 반개화 운동이 일어났다.

발단은 수신사로 일본에 다녀온 김홍집이 왕에게 내놓은 《조선책략》이란 책이었다. 청의 외교관 황 쭌셴이 쓴 이 책은 러시아를 가장 큰 위협적인 존재로 규정하고, 조선이 중국·일본·미국과 손잡아야 한다는 내용이 핵심이었다.

정부가 이 책을 복사하여 널리 읽히려 하자, 양반 유생들은 정부가 전면적인 개방을 추진한다고 생각하였다. 이들은 외국인의 왕래와 외국 종교의 전래로 인해 문명의 가치로 여겨 온 유교적 예절 풍속이 흐트러지거나, 값싼 서양 상품이 들어옴으로써 경제적 어려움에 부딪힐 것을 우려하였다.

문명적 가치의 수호[위정]를 내건 척사 운동은 대규모 집단 상소 운동으로 나타났다. 특히, 영남 유생들은 미국과 국교를 맺자는 주장에 대해 강경하게 비판하는 상소문을 작성하여 1만 명에 가까운 유생들의 서명을 받아 궁궐 앞에서 집단 상소 운동을 벌였다.[만인소]

집권 관료층과 유생들의 타협은 쉽지 않았다. 정부는 유생들의 개화 반대 운동을 강경하게 탄압하였고, 재야 유생들은 개화 정책을 추진하는 관료들의 처단을 요구하며 물러서지 않았다.

양측 모두 나라의 운명이 걸렸다고 생각하였고, 그래서 더욱 물러설 수 없었다. 두 진영이 극단적으로 대립하지 않고 대화를 통해 합의안을 이끌어 낼 수는 없었을까?

문명 개화와 중체서용,
일본과 청의 근대화

1880년대 조선에서는 개화니 자강이니 하는 말이 많이 쓰였다. 개화란 말은 1880년대 초 일본을 다녀온 인사들이 처음 사용하였다. 1870년대 후반 일본 사람들이 영어 civilization을 '문명 개화'란 말로 번역한 데서 유래한 말로, 이는 문명화한 서양을 닮고자 하는 일본인들의 생각을 잘 보여 준다. 1868년에 강력한 중앙 집권 체제를 확립한 일본은 대규모 사절단을 해외로 보내고, 서양의 사상과 제도, 과학 기술 문명을 전면적으로 받아들이는 메이지 유신을 추진하였다.

이와쿠라 사절단 새 정부 주요 관리의 절반이 2년간 미국과 유럽으로 시찰을 떠났다. 이들이 돌아온 뒤, 일본은 대대적인 서구화 정책을 펴 나갔다.

자강이란 말도 흔히 쓰였다. 중국적 가치를 근본으로 하되, 서양의 기술 문명을 받아들인다는 '중체서용'과 같은 뜻이다. 1860년대 청은 "서양에서 배워 서양을 물리친다."는 문제 의식을 바탕으로 서양의 군사·산업 기술을 받아들이는 양무 운동을 추진하였다. 그 결과 무기 공장과 면직 공장뿐만 아니라 근대적인 교육 시설이 세워졌다.

양무 운동 청나라는 1860년대에 총포와 함선을 제조하는 관영 공장을 세운 이후, 무기 생산은 물론 근대적인 방직 공장 설립이나 광산 개발 등 광공업 육성도 활발하게 추진하였다.

조선이 자주적 근대화를 시작할 무렵 서양은 발전된 기술 문명을 앞세워 조선에 침략적으로 접근해 왔고, 청과 일본은 다른 방식으로 서구화를 추진하며 조선을 넘보고 있었다. 과연 조선은 어디로 가야 했을까?

4 임오군란과 갑신정변, 청·일의 간섭이 강화되다

시사 만화 잡지 《Japan Punch》, 1889. 9.

조약 개정에 나서다

조선이 일본과 맺은 최초의 근대적 조약은 불평등 조약이었다.

이 조약에 따르면, 조선은 일본 상품에 관세를 부과할 수 없고, 일본은 조선 해안을 자유롭게 측량할 수 있으며, 조선에서 일어난 일본인 범죄는 일본에 재판권이 있었다.

조선은 일본에 대해 '어차피 교류할 사이니까 불편하지 않도록 선의를 베풀자.' 는 생각이었다. 그러나 일본은 자신들이 서양 국가들과 맺은 불평등 조약보다 불리한 내용을 조선에 강요하였다.

1878년, 조선 정부가 일본 상인과 거래하던 조선 상인에게 약간의 거래세를 부과하자, 일본은 강화도 조약에서 일본 상품에 관세를 부과하지 않겠다던 약조를 어긴 것이라며 함대를 이끌고 와서 강경하게 항의하였다. 두모진 사건

제물포 개항장 일본과 국교를 맺을 당시, 항구를 중심으로 사방 10리 안에서 일본인이 주택을 사거나 자유롭게 영업할 수 있도록 하였다. 이를 개항장(조계)이라고 하는데, 이곳의 일본인은 조선법의 통제를 받지 않아 실로 조선 안의 일본이라 할 만하였다. 사진은 개항장을 중심으로 이국적 도시가 형성되었음을 보여 주는 1900년 무렵의 인천 모습이다.

이 사건을 계기로 조선 정부는 조약의 잘못된 부분을 재검토하였다. 국가 간에 맺는 조약의 사례를 연구하고, 수신사 김홍집을 일본에 보내 개정 교섭을 하도록 하였다.

이 무렵 조선은 미국과 국교를 맺었다. ^{조·미 수호 조규, 1882} 최혜국 대우 라는 또 다른 불평등 조항을 담았으나, 관세 부과, 곡식 유출 금지와 같은 개선점도 많았다. 조선은 이를 바탕으로 일본에 조약 개정을 다시 요구하려고 하였다. 그런데 때마침 임오군란이 일어났다. 이후 청이 더 심한 불평등 조약을 강요함으로써 조약 개정 노력은 모두 허사가 되고 말았다.

임오군란, 군인들이 개화에 반대하다

개화의 필요성을 느끼는 관리들의 마음은 늘 급했다. 일본이 놀랄 만큼 달라졌고, 서양의 위협도 커 보였기 때문이다. 그렇다면 민중들은 어떠하였을까? 과연 개화의 필요성을 느끼고 개화 정책에 동참하였을까?

민중들은 정부가 국교를 확대하고 무역하는 것, 특히 일본과 가까워지는 것에 불안해하였다. 일본과 청이 침략 의도를 가졌다고 우려한 데다, 관리들이 개화 정책을 제대로 추진한다고 생각하지도 않았다. 개화를 구실로 세금을 늘리고도 터무니없이 예산을 낭비하거나, 신식 군대를 만들고자 구식 군대를 해체하거나 차별하는 일이 있었기 때문이다.

1882년, 구식 군인들이 봉기하여 개화 정책을 추진하던 정권을 무너뜨렸다. ^{임오군란}

정부가 재정 악화로 인해 구식 군인들에게 13개월째 급여를 주지 못한 것이 발단이었다. 해고 위협에 시달리던 군인들은 13개월 만에 한 달치 급여를 쌀로 받았는데, 그 가운데 절반이 겨와 모래였다. 분노한 군인들은 부패한 관리들의 집을 파괴하는 한편, 일본인 교관을 죽이고, 일본 공사관을 공격하였다. 또, 개화 정책을 중단할 것을 요구하며 궁궐을 점령하여 정부 관리들을 죽였다.

최혜국 대우*
새로 다른 나라와 조약을 맺을 때, 이전에 자국과 맺은 조약보다 더 유리한 내용이 있을 경우 자동으로 적용 받는다.

현존하는 최초의 태극기 임오군란 후 수신사로 일본에 건너간 박영효 일행이 조선 국기로 처음 사용하였다. 1883년에 국기로 공식 선포되었으며, 1942년에 대한민국 임시 정부에서 처음 '태극기'란 명칭을 썼다. 사진은 1884년에 제작된 태극기이다.

제물포 조약 임오군란 이후 일본이 군대의 힘으로 강요한 조약으로, 조선이 일본에 많은 배상금을 지불하고, 일본은 조선에 군대를 공식적으로 주둔시킬 수 있게 되었다.

일본과 청의 침입, 흔들리는 주권

군인들이 궁궐을 장악하자, 고종은 흥선 대원군에게 사태 수습을 요청하였다. 대원군은 군인들을 해산시키면서 부패한 관리를 찾아 벌주고, 그동안 추진되어 온 개화 정책을 수정하겠다고 약속하였다. 그러나 일은 대원군의 뜻대로 되지 않았다. 청과 일본이 각각 3,000명과 1,500명의 군대를 이끌고 서울로 쳐들어왔기 때문이다.

일본은 조선에 사과와 손해 배상을 요구하였고, 군대를 주둔시켜 조선 내 자국민을 지키겠다고 나섰다. 청은 봉기한 민중들로부터 왕실을 지켜 주겠다는 구실로 군대를 물리지 않았다. 이렇게 두 나라 군대가 주둔함으로써 조선은 언제 두 나라의 전쟁터로 전락할지 모를 위기에 처했다.

청은 대원군을 임오군란의 책임자로 지목하여 청으로 납치하였으며, 군인 봉기의 주모자를 찾는다며 많은 서울 민중을 학살하였다. 또 청은 조선이 일본의 요구를 받아들여 불평등 조약을 맺도록 조선 정부를 압박하였다. 제물포 조약, 1882

조선이 이제 막 개화 정책을 추진하려던 무렵에 벌어진, 청·일의 침략적 개입은 자주적인 개혁에 결정적인 걸림돌이 되었다. 일본의 메이지 유신이나 청의 양무 운동이 외세의 큰 간섭 없이 이루어진 것에 비하면 불행한 출발이었다.

급진파와 온건파

서울을 점령한 청은 사대 관계를 폐지하자는 조선의 요구를 묵살하고 조선을 청의 속국이라 규정하고, 청나라 상인의 특권을 인정한 불평등 조약조·청 상민 수륙 무역 장정, 1882을 강요하였다. 또한, 관리 인사에 개입하고 내정 간섭을 일삼으며, 차관 제공을 구실로 이권을 빼앗아 갔다.

그러나 민중들의 강력한 반개화 의지를 확인하고 청·일의 개입으로 어려움에 부딪힌 뒤에도, 개화 정책을 추진하겠다는 의지는 변함 없었다.

중국 대사관 현재 서울 명동에 있는데, 이곳은 청의 공사관이 있던 자리이다.

한성의 청 상인과 일본 상인 거류지
1882년에 청이 강요한 조약에는 청
상인의 개항장 밖 영업을 허가하는
조항(내지 통상권)이 들어 있었는데,
1880년대부터 청 공사관 자리 주변에
청 상인의 집단 거주지가 형성되었다.
청이 누린 특권이 곧이어 일본, 서양
국가들에게도 적용됨으로써 조선 상인의
영업권이 위협을 받았다.

> 종교는 배척하되 기술은 본받을 수 있다. 양자가 결코 충돌하지 않는
> 다. 지금 강약의 형세가 이미 많이 벌어졌다. 만약 저들의 기술을 받
> 아들이지 않는다면 어떻게 저들에게 모욕받지 않고 저들이 엿보는 것
> 을 막을 수 있겠는가. — 고종의 교서, 《고종 실록》, 1882. 8. 5.

위의 교서에 드러난 것처럼 왕과 집권 관료층 대부분은 서양의 발달
된 문명을 받아들이고자 하였다. 그러나 그들끼리도 무엇을 개화라
하는지, 개화를 어떻게 추진할 것인지, 청과의 관계를 어떻게 풀어야
할지에 대한 생각의 차이가 커 합의점을 찾기가 어려웠다.

청과의 관계를 어떻게 설정할지가 가장 중요한 과제였다. 생존
경쟁이 치열한 국제 정세 속에서 일시적으로나마 청의 도움을 받아야
한다는 의견과, 청에 맞서 자주독립을 분명히 하는 것이 먼저라는
의견이 대립되었다.

청의 도움을 받아야 한다는 사람들이 청의 양무 운동처럼 동양의

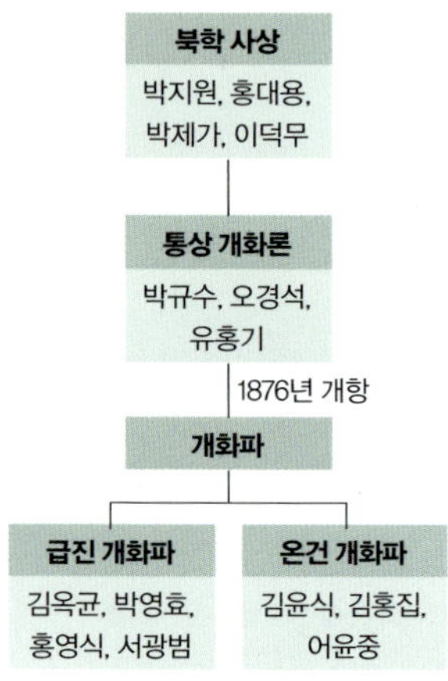

개화파의 형성

도를 지키는 범위 안에서 서양 기술을 받아들이려 했다면, 자주독립이 먼저라고 주장하는 사람들은 일본의 메이지 유신을 본보기로 삼아 문명 개화, 곧 전면적인 서구화를 추진하려 하였다. 전자를 온건파라 한다면 후자를 급진파라 할 수 있는데, 김윤식과 김홍집이 온건파를, 김옥균과 박영효 등이 급진파를 대표하였다.

갑신정변, 근대 국가 건설을 시도하다

1884년 가을, 김옥균을 비롯한 급진파는 쫓기는 심정이었다. 청·일의 빠른 변화에 비하면, 조선의 변화는 너무도 더뎠다. 게다가 임오군란 이후 조선에 대한 청의 영향력이 강해져 일본과 가까운 급진파의 입지가 갈수록 좁아졌기 때문이다.

1884년 10월 17일, 급진파는 마침내 정변을 일으켜 고위 관리 여럿을 살해하고 정권을 잡았다.^{갑신정변} 이들은 새 정부를 구성하여 다음과 같은 개혁을 시도하였다.

> 청으로부터 완전 독립하며, 군주권을 제한하여 일본과 비슷한 내각 중심의 권력 구조를 만들고, 문벌을 뛰어넘어 인재를 고루 등용하고, 조세 및 재정 제도를 혁신하여 경제를 발전시킨다.
>
> — 갑신정강 14조(요약 재구성)

이는 메이지 유신 이후 근대적인 자본주의 국가로 탈바꿈하던 일본을 본보기로 한 개혁이었다. 새 정부의 개혁은 처음부터 벽에 부딪혔다. 청이 정변을 진압하겠다고 나섰기 때문이다. 급진파의 개혁 방식에 반대하던 조선의 여러 관리들도 진압에 동조하였다. 충분히 예상할 수 있는 일이었으나, 급진파는 이에 적절히 대비하지 못하였다. 급진파와 함께한 군인들과 도와주겠다던 일본군은 청군에 쫓겨 무기력하게 물러났다. 근대 국민 국가를 건설하려던 급진파의 꿈은 3일 천하로 막을 내렸다.

급진파는 빠른 개혁이 절실하다고 느꼈으면서도 부족한 힘을 같은 개화 세력인 온건파가 아니라 일본이란 외세를 끌어들이는 것으로 채우려 하였다.

정변은 실패로 끝났고, 청의 간섭은 더욱 심해졌다. 개혁 진영의 상당수가 관직에서 밀려났으며, 일부는 아예 반역죄로 처단되거나 일본으로 쫓겨 갔다.

개혁을 통한 근대 국가 건설, 과연 급진파가 선택한 그 방법밖에 없었을까?

김옥균과 갑신정변

김옥균(1851~1894) 등은 근대적 우편 제도를 실행할 우정국 건물이 완공되던 날,
반대파를 제거하고 정변을 일으켰다. 정변을 주도한 김옥균은 일본이 서구화 정책을
통해 빠르게 변화하는 모습에 큰 충격을 받았다. 김옥균은 개혁은 점진적으로 하는
것이라는 주장에 대하여 "그때의 조선은 이미 우리의 조선이 아닐 것이다."라며 서둘러
개혁하지 않으면 독립을 유지하기가 불가능하다고 생각하였다.

갑신정변의 주역들 갑신정변을
주도하였던 인물들로, 왼쪽부터 박영효,
서광범, 서재필, 김옥균이다.

우정총국 역참제를 대체할 새로운 우편
행정을 위해 우정국이 설치되었으나,
갑신정변을 계기로 폐쇄되어
1895년까지 재래의 통신 방법을 그대로
썼다. 사진은 서울 종로구에 있는
우정총국 건물로, 갑신정변이 시작된
곳이다.

5 두 얼굴로 다가온 근대-자본주의

영국 잡지 《그래픽》, 1882. 12. 22.

근대가 낯선 모습으로 다가오다

> 1886년 서울, 이전에 볼 수 없었던 새로운 학교가 문을 열었다. 모두 두 학급으로, 한 반은 젊은 현직 관리들 중에서, 다른 한 반은 양반집 청년 중에서 학생을 뽑았다. 교사는 세 명이었는데, 모두 우리말을 전혀 모르는 미국인이었다. 영어와 수학, 과학, 지리 등 전에 없던 과목이 중심이었다. 교과서는 전부 영어로 쓰여 있었으며, 수업도 두 단계 통역을 거쳐 영어로만 진행되었다.

1886년에 설립되어 이후 8년여간 운영된 육영 공원의 모습이다. 육영 공원은 미국에 다녀온 사절단이 제안하여 세운 최초의 근대적 관립 학교였다.

같은 해 두 명의 미국인 선교사가 서울에 서양식 학교를 세웠다. 처음에는 학생 몇 명이 둘러앉아 수업을 받았으나, 얼마 지나지 않아 근대 교육 기관으로 자리 잡아 각각 배재 학당, 이화 학당으로 불렸다. 이보다 앞서 원산 주민들은 새로운 시대에 걸맞은 근대 교육을 하고자 원산 학사란 학교를 세웠다.[1883]

초기 이화 학당 미국 감리교 여 선교부 소속 스크랜턴이 1886년에 세웠다. 1년 만에 학생 수가 47명으로 늘어난 배재 학당과 달리, 여학생 교육을 담당한 이화 학당은 11년 만인 1897년에야 겨우 학생 47명을 확보할 수 있었다.

최초의 외국 유학생도 나왔다. 일본을 방문한 조사 시찰단 일행 가운데 일본에 남아 공부하기를 희망하는 사람도 있었으며, 국가가 나서서 청으로 대규모 유학생을 보내기도 하였다. 1880년대에는 일본에 보낸 국비 유학생이 100여 명에 이르렀다.

1880년대 조선에는 신교육이 자리 잡아 가고 있었다. 낯선 얼굴의 이방인들이 새 바람을 일으켰고, 새 교육을 받은 조선인들이 또 다른 바람을 일으켰다.

새로운 사상, 새로운 문화

1883년 10월, 정부는 최초의 신문인 《한성순보》를 창간하였다. 개화의 필요성을 널리 알리려는 의도였다. 갑신정변 때 시설이 불타자, 새로운 시설을 마련하여 《한성주보》라는 새 신문을 발행하였다.

첫 신문은 한자로 쓰여 있었고, 많은 사람에게 널리 배포되지는 않았다. 그러나 신문이란 낯선 매체는 낯선 세계에 대한 다양한 정보는 물론, 유교적 상상력을 뛰어넘는 새로운 학문과 사상을 소개하였다.

외국인 선교사에 의해 개신교가 소개되고, 천주교에 대한 탄압이 없어지면서 기독교 신앙도 갈수록 확대되었다.

사람들이 오가고, 무역이 확대되면서 새로운 문물이 소개되었으며, 이는 생활의 변화로 이어졌다. 1882년에 선보였던 전신은 이후 서울과 인천, 부산, 의주를 연결하였으며, 1887년에는 전기를 생산하

《한성주보》 갑신정변 이후 발행이 중지된 《한성순보》를 대신하여, 정부가 주보 형식으로 간행하였다. 신문 기사는 한글과 한문을 섞어 쓰거나, 순 한글로 쓰였으며, 1886년 1월부터 2년 6개월간 발행되었다.

제중원 1885년에 세워진 최초의 서양식 국립 의료 기관으로, 미국인 선교사이자 의사인 알렌 등이 진료를 하였다. 처음에는 광혜원으로 불렸다가 널리 사람들을 구제한다는 뜻의 제중원(濟衆院)으로 이름이 바뀌었다.

건청궁에 전기가 들어오던 날(상상화) 1887년 밤, 경복궁 내 건청궁에 처음으로 전등불이 밝혀졌다. 미국 에디슨 전기 회사에서 설비 공사를 맡았으며, 경복궁 향원정 물을 이용하여 전기를 만들었다.

여 궁궐의 밤을 환하게 밝히기도 하였다. 제중원 같은 서양식 병원도 지어져 서양 의료 기술이 보급되었다. 그리고 싸고 질 좋은 옷감이 소개되었으며, 성냥처럼 장안의 화제가 된 상상도 못했던 공산품과 석유도 등장하였다. 1880년대 조선은 변화의 시대였다.

신문물 도입에 적극 나서다

적지 않은 관리들이 신문물 수용에 높은 관심을 보였다. 갈수록 치열해지는 국제 경쟁 속에서 독립을 지키기가 더 어려워졌기 때문이다.

거문도 사건처럼 터무니없는 일이 벌어진 것도 이때였다. 조선이 러시아와 국교를 수립하자[1884], 영국이 조선과 러시아가 가까워지면 안 된다며 거문도를 2년[1885~1887] 동안 점령한 것이다.

청·일이 침략의 기회만 노리고, 영국과 러시아의 대립도 만만치 않은 상황에서 정부 관리들은 방향을 두 갈래로 잡으려 하였다. 먼저 외교적인 노력을 기울여 이 국가들의 세력 균형을 이루고, 그 사이에 신문물을 적극적으로 도입하여 부강한 나라를 건설한다는 계획이었다.

조선 정부는 조선의 중립화론*을 검토하는 한편, 서양 국가와 교류를 확대하려 하였다. 신기술을 도입하고 인재를 육성하여 산업 진흥

조선의 중립화론 * 러시아가 조선의 항구를 빌려 군항으로 사용하려 한다고 생각한 영국은 러시아를 견제한다는 명분으로 거문도를 불법 점령하였다. 청의 중재로 러시아가 조선의 영토를 차지하지 않겠다고 약속하자, 영국은 2년 만에 거문도에서 함대를 철수하였다. 이 사건을 계기로 조선 외교 담당자들은 주변 강대국의 동의를 바탕으로 한 조선 중립화를 추구하기도 하였다. 그러나 청이 반대하고, 청의 후원이 필요하다고 생각하는 관리들이 있어 중립화론은 주장으로만 그쳤다.

민영익 일행이 미국 대통령 아서를 접견하는 모습 1883년 9월 29일자 뉴욕 주간지 《뉴스 페이퍼》에 실린 삽화이다.

1883년 7월 미국에 파견된 사절단(보빙사) 일행 앞줄 왼쪽으로부터 세 번째 사람이 민영익이다. 이들 일행은 대부분 개화에 뜻을 둔 젊은이들이었으며, 미국의 뉴욕과 보스턴 등을 방문하여 근대 산업과 문물을 시찰하였다.

을 도모하였으며, 신무기를 도입하고 신식 군대를 훈련시켰다.

외교를 확대하고 신문물을 받아들이는 데는 많은 돈이 필요하였다. 그러기 위해서는 정부의 씀씀이를 줄이고 조세·재정 제도를 고쳐야 했다. 그러나 정부는 물가가 오를 줄 알면서도 당오전이라는 화폐를 만들고 조세를 늘려 정부 수입을 올리고, 청·일에 이권을 넘겨주고 돈을 빌리는 것으로 부족한 돈을 메우려 하였다.

근대적인 삶과 부국강병의 상징이라 믿었던 신문물의 수용은 오히려 민중의 생활을 악화시키고, 더욱더 외세에 의존하는 방향으로 전개되고 있었다.

전환국 1883년에 세워진 화폐 제조 기관으로, 처음 서울에 설치되었으나 1892년에 인천으로 옮겨졌다. 주로 백동화(상평통보 5개 가치의 구리 화폐 당오전)를 제조하였다. 사진은 인천에 있었던 전환국 건물이다.

자본주의가 다가오다

강화도 조약 이후 일본과 무역이 늘었으며, 1882년 이후에는 청과의 무역량도 늘었다. 이제 조선은 청·일을 매개로 자본주의라는 완전히 새로운 경제 체제와 만났다.

초기 무역은 개항장에 진출한 외국 상인을 통해 이루어졌다. 부산과 원산에서는 주로 일본 상인이, 인천에서는 청과 일본 상인이 상업 활동을 주도하였다. 청에 내지 통상권을 부여한 1882년 이후에는 외국 상인이 개항장 밖 내륙에서도 무역을 할 수 있게 되었다.

외국 상인들은 조선 법의 통제를 받지 않고 자유롭게 활동하였다. 조약상의 치외법권 규정 때문이었다. 게다가 이들은 외국산 제품을 쉽게 확보하고 금융 기관의 도움도 받았으니, 조선 상인들이 이들과의 경쟁에서 이기기란 쉽지 않았다.

외국 상인들은 조선에서 쌀이나 콩, 쇠가죽을 수집하여 일본에 수출하고, 영국이나 일본에서 공산품을 들여왔다. 조선의 입장에서 보면, 수출보다는 수입이 늘 많았는데, 무역 적자는 금 수출로 메워졌다.

많은 쌀이 일본으로 팔려 나가면서, 지주나 거래상 들은 큰 이익을 챙겼다. 그러나 쌀값이 오르고 식량이 부족해지자 도시 빈민과 가난한 농민들의 삶은 더욱 힘들어졌다.

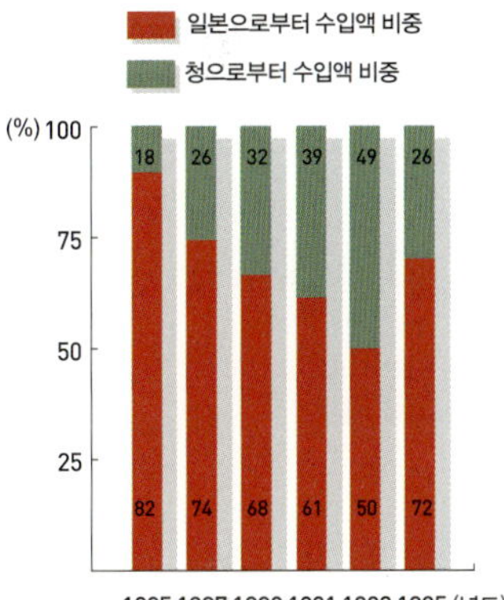

무역액의 국가별 구성 1880년대 이후 청 상인의 침투가 꾸준히 증가하였으니, 청·일 전쟁은 조선을 둘러싼 청·일의 무역 경쟁이기도 하였다. 1894년 이후 일본 상인의 침투가 비약적으로 확대되었다.

수입한 공산품 가운데 면제품이 가장 많았다. 값싼 면제품이 많이 수입되면서 면직물 생산이 타격을 받았으며, 장차 조선에 면직물 공업이 일어난다 해도 처음부터 큰 어려움에 놓일 것이 뻔했다.

식산 흥업 정책이 시작되다

자본주의 경제 체제와의 만남은 자립적인 국민 경제를 갖추느냐 외국 경제에 편입되느냐의 갈림길에 서게 됨을 뜻하였다.

정부는 식산 흥업근대 산업 육성을 개화 정책의 큰 줄기로 삼았다. 그래서 관영 공장을 세우고 기술 교육을 확대하였다. 1883년부터 1887년 사이에 기기창과 전환국, 직조국, 조지국을 잇달아 설치하고, 그 아래에 무기 · 화폐 · 면제품 · 종이 공장 등을 운영하였다. 광무국을 두어 광산 개발을 시도하고, 농무 목축 시험장이란 최초의 모범 농장을 세워 신농법도 시험하였다.

한편, 민간 차원에서도 각종 단체를 꾸려 외국의 경제 침투에 맞서려고 하였다. 부산과 인천에서는 업종이 같은 상인들끼리 동업 조합을 결성하여 외국 상인과 경쟁하였으며, 평양 대동 상회처럼 상인들끼리 자본을 모아 합자 회사를 조직하기도 하였다. 서울 시전 상인들은 외국 상인의 개항장 밖 영업을 허가한 조약을 개정하라고 요구하며 세 차례에 걸쳐 상가의 문을 닫는 철시 투쟁을 벌였다.

정부의 주도 아래 근대적 산업을 일으키는 일이 진행되었으나 기술과 인재뿐만 아니라, 이를 육성할 재정도 부족하였다. 상공업 발전에 필수적인 은행 같은 금융 기관을 만드는 일도 시급하였다.

방곡령 쌀이나 콩 같은 식량의 해외 유출을 금지하는 명령으로, 자연 재해로 식량 공급이 어려워지거나 쌀값이 크게 오를 때 시행된다. 조 · 일 통상 장정 37관에 근거를 둔 조치로, 1884~1901년까지 17년간 방곡령이 27회 발동되었다. 1889년 함경도 방곡령, 1890년 황해도 방곡령 때는 일본이 절차의 잘못을 트집 잡아 사과와 배상을 요구하여 조선 정부는 적지 않은 배상금을 지불해야 하였다.

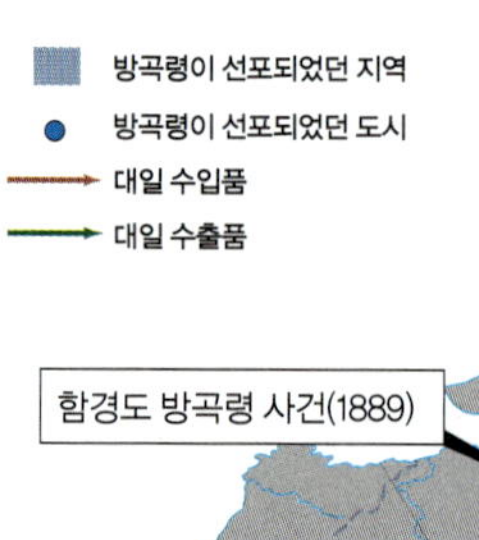

명동 성당 기와집과 초가집이 모여 있는 도시 한가운데 거대한 서양식 건물인 명동 성당이 들어섰다. 1898년에 준공된 이 우뚝 솟은 서양식 건물을 당시 조선 사람들과 이곳에 와 있던 서양 사람들은 어떻게 받아들였을까?

이보다 급한 것은 불평등 조약을 개정하는 일이었다. 치외법권을 폐지하고 관세 자주권을 되찾아야 했으며, 지나친 곡물 유출을 막는 제도적 장치도 필요하였다. 그러나 외세는 조약 개정을 거부하고, 조약 내용을 교묘히 이용하여 조선에 대한 경제 침투를 강화하였다.

근대 도시가 형성되다

개항 이후 많은 외국인이 조선에 건너왔다. 부산, 인천과 같은 개항장에는 청이나 일본에서 건너온 이들이 많았다. 정치·경제의 중심지인 서울에도 적지 않은 외국인들이 모여 살았다.

외국인이 들어오고 자본주의 경제가 보급되면서 전에 없던 도시가 새로 생기거나 도시의 규모가 커졌다. 한산한 어촌에 불과하였던 부산, 인천, 원산이 이국적 분위기를 풍기는 근대 도시로 탈바꿈하였고, 전기와 전신, 서양식 병원과 서양식 교회 건물이 자리 잡는 등 서울의 변화도 두드러졌다.

근대적 삶을 먼저 누리고 이끈 사람들은 조선에 들어온 외국인이나 왕실과 고위 관리 같은 일부 계층이었다. 이들을 제외한 대다수 사람들은 신문명과 동떨어진 삶을 살았고, 자본주의와 신문물 도입이 가져온 부작용으로 인해 오히려 어려움을 겪었다. 이국적 모습의 근대 도시는 여전히 변하지 않은 사회에 섬처럼 존재할 뿐이었다.

자본주의와의 만남, 신문물의 도입이 과연 나라를 부강하게 하고 사람들의 삶을 더 윤택하게 할 수 있을까?

서양의 과학 기술을 배우자!

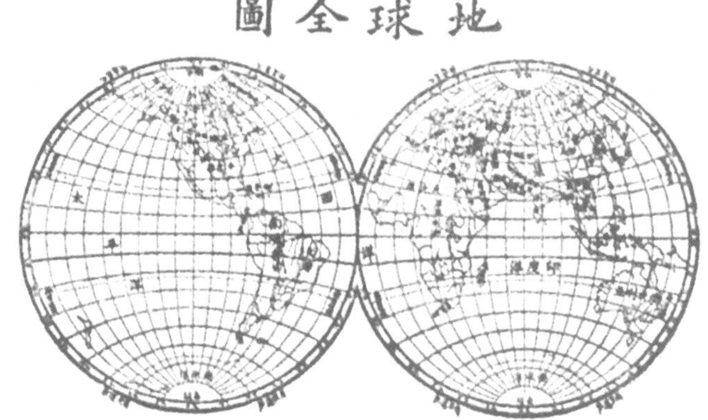

《한성순보》 창간호에 실린 세계 지도 당시 기사를 작성한 이들은 '인간이 사는 땅덩이가 평평한 것이 아니라 둥글다'는 것이야말로 독자들이 반드시 알아야 할 새로운 지식이라 생각하고, 창간호에 세계 지도를 실었다. 지도 밑에는 "지구 모양은 귤처럼 둥글다.", "서울은 북위 37도 39분" 등의 긴 해설이 덧붙여졌다.

> 교묘한 지혜가 날로 발전하고, 기선이 전세계를 누비며, 전선이 사방을 이어 주니…….
>
> — 《한성순보》, 서

"과학이 날로 발전하고, 기술이 세상을 바꾸고 있다." 1883년 10월에 창간된 《한성순보》 발행인의 생각이다. 과학 기술을 배우는 것이 개화의 출발이라고 생각한 이가 어찌 그뿐이었을까?

《한성순보》와 1886년에 발간된 《한성주보》 모두 과학 기술에 대한 관심이 대단히 높았다. 그런 만큼 두 신문에는 전기와 전신, 철도와 기선 등 나라를 부강하게 하는 기술 문명에 대한 기사가 높은 비중을 차지하였다. 그와 함께 지구의 운동이나 세계 지리에 대한 이해, 의학, 기초 과학을 소개한 글도 적지 않았다.

무역을 통해 전해진 물품과 새로 소개된 문명의 이기들을 접하면서 과학 기술을 배워야겠다고 생각하는 사람들이 많아졌다. 그러나 유학을 가거나 외국인을 불러들이기가 쉽지 않았던 터라, 과학 기술에 대한 지식이 축적되기까지는 오랜 시간이 걸렸다. 1880~1890년대 조선은 '배워야 한다'는 열기가 뜨겁게 달아오르고 있었다.

1880~1890년대에 쓰여진 다음 글에서 '이것'은 각각 무엇일까?

❶

'이것'은 두 기운이 합쳐져 나타나는 것으로, 없는 곳이 없지만 나타나지 않을 때는 소리도 빛도 무게도 없다. …… 소식을 전해 줄 수도 있고, 거리를 조명해 줄 수도 있으며, 물건을 만드는 데도 쓸 수 있는데, 그 값은 아주 싸다.

— 《한성순보》

❷

어떤 사람은 '이것'을 바다 가운데서 꺼낸다 하고, 어떤 사람은 석탄에서 빼낸다 하며, 어떤 사람은 돌을 삶아서 걸러낸 것이라 하여 …… 한 홉을 가지고 열 밤을 밝힐 수 있었다. …… '이것'이 나타나면서 양수화통(洋燧火筒, 성냥)도 또한 성행하였는데, 민간에서는 이를 자기황(自起黃, 스스로 불을 일으키는 황)이라고 불렀다.

— 황현, 《매천야록》

❸

도쿄와 나가사키에서 유럽 여러 나라까지 직선, 횡선으로 몇십 줄 연결되어, 각 나랏일을 지척처럼 들을 수 있고, 만 리 사이 서신도 경각에 통신할 수 있는데, '이것'은 국가든 민간이든 다 사용할 수 있다더라.

— 이헌영, 조사 시찰단 보고서

---

❶ 전기 ❷ 석유 ❸ 전신

6 농민들, 낡은 체제를 바꾸며 침략자에 맞서다

민중들, 난을 노래하다

> 매일 난이 일어나기를 노래하던 민중들은 곳곳에 모여 말하되, "났네 났어, 난리가 났
> 어. 에이 참, 잘 되었지. 그냥 이대로 지내서야 백성이 한 사람이나 어디 남아 있겠나."
> 하며 기일이 오기만 기다리더라.
>
> — 사발 통문

1893년 11월, 봉기를 준비하던 전라도 고부의 농민이 만든 사발 통문의 일부이다. 이 한 해 동안 전국에서 60여 차례 민란이 일어났다. 1894년에도 '민란이 없는 고을이 없다.'고 할 정도로 사정은 마찬가지였다.

"요즘 수령들은 관직을 여관같이 생각하여 장부는 모두 서리에게 맡겨 놓고 오직 뇌물 받는 것만 일삼는다."《비변사 등록》, 1892. 1. 27.는 기록처럼 지방관의 부정 부패가 큰 이유였다. 중앙 정부의 잘못도 컸다. 지방관 자리를 돈을 받고 팔기도 하였고, 재정이 부족하다는 구실로 온갖 잡세를 만들어 세금을 거두어들였다.

개항 이후 쌀을 팔아 돈을 번 지주와 상인은 더 많은 땅을 사들인 반면, 한편으론 토지를 갖지 못한 농민이 점차 늘어나면서 빈부 격차가 심화된 것도 문제였다.

사발 통문 봉기에 동참할 것을 알리는 통문은 주동자가 드러나지 않도록 둥글게 서명하는 것이 특징이다. 이 통문은 서명자 가운데 한 사람이 1904년에 10년 전 기억을 더듬어 새로 정리한 것이다.

동학, 민중 속에 자리 잡다

난이 일어나 세상이 뒤집어지기를 바라는 민중들의 마음속에는 동학
이 자리 잡았다.

동학을 받드는 이들은 모든 인간은 존엄하며 그래서 평등하다고 믿
었다. 또한, 조선 왕조의 운수가 다했으니 새 세상이 올 것이라고 믿
었다. 나아가 나라의 기둥이 되어 민民의 삶을 보살피자보국안민고 다짐하
기도 하였다.

1860년에 경주에서 창시된 동학은 1880년대에는 충청도로,
1890년대에는 전라도, 경상도 지역으로 빠르게 확산되었다. 변화가
꼭 필요했을 정도로 사회가 혼란하였고, 세상이 바뀌기를 절실하게
소망한 사람도 많았기 때문이다.

1892년 무렵에는 변혁의 필요성을 느낀 지식인들이 동학에 참가하
였다. 그 대표적인 인물인 전봉준은 "마음을 함께한 자들이 협력하여
간악한 관리를 없애고, 보국안민을 이루기 위해"《동경조일신문》, 1895. 3. 6. 동학
에 가입했다고 훗날 증언하였다.

새 세상이 오기를 간절히 소망하는 민중과 변혁을 추구하는 지식인
이 이렇게 동학을 매개로 만났다.

전봉준(1854~1895) 그의 아버지
역시 민란에 참가하였다가 처형되었다.
전봉준은 동학의 고부 접주로, 서당에서
글 선생을 하며 지냈다. 체포된 뒤 관리가
"고부 군수에게 피해를 입지도 않았는데
왜 군사를 일으켰느냐?"고 묻자,
"세상이 잘못되고 있어 한번 건져 보고자
하였다."고 대답하였다.

무명 동학 농민군 위령탑 사발
통문이 발견된 정읍시 고부면
주산마을 녹두회관 앞에
세워져 있다.

민중들, 역사의 주체로 나서다

정부는 동학의 확산을 막기 위해 강경하게 탄압하였다. 그러나 동학이 확산되면서 힘을 얻은 동학교도들은 오히려 공개 집회를 열어, 동학을 합법화하고, 부패한 관리들을 몰아낼 것을 요구하였다.

1892년, 동학교도들은 충청도 공주와 전라도 삼례에서 각 도 관찰사에게 '동학 탄압을 중지하고 신앙의 자유를 인정할 것, 관리들의 부당한 수탈을 중지할 것'을 요구하는 집회를 열었다. 같은 해 겨울에는 서울로 올라가 궁궐 앞에서 상소 운동을 벌이기도 하였다.

1893년에는 대규모 농민 집회가 열렸는데, 충청도 보은에 7만~8만 명의 농민들이 모였으며, 전라도 금구와 경상도 밀양에서도 수많은 농민들이 모여 공개 집회를 열었다.

집회에 참가한 농민들은 '척왜양창의'란 구호를 외치며 개혁과 부패한 관리 축출을 요구하였다. 고을 단위로 전개되던 민란은 이제 동학 조직과 연결되어 '왜와 양을 몰아내고 정의를 바로 세우자.'는 명분을 내걸고 정부를 대상으로 하는 전국 단위의 농민 운동으로 발전하였다.

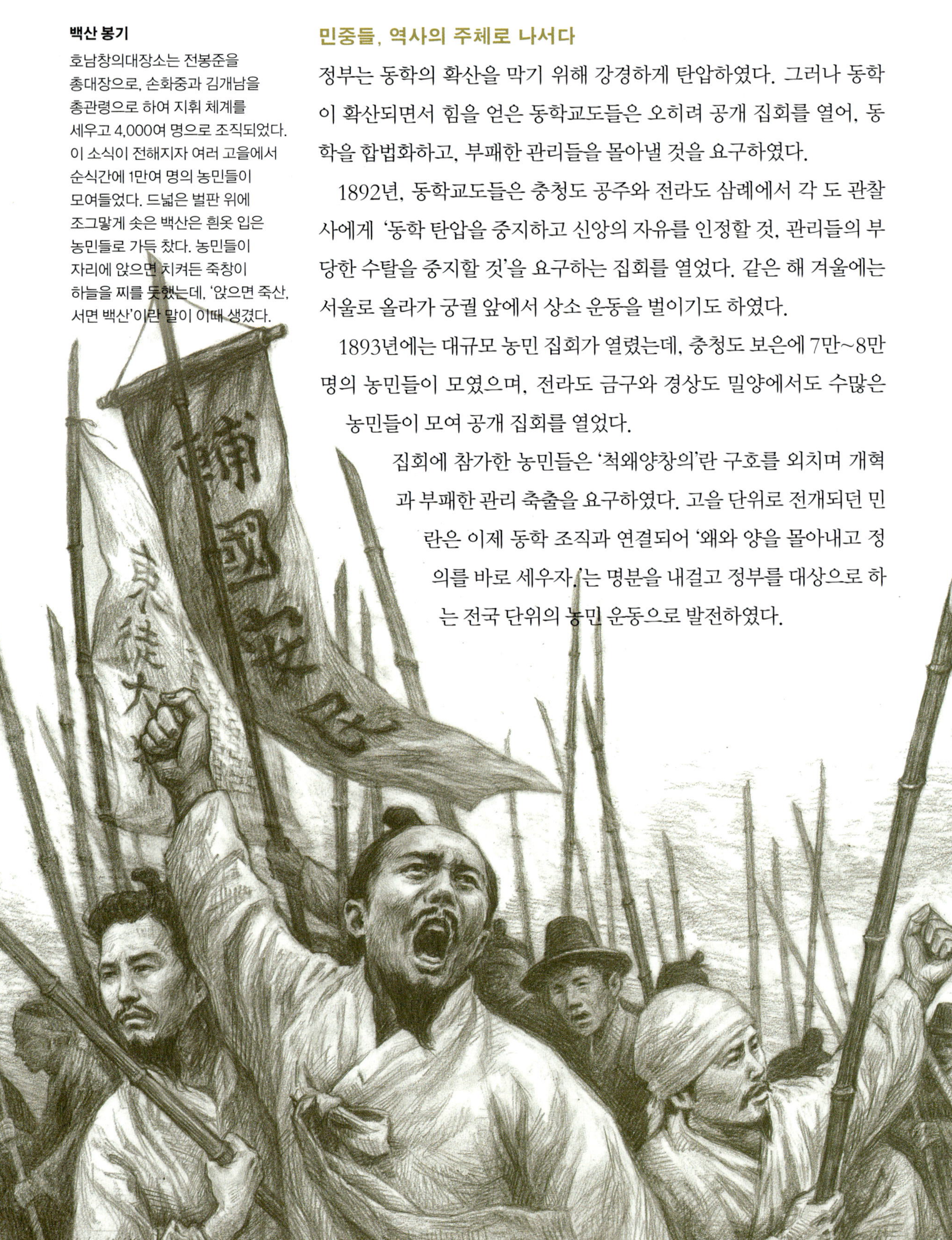

민란에서 농민 전쟁으로

1894년 1월, 전봉준을 중심으로 고부 농민들이 봉기하였다.^{고부 민란} 농민들은 탐학과 수탈을 일삼던 군수를 내쫓고, 억울하게 옥살이하던 사람들을 풀어 주었으며, 부당하게 빼앗긴 물건을 되찾았다.

이해 3월, 농민들이 다시 봉기하였다.^{1차 봉기} 이번에는 고부에서만이 아니었다. 고부 농민은 물론, 전라도 각지에서 농민들이 일어나 전봉준과 손화중, 김개남 등의 지휘 아래 대규모 농민군으로 조직되었다.

이들은 고부 백산에 진을 치고 다음과 같은 격문을 발표하였다.

우리가 의로운 깃발을 들어 이곳에 이름은, 그 뜻이 결코 다른 데 있지 아니하고 창생을 도탄 속에서 건지고 국가를 반석 위에 두고자 함이다. 안으로 탐학한 관리의 머리를 베고 밖으로 횡포한 강적의 무리를 쫓아내고자 함이다.

또한, "왜놈을 몰아내고 나라의 정치를 바로잡는다. 군사를 몰아 서울로 쳐들어가 권세를 누려 온 무리를 없앤다."는 행동 강령도 발표하였다.

농민군은 부패한 지방관을 몰아내자던 민란 차원을 뛰어넘어, 외세를 몰아내고 잘못된 정치를 바로잡기 위해 중앙 정부와 맞서 싸우겠다고 선언한 것이다.

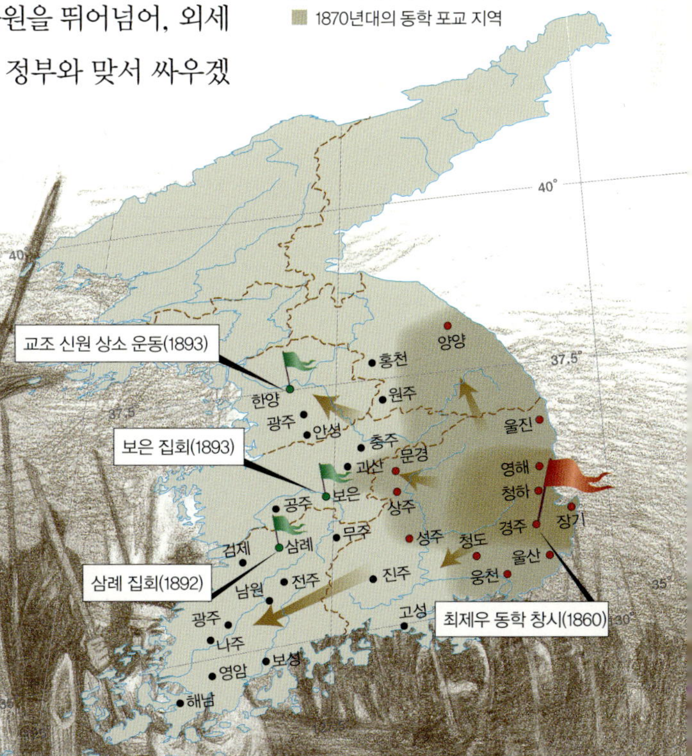

동학의 확산 동학은 1880년대에 충청도 일대로 전파되었으며, 1890년대에는 경상도와 전라도 일대로 빠르게 확산되었다. 동학이 확산되면서 교주를 중심으로 그 아래 포접제란 교단 조직이 형성되었는데, 교주 아래에 몇 십 개의 포를 두고, 포의 대접주 아래에 수십 명의 접주를 두는 식이었다.

부패한 관리의 죄목을 조사하여
엄히 징계하고 횡포한 양반과 부호를
처벌하며 노비 문서는 불태우고
천한 신분에 대한 차별을 폐지하고
청춘 과부의 재가를 허용하며
법에 정해지지 않은 세금을 폐지하고
관리를 채용할 때는 지역과 문벌을
뛰어넘어 등용하며 외적과 내통하는
자는 엄히 징계할 것이며
관청에 진 빚이든 개인에 진 빚이든
기존의 것을 무효로 하고
토지는 고루 나누어 경작한다.

낡은 체제를 무너뜨리다

민란이 대규모 농민 전쟁으로 발전하자, 전라 관찰사는 대규모 진압군을 관군과 보부상단으로 조직하였다. 중앙 정부도 신식 군대를 파견하여 농민군 진압에 나섰다.

1894년 4월 7일, 농민군은 고부 황토재에서 관군을 단박에 물리쳤다. 이후 전라도 정읍, 흥덕, 고창, 무장, 영광을 잇달아 점령하였고, 곧이어 중앙 정부가 파견한 정예 부대를 물리치고 전라 감영이 있는 전주를 차지하였다.

위기감에 사로잡힌 정부는 청에 군대 파견을 요청하였는데, 조선에 대한 영향력을 키우려 고심 중이던 청은 곧바로 이에 응하였다. 이를 지켜보던 일본도 청에 질세라 서둘러 조선에 군대를 파견하였다. 조선은 또다시 외세의 전쟁터가 될 위기에 놓인 것이다.

상황이 이렇듯 예상치 못한 방향으로 흐르자, 농민군 지도부는 고심하였다. 원하지도 않던 일본의 개입에 당황한 정부도 청과 일본의 충돌을 우려하여 이 사태를 빨리 마무리 짓고 싶어 했다. 5월 7일, 정부와 농민군은 군사 행동을 중지하고 서로 협력하여 대개혁을 실천하기로 합의하였다.^{전주 화약}

5월 8일, 농민군은 전주에서 철수하였고, 정부군도 곧이어 서울로 돌아갔다. 해산한 농민군은 무기를 손에 든 채 각자 고향으로 돌아가 집강소, 도소 같은 자치 기구를 만들어 폐정 개혁에 나섰다. 정부 차원의 제도 개혁도 시작되었다.

이제 신분제와 지주제에 바탕을 두고 농민을 수탈하던 낡은 체제가 무너지고, 농민들이 오랫동안 염원해 온 새 세상이 열리고 있었다.

농민들, 침략자에 맞서 싸우다

봉기에 참여하였던 농민들은 개혁을 실천하며 바쁜 여름을 보내고 있었다. 그런데 새로운 문제가 발생하였다. 서울에 주둔한 일본군이 궁궐을 점령하여 개화 정권을 세우고^{1894. 6. 21.} 조선에 있던 청군을 몰아낸

동학 농민 전쟁 유적지

1894년 1월의 고부 민란에서 시작된 동학 농민 전쟁은 3월 이후 무장의 손화중, 남원의 김개남 등 전라도 일대의 동학 지도자들이 군사를 일으키면서 전라도 전역으로 확산되었다. 2차 봉기 때는 충청도와 경상도, 황해도 일대의 농민군도 참가하였다.

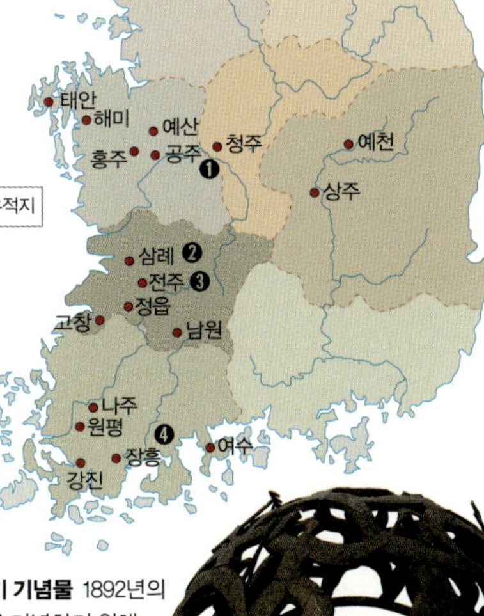

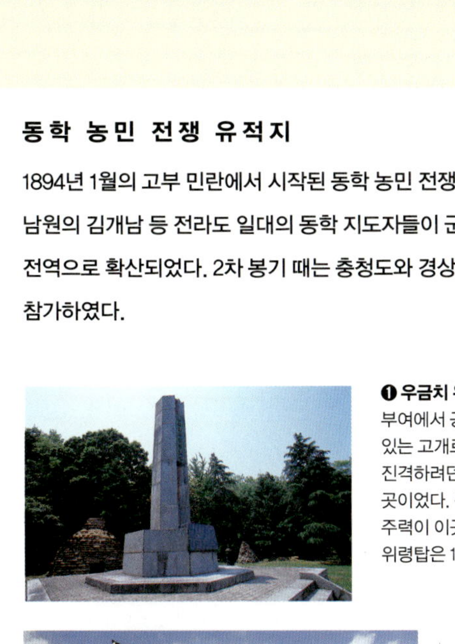

❶ 우금치 위령탑 우금치는 충청 남도 부여에서 공주로 넘어가는 길목에 있는 고개로, 공주를 차지한 뒤 서울로 진격하려던 농민군이 꼭 넘어야 할 곳이었다. 전봉준이 이끌던 농민군의 주력이 이곳에서 크게 패했는데, 현재의 위령탑은 1973년에 세워진 것이다.

❷ 삼례 봉기 기념물 1892년의 삼례 봉기를 기념하기 위해 만들어진 광장에 세워진 기념물이다.

❹ 장흥 기념탑 농민군이 관군과 일본군의 공격에 맞서 마지막 반격을 시도하였던 장흥 석대 들녘에 세워져 있다.

❸ 전주성 풍남문 전라도의 중심지인 전주성 남문이다. 전주성을 차지한 전봉준은 전라 감사와 협의하여 본격적인 개혁을 추진하였다.

❺ 만석보가 있던 자리에 세운 비석 고부 민란의 원인을 제공한 만석보가 있던 곳을 알리는 비석이다. 고부 군수 조병갑은 농사를 돕는다며 보를 만든 뒤 농민들에게 과도한 물세를 물렸다. 고부 민란 후 농민들은 보를 허물어뜨렸다.

❼ 동학 혁명 모의탑 1893년 11월, 전봉준 등 20여 명이 거사를 계획한 사실을 기념하여 세운 비석이다.

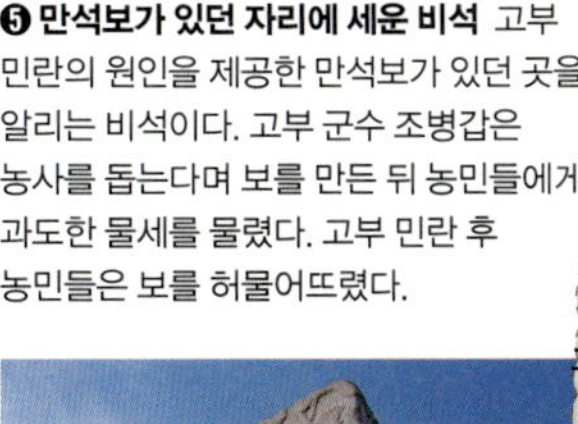

❻ 전봉준 고택 전봉준이 살던 초가집이다. 전봉준은 몰락한 양반 출신으로 어린 시절 키가 작아 '녹두'라 불리기도 하였다. 전봉준은 약을 팔아 생계를 꾸렸고, 서당을 열어 글방 선생을 하면서 지냈다고 한다.

뒤[1894. 8. 17.] 농민군을 공격하고 나선 것이다.

농민들은 가을걷이를 끝내자마자 침략자를 물리치기 위한 대규모 군대를 조직하였다.[1894. 9. 2차 봉기] 이전에는 전봉준 등이 이끄는 전라도 농민군이 중심이었으나, 이번에는 충청도와 경상도, 황해도의 동학 교단이 대부분 동참하였다.

그러나 정부군[경군]과 지방 관군[영병]은 일본을 돕고 나섰으며, 양반들 가운데 일부가 민보군이라 불린 군대를 일으켜 농민군을 공격하였다. 농민군은 스스로 의병을 칭하면서 조선 사람끼리 싸울 게 아니라 서로 손을 잡고 일본군을 몰아내자고 호소하였다.

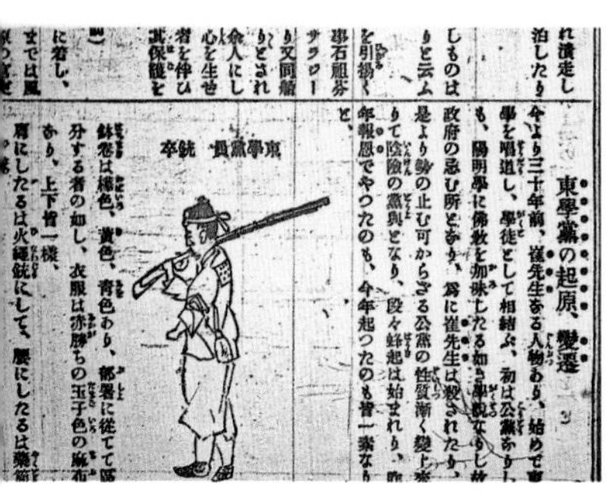
1894년 8월 11일 일본의 《이륙신보》에 실린 동학 농민군 그림

> 개화를 주장한 무리들이 왜와 손잡고, 밤에 일본 군대를 이끌고 쳐들어와 임금을 핍박하고 국권을 희롱하니 …… 동학을 믿는 우리들이 의병을 조직하여 왜적을 소멸하고 개화를 제어함으로써 조정을 깨끗이 하고 사직을 지키려 한다. 그런데 의병이 가는 곳마다 군사들이 나와 싸우게 되니 …… 어찌 애달프지 않으리오.
>
> — 1894. 11, 경군 및 영병과 아전, 상인 들에게 알림, 《사료로 보는 한국 문화사 5》

1894년 11월, 농민군은 공주로 모여들었다. 농민군은 일본군과 정부군에 맞서 장렬하게 싸웠으나 끝내 승리하지 못하였다.[공주 우금치 전투] 수많은 농민군이 싸우다 죽거나 잡혀 죽임을 당하였다.

그해 12월에 전봉준이 체포되었고, 이듬해 1월에는 남해안으로 쫓겨갔던 농민군마저 모두 제압당하였다.

농민들의 봉기는 끝내 좌절되었으나, 그들은 낡은 체제와 침략자에 맞서면서 새로운 사회를 실제로 만들어 나갔다. 민이 주인인 민주주의 사회를 근대 사회라 한다면, 진정한 근대는 이렇게 시작된 것이 아닐까?

운 명(殞命) 전봉준

時來天地皆同力	때가 오니 천하가 모두 힘을 같이하였건만
運去英雄不自謨	운이 다하니 영웅도 스스로 도모할 수가 없구나
愛民正義我無失	백성을 사랑하는 올바름일 뿐 나에게는 과실이 없나니
爲國丹心誰有知	나라를 위하는 오직 한마음 그 누가 알리

7

신분제 폐지,
평등 사회를 향해 출발하다

신분제가 폐지되다

· 역졸, 광대와 백정 등의 천민 대우를 폐지할 것.

· 공·사 노비 제도를 폐지하고, 사람을 매매하는 일을 금지할 것.

· 문벌과 양반, 상민 등의 계급을 타파하여 귀천에 구애받지 말고 인재를 뽑아 쓸 것.

· 과부의 재혼은 귀천을 막론하고 자유에 맡길 것.

· 적실과 첩에 모두 아들이 없는 경우에 한하여 양자를 허가할 것.

— 갑오개혁의 주요 조치를 열거한 〈의정 존안〉이라는 자료를 풀어 옮김

1894년 6월 28일에서 7월 3일 사이에, 동학 농민 전쟁으로 성립된 개화파 정권이 추진한 제도 개혁에 담긴 내용이다. 새 정부는 새로 시행할 제도를 안내하는 글을 전국의 각 관청으로 보냈는데, 이 가운데 대표적인 조항은 다시 한글로 옮겨 배포하였다. 지방관은 이를 받아 민간에 알리고 설득하는 작업도 벌였다.

신분제 폐지를 주장하였던 농민군뿐만 아니라 하층 신분에 속하는 사람들과 많은 여성이 새 세상이 왔다며 환호하였다. 양반 유학자들 대다수는 신분제 철폐에 반대하였으나, 농민의 세력이 강성하여 드러내놓고 반대할 상황은 아니었다.

동학 농민 전쟁과 개화파 정권의 성립으로

조선에는 오랫동안 유지되어 온 신분제가 타파되고 평등 사회를 향한
변화가 만들어지고 있었다.

농민군과 개화파

농민군은 폐정 개혁안에서 '노비 문서 소각, 천민의 처우 개선, 능력에
따른 인재 등용, 과부의 재혼 허가' 등을 요구하였다.

신분 차별 폐지는 개화파 내부의 생각이기도 하였다. 갑신정변으로
3일간 권력을 잡았던 최초의 개화파 정권은 "문벌을 폐지함으로써 인
민 평등권을 제정하고, 능력에 따라 관리를 등용할 것"이라는 정강을
내세웠었다.

정변 참가자 가운데 한 사람인 유길준은 "인간이 향유하는 권리는
하늘이 부여한 것…… 사람 위에 사람 없고 사람 아래 사람 없고 천자
도 사람이며 필부 또한 사람"^{〈서유견문〉}이라며 천부 인권설을 주장하였
다. 박영효는 신분제 폐지뿐만 아니라 축첩과 조혼 폐지, 교육에서의
남녀 평등 등 성 차별 폐지도 제기하였다.

개화파 중에는 민권의 중요성을 지적하면서 군민동치^{왕과 백성이 함께 통치하}
^{는 입헌 군주제}로 정치를 바꾸어야 한다는 이도 있었다.

유길준(1856~1914) 조사 시찰단으로
일본에 갔다가 조선인으로서는
처음으로 유학생이 되었다. 잠시
미국에서 유학한 다음 유럽 여행을
하고 돌아와 그곳에서 보고 배운 것을
정리하여 《서유견문》을 썼다. 민권을
강조하였으나, "민이 어리석어 지금
당장 권리를 쥐어 줄 수는 없다."고
생각하였다.

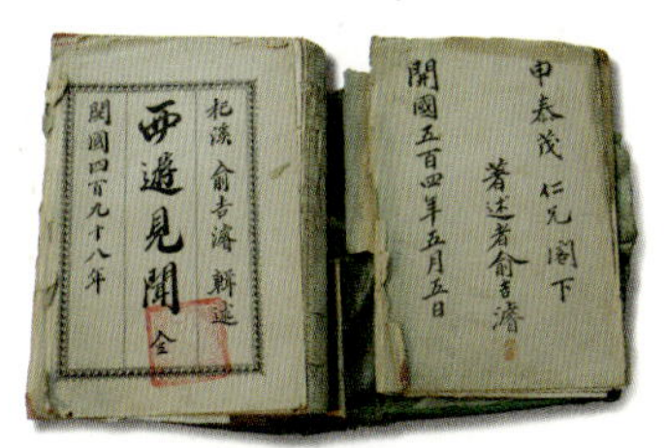

《서유견문》 최초의 일본, 미국
유학생이었던 유길준이 서양 사회의
모습을 상세하게 소개하고 개화의
필요성을 주장한 책이다. 1885년부터
집필하여 1895년에 간행되었다.

> 정부가 한번 정한 제도는 인군(임금)과 백성이 같이 지켜서 감히 이를
> 범할 수 없고, 좋은 법과 제도가 새로 정해지면 군민이 같이 준수하기
> 때문에 …… 국민이 각각 그 나라의 소중함을 자각하고 진취의 기백
> 과 독립의 정신으로 정부와 마음을 같이하고 힘을 합하여 그 나라의
> 부강을 꾀하고 문명의 규모를 강구하게 된다.　　　– 유길준, 《서유견문》

1880년대에는 개화파가 주장하였던 신분 제도 폐지와 민권 신장이
실제로 이루어지지 못하였다. 그러나 노비 세습제 폐지¹⁸⁸⁶ 등 차별을
폐지하려는 움직임은 갈수록 확산되었다. 1894년의 개혁은 그 연장
선에서 이루어진 것이다.

실천되지 못한 선언, 평등을 쟁취하는 민중들

1894년 여름, 신분제를 폐지하겠다던 개화파 정권의 약속은 제대로 지켜지지 못하였다. 개혁을 이끌었던 농민군이 일본군의 개입으로 약화되면서 양반 유생들이 강하게 반발하고 나섰기 때문이다.

차별 폐지 정책은 크게 후퇴하였다. 노비 제도를 폐지하겠다던 약속은 '노비를 줄이고 온정적으로 대하라.'는 권고로 바뀌었고, 천민 차별을 폐지하겠다던 약속도 구체적인 실천으로 이어지지 못하였다.

그러나 동학 농민 전쟁에 참가한 농민들은 제도 개혁과 상관없이 평등한 생활을 실천하였다. 양반과 상민의 차별을 반대하였고, 여성 차별, 적자와 서자를 구별하여 차별하는 것에 반대하였으며, 관청은 높고 백성은 낮다는 관념을 무너뜨렸다.

> 간혹 양반 중에 주인과 노비가 함께 적(동학)을 추종한 경우도 있었는데, 이들은 서로를 접장이라고 부르면서 적의 법도에 따랐다. 백정이나 재인들 또한 평민이나 양반과 더불어 평등한 예를 행하여 …… 적은 서로 대하는 예가 매우 공손하였으며 신분의 귀천이나 나이에 상관없이 평등한 예로 대하였다.
>
> ― 황현, 《오하기문》

농민들은 횡포를 일삼는 양반 지주를 응징하였고, 노비 문서를 불태우는 등 직접적인 행동으로 신분 차별을 부정하였다.

제도적인 폐지이든 생활 속의 폐지이든 간에, 차별은 부당하며 부당한 차별은 사라져야 한다는 생각이 대세를 이루었다.

평등 사회를 향하여

초기의 개혁 취지가 퇴색되었다 하여도 갑오개혁은 신분 제도 폐지의 새 시대를 열었다.

양반의 특권을 보장하였던 과거 제도와 서얼 차별이 폐지됨에 따라

최시형(1827~1898) 일찍이 고아가 되어 머슴살이를 하며 살던 중, 35세(1861)에 동학에 들어갔다. 민중 속으로 들어가 동학의 정신을 널리 알려, 동학이 대중적인 종교가 되는 데 큰 역할을 하였다. '배울 게 있다면 어린이나 부인도 스승으로 삼으라.', '부인은 한 집의 주인', '미래에는 세상을 구하는 여성들이 많아질 것'이라고 가르치는 등 동학의 남녀 평등 사상을 실천한 사람이기도 하다.

최시형 추모비 '천지와 부모는 같다.'는 최시형의 가르침을 적어 놓았는데, '밥은 곧 하늘', '모든 생명은 하나'라며 한살림 운동을 이끌어 냈던 장일순이 1990년에 세웠다. 최시형이 체포된 곳(원주시 호저면 고산리) 길목에 세워져 있다.

신분이 낮더라도 관직에 진출할 수 있는 길이 열렸다. 여성 차별을 폐지하려는 제도도 조금씩 자리 잡아 갔다.

게다가 죄를 지으면 그 가족까지 처벌받는 연좌제가 폐지되었으며, 새로운 재판 제도를 실시하고 가혹한 형벌을 금지하는 등 인권을 확대하려는 조치도 잇달았다.

1896년에 마련된 새로운 호적에는 신분이 아닌 직업을 적도록 하였다. 법적으로는 신분 차별을 분명히 부정한 것이다. 또한, 문벌을 가리지 않고 인재를 등용하려는 위로부터의 개혁과, 모든 차별을 폐지하려는 아래로부터의 투쟁이 합류하여 평등 사회를 향한 새로운 물줄기를 이룬 셈이다.

이제 양반과 상놈, 남성과 여성을 뛰어넘어 모두가 한 핏줄, 즉 동포라는 생각이 자라날 터였다.

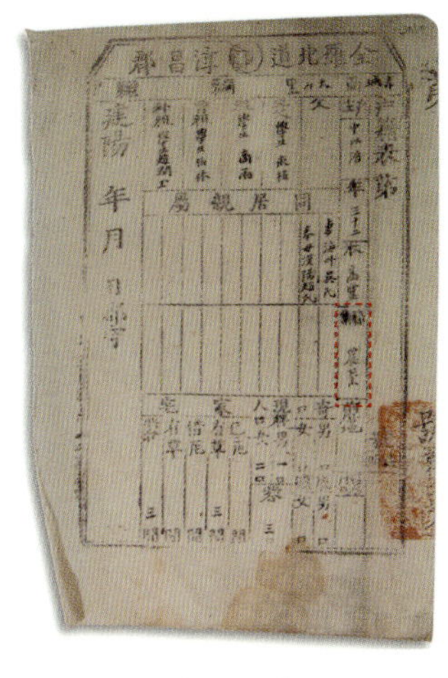

신호적 1896년에 새로 발표된 호구 조사 규칙에 따라 작성된 호적으로, 신분을 적는 난을 없애고 대신에 직업을 적도록 하였다. 사진의 점선 안은 직업을 쓰는 칸이다.

《한성순보》 10호(1884)에는 '구미 입헌 정체'란 제목의 글이 실렸어요. 유럽과 미국의 정치 제도를 설명한 것으로, "그곳 나라의 정치는 모두 입헌 정체인데, 군민 동치와 합중 공화 방식으로 운영한다."는 내용이었어요.

군민 동치(君民同治)란 말은 참 재미있습니다. 임금과 백성이 함께 통치한다, 다시 말해, 민이 뽑은 대표자들이 모인 의회가 법을 만들고, 왕이 그 법을 바탕으로 통치하는 정치 형태지요. 입헌 군주제를 뜻하는 말입니다.

합중 공화(合衆共和)란 무리가 어울려 서로 협의하여 처리한다는 뜻인데, 당시 미국과 프랑스처럼 국민이 대통령과 국회 의원을 선출하여 나라를 운영하게 하는 방식이지요. 다시 말해, 왕이 없고 공공선을 위해 국가가 봉사한다는 이념의 공화제를 말합니다.

국경을 넘은 사람들,
조선을 찾은 외국인들

연해주와 간도를 개척한 사람

1869년에 대흉년이 들면서 많은 사람들이 나무껍질과 풀뿌리로 연명하였고, 굶어 죽는 사람도 적지 않았다. 이 한 해 동안 함경도의 776가구가 연해주로 이주하였다. 이곳에는 1863년 이후에 많은 조선인이 이주하여 황무지를 농지로 일구며 살고 있었다. 1880년대까지 연해주에는 조선인이 러시아 인보다 많았다.

연도	러시아 인	원호	여호	고려인 계	총 인구
1882	8,385		10,137	10,137	92,780
1892	57,000	12,940	3,642	16,582	147,517
1902	66,320	16,140	16,270	32,410	312,541
1908	383,083	16,190	29,207	45,397	525,353

*원호는 귀화한 고려인, 여호는 귀화하지 않은 고려인 출처 : 이광규, 《재외 동포》

연해주에 살고 있는 조선인은 고려인(까레이스키)으로 불렸다. 러시아 국적을 얻은 사람들은 토지를 소유할 수 있어 여유가 있었으나, 국적을 갖지 못한 이들은 토지를 소유할 수 없었으므로 더 힘들게 살았다.

1869년에는 간도로 건너간 조선인들도 많았다. 이들 역시 이곳을 개간하여 농사를 지었다. 한족(韓族)이 이곳으로 이주한 것은 1880년대 후반이었으니, 간도 개척은 대부분 조선인이 이룬 것이다.

　　연해주와 간도로 건너간 조선인들은 러시아와 청의 통치 아래서 많은 어려움을 겪었다. 러시아는 엄격한 귀화 조건을 정해 귀화하지 않은 고려인을 차별하였으며, 청도 이주한 조선인에게 동화 정책을 강요하였다. 특히, 중국인 지주들은 조선인 소작농을 온갖 방법으로 수탈한 것으로 악명이 높았다.

간도 지방의 조선인들

간도 · 연해주 지역

이처럼 국경을 넘은 사람들에겐 또 다른 고통이 기다리고 있었으나, 많은 조선인들이 간도와 연해주로 이주해 척박한 땅을 일구며 새 삶의 터전을 마련하였다.

조선에 들어온 외국인들

부산의 개항장

외국인들은 개항을 계기로 조선에 와서 정착하는 경우가 많았다. 그들 가운데는 외교관이나 선교를 목적으로 들어온 기독교인도 있었으나, 경제적인 목적으로 조선을 찾아온 민간인이 가장 많았다.

부산, 원산, 인천과 같은 개항장에 많은 외국인이 거주하면서 새로운 도시가 형성되기도 하였다.

부산에 닻을 내리며 만나게 되는 것은 한국이 아니라 일본이다. …… 영사관, 은행, 많은 일본식 상점과 다양한 영국식 · 일본식 주택이 있는 넓은 거리가 바다와 바다를 내려다보는 언덕 사이에 자리 잡고 있다.
　　　　　　　　　　　　　　　　　　　- 영국인 비숍이 1894년 조선에 오면서 쓴 글,《한국과 이웃나라》

묄렌도르프(Möllendorff, 1848~1901)
개항기에 조선에 와서 처음으로 상주한
서양인이다. 청의 이홍장이 조선의 외교와
관세 업무를 간섭하기 위해 고문 자격으로
파견하였던 인물로, 개화 정책에 적지 않은
영향을 주었다.

서울에도 많은 외국 상인이 살았다. 1894년까지는 청 상
인(2,000여 명)이 일본 상인(800여 명)보다 많았다.
우리(일본인) 상점은 작은 구역 안에 무리 지어 있지만,
청상은 경성 시내 여러 곳에 자유롭게 상점을 마련하고
노점을 펼치고 있다. …… 청상과 우리 상인의 경쟁은
점차 청상의 승리로 돌아가고 …… 1890년 무렵부터 점
차 몰락으로 치닫고 있다.

– 1893, 일본 공사관 및 영사관 보고서

1890년대까지 60여 명의 서양인이 조선에 정착하였는데, 대부
분 외교관이거나 조선 정부에 고용된 사람 또는 선교사였다. 이
들의 수는 비록 적었으나, 조선은 이들을 통해 서양을 접하였으
며 서양은 이들을 통해 조선을 알게 되었다.

정동 교회와 배재 학당 미국인 선교사 아펜젤러(Appenzeller)는 1885년과 1887년 서울 정동에 각각 배재 학당(오른쪽, 현재 모습)과 정동
교회(왼쪽)를 세웠다. 서양 국가들의 공관과 교회, 외국인이 세운 학교와 집 들이 모여 있던 덕수궁 인근의 정동은 '축소된 유럽 세계에 와 있는 듯한
인상'을 주었다.

은둔국 또는 고요한 아침의 나라

한국인은 푸른 눈의 서양인에게 어떻게 비쳐졌을까?
두 장의 흥미로운 사진을 보자.

프랑스 화가 생 소베가 1806년에 그렸다는 오른쪽 그림은 건
장한 체격의 한국인을 묘사한 것이다. 중국인이나 일본인보다
체격이 크고 갓을 썼다는 말을 전해 듣고 그린 것일까?

　19세기 초, 또 다른 서양인은 배에서 멀찌감치 보이는 조선
의 시골 풍경을 그렸다. 흰옷을 입고 초가집에 살며, 갓을 쓴
모습까지 그럴싸한데, 얼굴은 영락없는 유럽 인이다.

　본격적인 한국의 역사를 서양에 처음 소개한 사람은 일본에
거주하였던 미국인 그리피스W.E. Griffis, 1843~1928였다. 1882년에 그
가 쓴 책《은둔국 조선》Corea, the Hermit Nation을 통해서였다. 그리피
스는 이 책을 쓸 때까지 한 번도 조선을 찾은 적이 없었고, 훗날
일본의 조선 침략을 지지하고 나선 인물이기도 하였다.

　《조선, 고요한 아침의 나라》Chosŏn, the Land of Morning Calm, 1885를 쓴
로웰P. Lowell, 1855~1916도 오랜 시간을 일본에서 보냈다. 로웰은 조
선이 미국에 파견한 사절단 일행을 도왔으며, 1883년 12월부
터 넉 달 동안 조선에 머물기도 하였다.

그리피스와 로웰은 왜 조선에 '은둔국'이니 '고요한 아침의 나
라'니 하는 별칭을 붙였을까? 만약 우리가 스스로 별칭을 짓는
다면 뭐라고 지을까?

〈미지의 한국인〉

소청도 주민들을 그린 그림

독립을 지키기 위해 무엇을 해야 했나?

전봉준 판결 선고서

전라도 태인군 산외면 동곡 거주. 농업, 평민. 피고 전봉준 41세.
위에 기록한 자 전봉준에 대한 형사 피고 사건을 심문하니……
피고 전봉준을 사형에 처한다.

개국 504년 3월 29일 법무아문 임시 재판소 선고.
법무아문 대신 서광범

1895년 3월, 동학 농민 전쟁(1894)의 주역 전봉준이 처형되었다. 그에게 사형을 선고하고 집행한 법무 대신은 갑신정변(1884)의 주역 서광범이었다. 서광범은 일본과 미국에서 망명 생활을 하다가 갑오개혁 때 귀국하였다.

갑신정변을 추진했을 때 서광범의 생각과, 두 차례 농민 봉기를 일으켰을 때 전봉준의 생각은 어떻게 달랐을까? 두 사람 모두 외세의 간섭 없는 반석같이 튼튼한 나라를 만들고자 했던 것이 아니었나?

일본이 대궐을 범한 것은 장차 나라를 병합하려는 짓이니, **일본과 싸워 물리치지 않을 수 없다.**

오랜 세월 종속국으로 청의 간섭을 받아 왔다. **일본은 청을 몰아내 조선의 독립을 도울 것이다.**

노비 문서를 불태우고, **천인에 대한 차별 대우를 바로 중지하여야** 할 것이다.

인민 평등권을 제정하여 관리를 등용할 때나 선비를 구할 때 문벌에 **구애받지 말아야 한다.**

공·사채를 막론하고 기왕의 빚은 모두 없던 걸로 하고, **토지는 고루 나누어서 경작하도록 하자.**

국가 재정은 모두 한 곳(호조)에서 맡고, 토지세법을 개정하여 **백성의 어려움을 구하고 나라 살림을 풍족하게 해야 한다.**

전봉준

서광범

두 사람 모두 개혁이 절실히 필요하다고 생각하여, 목숨을 걸고 변화를 추구하였다.
서광범 등은 새로운 국가 체제를 만들고 인재를 고루 등용하며, 외국 문물을 서둘러 받아들여 부강한 자본주의 국가가 되면 독립을 지킬 수 있다고 믿었다.
전봉준 등은 외세에 의존하지 않고, 외세의 침략에 물러섬 없이 맞서면 독립을 지킬 수 있다고 믿었다. 또, 모두가 평등해야 다 같이 싸울 수 있다고도 하였다.

서광범과 전봉준, 두 사람이 하나 되어 한길을 갈 수는 없었을까?

2

대한 제국에서 대한민국으로

상 데는 우 리 황 데를 도
으 스 병 슈 무 강 호 가 회
옥 듀 를 산 갓 치 밧 으 스
고 위 권 이 환 영 에 들
스 오 쳔 만 셰 에 복
일 신 케 호
우 리 황
Zahl
Der sich
D

VOL. 1.
THE INDEPENDENT
KOREA, THURSDAY, APRIL 30th, 1896.
문신 독립
문신 독립
KOREAN INDEPENDENCE LEAGUE

전제 군주제에서 민주 공화제로

> "대한민국은 민주 공화제로 한다.
> 대한민국의 인민은 남녀 귀천 및
> 빈부의 계급이 없고 일체 평등하다."
> – 대한민국 임시 정부 임시 헌장 –

자주독립을 지키려던 노력은 끝내 성공하지 못하였다. 그러나 남녀와 귀천, 빈부의 차이를 뛰어넘어 함께 외세에 맞섰던 이들은, 자신들이 모두 한 핏줄이며, 평등한 공동체의 구성원임을 느꼈다. 모두가 평등한 세상, 그래서 양반도 왕도 없는 세상. 민주 공화국은 나라를 지키기 위한 투쟁 속에서 이루어진 합의였다.

1 갑오개혁, 일본에 의존한 국민 국가 만들기

위기에 빠진 왕조 체제

1894년 4월 27일, 전봉준이 이끄는 농민군이 전주를 점령하였다. 이날 정부는 청에 군대를 요청하는 문제에 대해 논의하였다. 논의를 주도한 사람은 왕비의 친척이자 정권의 실세인 민영준이었다. 그는 '미친 벌 떼와 궁한 개'같이 몰려드는 농민군을 진압하기 위해 청의 힘을 빌려야 한다고 주장하였다. 4월 30일, 마침내 조선 정부는 청에 군대 파견을 요청하였다.

5월 4일, 청은 "속방의 왕조 체제를 지켜 주겠다."며 파병을 통보하였고, 이튿날 아산만에 군대를 상륙시켰다.

조선을 손에 넣기 위해 이전부터 청과 전쟁을 벌이려고 계획한 일본은 기다렸다는 듯이 행동에 나섰다. 청보다 많은 군대를 파견해 인천에 상륙시킨 뒤, 곧바로 농민 전쟁과 아무 관련이 없는 서울로 이동시켰다.

청·일 두 나라의 침략적 행위는 농민군과 정부 모두에게 위기감을 주었다. 농민군과 정부가 군사 행동을 중지하기로 하고 맺은 전주 화약^{5. 7.}은 이 같은 상황의 산물이었다.

일본군, 경복궁을 점령하다

농민군이 해산하였으니 청군과 일본군 모두 돌아가야 하였다. 조선 정부는 청과 일본에 군대 철수를 요구하였다. 청은 이에 동의하며 일본에 공동 철수를 제안하였다. 그러나 일본은 청에게 조선에 남아 조선이 내정을 개혁하여 농민 전쟁이 재발되지 않도록 압력을 가하자며 생떼를 썼다.

조선은 교정청이란 임시 개혁 기구를 만들어 농민들이 지적한 문제점을 개선^{폐정 개혁}

하는 한편, 일본군 철수를 거듭 요구하였다. 조선의 내정 개혁을 위해서라는 명분이 약화되자 일본은 6월 21일 새벽에 경복궁을 점령하고 조선 군대의 무장을 해제시켰으며, 이틀 뒤에는 청군을 공격하여 청·일 전쟁을 일으켰다.

일본은 농민 전쟁에까지 이르게 된 상황을 책임지라며, 아버지인 흥선 대원군에게 권력을 넘기도록 고종을 압박하였다. 새롭게 권력을 쥐게 된 흥선 대원군은 고종의 측근을 제거하고, 일본이 추천한 개화파 인사들을 등용하여 새 정권을 세웠다.

1894년 6월 25일, 김홍집을 책임자로 하는 새 정권이 수립되었다. 새 정권에는 1880년대 이후 개화 정책에 참여하였던 인사들이 많았으며, 유길준과 같은 갑신정변 관련자도 있었으니, 개화 정권이라 할 만하였다.

이들은 임오군란 이후 조선이 청의 속방처럼 되었으니 청으로부터 독립하기 위해서는 일본과 협력할 수 있다고 생각하여, 조선 땅에서 청과 전쟁을 벌이고 있던 일본에 적극적으로 협조하였다.

청·일 전쟁

청·일 전쟁은 대륙 침략을 꿈꾸던 일본이 '청으로부터 조선의 독립'이란 명분하에 벌인 침략 전쟁으로, 전쟁터가 된 조선은 엄청난 피해를 입었다. 일본은 이 전쟁을 계기로 조선을 보호국으로 만들려는 계획을 추진하였다. 그래서 전쟁이 끝난 뒤에도 조선에 군대를 주둔시켜 조선을 지배하려 들었다.

청과 일본의 전투 장면

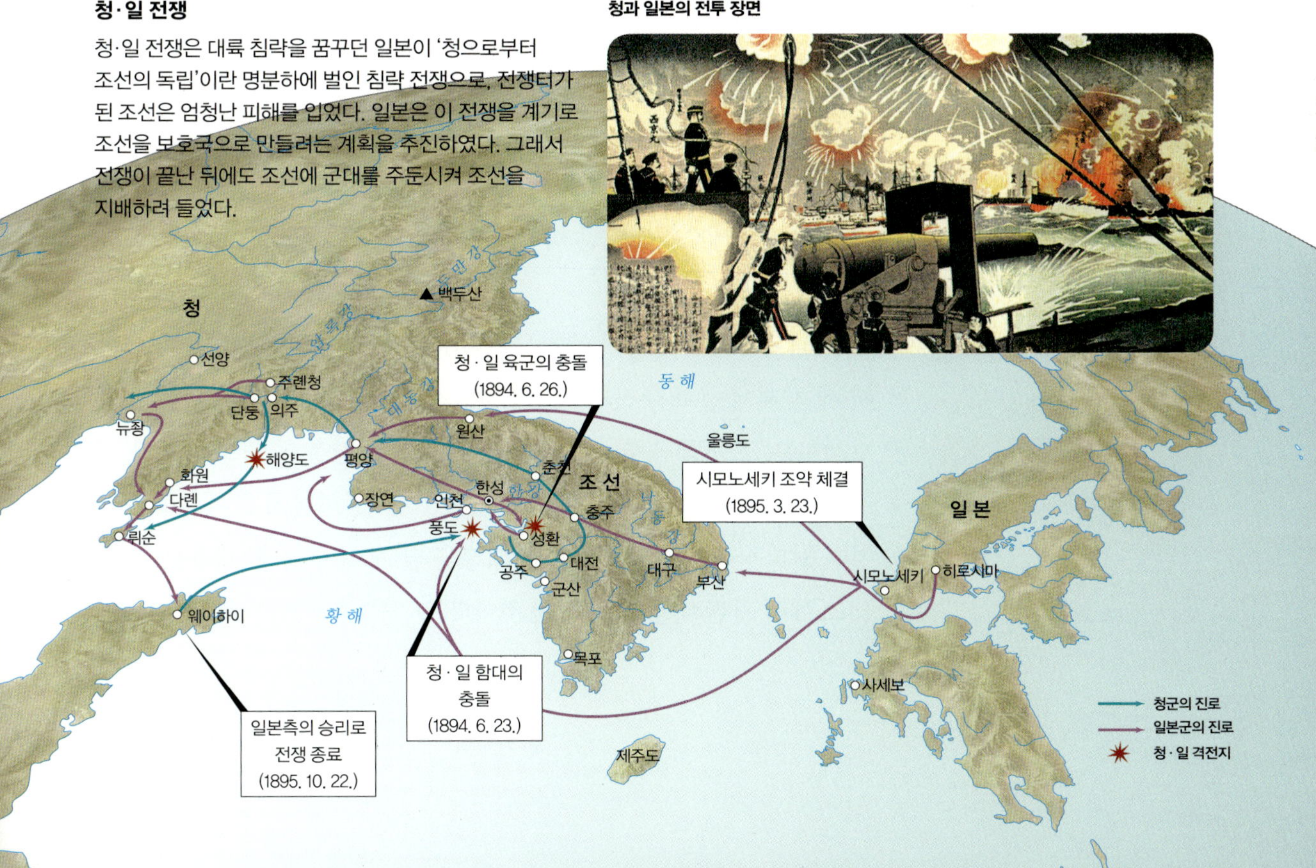

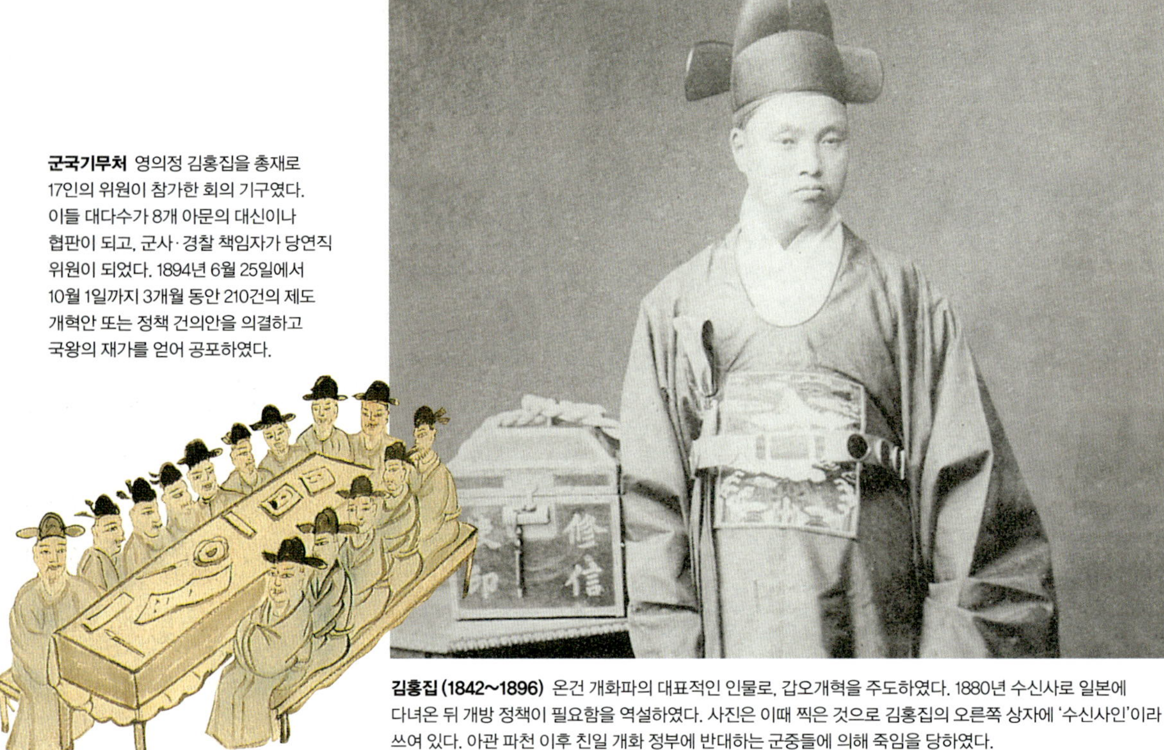

군국기무처 영의정 김홍집을 총재로 17인의 위원이 참가한 회의 기구였다. 이들 대다수가 8개 아문의 대신이나 협판이 되고, 군사·경찰 책임자가 당연직 위원이 되었다. 1894년 6월 25일에서 10월 1일까지 3개월 동안 210건의 제도 개혁안 또는 정책 건의안을 의결하고 국왕의 재가를 얻어 공포하였다.

김홍집 (1842~1896) 온건 개화파의 대표적인 인물로, 갑오개혁을 주도하였다. 1880년 수신사로 일본에 다녀온 뒤 개방 정책이 필요함을 역설하였다. 사진은 이때 찍은 것으로 김홍집의 오른쪽 상자에 '수신사인'이라 쓰여 있다. 아관 파천 이후 친일 개화 정부에 반대하는 군중들에 의해 죽임을 당하였다.

제1차 개혁 **1894. 6 ~ 11**
정부와 왕실 사무 구분, 중국 연호 폐지, 6조제→8아문제, 과거제 폐지, 경무청 신설, 재정 기관 일원화, 조세 금납제, 노비 제도 폐지, 과부 재가 허용
군국기무처 중심의 자주적 개혁

제2차 개혁 **1894. 11 ~ 1895. 6**
내각제 시행, 8아문제→7부제, 재판을 행정에서 분리(재판소 설치, 법관 양성), 한성 사범 학교 설치, 교육 입국 조서 발표
홍범 14조 반포, 갑신정변 주역 참가, 일본의 간섭 강화

제3차 개혁(을미개혁) **1895. 8 ~ 1896. 2**
태양력 실시(1895년 11월 17일을 1896년 1월 1일로), 우편 사무 시작, 종두법 시행, 단발령 실시, 소학교 설치
을미사변으로 일본 영향력 확대, 항일 의병 운동 발생

왕조 체제를 흔든 갑오개혁

개화 정권은 군국기무처란 기구를 만들어 잘못을 고친다^{폐정 개혁}는 차원을 뛰어넘는 과감한 제도 개혁을 추진하였다. 군국기무처는 첫날 회의에서 '정부와 왕실의 사무를 구분'한다고 결정하였다. 이는 왕의 가족이 정치에 참여할 수 없도록 하고, 국가의 일과 왕실의 일을 구분함으로써 오랜 세월 유지되어 온 군주제에 커다란 변화를 가져왔다. 또, 양반의 특권을 보장한 과거 제도를 폐지하였으며, 신분 차별 폐지, 여성 차별 폐지와 인권 개선을 위한 각종 조치들도 잇달아 발표하였다.

1894년 6월에 시작된 개혁은 1896년 2월까지 우여곡절을 겪으면서 세 차례에 걸쳐 추진되었는데, 이를 아울러 갑오개혁이라 한다. 갑오개혁은 '조공 책봉제－군주제－신분제'에 바탕을 둔 왕조 체제를 대신할 새로운 국민 국가 체제를 지향하였다. 1895년에 왕이 종묘에서 실천을 다짐한 '홍범 14조'는 그 대강을 잘 보여 주는데, 다음은 '홍범 14조'에서 관련 내용을 추려 낸 것이다.

먼저, 청에 대한 의존을 끊고 대외 주권을 확립한다. (중국 연호 폐지, 대조선국으로 국호 개칭, 청의 사신을 맞던 영은문과 사신들이 머물던 모화관 개조)

둘째, 왕권을 제한하고 내각이 주요 정책을 결정한다. (왕실 사무와 정부 사무 분리, 왕실의 정치 참여 금지, 6조 체제를 폐지하고 내각 제도 운영)

셋째, 차별을 폐지하고 국민이란 의식을 높인다. (신분제 폐지, 신교육 장려, 한글 사용 확대 및 신문 발간 추진)

개화 정권은 경제 정책도 크게 바꾸었다. 모든 조세를 돈으로 내게 하고 재정 기관을 하나로 통합하며, 도량형을 통일하겠다고 발표하였다. 이를 바탕으로 자본주의 경제를 발전시키고자 한 것이다.

일본에 의존한 국민 국가 만들기

갑오개혁은 갑신정변 때부터 개화파가 꿈꿔 온 계획을 실천한 것이다. 그러나 개혁을 이끈 개화 정권은 일본에 의존하여 개혁을 추진함으로써 일본의 간섭을 피할 수 없었다.

갑오정권은 일본과 함께 동학 농민군을 진압하였다. 항일 세력을 제거하려는 일본의 요구가 있었겠으나, 갑오정권과 농민군의 생각 차이도 컸다. 농민들은 신분제 폐지와 토지 개혁을 주장하였으나, 정부는 노비 해방조차 제대로 추진하지 못하였고 지주제 폐지도 반대하였다.

갑오정권은 일본의 부당한 요구에 맞서지 못하였다. 일본과 청의 전쟁에 조선 민중을 동원하고, 일본 화폐의 사용을 허용하였으며, 많은 이권을 일본에 넘겨주었다. 군대를 길러 자주 국방을 추진하려는 의지도 부족하였다.

갑오정권은 자본주의 경제가 뒷받침되는 자주적인 국민 국가를 꿈꿨으나 자본주의 도입이 외세의 경제 침략으로 이어지고, 일본이 개혁을 돕는다는 구실로 조선을 침략하려는 사실을 잘 알지 못하였다.

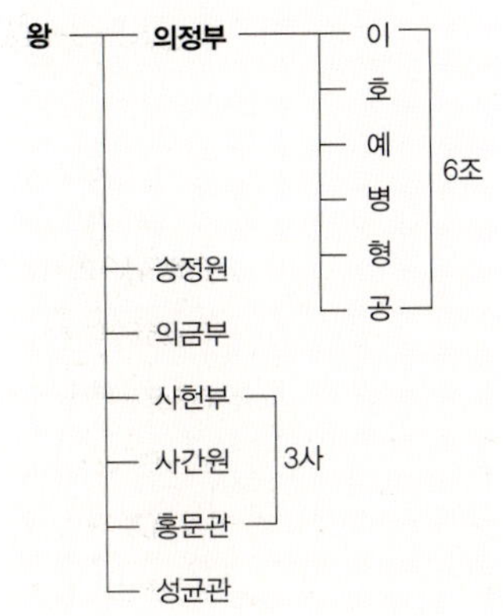

조선의 전통적인 통치 기구

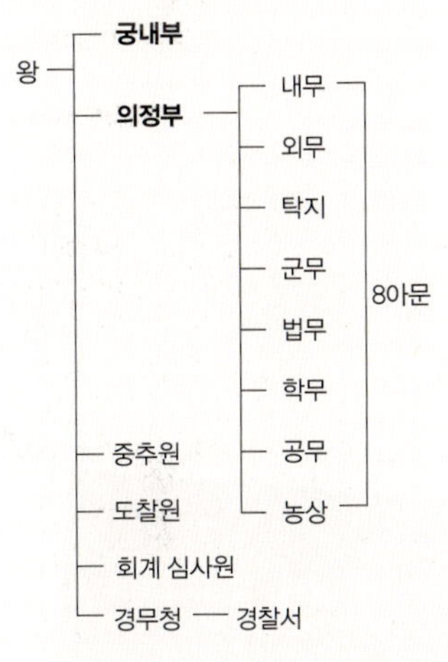

갑오개혁 당시 통치 기구표

갑오정권은 그들이 만들고자 한 새 국가의 주인이 될 민중의 목소리에 귀 기울이지 않은 채, 신문물을 받아들여 부강한 나라를 만들자는 말만 되뇌었다.

을미사변과 아관 파천 – 종속적 근대화의 비극적 결과

청·일 전쟁은 일본의 승리로 끝났다. 일본은 청으로부터 막대한 배상금을 받고 랴오둥 반도와 타이완을 넘겨받았으며, 조선에 대한 우월한 지위도 인정받았다. 시모노세키 조약, 1895. 4.

만주와 조선 침략을 노리던 러시아는 강하게 반발하였다. 러시아는 프랑스와 독일을 끌어들여 랴오둥 반도를 청에 돌려주도록 일본을 압박하였다. 세 나라를 상대로 싸울 만한 힘을 갖추지 못한 일본은 결국 세 나라에 랴오둥 반도를 포기한다고 통고하였다. 삼국 간섭, 1895.

왕실은 변화된 상황을 이용하여 일본의 간섭을 약화시키고 왕권을 다시 세우려 하였다. 친러, 친미 개화파 일부도 이에 동조하였다. 그러자 위기 의식을 느낀 일본은 군대와 깡패를 동원하여 궁궐을 점령

창작 뮤지컬 〈명성 황후〉 포스터(2006)

명성 황후 장례식 명성 황후는 고종의 왕비로, 조선을 둘러싼 청·일·러의 경쟁이 격화되는 상황에서 국제 정세를 적절히 파악하여 자주 외교에 앞장섰다. 을미사변 때 시해된 뒤 서민으로 격하되었다가, 2년 뒤에야 장례식이 치러졌다. 이때 명성 황후란 시호가 내려졌다.

하고 왕비를 시해하는 만행을 저질렀다. ^{을미사변, 1895.} 그러고는 친일 개화파를 중심으로 을미정권을 세웠다.

을미정권은 소학교 설치와 태양력 사용, 우편 업무 실시 등 이전의 개화 정권이 하다 만 개혁을 계속 추진하였다. 그러나 일부 개화파를 제외한 대다수 사람들은 새 정권을 일본의 앞잡이로 여길 뿐이었다. 게다가 을미정권은 정부의 생각을 강요하는 위로부터의 개혁을 고집하였다. 1895년 11월에는 '위생적 생활, 생활의 편리'를 내세우며 상투를 자르라는 단발령을 내렸다. 경찰이 길을 가로막고 강제로 머리카락을 자르는 일도 있었다. 이에 양반 유학자들이 반일 반개화를 내세우며 의병을 일으켰고, 수많은 민중이 이에 동참하였다. ^{을미의병, 1895.}

한편, 을미사변 이후 신변에 불안을 느끼던 고종은 각지에서 일어난 의병을 진압하기 위해 군대가 흩어져 있는 틈을 타 1896년 2월에 러시아 공사관으로 몰래 빠져나갔다. ^{아관 파천} 그리고 민民들에게 친일 개화 정권 타도를 호소하였다.

개혁에 앞장섰던 김홍집은 결국 군중들에게 살해당하였고, 을미정권은 붕괴되었다. 근대적 주권 국가를 꿈꾼 2년간의 개혁은, 반개혁 운동이 무장 투쟁으로 확대되고 왕이 외국 공사관으로 피신하면서 끝났다.

을미사변과 아관 파천은 외세에 의존한 근대화의 비극적 결말이었다. 자주적 개혁은 정말 불가능했을까?

옛 러시아 공사관 망루 서울 중구 정동에 있는 옛 러시아 공사관 건물의 일부이다. 러시아 공사관은 1885년에 착공되어 1890년에 완공되었는데, 덕수궁과 매우 가까운 곳에 있다.

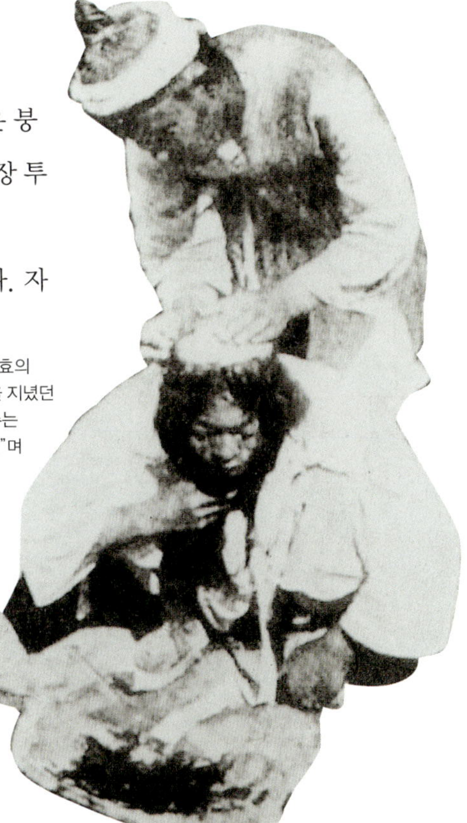

단발 신체를 훼손하지 않는 것을 효의 첫걸음으로 여기는 유교적 관념을 지녔던 이들은 "차라리 내 목을 내놓을 수는 있어도 내 머리를 자를 수는 없다."며 강경하게 반발하였다.

단발 지령문과 반대 통문 오른쪽은 단발 시행을 지시하는 1895년 11월 15일자 문서이다. "폐하께옵서 이미 단발을 하셨으니……"로 시작한다. 왼쪽은 부당한 단발령에 저항하자는 뜻을 담아 양반 유생들이 만들어 돌린 문서이다.

2 대한 제국과 독립 협회

흔들리는 주권

한 나라의 왕이 일개 외국 공사관의 보호 아래에 들어간 아관 파천으로, 주권 국가로서 조선의 위신은 땅에 떨어졌다. 조선은 아관 파천으로 일본의 위협에서는 조금 벗어날 수 있었으나, 이후 제국주의 국가들이 조선의 주권을 훼손하는 데 경쟁적으로 나서면서 더 큰 어려움을 겪어야 했다.

을미정권을 대신하여 이범진 등 고종의 측근 세력과 정동파라 불리는 친러, 친미 인사들이 권력을 차지하였다. 이들도 개화 정책에는 적극적이었다. 전면적인 서구화를 추진한 일본이 중체서용을 내세운 청을 꺾음으로써 더욱 큰 힘을 얻게 되었고, 이를 바탕으로 조선 침략을 본격화하고 있음이 분명하기 때문이었다.

정권은 바뀌었으나 갑오개혁의 상당 부분이 계승되었다. 청으로부터 독립을 확고히 하는 것과 함께 신문의 발행, 학교의 설립이나 신산업 육성을 위한 조치들도 꾸준히 추진되었다. 새로운 호적 제도를 실시하면서 신분 차별을 법적으로 철폐한 것도 이때였다.

독립신문과 독립 협회

서양 열강의 간섭과 이권 침탈이 강화되고 있던 1896년 무렵에는 이래저래 '독립'이란 말이 화두였다.

1896년 4월, "무슨 일에서든 인민의 대변자가 되고, 정부가 하는 일을 백성에 알리고……"라는 창간 정신을 밝힌 《독립신문》이 창간되었다. 신문 발간을 추진하였던 갑오정권의 계획을 새 정권이 이어받아 서재필로 하여금 신문 발간 사업을 추진하게 한 결과였다.

이해 7월에는 독립 협회도 창립되었다. 독립 협회에는 이완용 등 정부 관료와 서재필, 윤치호 등 개화파 인사들이 두루 참가하였다. 독립 협회는 청 사절단을 맞이하던 영은문을 헐고, 그 자리에 독립문을 세웠다.

> 이 문은 단지 중국으로부터의 독립을 의미하는 것이 아니라, 일본으로부터, 러시아로부터, 그리고 유럽 열강으로부터의 독립을 의미하는 것이다.
>
> – 《독립신문》 사설(영문판), 1896. 6. 20.

또한, 독립 협회는 토론회와 강연회를 자주 열어 자주독립 의식을 높이고 개혁의 필요성을 주장하였다. 자주독립을 위해서는 산업을 육성하여 경제력을 길러야 하며, 민권을 보장하고 애국심을 높여 폭넓은 인민의 참여를 이끌어 내야 한다고 믿었다. 이들이 행사 때 태극기를 게양하고 애국가를 부르며, 수시로 '동포'란 말을 사용한 것은 이런 취지에서였다.

독립문 독립 협회는 자주 의식을 드높이기 위해 독립문을 세웠다. 사진은 공원으로 조성된 독립문 주변의 현재 모습이다.

서재필(1864~1951, Philip Jaisohn) 갑신정변에 참가하였다가 미국으로 망명하였고, 1896년에 귀국하여 중추원 고문을 맡은 뒤, 《독립신문》을 창간하고 독립 협회 활동을 주도하였다. 의회 설립을 추진하다가 추방되어 1898년 미국으로 돌아갔다.

《독립신문》(한글판, 영문판) 1896년 4월 7일에 창간되어 1899년 12월 4일자로 폐간되었다. 순 한글로 발행한 최초의 신문이며, 외국인을 위해 영문판도 함께 만들었다. 개화 정책의 필요성과 독립 의식을 높이는 데 크게 기여하였다.

조선 왕조, 대한 제국으로 거듭나다

1897년 2월, 고종은 아관 파천 1년 만에 경운궁 지금의 덕수궁으로 돌아왔다. 러시아나 일본 어느 한쪽도 일방적으로 행동하기 어려운 정세였고, 환궁을 요구하는 여론이 높아졌기 때문이다.

고종이 환궁하자 전직 관료나 유생 들이 독립 의지를 높이기 위해서 왕의 칭호를 황제로 높이자는 주장을 제기하였다. 갑오개혁으로 약화된 왕권을 강화하려던 고종도 이에 적극적이었다.

고종은 연호를 광무로 바꾸었으며, 황제 즉위식을 거행할 환구단을 쌓도록 하였다. 그리고 삼한을 아우른다는 뜻의 '대한'을 새 나라 이름으로 정하고 황제로 즉위하였다. 조선 왕국을 대신하여 대한 제국이 성립된 것이다. 1897

반일 감정이 누그러지길 원했던 일본이 가장 먼저 대한 제국을 승인하였고, 다른 나라의 승인도 잇달았다. 1899년에는 대한 제국 황제가 청 황제와 동등한 자격으로 한·청 통상 조약에 서명하였다.

입헌 군주제냐, 전제 군주제냐

왕권 강화를 꾀한 고종과 달리, 왕권을 제한하고 나아가 의회를 만들어 입헌 군주제로 가야 한다고 주장하는 사람들도 많았다.

독립 협회 안에서는 생각이 갈렸다. 정부의 현직 고위 관리들은 조심스런 태도를 보였으나, 서재필 같은 재야 개화파 인사들은 왕권 강화에 분명하게 반대하였다.

1897년 11월에 독립문이 완공된 이후 정부 관리들은 거의 독립 협회에서 손을 뗐다. 독립 협회는 신교육을 받은 학생이나 개명 유학자, 상인 등이 참여하는 정치 사회 단체로 탈바꿈하였는데, 이때부터 민권을 확대하자는 주장이 높아졌다. 또한, 중추원을 개편하여 외국의 민회^{의회}처럼 운영하자고 하였다.

> 만약에 외국의 예를 들어서 말씀드린다면, 현재 많은 곳에 민회가 있어 정부 대신이라도 잘못이 있으면, 이를 전국에 널리 알리고 사람들을 모아 질문하고 논쟁을 벌이며 탄핵함으로써, 민중이 받아들이지 못하는 일은 하지 않게 되는데…….
>
> – 정교,《대한계년사》

홍종우가 번역한 프랑스어 판 춘향전과 심청전
아래 사진은 1892년 프랑스에서 간행된 프랑스어 판 춘향전, 《향기로운 봄》과 그 책에 실린 삽화이고, 오른쪽 사진은 프랑스어 판 심청전, 《다시 꽃이 핀 마른 나무》이다.

홍종우(1854–1913) 조선 사람으로서는 처음으로 프랑스에 유학하였으며, 우리 문학을 프랑스에 소개하기도 하였다. 서양 문물을 소개하는 데에 적극적이었고, 개혁을 자주적으로 추진해야 한다고 믿었다. 김옥균을 '조국을 외세에 판 역적'이라며 암살한 인물로, 고종에 의해 등용되어 대한 제국 경제 정책에 관여하였다.

그러나 의회를 운영하면 정책 결정을 둘러싸고 국론이 분열될 뿐만 아니라, 외세가 그 틈새를 비집고 들어올 수 있다고 걱정하는 이도 많았다.

홍종우 등은 외세를 자주독립의 가장 큰 장애물로 보았는데, 외세에 맞서기 위해서는 황제를 중심으로 온 국민이 단결해야 한다고 강조하였다. 이들은 황국 협회를 조직하여 독립 협회의 중추원 개편 운동에 맞섰다.

독립 협회는 중추원 개편^{의회 설립}을 요구하는 집회를 열었고, 황국 협회는 반대 집회를 열었다. 정부가 독립 협회를 탄압하던 1898년에는 양자 간에 충돌이 끊이지 않았다.

대한 제국, 왕조 체제를 넘어서다

1898년 12월, 고종은 독립 협회를 강제로 해산시켰다. 이후 고종은 군 지휘권을 장악하고 신식 군대를 육성하는 한편, 측근 세력을 등용하여 황제권을 강화하였다.

이를 바탕으로 "대한 제국은 자주독립 국가이며, 만세 불변의 전제정치"로 시작하는 최초의 헌법인 대한국 국제를 발표하였다. 이로써 황제는 법적으로도 입법권, 사법권, 행정권, 외교권, 군사

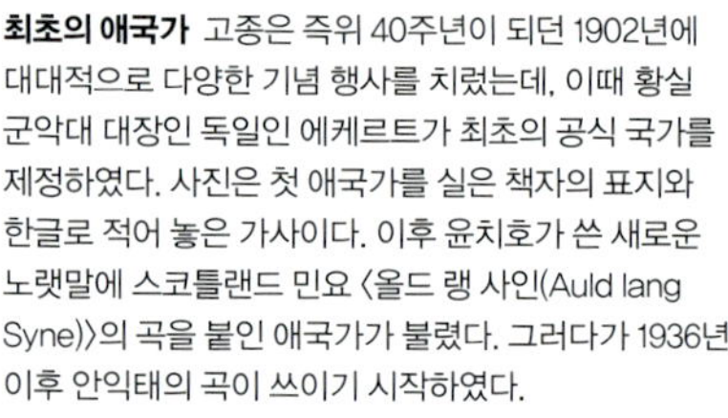

최초의 애국가 고종은 즉위 40주년이 되던 1902년에 대대적으로 다양한 기념 행사를 치렀는데, 이때 황실 군악대 대장인 독일인 에케르트가 최초의 공식 국가를 제정하였다. 사진은 첫 애국가를 실은 책자의 표지와 한글로 적어 놓은 가사이다. 이후 윤치호가 쓴 새로운 노랫말에 스코틀랜드 민요 〈올드 랭 사인(Auld lang Syne)〉의 곡을 붙인 애국가가 불렸다. 그러다가 1936년 이후 안익태의 곡이 쓰이기 시작하였다.

지휘권 등을 보장받는 실질적인 권력자가 되었다.

대한 제국은 군주제란 점에서 조선 왕조와 정치 체제가 같지만, 갑오개혁 결과가 어느 정도 반영된 근대 국가의 특징을 지녔다. 무엇보다 군주권이 법의 형식을 띠고 행사되었으며, 신분제가 폐지되어 '법 앞에 평등'이란 정신이 자리 잡았다. 과거 제도가 폐지되면서 신교육이 확대되고 신분을 뛰어넘는 관리 등용이 이루어졌다.

대한 제국은 황제를 나라의 상징으로 세우고 '국민'이란 의식을 확산시키기 위한 노력도 기울였다. 황제의 위엄과 권위를 높이기 위한 기념 사업을 진행하였으며, 나라의 상징인 태극기 사용을 확대하였다. "상제上帝, 하느님는 우리 황제를 도우소서"로 시작되는 최초의 공식 국가도 만들었다. 이 모두가 전근대 왕조 체제와 분명히 구별되는 일이었다.

독도와 간도

대한 제국 정부는 간도와 독도 문제 등 국경에 대해서도 분명한 입장을 밝혔다.

정부는 간도의 현황을 파악하기 위해 1897년과 1898년 두 차례에 걸쳐 상세한 현지 조사를 벌였다. 이를 통해 간도가 대한 제국의 영토

백두산 정계비 1712년에 조선과 청의 관리가 백두산을 기준으로 국경을 확정 짓기 위해 세운 비석으로, 서쪽은 압록강을, 동쪽은 토문(도문)강을 경계로 한다고 적혀 있었다. 1880년대 국경 분쟁 시 조선은 토문강을 도문강(쑹화 강 상류)으로, 청은 두만강으로 해석하여 논란이 계속되었다.

독도 여러 차례 독도가 조선 영토임을 인정했던 일본 정부는, 러·일 전쟁 과정에서 독도를 불법적으로 자국 영토로 편입하였다(1905).

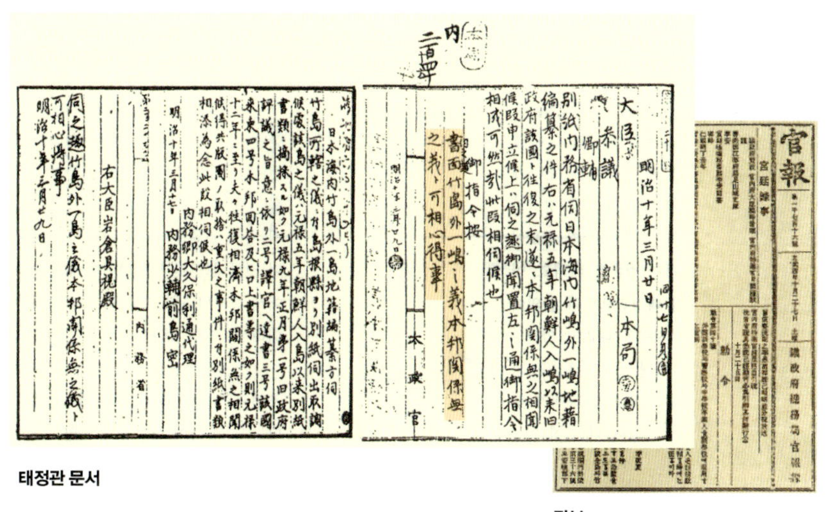

태정관 문서

관보

태정관 문서(1877) 왼쪽은 일본 내무성이 정밀한 자료 조사를 거친 후 독도와 울릉도를 시마네 현 지도에서 뺄 것인가를 놓고 당시 일본 최고 국가 기관 태정관에 올린 질문서이고, 오른쪽은 태정관이 내무성에 내린 '울릉도와 독도는 일본과 관계없다는 것을 마음에 익힐 것'(색자 부분)이라는 훈령을 담은 문서이다.

관보 독도를 대한 제국의 영토라고 명시한 칙령 41호가 나와 있는 대한 제국 관보이다.

고종(1852~1919) 1863년 12세 나이에 조선 26대 왕으로 즉위하였으며, 1907년 일본에 의해 강제로 퇴위되었다. 1897년 연호를 광무로 정하고 대한 제국 황제로 즉위하였다. 이 무렵부터 일제에 사실상 주권을 빼앗긴 1905년까지 황실 중심의 개혁을 추진하였는데, 이를 광무개혁이라 부르기도 한다. 1907년 황태자(순종)에게 자리를 물려주고 덕수궁에서 지내다가 1919년에 세상을 떠났다.

임을 확인하고, 1902년에는 이범윤을 북변 간도 관리사로 임명하여 간도 주민을 직접 관할하였다.

독도 영유권 문제와 관련해서도 대한 제국 정부는 1898년과 1899년에 발행한 지도에서 독도가 대한 제국의 영토임을 분명히 하였다. 나아가 1900년에는 관보를 통해 독도가 대한 제국의 영토임을 밝힌 칙령 41호를 나라 안팎에 알렸다.

대한 제국, 바람 앞에 선 등불

대한 제국은 러시아와 일본의 불안한 세력 균형 위에서 힘겹게 독립을 유지하고 있었다.

정부는 러·일 사이에서 중립을 지키는 한편, 미국, 영국 등 구미 제국주의 국가들과 친선을 도모하는 선린 외교를 맺고자 많은 노력을 기울였다. 그러나 제국주의 국가들은 자국의 이익을 위해 대한 제국을 희생시킬 준비가 되어 있었다.

아관 파천 이래 러시아와 일본은 몇 번의 비밀 협상을 진행하였다. 두 나라 모두 대한 제국의 독립을 보장한다고 여러 차례 떠들어댔으나, 1896년 6월에는 대한 제국을 양국의 공동 보호령으로 삼으려는 비밀 협약^{로바노프-야마가타 의정서}을 맺기도 하였다.

러시아는 압록강 하류에서 가까운 용암포를 점령하여¹⁹⁰³ 군사 기지로 삼으려 하였으며, 일본은 영국, 미국과 손잡고 러시아에 맞서면서 대한 제국을 침략할 기회만 노렸다. 영국과 미국은 자신들의 경제적 이권을 차지하는 데 주력하면서 여러모로 일본을 도왔다.

근대적인 국가를 만들려는 노력은 국민의 힘을 하나로 모아 외세의 침략에 맞서는 운동이기도 하였다. 의회 설립을 통해 정치 참여를 확대하자는 독립 협회의 주장, 국론 분열을 막고 황제를 중심으로 단결하자는 황국 협회의 주장 가운데 어느 쪽이 더 타당했을까? 나라의 운명이 바람 앞의 등불처럼 위태로웠던 상황에서 독립을 지키려면 어떻게 해야 했을까?

동아시아를 침략한 제국주의

우리가 흔히 쓰는 '일제'는 '일본 제국주의'의 줄임말이다. 일본처럼 다른 나라를 침략하여 식민지로 삼는 국가를 제국주의 국가라 하는데, 19세기 후반 영국, 프랑스, 독일, 미국, 러시아 등이 그에 해당한다.

자국의 산업화를 이룬 제국주의 국가들은 값싼 원료를 사들이고 자신들이 만든 상품을 내다 팔 시장을 확보하기 위해 아시아, 아프리카 등을 침략하였다.

그들은 이 지역 나라들에게 불평등한 무역을 강요하는 한편, 조차지라는 명목으로 이들에게서 땅을 빌려 그 나라의 주권이 미치지 못하는 땅으로 설정한 뒤, 그곳에 자본 투자와 자국민 보호를 구실로 군대를 주둔시켰다. 또한, 자기들끼리의 경쟁을 피하기 위해 이 지역 사람들의 의사와는 상관없이 제멋대로 세력 범위를 정하기도 하였다.

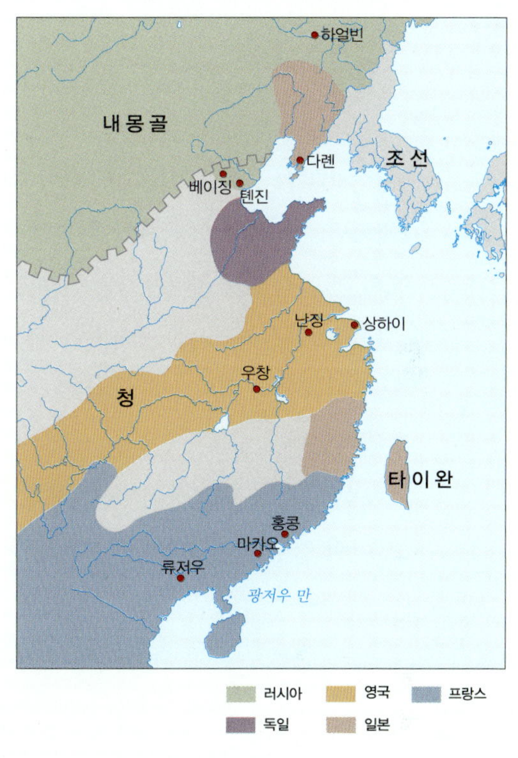

위의 지도는 제국주의 국가들이 조선과 중국을 분할 점령한 모습을 보여 준다.

연해주를 차지한 뒤 만주와 한반도를 향해 침략의 손길을 내뻗던 러시아가 조선을 거쳐 중국을 침략하려던 일본과 대립하였다. 러시아의 남하를 견제하던 영국은 양쯔 강 유역에 대한 자신들의 우월권을 인정한다면 일본을 돕겠다는 내용의 영·일 동맹을 일본과 맺었다. 미국은 필리핀에 대한 침략과 지배를 일본이 문제 삼지 않는다면 일본의 대륙 침략을 지지하겠다고 나섰다.

러·일 전쟁이 일어나자 영국과 미국은 일본의 전쟁 비용 60% 정도를 부담하면서 일본을 지원하였고, 전쟁이 끝난 뒤 일본의 조선 지배를 후원하였다.

3 경제 침략에 맞서 국민 경제를 모색하다

"no touch", 경제 침략이 본격화되다

1896년, 한 미국인이 조선 왕실에 수익의 일부를 내놓는다는 조건 아래 평안도 운산에서 25년간 금을 캘 수 있는 권리를 허가받았다.

미국인들은 이곳에 근대적인 광산을 만들었고, 1897~1915년 사이에 4,950만 원을 벌어들였다. 1901년 당시 조선 정부의 예산이 600만 원임을 감안한다면 엄청난 수입이었다.

조선 정부로서는 광산 개발을 허가하여 재정 수입을 늘리고 광업 기술을 배우겠다고 내린 결정이었으나, 왕실이 거둔 수입은 푼돈에 불과하였고, 해마다 막대한 국부

◀ 사금을 채취하는 평안도 운산 금광의 조선인 노동자들(1896)

◀◀ **열강의 이권 침탈** 1896년을 기점으로 해서 많은 외국인이 조선의 경제적 이권을 확보하였다. 특히, 일본과 러시아는 조선에 정치·군사적 압력을 가해 많은 이권을 빼앗았다. 조선 왕실은 자원 개발과 산업 발전을 명분으로 외국인에게 많은 이권을 허락하였다. 각국에 이익을 고루 나누어 주면 어느 한 나라가 일방적으로 조선을 압박하지 못할 것이라는 기대도 있었다.

가 해외로 빠져나갔다.

운산은 이미 많은 조선인이 광산을 여럿 운영하던 지역이었다. 그러나 이들은 왕실의 허가를 앞세운 미국인 광산업자에 의해 쫓겨나 금광 개발로 생긴 막대한 이익을 함께 누리지 못하였다. 외국인에게 조선 땅은 그야말로 '노다지'였지만, 조선인에게는 'no touch'라는 말이 어울리는 현실이었다.

확대되는 경제 위기

청·일 전쟁 이후 외국인 투자가 빠르게 늘었다. 조선이 이권이라 할 정도의 특혜를 외국인에게 주어 많은 외국인이 조선의 광산과 기업 경영에 뛰어들었기 때문이다.

전기와 전신, 철도 건설같이 국가적으로 중요한 사업의 시행권도 외국인에게 넘어갔다. 광산이나 철도를 경영하려던 조선인들은 어려움에 부딪혔고, 조선은 외국 자본에 종속되는 처지가 되었다.

청·일 전쟁 이후 늘어난 무역도 조선 경제에 불리하였다. 일본 상인이 무역을 주도하였는데, 이들은 조선 쌀과 콩을 싼값에 사들여 일본에 수출하고, 일본에서 만든 면제품을 조선에 팔았다.

조선 쌀은 대부분 일본의 공장 지대로 팔려 갔다. 값싼 조선 쌀은 일본의 곡식 가격과 노동자 임금을 낮추어, 일본인이 생산한 면제품 가격을 낮추는 데 기여하였다. 그렇게 생산된 면제품이 조선에 들어왔으니, 쌀을 팔아 면제품을 사 쓰는 이 시기 무역은 미면※綿 교환 체제라 할 만했다.

외국 자본이 들어오고 무역이 확대되면서 경제도 성장하였다. 그러나 그 결실은 외국인이 독점하다시피 하였고, 그 가운데 약간의 이익이 지주와 일부 상인들에게 돌아갔다.

경제 구조는 점차 잘못된 방향으로 흘러갔다. 막대한 국부가 빠져 나가고, 조선인은 기업 활동을 하기가 점점 어려워졌다. 무엇보다 지나친 쌀 수출로 식량이 부족해져 가난한 사람들은 더욱 살기가 힘들어졌다.

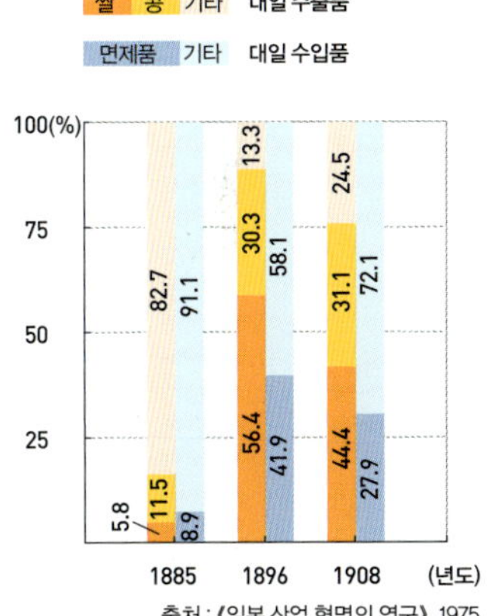

조선의 대일 무역 주요 수출입품 1890년대 조선의 일본산 면제품 수입은 일본의 전체 면제품 수출량의 절반에 가까웠다. 조선이 일본 면직 공업에 식량을 공급하는 동시에 소비 시장의 역할도 한 셈이다. 결국 일본 면직 공업의 발전은 조선 경제의 위기와 함께 진행된 셈이다.

이용익(1854~1907) 궁내부의 내장원경으로 황실 재정을 총괄하였다. 또, 상당 기간 정부의 탁지부 대신 역할도 겸하였다. 고종의 신임을 바탕으로 광무 정권이 식산 흥업 정책을 추진하는 데 핵심적인 역할을 하였다. 고려 대학교의 전신인 보성 학원을 세우기도 하였다.

식산 흥업 정책과 국민 경제 운동

청·일 전쟁 이후 근대적 기술 문명을 받아들이고 자본주의를 발전시키자는 주장이 빠르게 확산되었다. 정부에 비판적인 인사든, 대한 제국의 관료든 마찬가지였다.

> 정부에서 미국 사람과 서울−인천 사이의 철도를 약조하여 미국 돈 200만 원가량이 나라에 들어올 터이니, 이 일과 인연을 맺어 벌어 먹고 살 사람이 조선에서도 수천 명이 될 터요, 철도가 된 후에는 철도로 인하여 여러 직업이 일어날 것이다.　　－《독립신문》, 1896. 7. 2.

독립 협회는 경제를 성장시키려면 외국인 투자를 끌어들이고 외국과 무역을 늘려야 하며, 정부가 앞장서 영업의 자유를 보장해야 한다고 보았다.

광무 정권은 외국에 의존하지 않아야 한다는 점을 강조하였다. 새로운 이권을 외국인에게 넘겨주지 않고 신기술을 갖춘 기업의 설립을 지원하는 한편, 은행 설립도 추진하였다. 해외에 유학생을 파견하고 기술 학교도 세웠다.

광무 정권의 정책에 맞춰 기업 활동도 활발해졌다. 상회사가 많이 만들어졌으며, 종로 직조사[1898], 한성 제직 회사[1901] 같은 섬유 공장, 광업 회사나 철도 회사도 설립되었다. 한성 은행[1897]과 천일 은행[1899]도 이때 세워졌다.

광무 정권은 우리 기업이 경쟁력을 갖춰 외국 기업과 경쟁할 수 있도록 하기 위해 우리 기업에 여러 가지 특혜를 주기도 하였다. 국가로부터 지정된 기업에 대해서는 해당 상품의 생산과 판매를 독점할 수 있도록 하고, 기술자를 지원하고 세금 특혜를 주기도 하였다. 그러나 많은 기업이 기술도 부족하고 자본주의 경제 운영 방식에도 익숙하지 않았기에, 이미 산업 혁명을 거쳐 세계 시장으로 진출하고 있던 외국 기업과 경쟁하기에는 어려움이 컸다.

광무 정권의 식산 흥업 정책 – 변화하는 대한 제국

광무 정권의 식산 흥업 정책은 외국 경제에 편입되지 않는 국민 경제를 만들기 위한
위로부터의 자본주의화 과정이었다. 정부가 신기술을 도입하고 인재를 육성하며,
적극적인 지원을 통해 근대 기업을 육성하면서 사회 · 경제적인 변화도 잇달았다.

섬유 공장의 설립 1890년대 후반 이후 개화 관료와 상인들이 나서 섬유 공장을 운영하기도 하였다. 서울 시전 상인이 세우고 관료들이 일부 자본을 투자한 종로 직조사, 외국에서 처음으로 방직 기계를 사들여 옷감을 짰던 한성 제직 회사가 대표적이다. 사진은 1900년 남대문 시장에서 옷감을 판매하던 모습이다.

기술 교육 기관 설립 1899년 우편과 전기 기술을 가르치는 우무 학당, 전무 학당 및 상공 학교를 설립하였으며, 1900년에 광무 학교 관제를 제정하고, 기술관을 특별 채용하는 제도를 만들었다. 사진은 구 공업 전습소이다.

중앙 은행을 염두에 두었던 천일 은행

거두어들인 조세를 관리하고 일반 은행을 지원함으로써 산업 정책에 기여하는 중앙 은행은 매우 중요하였다. 그러나 중앙 은행 설립 계획은 일제의 재정 정리 과정에서 좌절되고 말았다.

조선인 회사 설립 상황 (1895~1905년)
실제 영업을 못 한 경우, 일찍 폐사한 경우를 포함한 설립된 회사 수를 보여 준다.
출처 : 전우용, 〈19세기 말 20세기 초 한인 회사 연구〉

달라지는 서울 미국인과 함께 만든 한성 전기 회사는 1899년에 서대문–청량리 간 첫 전차를 개통하고, 이듬해 4월 종로에 가로등을 설치하는 등 서울의 면모를 크게 바꾸어 놓았다. 이는 1896년 이후 대대적으로 진행된 서울 도시 개조 사업의 일환이었다. 사진은 남대문 앞 전차의 모습이다.

개혁 추진을 위해서는 엄청난 재정이 필요하였다. 광무 정권은 토지 조사를 실시하여 세금을 정확하게 부과하려는 노력도 벌였지만, 새로운 세금을 만들거나 화폐 발행을 늘려 정부 수입을 올림으로써 경제에 부담을 주기도 하였다.

광무 정권은 민간의 경제 활동에 정부가 개입하여 신속하게 산업화를 이루고자 하였다. 그러나 인재도 재정도 부족한 상황에서 그 성과는 아주 미미하였다. 그나마 다수 농민이 늘어나는 세금을 감당하고, 다수 중소 상공업자가 몇몇 기업의 독점권에 희생되면서 얻어진 성과였다.

좌절된 국민 경제, 일본 경제로 편입되다

산업화를 이루기 위해서는 수입품에 적절한 관세를 부과하고, 국내 산업을 과감하게 지원할 수 있어야 하였다. 그러나 외세는 조선의 관세 주권을 침해하였고, 내정을 간섭하여 정부의 산업 정책을 방해하였다.

1905년에 일본이 강요한 화폐 정리와 재정 개혁은 식산 흥업 정책을 무너뜨린 결정적 요인이었다. 일본은 조선의 모든 화폐를 새 화폐로 바꾸는 화폐 정리 사업을 강요하여 대다수 조선 기업인에게 커다란 재산 피해를 입혔다. 또한, 조세 제도를 고치고, 거두어들인 조세를 일본 은행에 예금하도록 하였다. 일본 은행으로 들어간 자금은 일본 기업을 돕는 데 쓰였다. 이처럼 불리한 처지에 있으니, 조선인 기업은 일본인 기업에 갈수록 뒤처질 수밖에 없었다. 많은 기업이 문을 닫았으며, 조선인이 세운 은행도 일본 은행에 흡수되었다.

개항기에 사용된 화폐 1905년 일본은 당시 사용되던 모든 화폐를 새 화폐로 바꾸게 하면서 일본 제일 은행권을 주요 통화로 하였다. 이때 사용량이 가장 많았던 백동화의 일부를 교환해 주지 않거나 불리한 조건으로 교환해 주었다. 미리 정보를 입수한 일본 상인이 구 화폐로 토지와 물건을 사들이는 등, 이를 교묘히 이용하여 이익을 취하는 바람에 조선인이 입은 피해가 컸다.

상평통보

당오전

백동화

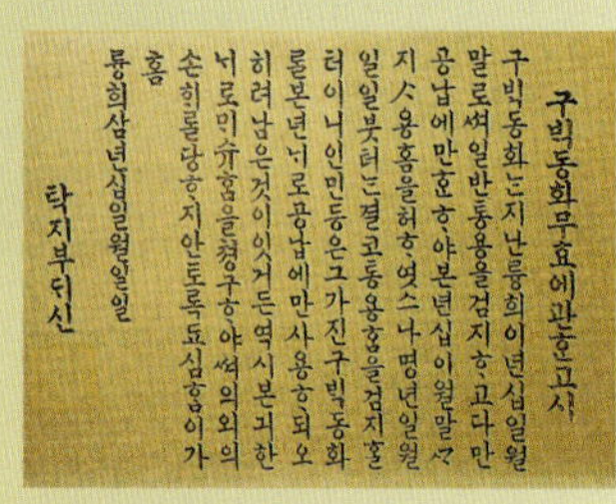

구 백동화 무효에 관한 고시

일본 제일 은행에서 발행한 지폐

동양 척식 주식 회사 1908년 일제가 조선의 토지를 수탈하고 농민을 지배할 목적으로 만든 회사이다. 한국 정부가 토지를 대고 일본인 농업 이민을 받아들여 진보된 농법을 도입한다는 명분을 내걸었으나, 사실은 막대한 국유지를 불하받아 일본인에게 값싸게 되팔거나, 수많은 한국 농민에게 50%가 넘는 높은 소작료를 강요한 대지주와 다름이 없었다.

러·일 전쟁 이후에는 일본인의 토지 투자도 급격히 늘어났다. 일본 정부가 앞장서서 조선의 토지를 사들이고 자국민의 한국 이민을 위해 동양 척식 주식 회사를 설립하였다. 조선의 토지를 사들여 농장으로 경영하는 것이 조선을 식량 생산 기지로 만드는 데 가장 효과적이었기 때문이다.

세계 자본주의와 만난 지 30여 년, 국제 무역이 확대되고 자본주의 경영도 확산되었다. 그러나 조선은 일본에 식량과 원료를 공급하고 그들의 공산품을 사 써야 할 처지가 되고 말았다.

조선인을 위한 경제 성장은 불가능했을까? 자립적인 국민 경제를 이룩하기 위해서 무엇을 해야 했을까?

철도, 두 얼굴로 다가온 근대 문명

경인선 개통 당시의 기관차

기차를 처음 타 본 김기수

강화도 조약 이듬해인 1877년에 수신사로 일본을 방문하였던 김기수가 처음으로 조선에 기차를 소개하였다. 놀라운 문명 기행의 소감을 《일동기유》에 이렇게 적고 있다.

> 앞 차의 바퀴가 구르면 여러 차의 바퀴가 따라서 구르게 되니, 우레와 번개처럼 달리고 바람과 비같이 날뛰었다. 한 시간에 300~400리를 달린다고 하는데, 차체는 조금도 움직이지 않으며, 다만 좌우에 산천초목과 가옥, 인물이 보이기는 하나 앞에 번쩍 뒤에 번쩍 하므로 도저히 잡아 보기 어려웠다.

외국인이 만든 첫 철도, 경인선

1899년 9월 18일, 노량진과 제물포를 잇는 경인선 33.2km가 개통되었다. 그러나 이 철도 개통식에는 태극기 대신 일장기와 성조기가 휘날렸다. 미국 기술로 만든 기관차가 일본인이 만든 철로 위를 달렸다. 이렇게 외국인이 만든 철도는 그들의 이익에 봉사하며 달렸다.

시간과 공간 의식을 바꾼 철도

경인선의 뒤를 이어, 경부선(1905)과 경의선(1906)이 완성되었다. 부산에서 서울까지, 다시 신의주까지 하루 거리로 좁혀졌다. 전국이 그만큼 가까워졌고, 사람도 물건도 순식간에 이동하였다.

철도는 새로운 공간을 만들었다. 철길이 지나는 곳에는 전에 없던 도시가 탄생하였고, 동헌을 대신하여 역 앞이 지역의 중심지로 떠올랐다.

철도를 공격하다

'양귀는 화륜선 타고 오고, 왜귀는 철차 타고 몰려든다'는 내용의 동요가 유행하였다. 철로가 조선인을 수탈하며 건설된 데다가 그 철로 위를 일본군을 실은 기차가 내달렸기 때문이다. 이런 이유로 의병들은 기차 정거장을 주된 공격 대상 가운데 하나로 삼았다.

조선의 주요 철도 서울을 중심으로 ×자 모양으로 뻗어 나간 조선 철도는 일본과 조선, 만주를 최단 시간에 이어 주고, 정치·경제 중심지를 가장 빠르게 연결하는 구조였다. 철도는 일본 상품을 조선으로, 조선 쌀을 일본으로 운반하는 것을 도와 식민지형 경제 구조를 만들어 냈으며, 수많은 일본군을 실어 날라 일본이 조선을 지배하고 대륙을 침략하는 데 이용되었다.

철로 파괴 혐의로 처형당한 조선인 강제로 동원된 사람들이 지켜보는 가운데 조선인 세 명이 철로 파괴 혐의로 처형되고 있다. 1905년 5월 21일자 프랑스 일간지 《라크로와 일뤼스트레》에 실렸던 그림이다.

을사조약, 《團團珍聞》, 1905. 11.

4

을사조약을 계기로
국권 회복 운동이 불붙다

을사조약

1905년 11월 9일, 이토 히로부미가 일본 왕의 친서를 들고 서울 땅을 밟았다. 포츠머스 조약으로 러·일 전쟁이 공식적으로 끝난 지 약 두 달 뒤였다. 이토는 두 차례 고종을 만나 새로운 조약 체결을 요구하였다.

11월 17일, 경운궁에서 대신 회의가 열렸다. 이토가 일본군 사령관과 함께 회의에 참석하였고, 회의장 밖에서는 일본 헌병이 무력 시위를 벌였다.

이토는 8명의 대신을 일일이 부르며 조약 체결에 찬성할 것을 강요하였다. 반대한 총리 대신은 끌려 나갔으며, 이완용, 박제순, 이지용, 이근택, 권중현이 조약 문서에 도장을 찍었다. 이들 을사오적의 찬성 의견을 들은 이토는 조약의 성립을 주장하였다.

> 일본 정부는 한국이 다른 나라와 맺은 조약의 실행을 완수하고, 한국 정부는 일본 정부의 중재 없이 외국과 국제적 성질을 가진 조약이나 약속을 하지 않는다.
>
> – 을사조약 2조

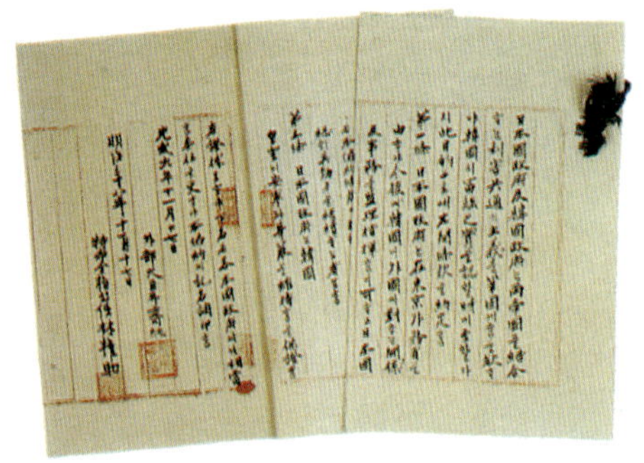

조약은 이렇듯 대한 제국의 외교권을 박탈한다는 내용이었다. "한국이 부강해질 때까지", 그리고 "한국 황실의 안녕과 존엄을 유지할 것을 보증한다."위 5조는 단서를 달았으나, 외교권을 빼앗긴 이 나라는 이제 일본의 보호국이 될 터였다.

제목도 비준 서명도 없는 을사조약 문서 대한 제국의 외교권을 박탈한 조약문. 일제는 서두르느라 조약 제목도 붙이지 못하였다.

오호라! 저 돼지와 개만도 못한 소위 우리 정부 대신이란 자들이 영달과 이득을 바라고 거짓된 위협에 겁을 먹고서 벌벌 떨면서 달갑게 나라를 파는 도적이 되어, 사천 년 강토와 오백 년 종사를 남에게 바치고 이천만 목숨을 몰아 다른 사람의 노예로 만들었으니, …… 아, 원통하고 분하도다. 우리 남의 노예가 된 이천만 동포여! 살았느냐, 죽었느냐?

– 장지연, 〈시일야방성대곡〉, 1905. 11. 18.

장지연(1864~1920) 을사조약 이후 《황성신문》의 주필인 장지연은 '오늘 목 놓아 크게 울다.'라는 뜻의 논설 〈시일야방성대곡〉을 썼다. 이 논설로 인해 《황성신문》은 오랫동안 발행이 금지되었다.

조약에 대한 이 같은 분노와 탄식이 비단 장지연의 것만은 아니었다.

러 · 일 전 쟁

1904년 2월 8일, 일본은 인천과 랴오둥 반도에 와 있던 러시아 함대를 기습하여 전쟁을 일으켰다. 일본은 서울과 주요 지역을 점령한 뒤 한국인들을 침략 전쟁에 동원하였으며, 한·일 의정서(1904. 2.)와 제1차 한·일 협약(1904. 8.)을 강제로 체결하였다. 일본이 추천한 고문을 두도록 하여 이들을 통해 한국의 정치를 지배하기 시작하였다.

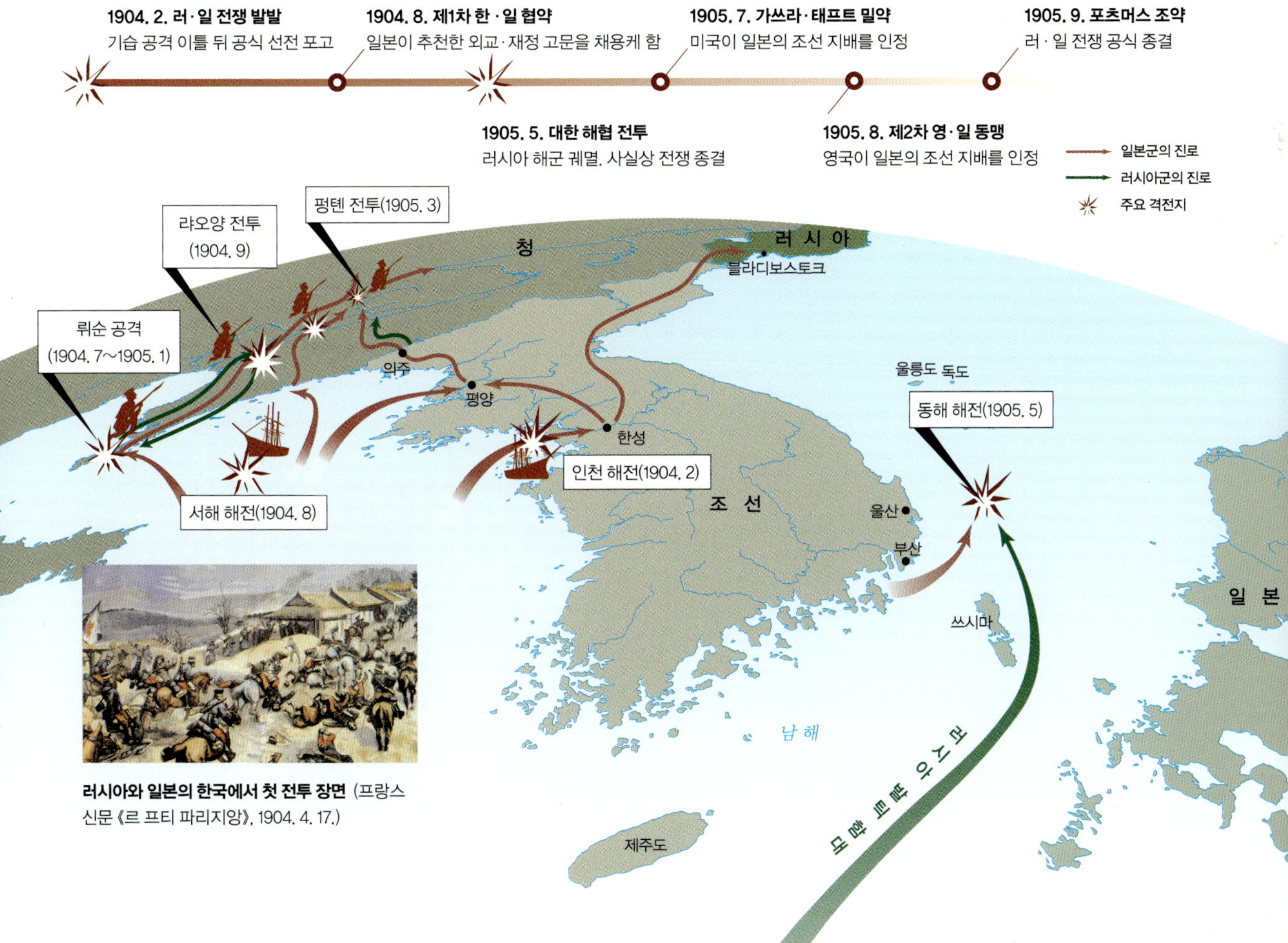

러시아와 일본의 한국에서 첫 전투 장면 (프랑스 신문 《르 프티 파리지앙》, 1904. 4. 17.)

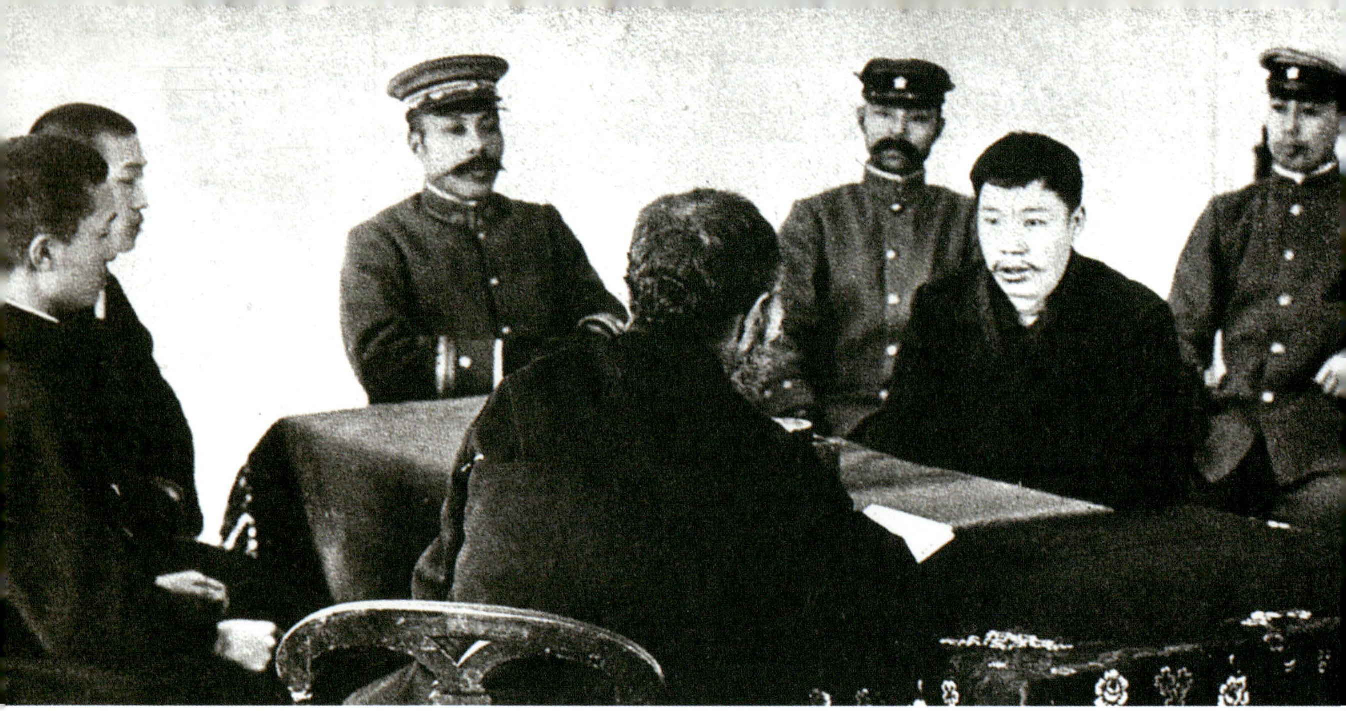

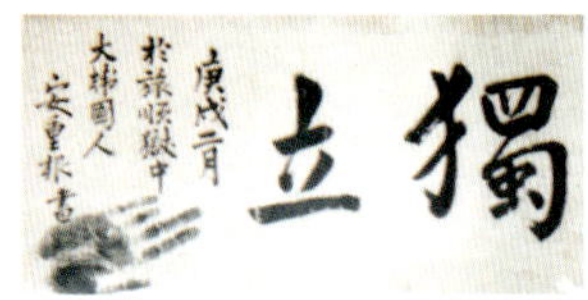

가족 앞에서 유언을 남기는
안중근(1879~1910) 두 동생에게
"천국에 가서도 국권 회복을 위해 힘쓸
것"이라는 유언을 남겼다고 한다.
안중근은 을사조약 이후 사립 학교를
설립하고 교육 운동을 벌이다가,
1907년 연해주로 건너가 의병 활동에
참가하였다. 이토를 사살한 후 중국의
뤼순 감옥에서 일본인에게 재판을 받고
처형되었다.

안중근의 유묵 '독립' 안중근이 뤼순
감옥에서 쓴 글씨로, 그때 간수로 있던
일본인이 보관하고 있었는데, 2005년에
그 후손이 한국에 기증하였다.

항일의 불길이 치솟다

을사조약을 전혀 예견하지 못한 것도, 대비가 없었던 것도 아니었다.
장지연이 중심이 된 《황성신문》이나, 양기탁이 중심이 된 《대한매일
신보》는 일본의 침략 의도를 제때 제때 보도하고 있었다. 주영 공사
이한응은 스스로 목숨을 끊어 일본의 침략을 경고하기도 하였다.

그러나 조약은 체결되었고, 이를 계기로 항일 운동이 크게 일어났
다. 이튿날부터 수천 명의 군중이 조약 무효화를 요구하며 시위를 벌
였고, 상인들은 상점문을 닫아 걸고 일제의 침략성에 항의하였다. 유
생들의 항의 상소가 빗발쳤고, 민영환과 조병세 같은 전직 대신은 죽
음으로써 조약 무효화를 요구하였다.

의병의 항일 투쟁도 더욱 거세졌고, 침략자와 나라를 판 매국노를
처단하기 위한 의거도 잇달았다. 나철 등은 오적 암살단을 조직하여
조약에 서명한 을사오적을 처단하려 하였으며, 이재명은 매국노의 우
두머리인 이완용을 칼로 응징하였다. 전명운과 장인환은 일본의 침략
을 지지한 미국인 외교 고문 스티븐스를 사살하였다. 안중근은 을사
조약을 강요하고 초대 통감을 지내면서 국권 강탈에 앞장선 이토 히
로부미를 쏘아 죽였다.

국권 회복의 열쇠는 실력 양성에 있으니······

을사조약 이후 여러 계층이 다양한 방식으로 국권 회복 운동에 참여하였다.

민중들과 위정 척사 사상을 가진 유학자들은 의병을 조직하여 무력으로 일제에 맞섰다. 개화파 인사들, 개화의 필요성을 인정하는 유교 지식인^{개명 유학자}, 동학교도들 가운데 서구 문물 수용이 불가피하다고 여긴 이들은 단체를 조직하고, 언론·출판·교육 운동을 벌였다. ^{자강 계몽 운동}

1906년 3월, 장지연 등은 대한 자강회를 조직하였다. 대한 자강회는 전국 25곳에 지회를 만들면서 전국적 단체로 성장하였다. 서북 학회나 기호 흥학회처럼 지역에 토대를 둔 단체도 여럿 조직되었다.

여러 단체가 특히 노력한 분야는 학교를 세우고 교재를 개발하여 청년을 계몽하는 활동이었다. 보성, 양정, 오산, 대성 학교 등의 사립 학교가 세워진 것이 이 무렵인데, 1909년까지 무려 5,000여 학교가 설립되었으니, '교육 혁명'이라 해도 지나치지 않았다.

언론을 통한 민족 운동도 활발하였다. 《황성신문》은 자강 운동의 든든한 후원자였으며, 기자들 대부분이 신민회 회원이었던 《대한매일신보》는 의병 투쟁을 널리 알리는 한편, 국채 보상 운동에도 주도적 역할을 하였다.

애국심을 높이기 위한 출판 활동도 활발하였다. 《을지문덕전》, 《강감찬전》, 《이순신전》 같은 민족 영웅 전기가 출판되고, 《월남 망국사》와 《미국 독립사》가 번역 출판되어 널리 읽혔다.

대한 제국 시기 발행된 신문

신문 이름	창간 연도	폐간 연도	창간 대표	특기 사항
제국신문	1898	1910	이종일	순 한글 신문, 여성과 하층민이 주 독자
황성신문	1898	1910	남궁억	박은식·장지연이 활동, 개명 유학자 중심
대한매일신보	1904	1910	베델	양기탁·신채호 관여, 의병 투쟁에 호의적
국민신보	1906	1910	이용구	친일 단체 일진회의 기관지
만세보	1906	1910	오세창	천도교 기관지
경향신문	1906	1910	드망주	천주교 기관지, 주 1회 발행
대한신문	1907	1910	이인직	친일 이완용 내각의 기관지
대한민보	1909	1910	오세창	대한 협회의 기관지

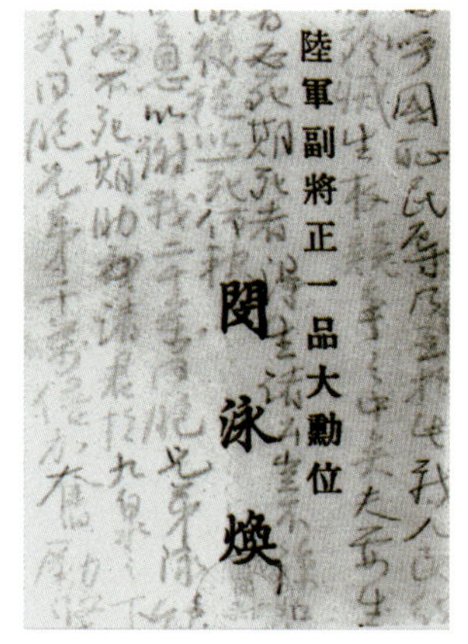

민영환 유서 민영환(1861~1905)은 명성 황후의 조카로, 일찍부터 높은 관직을 두루 거쳤다. 해외를 여러 차례 방문하였으며, 적극적인 개화 정책을 주장하기도 하였다. 친일 대신들과의 대립으로 권력에서 밀려나 있다가 을사조약을 맞았고, 자결로 망국의 한을 달랬다.

《을지문덕전》 신채호가 지은 전기이다. 신민회를 이끌었던 안창호는 "선조의 위대한 사업을 칭송하여 국민의 영웅 숭배심을 고취하고자 함이고 ····· 열성적·모범적 위인의 행적을 그려 내어 이천 년 후 을지문덕과 맞먹는 인물을 기르"는 책이라며 추천사를 썼다.

대한 제국은 지금 교육 혁명 중

갑오개혁을 거치며 근대적인 교육 제도가 도입되었다. 교육의 필요성을 느낀 민간의 교육 사업도 활발해졌다. 평양에서 활동하던 한 선교사는 "우리는 지금 눈앞에서 교육 혁명을 만나고 있다. 기독교, 비기독교를 막론하고 날마다 새 학교를 만들고 있다."라고 당시 교육 구국 운동을 묘사하였다. 자주적 근대화를 위해 신문물을 도입하고, 외세 침략에 맞서 국력을 기르기 위한 노력이 활발하던 시기의 교육 구국 운동은 교육 혁명이라 불릴 만한 대변혁을 이끌어 내고 있었다.

'국민 교육' 이념이 자리 잡다

"교육은 나라를 보존하는 근본이니 ……
너희 신민은 충군 애국하는 마음으로 덕, 체, 지를 기르라."
교육 입국 조서가 발표되고, 온 국민을 대상으로 근대적 학문을
가르칠 국민 교육 제도가 추진되었다. 갑오개혁 때의 일이다.
정부는 한성 사범 학교(1895)를 세워 교사를 양성하고, 학제를 제정하였으며,
교과서를 만들었다. 황실과 민간에서도 사립 학교 건립에 나섰다.

도별 각급 학교 수와 지역별 학회 각급 학교 수는 1910년의 통계이다. 일제에 의해 많은 사립 학교가 강제 폐쇄당한 이후의 통계임을 감안한다면 대한 제국 시기의 학교 설립운동이 얼마나 활발했는지 짐작할 수 있다. 각급 학교 통계 출처 : 《대한매일신보》, 1910. 8. 7.

관립 인천 외국어 학교(1898)

다 같이 학교를 세우자

을사조약으로 나라의 주권을 잃을 위기에 빠지자, 실력 양성이 국권 회복의 지름길이므로 교육으로 나라를 구하자는 운동이 일어났다. 서당을 개조한 소규모 학교에서 제법 형태를 갖춘 근대식 학교까지 수많은 학교가 탄생하였고, 학교마다 배움의 열기가 가득하였다.

근대식 학교의 수업 장면

설립 연도	학교	지역	설립자
1895	한성 사범 학교	서울	관립
1895	한성 외국어 학교	서울	관립
1897	숭실 학교	평양	선교사
1900	기전 여학교	전주	선교사
1904	호수돈 여학교	개성	선교사
1905	양정 의숙	서울	엄주익
1906	보성 학교	서울	이용익
1906	진명 여학교	서울	엄준원
1906	숙명 여학교	서울	엄귀비
1906	서전 서숙	간도	이상설
1907	오산 학교	정주	이승훈
1907	농림 학교	수원	관립
1908	대성 학교	평양	안창호
1908	수피아 여학교	광주	선교사

갑오개혁 이후 세워진 학교들 일제의 통계에 따르면, 1908년에 운영된 학교 수가 5,000개를 넘었다.

공부하여 애국하자

첫째, 건전한 인격 함양

둘째, 애국 정신이 강한 민족 운동가 양성

셋째, 국민으로서 실력을 갖춘 인재 육성

넷째, 강인한 체력 단련

안창호가 세운 대성 학교의 교육 목표였다. 한국의 역사와 언어, 지리 교육이 강조되었으며, 다양한 실업 교육이 이루어졌다. 1895년 이래 체육 교육도 강조되었다.

운동회 체육 활동을 통해 단결하는 마음을 기르고, 다 함께 모여 애국 의지를 다진다는 취지에서 학교별 운동회나 학교 간 연합 운동회가 자주 열렸다.

《국민 소학 독본》 1895년에 초등용으로 펴낸 일종의 종합 교과서로, 역사적인 내용이 책 전체에서 절반 이상을 차지하였다.

담배 끊고 반지 빼서 나라 빚 갚자

1907년 2월, 대구에 살던 김광제와 서상돈은 《대한매일신보》에 다음과 같은 국채 보상 운동 취지서를 발표하였다.

> 국채 1,300만 원은 바로 우리 대한 제국의 존망에 직결된 것으로, 갚지 못하면 나라가 망할 것인데, 국고로는 해결할 도리가 없으므로 이천만 인민이 3개월 동안 흡연을 폐지하고 그 대금으로 국채를 갚아 국가의 위기를 구하자.
>
> – 《대한매일신보》, 1907. 2. 21.

이들이 단연회^{담배 끊기 모임}를 조직하여 모금을 시작할 즈음, 서울에서는 국채 보상 기성회가 조직되었으며, 전국에서 수많은 단체가 조직되어 모금 운동을 벌였다.

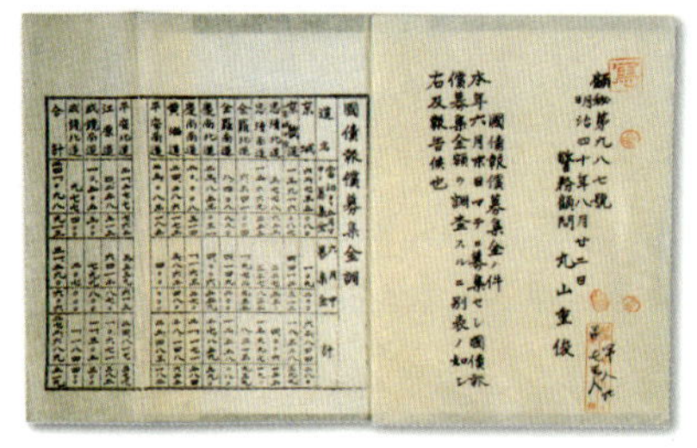

일제가 파악한 국채 보상금 모집 금액표(1907)

대구 시민 회관 앞에 세워진 국채 보상 운동 기념비 모금 운동은 30여 일 만에 230만 원을 모금하는 큰 성과를 거두었다. 일제는 이 운동을 이끌던 《대한매일신보》 사장을 구속하는 등 방해 공작을 폈다. 게다가 국민 모금으로 국채를 갚는 일이 쉽지 않고, 모금이 반드시 국권 회복으로 이어지는 것도 아니어서 국채 보상 운동은 중단되고 말았다. 위 사진은 '제2의 국채 보상 운동'이라 불렸던 외환 위기를 맞아 1998년에 벌인 금 모으기 운동 모습이다.

상인과 지식인층의 참가가 두드러졌으나, 서울과 지방을 막론하고 각계 각층이 두루 참여한 범국민적 운동이었다. 특히 여성들의 참여가 눈에 띄었는데, 많은 여성들이 비녀와 가락지 등 패물을 팔아 모금에 호응하였다. 양식과 반찬값을 줄여 돈을 마련한 주부, 머리카락을 잘라 판 돈으로 기부하는 여학생도 있었다.

1907년은 모든 정치 운동이 금지된 때였고, 항일 운동에 대한 일제의 탄압이 심한 시기였다. 이때 일어난 국채 보상 운동은 여러 계층이 자발적으로 민족 운동에 참여할 길을 열어, 대중적으로 일제에 맞서 싸웠다는 점에서 큰 의의가 있다.

실력 양성이 먼저냐, 독립이 먼저냐

일제가 강요한 악법을 지키면서, 또 일제와 충돌하지 않으면서 실력을 기르는 일은 쉽지 않았다. 을사조약 이후 일제는 모든 정치 운동을 금지시켰다. 법을 어기지 않고 공개적으로 활동하던 단체조차 해산시켰으며, 갖은 악법을 만들어 단체 결성과 언론·출판·교육 활동을 탄압하였다.

이러한 상황에서 '독립을 유지하지 못하면 실력 양성도 불가능하다.'는 생각이 점차 고개를 들었다. 실력 양성을 앞세운 이들 가운데 일부가 '자강을 위해 일본의 도움을 받자.'며 친일파로 기울었을 때, 선독립 후실력 양성을 주창한 이들은 비밀 결사를 만들어 항일 투쟁을 이어갔다. 양기탁, 안창호 등이 중심이 된 신민회가 대표적이었다. 신민회는 《대한매일신보》를 무대로 언론 활동을 활발히 하면서 사립 학교 설립과 국어·국사 연구를 통해 애국심 고취에 앞장섰다. 또, 나라 밖에 일제와 싸울 독립운동의 근거지를 만들기 위해 애썼다.

일제의 탄압이 갈수록 심해지고 친일 인사들이 일본과의 병합을 공공연하게 주장하고 나선 상황에서 어떻게 좌절하지 않을 수 있었을까? 국권 회복을 위한 최선의 방안은 무엇이었을까?

《대한매일신보》와 양기탁(1871~1938)
영국의 언론인 베델과 함께 《대한매일신보》를 창간하였으며, 1907년에는 안창호 등과 신민회를 조직하여 활동하였다. 국채 보상 운동이 활발해지자, 일제는 양기탁이 모금액을 횡령했다는 허위 사실을 퍼뜨려 국채 보상 운동을 방해하기도 하였다. 양기탁은 1920년대 이후 해외에서 독립을 위해 애쓰다 중국에서 세상을 떠났다.

5 의병, 일본에 맞서 싸우다

의병, 다시 일어나다

> 작년 10월에 일본이 한 짓은 만고에 없던 일이다. 억압으로 한 조각 종이에 조인하여 오백 년을 전해 온 종묘사직이 하룻밤에 망하였다. 천지신명도 놀라고, 조종의 영혼도 슬피운다. …… 우리 황실과 문무 백관, 사농공상과 서리와 수레잡이들이 다 무기를 들고 일어서자. 한마음 한뜻으로 뭉쳐 역적을 죽여서 그 간을 내어 먹고, 왜적을 무찔러 그 소굴을 소탕하자!
>
> — 최익현, 격문, 《면암집》

일찍이 위정 척사 운동을 이끌었던 전 참판 최익현이 여러 고을에 이 같은 격문을 보냈다. 그리고 스승과 제자로서 인연을 맺었던 여러 유학자들과 함께 의병을 일으켰다.

최익현에 앞서 역시 참판을 지낸 민종식이 홍주^{충남 홍성}에서 의병을 일으켰다. 민종식 부대는 홍주성을 놓고 일본군과 치열한 전투를 벌였다.

민종식 부대도 최익현 부대도 성공적으로 싸우진 못하였다. 그러나 이들의 투쟁을 계기로 무장 투쟁의 필요성이 널리 인식되어, 을사조약을 무효화하고 일제를 내쫓기 위한 대대적인 의병 투쟁이 전개되었다. 병오의병, 1906.

의병이라 이름 붙인 무장 항일 투쟁은 1894년의 동학 농민 전쟁으로 거슬러 올라간다. 당시 항일을 위해 봉기한 농민군은 스스로 의병이라 칭하며 관군에게 합류를 제안하기도 하였다. 이듬해에는 제천의 유인석, 춘천의 이소응 같은 양반 유학자가 중심이 된 을미의병이 일어났다.

동학 농민 전쟁이 좌절되고 을미의병이 해산된 이후에도, 여러 곳에서 무장한 농민군이 활동하였다. 수십 명씩 무리를 지어 외국 상인을 약탈하거나 관청을 습격하고 못된 부자의 재물을 빼앗아 가난한 사람들에게 나누어 주었던 활빈당이 대표적이다.

러·일 전쟁 이후 일제의 침략이 구체화되면서 의병 부대가 새롭게 조직되었다. 1904년 7월부터 의병을 칭하는 활동이 시작되었는데, 을사조약을 계기로 의병에 참가하는 사람들이 다양한 지역, 다양한 계층으로 확대되었다.

1906년 말에는 중남부 지방의 60여 군에서 의병 부대가 조직되었는데, 최익현이나 민종식 같은 유학자나 관리 출신 외에도 신돌석 같은 평민 출신이 의병장이 되어 이끄는 부대도 적지 않았다.

신돌석(1878~1908) '태백산 호랑이'란 별명을 얻었으며, 강원도, 경상 북도, 충청도 접경 지대에서 평민 의병장으로 활약하였다. 신돌석은 1908년에 체포될 때까지 군청이나 헌병 분견소 같은 일제의 통치 기관, 경제 침탈의 상징인 철도, 세무서, 광산 등을 파괴하였다.

항일 의병

한말의 역사학자이자 독립운동가인 박은식은 "나라가 위급한 때 즉각 의로써 들고 일어나 조정의 징발령을 기다리지 않고 종군하여 적과 맞선다. 한국 민족은 본래 충의가 두터워 삼국 시대 이래로 외환을 만날 때마다 의병이 일어나 적을 물리친 공적이 현저하였다."며, 의병은 한국 민족의 정수(국수(國粹))라 하였다.

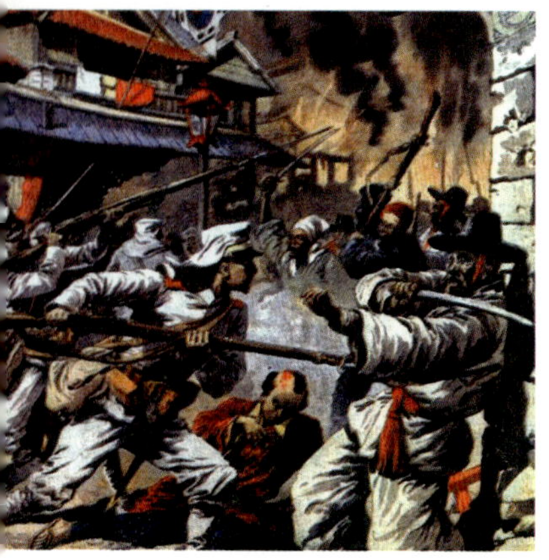

군대 해산에 항거하는 군인들 프랑스 《르 프티 주르날》(1907. 8. 4.)지에 실렸던 이 그림은 해산 군인과 일본군의 격렬한 시가전을 보여 준다. 해산당한 시위대 병력 1,182명 가운데, 전사자 70명, 부상자 104명, 포로가 된 자 600명이었으니, 적어도 66%의 군인이 일제와 싸운 셈이다.

범국민적인 항일 투쟁으로 발전하다

의병 운동은 1907년 일제가 고종을 강제로 물러나게 하고, 대한 제국 군대를 강제로 해산시킨 것을 계기로 한층 더 확산되었다.

서울의 시위대(국왕의 호위 군대) 군인들은 군대 해산에 맞서 싸웠다. 대대장 박승환은 자결로 항거하였으며, 시위대 소속의 많은 군인이 해산을 거부한 채 일본군과 시가전을 벌였다. 해산 군인들 가운데는 의병에 합류한 이들도 많았다. 무기고를 열어 총과 실탄을 나누어 가진 뒤 강원도 원주 일대를 장악한 민긍호 등이 대표적이다.

해산 군인이 합류하면서 의병의 전투력이 향상되고, 활동 지역도 넓어졌다. 평민 출신 의병장의 수도 늘어났다. 의병 투쟁은 더욱더 광범위한 계층을 망라하는 범국민적인 투쟁으로 발전하였다.

의병 전쟁이 확산된 1907년 12월, 이인영 등 양반 유생 의병장을

의병 전쟁

의병 전쟁은 1908~1909년에 절정을 이루었다. 이 투쟁으로 을사조약 이후 조선을 식민지화하려는 일제의 의도를 여러 해 동안 막아 낼 수 있었다.

- **1895 을미의병**
- **1905 을사조약**
- **1906 의병 운동 재개** 민종식, 신돌석 등
- **1907 군대 해산과 의병 운동 확산** 13도 창의군 결성
- **1909 일제 '남한 대토벌 작전' 시작**

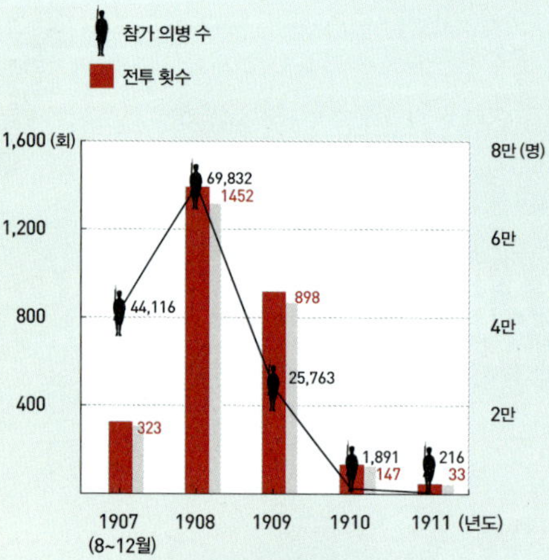

군대 해산 이후 의병 투쟁 상황

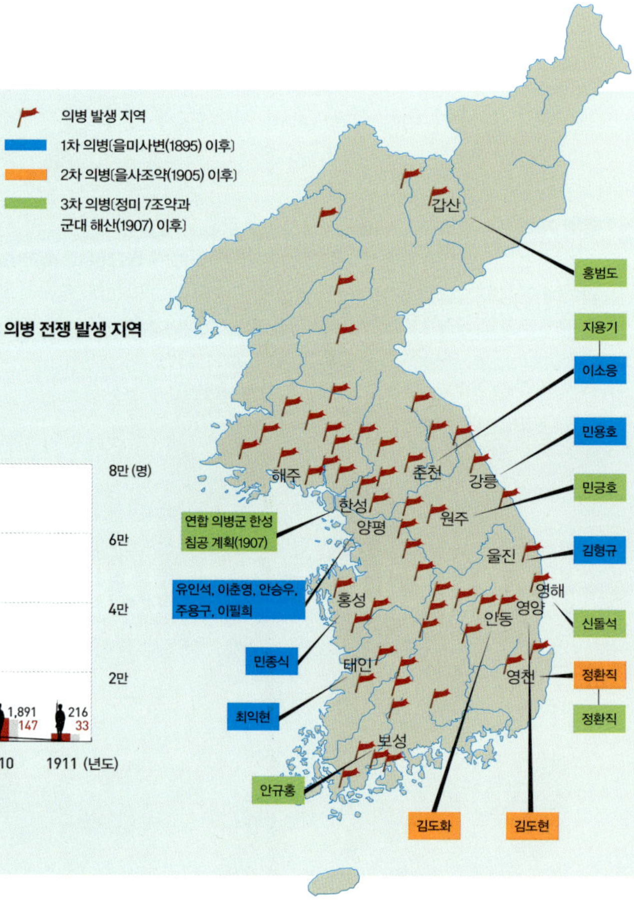

의병 전쟁 발생 지역

중심으로 전국적인 연합 의병 부대^{13도 창의군}가 조직되었으며, 1908년 1월에는 허위가 이끄는 선발대가 서울을 공격하였다. 그러나 대다수 의병은 소규모 부대로 유격 전술을 펼쳐 일본군을 괴롭혔다.

일본은 대규모 진압군을 파견하여 무자비한 학살과 파괴를 일삼으며 의병을 공격하였다. 일제의 공격이 거세지면서 적지 않은 의병장이 체포되고, 부대가 해산되는 사태도 빚어졌다. 그러나 '의병이 없는 마을이 없다.'고 할 정도로 속속 새로운 의병 부대가 조직되어 1908, 1909년에는 의병 투쟁이 절정에 이르렀다.

나라를 지킨다는 것

의병 투쟁이 전국으로 확산되고 일본군의 진압과 파괴가 이어지자, 다음과 같은 주장도 제기되었다.

> 그대들의 이런 행동이 …… 실은 동포를 해치고 조국을 상하게 할 뿐이요, 털끝만치도 실효가 없을 것이니, …… 국권을 되찾으려면 눈앞의 치욕을 참고 국가의 원대한 계획을 도모하여 모두 무기를 버리고 각자 고향으로 돌아가 농부는 농업을 열심히 하고, 기술자는 공업을 열심히 해야 한다. 각기 산업에 종사하여 자산을 저축하고 자제를 교육하여 지성을 계발하며 실력을 양성하면 다른 날에 독립을 회복할 기회를 자연히 기대할 수 있을 것이니…….
>
> – 의병 제군에게 경고한다, 《황성신문》, 1907. 9. 25.

그러나 의병들은 일제의 침략에 당당히 맞서야 하며, 지금 일제를 막지 못하면 실력 양성도, 독립도 불가능하다고 생각하였다. 의병들은 일본군과 경제 침략을 일삼는 일본인 지주와 상인, 공공 기관을 공격하여 침략자를 두려움에 떨게 하였다. 친일 매국노와 친일 관리도 공격하였다.

평민 의병장이 이끌던 부대들은 민을 수탈한 부패한 관리와 횡포

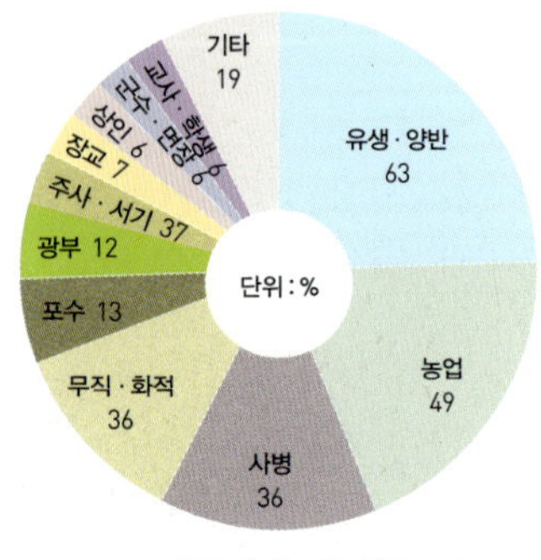

출처 : 박성수, 《독립운동사 연구 1》

정미 의병장 신분·직업별 구성
1908~1909년 사이 일본 군인, 경찰이 작성한 자료에 나오는 450명 의병장 가운데, 신분·직업이 확인된 사람의 비율이다.

안규홍 의병장의 나침반

한 양반을 공격하는 일이 많았다. 부당한 세금 납부를 거부하고 과도한 소작료 징수에 맞섰으며, 부잣집이나 관청의 창고를 헐어 가난한 사람에게 곡식이나 재물을 나누어 주는 일도 있었다. 나라를 지키는 일은 차별과 불평등이 없는 세상을 만드는 일이기도 하였던 것이다.

하루를 살더라도 자유인으로 살겠다

1908년 이후 의병 투쟁이 가장 치열하게 전개된 곳은 호남 지역이었다. 동학 농민 전쟁 이래 항일 열기가 높았고, 일제의 경제 침탈도 심한 지역이기 때문이었다.

투쟁을 이끈 사람들 가운데에는 머슴 의병장 안규홍 같은 평민이나, 평민과 처지가 다를 바 없는 몰락 양반들이 많았다. 민중의 군대라 할 수 있는 이들 부대는 다양한 유격 전술을 구사하며 일본군을 괴롭혔다.

1909년 9월, 일제는 가장 강력한 항일 세력인 호남 의병을 향해 대대적인 공세를 감행하였다. 이른바 '남한 대토벌 작전'이다. 대규모 일본군이 육지와 바다에서 호남 지역을 포위하고, 비질하듯 의병을 몰아붙였다. 파괴와 학살이 자행되는 두 달 동안 103명의 의병장과 4,138명의 의병이 체포되거나 학살당하였다.

호남 지역에 이어, 경상도와 황해도 등지에서 산악을 근거지로 장기전을 모색하였던 의병의 노력도 수포로 돌아갔다.

그러나 투쟁이 끝난 것은 아니었다. 유생 의병을 이끌었던 유인석이나 포수 출신 의병장 홍범도처럼 국경을 넘어 투쟁을 준비할 새로운 근거지를 만드는 사람들이 많이 나왔다.

승리를 확신해서였을까? 아니면 "몸은 죽을망정 마음마저 변할쏘냐. 의는 무겁고 죽음은 오히려 가볍다. 身亡心不變 義重死猶輕"라고 말한 정환직 의병처럼 신념을 지키기 위해서였을까?

112

순간 5, 6명의 의병이 뜰에 나타났다. 나이는 18세에서 26세 사이였고, 그 중 얼굴이 준수하고 훤칠한 한 청년은 구식 군대의 제복을 입고 있었다. 나머지는 한복 차림이었다. 그들은 각기 다른 종류의 총을 들고 있었는데, 하나도 성한 것이 없어 보였다. 그 중 인솔자인 듯한 한 사람에게 말을 걸었다. …… "일본을 이길 수 있다고 생각합니까?" "이기기 힘들다는 것을 잘 알고 있습니다. 우리는 어차피 싸우다 죽겠지요. 그러나 좋습니다. 일본의 노예가 되어 사느니 자유민으로 죽는 것이 훨씬 낫습니다."

– 매켄지, 《자유를 향한 한국의 투쟁(Korea's fight for freedom)》

항일 의병 전적비(강원도 양구)

침략자를 몰아내야만 희망을 말할 수 있겠지만, 이 의병인들 죽음이 두렵지 않았을까?

체포된 의병장들(1909) 남한 대토벌 작전에 끝까지 항거하다 일본군에게 잡힌 호남 의병장들이다. 이들에게는 대부분 살인 방화죄라는 죄목이 붙었다.

'불원복' 태극기 지리산을 근거로 투쟁하다가 1907년에 전사한 고광순 의병장이 품에 간직하고 다니던 태극기이다. "불원복 (머지않아 되찾으리라)"이라고 쓰여 있다.

해외의 독립군, 한국을 사랑한 외국인

이상룡(1858~1932) 일가족 50여 가구와 함께 삼원보로 이주하여 부민단이란 이주자 단체를 만들었고, 그 단장을 맡으면서 일생을 독립운동에 몸바쳤다.

나라 밖에 독립운동의 근거지를 만들다

> 유사시 나라 안에서 세울 수 있는 계책이 마땅치 않다. 국경을 넘어 그 땅을 차지하고 국내의 충의호걸을 맞이하여 형세를 기다리면서 기회를 보아 부흥을 기하고 싶다. — 유인석, 《의암집》

유인석이 나라 밖에 독립운동 근거지를 만들고자 한 때는 1907년, 13도 창의군이 서울을 공격하러 나섰을 때였다. 연해주에서 의병을 이끌던 이범윤과 부대를 이끌고 간도로 들어간 홍범도의 생각도 유인석과 별반 다르지 않았다.

투쟁을 위해 국경을 넘은 이들은, 여전히 고국에 대한 애정을 간직하며 살고 있던 간도나 연해주의 이주민들과 새로운 투쟁을 준비하였다. 간도와 연해주는 그리하여 일제에 맞설 새로운 투쟁의 중심지로 떠오르게 되었다.

서간도 삼원보

1911년, 이동녕과 이회영, 이상룡 등이 집단적으로 이주하면서, 경학사와 부민단이란 자치 조직을 만들고, 독립군 양성을 위한 학교를 세웠다. 이때 만들어진 신흥 강습소(훗날 신흥 무관 학교) 출신 인사들은 이후 일제와 맞서는 무장 독립군이 되었다.

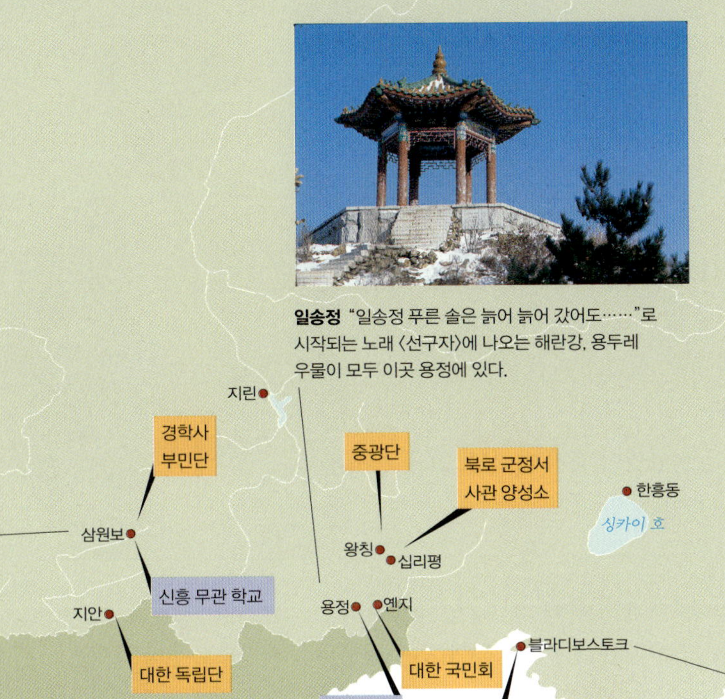

일송정 "일송정 푸른 솔은 늙어 늙어 갔어도……"로
시작되는 노래 〈선구자〉에 나오는 해란강, 용두레
우물이 모두 이곳 용정에 있다.

신한촌 기념비 1999년 8월 한국의
학자들이 중심이 되어, 3·1 운동 독립
선언 80주년을 맞아 연해주 한인들의
독립운동을 기리고 고려인을 위로하기
위해 세웠다.

북간도 용정

이주 한인이 가장 많았던 북간도의 용정촌과 명동촌에서는 간민회나 중광단 같은 이주 동포 조직을
중심으로 민족 운동이 활발하였다. 이곳에는 서전 서숙이나 명동 학교 같은 교육 기관이 설립되었으
며, 무장 독립군을 조직하고 투쟁 자금을 조달하는 등의 활동이 활발하였다.

연해주 신한촌

블라디보스토크에 자리 잡은 한인 집단 거주지였던 신한촌은 1910년에 강제 병합 무효 선언을 하고
강력한 반일 운동을 벌이던 수많은 한인이 일제에 의해 학살당한 곳이기도 하다. 1911년 이후 자치
조직인 권업회(1911~1914)와 대한 광복군 정부(1914)가 이곳에서 활동하였다.

영원히 한국인이길 바랐고, 한국인으로 죽어 한국 땅에 묻힌 베델은 "나는 죽지만, 신보(《대한매일신보》)는 영원히 살려 한국 동포를 구하시오."라는 유언을 남겼다. 그의 죽음을 애석해한 박은식은 "하늘이 공을 보내고 또다시 데려갔구나. 구주(유럽)의 의혈 남아가 조선의 어둠을 씻어 내고자 삼천리 방방곡곡에 신문지를 뿌렸네. 꽃다운 이름 남아서 다함없이 비추리."라는 애도의 글을 바쳤다.

개항과 함께 베델처럼 한국을 찾은 서양인이 적지 않았고, 그들 가운데에는 진정 한국을 사랑한 사람도 많았다.

베델(E.T. Bethell, 한국명 배설, 1872~1909)

영국의 언론인. 1904년 영국 《데일리 크로니클(The Daily Chronicle)》의 특파원으로 한국에 왔으며, 같은 해 7월 양기탁 등과 함께 《대한매일신보》를 창간하여 사장이 되었다. 한국 법이나 일본 법을 적용받지 않는 치외법권을 활용하여 일본의 한국 침략을 비판하고 항일 운동을 후원하였다.

헐버트(H.B. Hulbert, 1863~1949)

1886년, 23세의 나이로 한국에 와서 5년간 육영 공원에서 영어를 가르쳤다. 이때 세계 여러 나라의 자연 환경과 정치, 학문을 종합적으로 소개한 《사민필지》를 편찬하였다. 1895년부터 10년 동안 한성 사범 학교에서 학생을 가르치며 교재를 개발하였다. 1905년과 1907년 두 차례 고종의 밀사로서 을사조약이 무효란 고종의 뜻을 미국과 유럽 국가들에 알리는 일을 맡았다. 해방 후 한국에 왔다가 세상을 떠나 서울 양화진 외국인 묘지에 묻혔다.

《사민필지》 관리든 백성이든 반드시 알아야 할 지식이란 뜻에서 사민필지 (士民必知)라 이름지었다. 1889년에 한글본으로 초판이 간행되어 교과서처럼 널리 쓰였다.

침략을 도운 역사학, 식민 사관의 등장

> 조선인은 자기 힘으로 하는 것이 없다. 무력에서도 문명이란 점에서도 자기 힘으로 이룬 바가
> 없다. 그래서 늘 큰 나라의 눈치를 보고, 큰 나라 따르는 것을 목적으로 삼는다.

시라도리란 일본 역사학자가 한 말이다. 조선은 스스로 독립할 수 없으므로, 누군가의 지배를 받아야 한다는 논리이다. 아예 이러한 타율성을 조선의 중요한 특징이라고 주장하는 사람도 있었다. 한편에서는 조선은 그냥 두면 도저히 발전할 가능성이 없다는 식의 정체론을 주장하고 나선 이도 있었다. 나아가 '조선과 일본은 원래 하나였다.', '일본은 본가, 조선은 분가'라는 식의 일선 동조론도 대두하였다. 일제의 조선 침략이 본격화되면서 이른바 '식민 사관'이 형성된 것이다.

일제 침략자들은 강제 병합을 '가난한 분가가 부강한 본가와 합치는 것'이라 주장하고, 일본의 지도와 도움을 받는 것이 조선 발전에 필수적이라는 논리를 내세웠다.

과연 조선은 발전할 가능성이 없는 정체된 사회였을까? 이런 조선의 문명화를 위해서는 일본의 도움이 필수적이었을까?

광개토 왕릉비 일본군 참모 본부는 대륙 침략을 위해 1880년부터 조선과 만주를 조사하였다. 이 과정에서 광개토 왕릉 비문을 입수하여 6년 동안 연구한 결과를 1889년에 발표하였는데, 이 비문이 한반도에 대한 일본의 지배를 분명하게 증명한다고 주장하였다. 그러나 비문을 다르게 해석할 수 있다거나, 아예 일본이 비문을 조작하였다는 주장이 끊이지 않고 이어졌다. 사진은 1915년 일제가 발간한 《조선 고적 도보》에 실린 것이다.

6

대한 제국에서 식민지 조선으로

신민에서 인민으로, 다시 신민으로

> 만일 조선 **신민**이 **신민**의 도리를 할 것 같으면 어찌 대군주 폐하께서 곤란하신 일을 그렇게 여러 번 보시고, …… 외국 사람들이 조선 **인민**을 사람으로 대접하게 힘쓰는 것이 마땅하거늘, 이런 때를 당하여 이런 마음은 조금치도 없고 시절 만난 줄로 알고 나라와 **백성**은 어떻게 되든지 못된 짓을 하고…….
>
> — 《독립신문》, 1896. 3. 30.

신민이나 인민, 백성은 모두 조선 사람을 가리키는 말이다. 그 뜻이 어떻게 다르기에 《독립신문》은 이렇게 구분하여 썼을까?

만민 공동회 독립 협회는 누구든 나와서 자유롭게 발언할 수 있는 정치 집회(만민 공동회)를 자주 열었다. 백정인 박성춘은 이 집회에서 연설을 하였는데, 스스로 정치의 한 주체임을 분명히 하고 있다. "나라와 백성이 잘 살기 위해서는 관민이 힘을 합해야 합니다. 저 차일에 비유하건대 한 개의 장대로 받치면 역부족이나 많은 장대를 합하니 그 힘이 튼튼해집니다. 원컨대 관민이 합심하여 ……."

'신민臣民'은 왕이 있는 나라의 관리나 일반민, 곧 왕이 아닌 모든 국가 구성원을 뜻한다. 백성도 이와 비슷해서 왕이 아닌 모든 사람, 또는 벼슬하지 않은 모든 사람을 뜻한다. 잘 다스려야 할 대상이란 점에서 신민과 백성은 같은 말이다.

《독립신문》에 많이 등장하는 '인민人民'은 평등한 국가의 구성원이란 뜻이다. 민에게 자유와 권리를 주어야 한다며 개화파가 널리 쓴 말이다.

독립 협회는 중추원을 개편하여 의회처럼 운영하자고 주장하였다. 군권에 대항하는 민권이 있으며, 정치의 주체가 인민이란 점도 분명히 밝혔다. 반면에 '만세 불변의 전제 정치'를 선언한 대한 제국 황제와 관리들은 신민이란 말만 사용하였다. 주권자는 오직 군주뿐이라는 것이다.

그러나 나라가 인정하든 않든, 이미 수많은 인민이 스스로 나라의 주인이며 권리의 주체란 생각을 가졌고 자기 생각을 실천하였다. 어떤 이는 총칼을 들고 외세에 맞서는 의병이 되었고, 어떤 이는 자기 재산을 내놓아 학교를 세웠다.

조선의 자주독립을 위해 애쓰던 이들은 신분, 성별, 지역의 차이를 뛰어넘어 단결을 모색하였다. 그리고 군주 한 사람이 모든 것을 결정하는 전제 군주제를 고쳐야 한다고 생각하였다.

이준이 중심이 된 헌정 연구회는 국권을 잃어버릴 위기에 빠진 이유를 전제 군주제에서 찾고, 인민이 정치에 참여할 수 있는 입헌 군주제의 실현을 위해 노력하였다. 신민회 회원 중에는 모든 국민이 동등한 권리를 누릴 수 있는 공화정을 실시해야 한다고 주장한 사람도 있었다.

스스로 인민이고자 한 이들에 의해, 인민이 주체가 되는 자유롭고 평등한 국가가 한 걸음씩 다가오고 있었다. 그러나 이들의 노력은 신민이길 강요하는 또 다른 권력, 즉 더욱 폭력적인 일제에 의해 좌절되고 말았다.

《공립 신보》 을사조약 이후 국내에서 발간되는 잡지에는 황실과 국가, 왕권과 국권의 분리를 주장하는 기사가 종종 실렸다. 이 무렵 미국에서 발행된 교민 신문에서는 여기서 한 걸음 더 나아가 국권 상실의 원인으로 황실의 존재를 지적하면서, 혁명을 통해 국민이 주인이 되는 신국가를 건설해야만 국권을 지킬 수 있다고 주장하기도 하였다. 당시 미국에서는 대통령을 국민이 직접 선출하였고, 많은 나라에서도 민주주의가 제도화되어 있었다. 사진은 1905~1909년 사이 샌프란시스코에서 발행된 《공립 신보》다. 안창호가 회장인 공립 협회에서 발행하였다.

대한 제국에서 식민지 조선으로

1910년 8월 22일, 총리 대신 이완용과 내부 대신 박제순 등이 참가한 어전 회의가 열렸다. 여기서 일본이 보내 온 "한국 황제 폐하는 한국 전부에 관한 모든 통치권을 완전 또는 영구히 일본 황제 폐하에게 양여한다."는 이른바 한·일 병합 조약을 받아들이기로 하였다.

총리 대신 이완용과 통감 데라우치가 서명한 이 문서는 8월 29일에 공개되었다. 이날부터 경복궁 근정전에 일장기가 내걸렸다. 대한 제국은 이렇게 일본의 식민지가 되었다.

대한 제국의 마지막 황제순종는 일본 황제의 신하인 창덕궁 이왕 전하가 되었으며, 통치권은 일본 황제가 임명한 조선 총독이 행사하게 되었다. 친일적이며 일본어에 능통한 1/3 정도를 제외한 대한 제국 관리 대다수가 자리에서 쫓겨났고, 그 자리는 일본인들로 메워졌다.

조선 총독은 입법권, 사법권, 행정권을 장악하였을 뿐만 아니라 군 지휘권도 가진 최고의 권력자였다.

새 법을 만들거나 정책을 추진할 때 한국인의 의사를 수렴하고 반

한·일 병합

을사조약 이후 일제는 통감부를 설치하여 조선의 내정을 감독하는 한편, 외교권을 대신 행사하였다. 1907년에는 군대를 해산시키고 각부 차관을 일본인으로 임명하였다. 1909년에는 사법권을, 이듬해에는 경찰권을 박탈하였다. 1910년의 강제 병합은 이 과정을 마무리한 것이었다.

송병준 일본에 강제 병합을 청원한 친일 단체인 일진회의 대표였다.

이완용 을사조약을 지지하고, 일제에 국권을 넘겨준 대표적 친일 매국노이다.

근정전 조선 왕조의 정궁이었던 경복궁의 중심 건물이다.

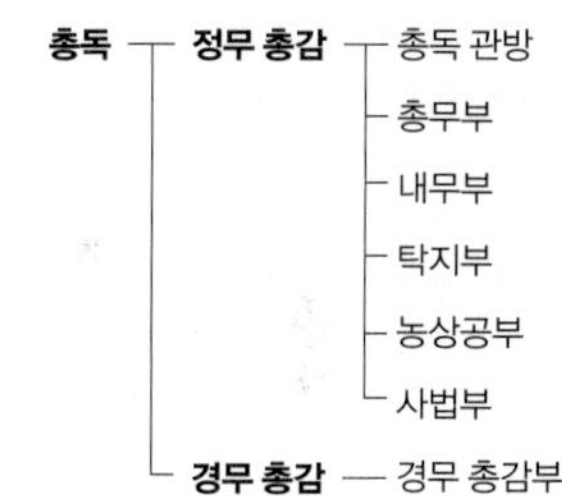

조선 총독부 건물 공사 1926년 일제가 식민 통치의 위엄을 과시하고자 경복궁의 일부를 헐고 근정전 바로 앞에 세웠던 총독부 청사는 이후 19년간 일제 식민 통치와 수탈의 본거지로서 악명을 떨쳤다.

영할 수 있는 절차나 기구는 전혀 없었다. 한국인들은 단체를 만들거나 자신의 의사를 표현할 수 있는 자유조차 부정당하였다.

일제는 현역 군인을 총독으로 임명하였으며, 군대의 경찰인 헌병이 경찰을 지휘하며 경찰 업무를 맡는 헌병 경찰 제도를 시행하였다. 헌병 경찰은 한국인의 생활을 철저히 감시하였고, 전쟁 때 군인에게나 적용할 법한 가혹한 규칙을 만들어 한국인을 통치하였다.

일제는 동양 평화를 이루고 조선을 문명화하겠다며 병합을 추진하였다. 일진회 같은 친일 단체도 "조선을 문명화하기 위해서는 합방하는 것이 필요하다." 며 강제 병합을 지지하고 나섰다.

그러나 한·일 병합은 항일 투쟁을 짓밟고 이루어진 국권 강탈일 따름이었다. 일제의 통치는 대다수 한국인을 배제한 이민족 통치였으며, 인민의 권리를 철저히 부정한 더욱 후퇴한 군주제이자 폭력적인 군사 통치였다. 일제의 통치 아래 모든 한국인은 일본 황제의 신민이길 강요받았다.

조선 총독부 관제(1910년대)

총독 ─ 정무 총감 ┬ 총독 관방
                 ├ 총무부
                 ├ 내무부
                 ├ 탁지부
                 ├ 농상공부
                 └ 사법부
     ─ 경무 총감 ─ 경무 총감부

일제가 조선인에게 적용한 악법들

일제는 차별 없이 한국인을 대한다고 떠들었으나 그 어떤 민주적 제도도 도입하지
않았을뿐더러, 한국인들이 개혁을 통해 폐지한 낡은 제도들을 되살려 식민 통치를 강화하였다.
일제가 만든 악법은 근대 개혁 운동을 통해 이룩한 민주적 성취를 짓밟은 것이며, 국가 권력이
국민의 인권을 짓밟는 잘못된 관행을 만들었다.

조선 태형령(1912)

태형은 갑오개혁 때 비인간적 처벌이라 하여 폐지되었으나, 일제는
오직 조선인에게만 적용할 조선 태형령을 제정하였다.

"태형은 수형자를 형판 위에 엎드리게 하고, 그 자의 양팔을 좌우로
벌리게 하여 형판에 묶고 양다리도 같이 묶은 후 볼기 부분을 노출시켜
태로 친다. 형 집행 중에 수형자가 비명을 지를 우려가 있을 때에는 물에
적신 천으로 입을 막는다."　　– 조선 태형령 시행 규칙, 《관보》, 1912. 3. 18.

일제 시대 태형 기구(서대문 독립 공원 역사 전시관)

보안법·신문지법(1907)

자강 계몽 운동이 활발해지자, 일제는 "질서 유지를 위해서는 단체를 해산시키고, 집회를 제한 또는 금지하거나 해산할 수
있으며, 신문 발매와 반포를 금지하고 발행을 정지 또는 금지할 수 있다."는 내용의 법률을 제정하였다. 국권 강탈 이후 이
법이 더욱 강화되어, 한국인은 언론·출판·집회·결사의 자유를 아예 누리지 못하였다.

조선 교육령(1911)

"조선에서의 교육은 …… 제국 신민으로서의 자질과 품성을 갖추게 하는 데 있다."
조선 교육령을 발표하면서 총독 데라우치가 한 말이다. 학교에서는 천황에 대한
충성심을 기르는 수신 교육과 일본어 교육이 중시되었는데, 그나마 조선인이
학교를 다닐 수 있는 연한을 제한하고, 대학 설립을 금지하였다.

조선인과 일본인의 교육 기간 비교

제복과 칼을 착용한 교사들

경찰범 처벌 규칙(1912)

헌병 경찰은 정식 법 절차나 재판 없이 한국인을 잡아가두거나 벌금형에 처할 수 있었다.

2. 일정한 주거 또는 생업 없이 이곳 저곳 배회하는 자. …….
5. 협력, 기부를 강요하고 억지로 물품의 구매를 요구하며, …….
21. 남을 유혹하는 유언비어 또는 허위 보도를 하는 자. …….
64. 관서의 독촉을 받고도 굴뚝 개조, 수선, 청소를 소홀히 하는 자. …….
　　　– 《조선 총독부 관보》, 1912. 3. 25.

조선에 주둔한 일본 헌병대

민족주의와 공화주의가 자라나다

러·일 전쟁에서 강제 병합까지 황실과 광무 정권은 일제에 맞서기보다 협상을 선택하였고, 마침내 굴복하고 말았다. 광무 정권 내내 막대한 예산을 쏟아 육성한 신식 군대는 의병 진압에 활용되다가 해산되었다.

정부가 신민으로 규정한 인민들은 목숨을 걸고 항일 투쟁에 나섰으나, 친일 매국노로 가득 찬 정부는 황제의 명령이란 형식을 빌려 항일 운동을 탄압하였으며, 결국 강제 병합을 받아들였다.

황실이 국가를 대변하지 못하고, 국가가 민족을 배반하는 상황이었다. 황실은 충군애국을 이야기하였으나, 임금에게 충성하는 것이 곧 나라를 사랑하는 길은 될 수 없었으며, 오히려 나라가 제정한 법을 지키는 것이 민족을 배반하는 일이 되었다.

많은 한국인들은 일제가 만든 국법 질서를 파괴하며 싸웠다. 함께 싸우며 신분과 지역, 성별의 차이를 뛰어넘었다. 왕 이전에 국가가 있고, 조선이나 대한 제국 같은 국가 이전에 국민이 있으며, 국민은 아주 오래 전부터 역사와 문화를 공유해 온 하나의 민족 공동체라는 사실을 깨달았다.

"한국은 단군 시조 이래 이천만 자손이 삼천리 강산에서 대대로 살

나철(1863~1916) 1907년에 이완용 등 을사조약에 찬성하였던 매국 대신 암살을 시도하였다가 유배된 뒤 특사로 풀려났다. 이후 오기호 등과 함께 단군을 교조로 민족 고유의 하느님을 신앙하는 대종교를 창시하였다(1909). 대종교는 단군을 국가의 조상으로 삼고, 국사를 연구하고 국어와 국문을 발전시키며, 민족 영웅을 추앙하려는 시대적 분위기의 산물이었다. 왼쪽 사진은 서울 사직동에 있는 단군 성전이다.

신채호(1880~1936) 《대한매일신보》
기자이며 신민회 회원이었던 신채호는
역사 연구와 저술을 통해 민족 정신을
탐구하고 애국심을 높이려 하였다. 그는
〈민족과 국민의 구별〉, 〈20세기 신국민〉
등의 글을 통해 공화주의에 입각한
민족주의를 주장하였다. 훗날 중국으로
망명하여 항일 투쟁을 전개하는 한편,
역사 연구를 통해 민족주의 역사학의
기초를 쌓았다.

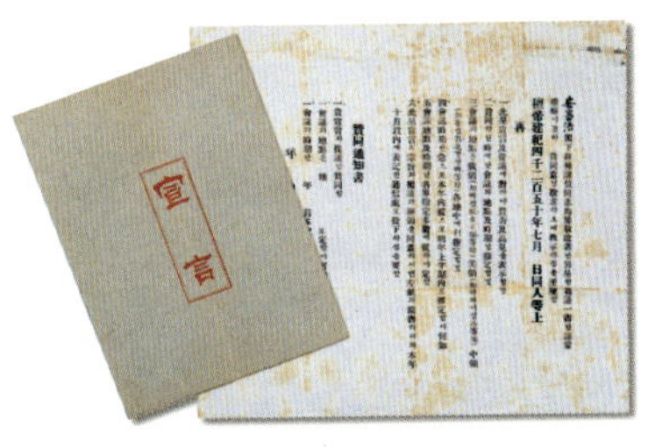

대동 단결 선언(1917) 박은식·신채호·
조소앙 등 14명이 발기하여 작성한
선언문으로, 해외에서 활동하던
독립운동가들이 회의를 열어 임시 정부
수립 등을 의논하자는 내용이 담겨 있다.

아온 공동체이니 그것이 곧 국가이며, 국가는 모든 동포의 공유물이
라.〈민족과 국민의 구별〉"고 생각한 신채호는 "전제 봉건의 낡음과 고루함이
사라지고 입헌 공화의 복음이 두루 퍼져 국가는 인민의 낙원이 되며,
인민은 국가의 주인이 되는〈20세기 신국민〉" 세상을 꿈꿨다.

민족을 앞세운 이들은 대부분 공화주의자였다. 제국주의와 맞서기
위해서는 민족주의를 앞세워야 하며, 민족이 하나로 단결하기 위해서
는 왕과 신민, 양반과 상민, 남녀의 차이를 뛰어넘어야 한다고 믿었다.

독립운동은 민주주의 국가를 만드는 일

황제가 주권을 일본 황제에게 넘겨준 1910년 이후 대한 제국이 사라
졌다. 그러나 황제의 주권 양도를 국민들이 인정하거나, 일본이 주권
양도에 대한 한국인의 동의를 받은 것은 아니었다. 대다수 한국인들
이 이에 반대하며 주권을 되찾기 위해 애썼다.

의병 전쟁에 참가하였던 양반 유생들 상당수가 '독립을 되찾아 황
제의 자리를 찾아 드려야 한다.'는 생각으로 실천하였다. 이처럼 독립
을 이전의 군주제로 돌아가는 것이라고 이해하는 생각을 복벽주의라
고 한다.

그러나 계몽 운동에 참가하였던 지식 계층은, 독립이란 황제가
포기한 주권을 인민이 되찾는 과정이며, 아래로부터 민주 공화정의
새로운 국가를 창조하는 과정이라고 생각하였다. 이런 생각은 1911년
청에서 황제 제도가 타파된 신해혁명 이후 더욱 빠르게 확산되었다.
독립운동가들이 대단결하여 임시 정부를 수립하자고 제안한 대동
단결 선언은 이 같은 상황을 잘 보여 준다.

융희 황제(순종)가 삼보(토지, 인민, 정치)를 포기한 경술년 8월 29일
은 즉 우리 동지가 이를 계승한 8월 29일이니, …… 황제권이 소멸
한 때가 즉 민권이 발생한 때요, 구한국 마지막 날은 신한국 최초의
날……
― 대동 단결 선언, 1917

해외 주요 독립운동 지도자들 사이의 이 같은 합의는, 독립운동은
인민 주권의 원리에 따라 민주 공화국을 수립하는 운동이라는
공감대가 이루어졌음을 잘 보여 준다.

이토와 함께 있는 영친왕

국권을 빼앗긴 뒤, 한국 황제는 어떻게 되었을까요? 일본 황제가 있는데 한국 황제가 또 있을 수는 없었겠지요. 많은 한국인이 황실에 기대어 국권 회복을 시도할지도 모르는데 혹시 황실을 없애 버리지는 않았나요?

"일본군 황제 폐하는 한국 황제 폐하, 황태자 전하와 그 후비 및 후예가 각각 자신의 지위에 어울리는 존칭과 위엄 및 명예를 누리게 하고, 또 이를 유지하는 데 충분한 세비를 지급한다."

한국 황제가 일본 황제에게 통치권을 넘기고, 이를 일본 황제가 수락한다는 내용의 한·일 병합 조약 세 번째 조항입니다.

약속은 거의 지켜졌어요. 일본 황실은 해마다 많은 돈을 한국 황실에 내놓았고, 적절한 지위도 누리게 하였지요. 물러난 고종 황제는 이태왕으로, 순종 황제는 이왕으로 불렸어요.

황제 즉위식이 열렸던 환구단이 헐리고 그 자리에 호텔이 세워졌어요. 또, 창경궁에는 동물원과 식물원, 박물관이 들어서고, 경복궁의 많은 건물을 헐고 조선 총독부 건물을 세웠어요. 훼손된 환구단, 창경궁, 경복궁 등은 모두 대한 제국을 상징하는 것들이었지요.

덕수궁에 살던 고종은 1919년에, 창덕궁에 살던 순종은 1926년에 세상을 떠났어요. 갇혀 죽은 듯이 지냈어도, 그들을 잃어버린 나라의 상징으로 여긴 이들이 많았지요. 두 황제의 장례에 맞춰 만세 운동이 일어난 것도 그 때문이에요.

황태자로 책봉되기까지 했던 영친왕 이은(1897~1970)은 일본에 볼모처럼 끌려갔어요. 그곳에서 일본 왕족과 혼인하고, 일본 군인이 되었으며, 1963년까지 일본에서 살았어요.

고종의 하나밖에 없는 딸 덕혜 옹주(1912~1989)도 일본 귀족과 혼인했다지요. 정략 결혼의 희생물이 된 셈인데, 젊어서부터 치매와 실어증으로 어렵게 살았답니다.

고종의 또 다른 아들 의친왕(1877~1955)은 독립운동에 관심이 많았어요. 1919년에는 임시 정부가 있는 상하이로 망명하려 한 적도 있다지요. 그때 일본군에 잡혀 되돌아온 뒤 오랫동안 감시를 받았대요.

이런 상상은 어떨까요? 그때 의친왕이 탈출하는 데 성공하고, 그래서 황실이 독립운동에 앞장 섰다면 ……. 지금 우리나라도 혹시 입헌 군주제를 하고 있지 않을까요? 아직 입헌 군주제가 남아 있는 일본이나 영국처럼 말이죠.

7

3·1 운동에서 대한민국으로

식민지 조선, 민중은 힘들다

> 지시에 따르지 않는 못자리는 짓밟혀 부서지고, 규칙적으로 심지 않은 어린 벼는 뽑고 다시 심게 하였다. …… 농민의 의욕과 무관하게 정해진 품종만 재배하게 하였다. 수확기에 이르러서는, …… 벼를 탈곡 조제할 때 멍석을 깔지 않으면 벌금을 내게 한다는 명령이 강제로 집행되었다.
>
> — 《조선 농정의 과제》, 《한국 근현대 탐사》에서 재인용

농업을 발전시킨다며 재배를 강요한 '신품종' 벼는 일본인의 입맛에 맞는 벼였다. 생산량을 늘릴 수 있다며 재배를 강요한 '신품종' 면화는 일본 공장에서 쓰이는 미국 품

토지 조사 사업 전국 모든 토지의 소유권, 가격, 생김새를 조사하고, 새로운 토지 문서를 배부하는 사업이었다. 일제는 자신이 주인임을 입증하지 못한 토지, 여러 사람이 공동으로 이용하거나 소유한 토지 가운데 상당 부분을 국가 소유로 바꾸었다. 소유권은 없지만 대를 이어 경작권을 유지해 온 농민들은 지주와 계약을 통해서만 토지 경작권을 얻을 수 있는 새 제도로 인해 큰 어려움을 겪었다.

토지 조사 사업 때 사용된 토지 측량 기구

종 면화였다. 신품종 벼와 면화를 재배하라는 헌병 경찰이나 면사무소 직원의 지시에 따르지 않는 농민은 처벌받았다.

일제는 '사유지임을 입증하지 못하면 국유지로 삼는다.'는 원칙 아래 황실과 관청 소유의 토지를 조사하였으며, 병합 이후에는 전국의 모든 토지를 대상으로 토지 조사 사업을 벌였다.

일제는 농민들의 땅을 빼앗아 막대한 국유지를 만들어 낸 뒤, 일본인들에게 헐값에 팔았다. 지주의 소유권은 크게 강화하면서도 오랫동안 농민이 누려 온 경작권이나 영구 소작권은 인정하지 않았다.

일제는 조선 사람의 기업 설립도 제한하였다. 조선에 회사를 세우려 할 때에는 누구나 조선 총독의 허가를 받아야 하고, 총독의 명령에 따라 회사를 해산시킬 수도 있다는 내용의 회사령[1910]이 이를 잘 보여 준다.

조선을 발전시킨다는 일제의 주장은 거짓이었다. 조선인은 일본에 원료나 식량을 공급하고, 일본이 만든 공산품을 사 쓰도록 만들었기 때문이다.

일본의 일부가 되어 버린, 일본인을 위해 일방적으로 희생되어야 했던 조선, 그 참혹한 정황을 신채호는 이렇게 기록하였다.

서대문 형무소 일제는 수탈을 강화하기 위해 일제에 맞선 모든 투쟁을 강경하게 탄압하였다. 사진은 항일 운동에 나선 이들을 체포하여 고문하고 감금하던 서대문 형무소이다.

어지간한 상업가들은 일본의 제조품을 조선인에게 매개하는 중간인이 되어 차차 자본 집중의 원칙에서 멸망할 뿐이요, 대다수 인민, 곧 일반 농민들은 피땀을 흘려 토지를 갈아 그 일 년 내내 소득으로 제 한 몸과 처자의 호구거리도 남기지 못하고 우리를 잡아먹으려는 일본 강도에게 갖다 바쳐 그 살을 찌워 주는 영원한 소나 말 같은 노예가 될 뿐이요, 끝내는 그 소나 말 같은 노예 생활도 못 하게 되어 일본 이민이 해마다 빠른 비율로 증가하여 딸깍발이 등쌀에 우리 민족은 발 디딜 땅이 없어 산으로 물로, 서간도로 북간도로 시베리아의 황야로 몰리어 가 아귀(餓鬼, 굶주린 귀신)부터 유귀(游鬼, 떠돌이 귀신)가 될 뿐이며…….

— 신채호, 〈조선 혁명 선언〉

광복 공원 경상 북도 풍기에 있는 대한 광복회 기념 공원이다. 의병 출신 인사와 계몽 운동 관련자들이 함께 조직한 대한 광복회는 국권을 회복하여 공화정을 수립하고자 하였다.

민족 대표 독립 선언(기록화) 1919년 3월 1일 민족 대표를 자임하고 나선 33인이 태화관에 모여 독립 선언식을 거행하는 모습이다. 실제 참가자는 29명이었다.

파리 강화 회의 제1차 세계 대전에 참전한 국가들이 전쟁 후 새로운 국제 질서 수립을 논의하기 위해 열린 국제 회의였으나, 실제로는 승전국의 패전국에 대한 응징적인 성격이 강하였다.

대투쟁을 준비하다

침묵의 질서가 강요되던 1910년대에도 항일 투쟁은 계속되었다.

농민들은 토지를 빼앗으려는 일제에 맞섰다. 농민과 소상인 들은 시장세와 연초세담배세 등 늘어나는 세금에 저항하였으며, 청년이나 지식인 들은 사립 학교와 서당, 야학에서 민족 의식을 고취하는 교육 활동을 벌였다. 교사와 학생이 비밀 결사를 조직하여 항일 활동을 벌이기도 하였다.

의병 운동이나 계몽 운동에 참가하였던 사람들 가운데 비밀 결사를 조직하여 투쟁을 이어 간 이도 많았다. 임병찬 등은 비밀리에 대한 독립 의군부를 조직하여 의병을 재조직하려 애썼고, 대한 광복회는 군자금을 모아 해외에 무관 학교 설립을 추진하는 한편, 친일파 처단 활동을 전개하였다.

나라 밖에서 민족 운동을 벌인 이들도 많았다. 조선인이 많이 살던 간도와 연해주는 해외 독립운동의 중심지가 되었다. 간도의 용정촌과 명동촌, 연해주의 신한촌, 상하이의 외국인 거주 구역 등이 대표적인 곳이었다.

3·1 운동, 터지자 밀물 같은 대한 독립 만세!

나라 안팎에서 이어진 항일 운동은 1919년 3·1 운동으로 폭발하였다. 1917년 사회주의 혁명에 성공한 러시아와 제1차 세계 대전에서 승리한 미국이 민족 자결의 원칙을 선언한 것이 계기였다.

중국 상하이에서 활동하던 신한 청년당은 독립 청원서를 작성하여, 파리에서 열리고 있던 강화 회의 에 제출하였다. 미국에서는 대한인 국민회가 미국 정부를 대상으로 외교 활동을 벌였고, 일본에서는 조선인 유학생들이 일본과 국제 사회에 한국의 독립을 청원할 것을 결의하고 독립 선언서를 발표하였다.2·8 독립 선언

나라 밖의 이 같은 움직임은 국내에도 알려졌다. 민족 대표를 자처하고 나선 손병희와 이승훈 등 종교계 인사 33인은 독립 선언식을 치

르고, 일본에 조선 독립을 청원하기로 하였다. 청년 학생들은 일본에 청원하기보다 대규모 집회나 시위를 통해 조선인의 독립 의지를 분명히 보여 주려고 하였다.

1919년 3월 1일, 서울과 평양을 비롯한 전국 10여 개 도시에서 독립 선언식이 열렸다.

> 오등은 자에 아 조선의 독립국임과 조선인의 자주민임을 선언하노라. 차로써 세계 만방에 고하야 인류 평등의 대의를 극명하며, 차로써 자손 만대에 고하야 민족 자존의 정권을 영유케 하노라.
>
> — 기미 독립 선언서

'대한 독립 만세!'의 함성이 천지를 진동시켰고, 태극기의 물결이 바다를 이루었다.

출처 : 성대경, 〈일제하 식민지 시대의 민족 운동〉

3·1운동 구속자의 직업별 분포
박은식의 《한국 독립운동 지혈사》에
따르면, 두 달 동안 7,509명이 학살되고
1만 5,849명이 부상당했으며, 4만 6,306
명이 감옥에 갇혔다.

3·1 운동의 시기별 시위 분포 3·1 운동은 1919년
3월 1일에 시작되어 두 달여 동안 전국적으로
전개된 운동 전체를 가리키는 말이다.

3·1 운동 시기 시위가 일어난 지역

4월 말까지 1,500여 회의 시위가 전국 229개
부·군(전체 부, 군의 수는 232개)에서 일어났다.

전국적·거족적 독립운동으로 이어지다

조선의 독립을 요구하는 대규모 만세 운동이 일어나자, 일제는 놀라움을 금치 못하고 두려움에 빠졌다. 일제는 경찰과 군인을 동원하여 시위를 폭력적으로 진압하였다.

그러나 독립을 요구하는 시위는 갈수록 커져, 전국으로 확산되었다. 3월 10일경에는 전국의 주요 도시에서 시위가 잇달았으며, 뒤이어 소규모 도시와 농촌 지역으로 확산되었다.

만세 운동은 나라 밖에서도 이루어졌다. 서간도의 삼원보와 북간도의 용정이 앞서고, 블라디보스토크의 신한촌이 그 뒤를 이었다. 이곳 한인들은 태극기를 앞세우고 조선의 독립을 요구하는 집회와 시위를 벌였으며, 신한촌의 한인들은 블라디보스토크에 있는 여러 나라 영사관에 조선 독립의 뜻을 전하였다. 미국 내 대한인 국민회 역시 만세 운동을 전개하였다.

만세 운동이 전국으로 확산된 것은 한국인들의 독립 의지가 뜨거웠고, 유관순 같은 청년 학생이나 지방의 지식층이 민의 독립 의지를 잘 묶어 냈기 때문이다.

초기에는 청년 학생과 종교인이 주로 시위에 참가하였으나, 3월 말 이후에는 농민과 노동자들이 시위의 중심을 이루었다.

여러 지역을 다니면서 시위를 조직하고 지도하는 만세꾼도 생겨났다. 운동은 만세를 부르거나 태극기를 흔들며 행진하는 등 대부분 평화적으로 이루어졌다. 그러나 일제의 탄압은 갈수록 잔혹해져, 시위대를 향해 무차별 사격을 하였으며, 남녀노소를 불문하고 총검을 휘둘렀다. 다음은 수많은 탄압 사례 가운데 하나이다.

> (1919. 4. 16.) 그들(선교사들과 외교관)은 이야기로 듣던 것보다 훨씬 더 참혹한 장면을 목격하였다. (제암리) 교회 터에는 재와 숯처럼 까맣게 타 버린 시체뿐이었고, 타 들어간 시체 냄새로 속이 메슥거릴 정도였다.
>
> (1919. 4. 19.) 그들이 방문한 다섯 마을의 상황은 시체가 (땅에) 묻혀 있다는 것을 제외하고는 제암리와 다를 바가 없었다. 그 지역에서만 16개 마을이 전멸되다시피 하였다.
>
> – 노블(M. W. Noble)이 쓴 일기, 〈3·1 운동, 그날의 기록〉

일제의 무자비한 탄압이 계속되자, 시위대 가운데 일부는 군인과 경찰을 공격하고, 체포된 동지를 구하기 위해 경찰서나 헌병 사무실을 습격하였다. 아예 처음부터 일제의 통치 기관을 공격하는 사람들도 있었다. 국경 부근에서는 만세 시위가 무장 독립군의 활동으로 확대되기도 하였다.

태극기 목각판 3·1운동 당시 만세 시위에 사용할 태극기를 대량으로 찍어 내기 위해 만든 목각판이다.

제암리 사건(1919. 4. 15.)

일본 군인과 경찰이 수원 제암리 주민을 교회에 모아 놓고 총을 쏘고 건물에 불을 질러 28명을 학살한 사건이다. 수원 주민의 만세 운동 참가를 보복하는 차원에서 이루어진 만행으로, 인근 민가에 대한 방화로 이어져 건물 31호가 불에 탔다. 수원에서 활동하던 미국인 선교사들이 불에 탄 제암리 교회와 희생자 가족의 모습 등 당일의 일을 사진과 기록으로 정리하여 미국 언론에 폭로하였다.

유관순(1902~1920) 3·1운동 당시 이화 학당 학생이었으며, 3·1운동으로 휴교되자 고향에 내려와 아우내 장터의 만세 시위를 주도하였다. 시위 중 부모가 일본 헌병에 의해 학살되었으며, 자신은 체포되어 모진 고문을 받고 감옥살이를 하던 중 숨졌다.

3·1 운동에서 임시 정부로

독립을 요구한 시위는 수많은 희생자를 내고 두 달 만에 수그러들었다. 수많은 희생에도 불구하고 독립을 쟁취하지 못하였으나, 3·1 운동은 결코 실패로 기억될 투쟁이 아니었다.

3·1 운동은 일제의 만행을 폭로하고, 한국인의 독립 의지를 분명히 보여 주었다. 또한 독립을 쟁취하려는 의지가 높아지면서 무장 독립군 활동이 활기를 띠고, 각계 각층에서 항일 운동이 폭발적으로 일어나는 계기가 되었다.

3·1 운동은 한국인의 자유와 권리를 억압하는 일제의 무단 통치에 저항하는 모습을 보임으로써 강경하고 폭력적인 통치 방식을 바꾸도록 하였다. 이제 한국인들은 이전보다 많은 권리를 누리게 될 터였다.

3·1 운동을 겪으면서 많은 사람이 함께 싸워야 독립을 이룰 수 있다는 자각과, 대중을 조직하여 계획적으로 투쟁을 이끌 지도부가 필요하다는 생각이 생겨났다.

한국인의 독립 의지를 모아 조직적으로 독립운동을 벌일 새로운 지도부, 대한민국 임시 정부가 조직된 것은 3·1 운동이 남긴 커다란 성과였다.

대한민국 임시 정부, 민주 공화국을 선언하다

1919년 2월, 연해주의 한인들은 대한 국민 의회를 조직하였다. 4월에는 국내와 중국 상하이에서도 임시 정부가 구성되었다. 서울에서는 종교계 대표가 중심이 되어 임시 정부^{한성 정부}를 구성하였다. 상하이에 모인 독립 투사들은 출신 지역별로 대표자를 뽑은 다음 임시 헌장^{헌법}을 제정하고, 13도 대표자 회의를 열어 임시 의정원^{국회}과 임시 정부를 구성하였다.

세 곳의 임시 정부는 같은 해 9월 상하이에 본부를 둔 대한민국 임시 정부로 통합되었다. 임시 정부에는 해외의 독립운동가 대부분이 참가하여 단결된 모습으로 독립 투쟁을 벌이자고 다짐하였다.

1919년 당시 임시 정부 조직

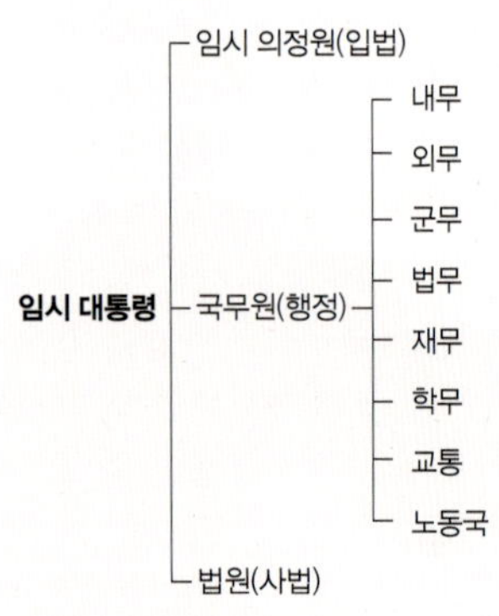

각 지역 대표로 구성되는 임시 의정원은 일종의 국회라고 할 수 있다. 사법부는 실제 내용을 담기 어려워 한때 없어지기도 하였으나, 권력 분립의 정신을 꾸준히 유지하였다.

제1조 대한민국은 민주 공화제로 한다.

제2조 대한민국은 임시 정부가 임시 의정원의 결의에 의하여 이를 통치한다.

제3조 대한민국의 인민은 남녀 귀천 및 빈부의 계급이 없고 일체 평등하다.

– 〈대한민국 임시 헌장〉, 1919. 4.

어느 임시 정부도 대한 제국 황실을 중심으로 구성된 망명 정부가 아니었다. 3·1 운동이 지역과 계층을 뛰어넘어 진행되었듯, 임시 정부는 모든 인민이 평등하고, 주권이 인민에게 있음을 분명히 한 민주 공화정을 지향하였다.

수천년을 이어 온 군주제가 끝나고 민이 주인이 되는 새 시대가 시작될 수 있을 것인가?

대한민국 임시 정부 수립 연해주 정부와 상하이 정부 사이에 단일 정부 구성을 위한 협의가 진행되었다. 그 결과 한성 정부가 선임한 각료를 중심으로 정부를 새로 조직하고, 두 곳의 정부를 모두 해산하기로 합의하였다. 이 과정에서 정부를 임시 정부 무장 독립 투쟁을 지도하는 데 유리한 연해주에 두어야 한다는 주장과, 보다 안전하고 외교 활동에 유리한 상하이에 두어야 한다는 주장이 맞서 진통을 겪기도 하였다. 1919년 9월, 이승만을 임시 대통령으로 하고 이동휘를 국무 총리로 하는 대한민국 임시 정부가 상하이에서 출범하였다.

대한민국 임시 정부 청사

이승만(1875~1965) 청년 시절 독립 협회 활동을 하다가 투옥된 적이 있는데, 1904년 미국 유학을 떠난 뒤 주로 미국과 국제 연맹을 대상으로 외교 활동을 하였다. 1919년에 한성, 상하이 임시 정부에서 정부 대표로 추대하였는데, 1921년 국제 연맹에 위임 통치를 요청한 사실이 드러나 대통령직에서 물러났다. 1945년에 귀국한 뒤 대한민국 초대 대통령이 되었다.

이동휘

고종에게 망국의 책임을 물을 수 있을까?

고종, 조선 26대 왕이자 대한 제국의 첫 황제. 즉위 후, 일제에 의해 강제 폐위된 1907년까지 43년 동안 민족사는 막다른 상황으로 내몰렸다. 그에게 망국의 책임을 물을 수 있을까?

고종과 개화파, 누구의 책임인가?

김옥균과 박영효 등이 주장한 과감한 개혁을 받아들이지 못해 국력을 기를 기회를 잃었다. 1880년대는 서구의 기술 문명뿐 아니라 정치 제도까지 받아들여야 할 때였다.

일본을 등에 업고 청을 배척하는 식의 개화에 찬성하지 않은 것이다. 갑신정변 후에도 실력을 기르기 위한 정책을 펴 나갔는데, 우리 문화와 정치 제도를 유지하는 가운데 서구화를 시도하였다.

의회 설립인가, 황제 중심의 단결인가?

대한 제국은 입헌 군주제였어야 한다. 국민 의견을 널리 수렴하고, 국민이 참가하는 개혁을 추진해야 했다. 을사조약 같은 중요한 사안을 의회가 비준하도록 법을 만들었다면 조약이 통과되었겠는가?

몇몇 정당이 조직되고, 의회가 만들어졌다 치자. 국론은 더욱 분열되고 외세 개입이 오히려 더 쉬워졌을 것이다. 나라를 빼앗기지 않아야 민권도 있는 법, 황제를 중심으로 힘을 모으는 것이 옳았다.

고종은 순순히 을사조약을 받아들이기만 하였나?

대한 제국 내내 엄청난 돈을 쏟아 부어 군대를 길렀다. 그 군대는 해산되기 전까지 한 번도 침략자와 맞선 적이 없다. 의병 운동과 계몽 운동에 나선 사람들처럼 단호하게 맞섰다면 쉽게 주권을 빼앗기지는 않았을 것이다.

고종이 강제 퇴위된 것은 일제에 맞섰기 때문 아닌가? 을사조약에 끝내 서명하지 않았으며, 미국 대통령과 헤이그 만국 평화 회의에 특사를 보낸 적도 있다.

이렇게 큰 문제에 대해 고종 한 사람에게 책임을 묻는 것이 가능한가?

고종은 입법, 사법, 행정, 군 지휘권을 독점한 전제 군주였다. 당연히 그에게 가장 큰 책임이 있다. 우리나라가 힘없었음을 돌아보자는 이유로, 침략자를 비판하거나 망국의 책임을 물으려는 행동을 반대하는 것은 옳지 않다.

나라가 잘못된 것은 당시 국민 모두의 책임이니, 누구의 잘잘못을 따지기 전에 나라에 힘이 없었음을 먼저 반성해야 한다. 책임론 이전에 힘을 기를 수 없었던 원인을 찾아보자.

1910년 대한 제국은 일제에 강제 병합되고 말았다. 망국에 이른 결과를 놓고 당시 사람들은 어떤 반성을 하였을까?

3 민족 운동이 불붙다

大韓民國
獨立萬歲

배우자!
가르키자!
다 함께
브나로드!!
배워야산다
아는것이힘
第二回
學生夏期 브나로드 運動
主催 東亞日報社
新女性
六月號
革命은
부엌으로부터
李敬媛
조선물산을
팔고 사자
먹고 닙고 쓰자
우리는 맘껏 물품을 만들자
우미의 원료로 본거숫물든
조선물산장려회（평양）

어떤 공화국을 만들까?

일제에 맞선 독립 투쟁은 다 같이 만들

새 국가를 꿈꾸는 과정이었다.

투쟁의 최전선에 서 있던 이들은 단결하여

투쟁하면서 함께 만들 국가 모습에 대해

토론하였다. 그들이 꿈꾼 해방된 조국은 이랬다.

“보통 선거 제도를 실시하여 정권에 고루

참여할 수 있게 하고, 국유 제도를 채용하여

경제적 이권을 고르게 하며,

국비로서 교육을 하여 모두가 학교를 다닐

수 있도록 하며, 국내외에 대하여

민족 자결의 권리를 보장하여서……."

– 건국 강령 –

1920	봉오동·청산리에서 일본군 격파
1920	국제 연맹 성립
1922	물산 장려 운동, 민립 대학 설립 운동 본격화, 어린이날 행사 개최
1923	암태도 소작 쟁의(~1924)
1924	북률 소작 쟁의, 조선 청년 동맹, 조선 노·농 총동맹 결성
1924	중국 제1차 국·공 합작
1925	조선 공산당 조직, 치안 유지법 공포
1926	6·10 만세 운동, 나석주, 동양 척식 회사에 폭탄 투척
1927	신간회 결성, 라디오 방송 시작
1929	원산 총파업, 광주 학생 항일 운동, 《조선일보》의 문자 보급 운동 전개
1931	일본의 만주 침략
1931	신간회 해소, 《동아일보》의 브나로드 운동 전개(~1934)
1932	이봉창과 윤봉길의 의거, 조선 혁명군과 한국 독립군이 한·중 연합군 조직
1934	정인보, 안재홍 등 조선학 운동 전개
1936	동북 항일 연군 조직, 손기정 올림픽 마라톤 우승
1937	중·일 전쟁
1939	제2차 세계 대전(~1945)
1940	한국 광복군 창설, 《조선일보》, 《동아일보》 폐간
1941	임시 정부의 건국 강령 발표, 대일 선전 포고
1942	조선 의용군 결성, 조선어 학회 사건
1943	일제가 조선에서 징병제·학병제 실시
1944	여운형, 건국 동맹 결성

1

민족 분열을 꾀한 일제, 고통받는 민중

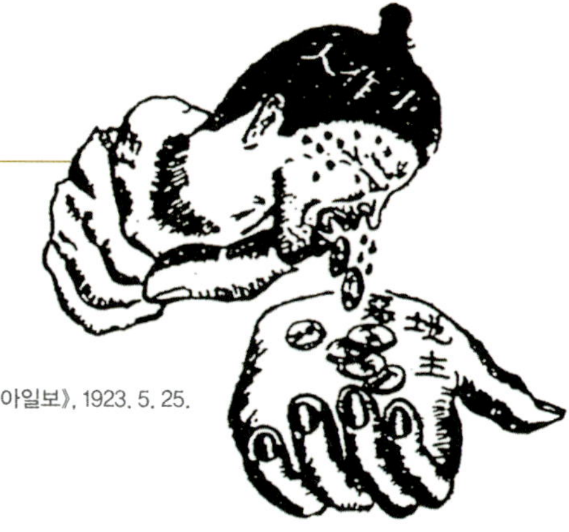

〈작작 짜내어라〉, 《동아일보》, 1923. 5. 25.

민족 분열을 꾀한 '문화 통치'

> 1. 핵심적 친일 인물을 골라 귀족, 양반, 유생, 부자, 교육자, 종교인 속에 들어가 계급과 사정을 고려하여 친일 단체를 조직하게 한다.
> 3. 친일 민간인에게 도움을 주고, 수재 교육이란 명분으로 친일 지식인을 기른다.
> 4. 조선 자본가가 일본 자본가와 연계하도록 돕는다. – 조선 민족 운동에 대한 대책, 1919.

3·1 운동이 잦아든 1919년 8월, 조선에 새 조선 총독이 부임하였다. 그는 조선의 문화를 존중하고 조선의 문화적 계발을 촉진하겠다는 이른바 '문화 통치'를 약속하였다. 헌병 경찰제를 보통 경찰제로 바꾸고, 교사가 칼을 차는 것을 금지하였다. 한국인이 단체를 결성하거나, 한글 신문과 잡지를 발간하는 것도 허용하였다.

하지만 그 이면에서는 3·1 운동 이전보다 경찰의 수를 4배나 늘려 민족 운동에 대한 감시를 더욱 강화하였으며, 제멋대로 집회를 금지하고 신문과 잡지를 철저하게 검 열하여 발행을 중지시키기도 하였다. 문화 통치는 일제에 협력하는 자들의 자유는 최 대한 보장하였지만, 항일 운동은 가혹하게 탄압하는 민족 분열 정책이었다.

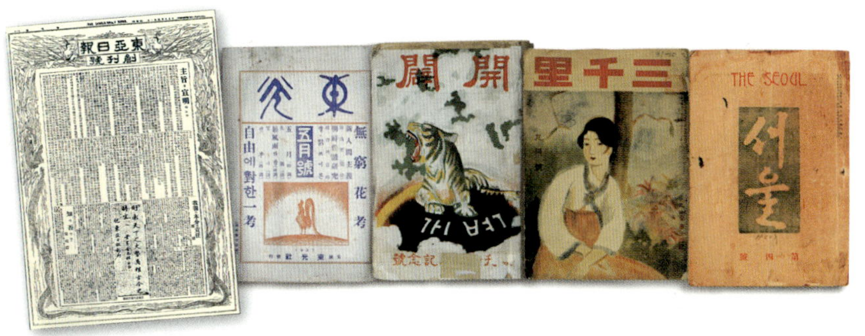

국내에서 발간된 신문과 각종 잡지류 문화 통치 공표 이후 한국인들은 《조선일보》와 《동아일보》 등 한글 신문과 《개벽》 등 한글 잡지를 창간하였다. 왼쪽부터 《동아일보》와 잡지 《동광》, 《개벽》, 《삼천리》, 《서울》이다.

일본의 식량 공급 기지로 만들려는 산미 증식 계획

'문화 통치'를 내건 일제는 1920년부터 '산미 증식 계획'을 추진하였다. 농토를 개간하고 수리 시설을 확대하는 등 토지를 개량하는 한편, 종자를 개량하고 비료 사용을 확대하여 쌀 생산량을 늘리겠다는 정책이었다.

산미 증식 계획이 추진된 1934년까지, 쌀 생산량은 꾸준히 늘어났다. 하지만 농민의 소득도 함께 높아진 것은 아니었다. 쌀 생산을 늘리기 위해 밭을 논으로 바꾸고, 비료를 사거나 수리 시설 이용료를 지불하는 데 드는 돈이 더 많았기 때문이다.

늘어난 생산량보다 훨씬 많은 양의 쌀이 일본으로 빠져나가면서 농민 1인당 쌀 소비량이 갈수록 줄어들었다. 만주에서 들여온 잡곡이 겨우 그 빈틈을 메웠으나, 농사짓는 농민들조차 쌀 부족으로 고통받았다.

조선 사람이 먹기에도 쌀이 턱없이 부족한데 어떻게 일본에 팔려나갈 수 있었을까? 바로 지주제 때문이었다. 넓은 토지를 소유한 소수의 지주들이 땅을 빌려 주고 수확의 50%에 가까운 소작료를 가져갔는데, 그 대부분이 시장을 통해 일본으로 팔려나간 것이다.

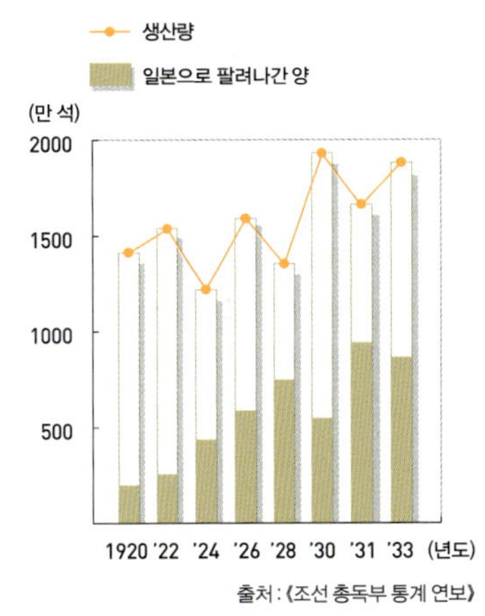

산미 증식 계획과 쌀 유출

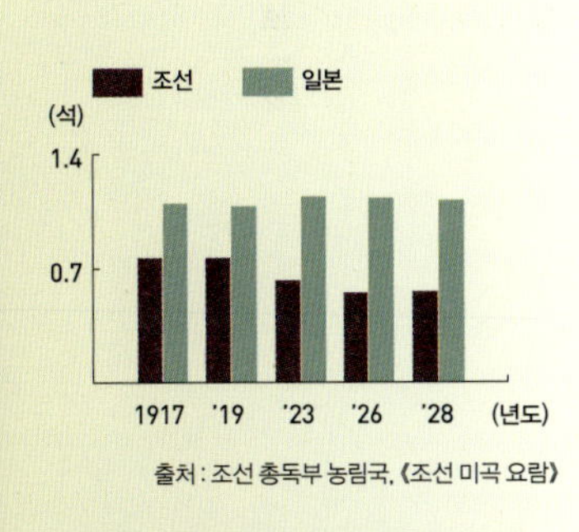

조선인과 일본인의 1인당 평균 쌀 소비량
산미 증식 계획 기간에 일본으로의 쌀 유출량이 급격히 늘었다. 1910년대 이후 공업화가 급격히 진행된 일본은 조선에서 쌀을 싼값에 사들여 자국 내의 식량 부족 사태를 해결하고자 '산미 증식 계획'을 실시하였다.

일본으로 팔려나가기 위해 군산항에 쌓여 있는 쌀가마니

일제는 더 많은 쌀을 가져가기 위해 지주의 소작료 수탈을 눈감아 주고 지주들의 농업 경영을 뒷받침하였다. 지주의 소유권을 절대적으로 보장한 토지 조사 사업이나, 농업 개량으로 쌀 생산 증대를 추구한 산미 증식 계획도 지주에게는 유리한 정책이었다. 조선을 쌀 공급 기지로 만들면서 지주를 친일 세력으로 육성하려는 일제의 농업 정책을 잘 보여 주는 사례였다.

일본 자본주의를 옮겨 온 회사령 폐지

1920년, 일제는 회사령을 폐지하였다. 조선인 지주 자본가의 기업 설립을 허용하여 이들이 반일 세력이 되는 것을 막고, 일본 기업의 조선 진출을 촉진하기 위해서였다.

지주들은 회사 설립에 적극 나섰는데, 그 가운데는 호남 지방의 지주 김성수가 운영한 경성 방직처럼 규모가 제법 큰 조선인 기업도 있었다. 조선인이 세운 회사는 대부분 상업이나 운수업, 창고업 등 주로 유통 관련 업종이었고, 제조업의 경우에는 일본 기업이 그다지 진출하지 않은 양조업이나 정미업 같은 부분에서 소규모로 운영되었다.

회사령 폐지는 제1차 세계 대전이 끝나면서 남아돌게 된 일본 기업의 생산 시설을 조선으로 옮겨, 일본 경제를 살찌우려는 정책이기도 하였다. 미쓰이, 미쓰비시 같은 대기업을 비롯하여 일본의 많은 중소 기업이 조선에 진출하였다.

이 무렵 일제는 조선과 일본 사이의 관세를 폐지하여 일본 상품이 다른 나라 상품보다 조선에서 더 싼값에 팔릴 수 있도록 하였다.

회사령·관세 폐지로 가장 큰 이익을 본 것은 일본 기업이었다. 조선은 값싼 노동력을 노리는 일본 기업의 투자처이

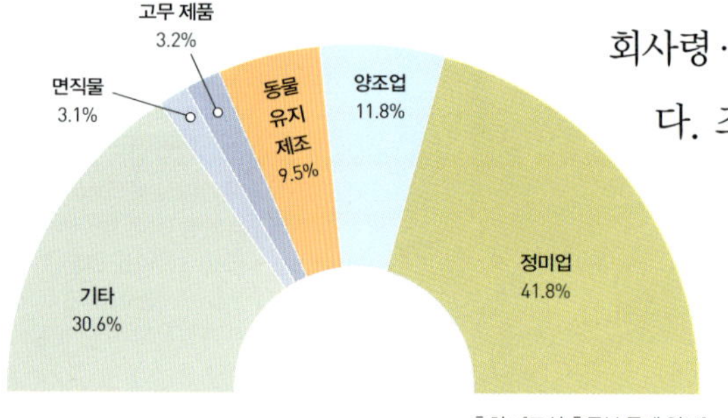

조선인 공장 공업 상위 5개 업종과 그 현황(1939) 1939년 조선인 자본은 조선 내 자본의 6%에 불과할 정도로 비중이 낮았다. 그나마 정미소, 양조장, 정어리 기름 제조 분야 등에서 중소 규모로 운영되었을 뿐이다. 규모가 크고 설비가 기계화된 조선인 공장은 매우 드물었다.

자 일본 공산품의 소비 시장으로 전락할 처지였고, 이들과 경쟁해야 할 조선 기업인들은 이중, 삼중의 어려움에 빠졌다.

식민지 자본주의와 지주제 – 고통받는 민중들

1920년대 이후 농업 생산량이 꾸준히 늘고 회사 수도 많아졌으며, 인구도 늘어났다. 그러한 가운데 조선의 경제는 3~4% 안팎의 꾸준한 성장률을 유지하였다.

그러나 '경제 성장'은 일본인 기업이 조선에 진출하고, 조선 쌀이 일본으로 팔려 나간 데 따른 수치상의 성장이었다. 조선의 경제가 일본에 종속된 식민지 자본주의 경제로 바뀌는 과정이었으니, 대다수 조선인의 경제 생활은 오히려 악화되고 있었다.

1920년대에는 조선 인구의 80% 이상이 농민이었다. 이들 가운데 80% 정도는 경작할 땅이 전혀 없거나 약간의 땅만 있는 사람으로, 다른 사람의 토지를 빌려 경작하고 수확의 50% 이상을 소작료로 냈다. 인구의 3%가 경작지의 절반 이상을 소유하였고, 그나마 가장 비옥한 토지는 일본인 차지였다.

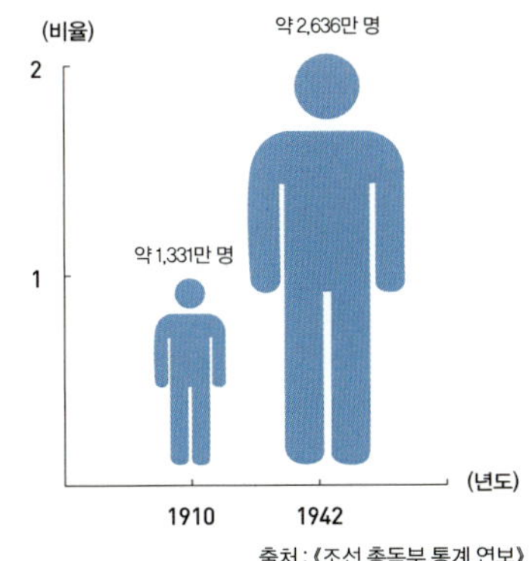

식민지 시기 전체 인구 추이 1910년 당시 관청에 의해 파악되지 않은 인구(실제 70~80%가량만 파악되었다고 평가됨)가 많았다는 점을 감안하면 실제 인구 증가는 위의 자료보다 낮다고 볼 수 있다.

농촌 계급 구성의 변화 인구 대다수가 농민이었던 조선에서 1920년대에는 자신의 토지를 잃고 소작인이 되는 사람들이 많아진 한편, 지주에게 토지 집중도 점점 심해졌다.

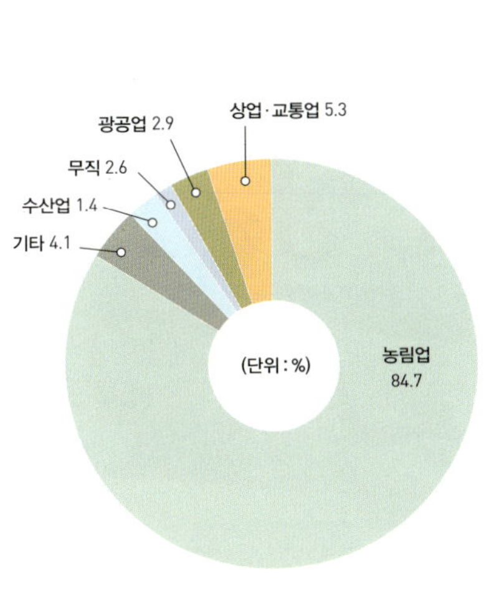

산업별 인구 구성(1925)　출처 : 《조선 총독부 통계 연보》

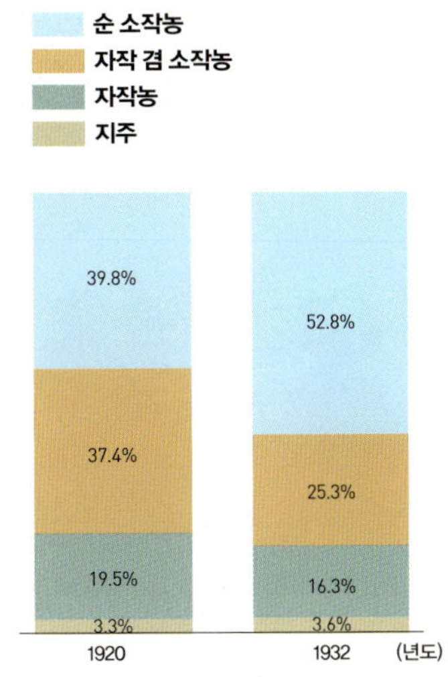

농촌 계급 구성 변화　출처 : 《조선 총독부 통계 연보》

봄에 못자리를 할 때쯤이면 벌써 먹을 것이 없는 자가 더 많다. 그래서 씨뿌리기에서부터 모를 옮겨 심고, 비료를 주고, 풀을 뽑고, 수확하기까지 드는 비용은 다시 빌려야 한다. 빌리는 조건도 약 반년 동안 10할의 이자를 부담한다. 극히 불리한 조건인데, 그나마 코가 땅에 닿도록 몸을 굽히고 머리를 숙여야 간신히 빌리는 정도이니, 백성도 실은 쌀의 희생자라 하겠다.

– 신흥 조선의 논책

일본인이 쓴 위의 견문기는 당시 소작농의 고달픈 삶을 잘 보여 준다.

가혹한 소작 조건을 견디다 못해 농촌을 떠나는 이들이 많았다. 이들 상당수가 광산이나 부두, 건설 현장의 노동자가 되었다. 그나마 안정된 직장인 공장의 노동자가 된 사람은 드물었다.

일본 기업은 낮은 임금을 노리고 조선에 진출하였고, 조선 기업인들 역시 저임금을 무기로 일본 기업과 경쟁하였다. 노동자들은 낮은 임금으로 고통받았으나 총독부는 자본가의 편에 서서, 임금 인상과

토막민 촌

부녀자 노동

노동 조건 개선을 요구하는 노동자들을 탄압하였다.

노동자들의 노동 조건도 대단히 열악하였다. 노동자 60%가 매일 12시간이 넘는 장시간 노동에 시달렸으며, 작업장의 환경 또한 차마 눈 뜨고 볼 수 없을 정도로 나빠, 크고 작은 산업 재해가 잇달았다. 성인 남성에 비해 훨씬 낮은 임금으로 고용할 수 있는 어린이나, 여성 노동자의 수도 대단히 많았다.

일정한 일자리 없이 품팔이로 하루하루 먹고사는 최빈곤층이 갈수록 늘고 빚에 쪼들린 나머지 아예 국경을 넘는 이들도 많았다.

문화 통치가 시작된 1920년대, 일제는 지주와 기업인을 끌어들여 조선을 식민지 자본주의 사회로 바꾸어 갔다. 경제가 조금씩 성장하였지만, 이마저도 조선인을 수탈하여 달성한 것이었다. 조선인을 위한 경제 성장은 어떻게 이루어질 수 있을까?

조·일 노동자 노동 시간 비교

출처 : 호소가와, 《식민사》

광산 노동자

출처 : 오다나베, 《한국 근대사》

조·일 노동자 임금 비교

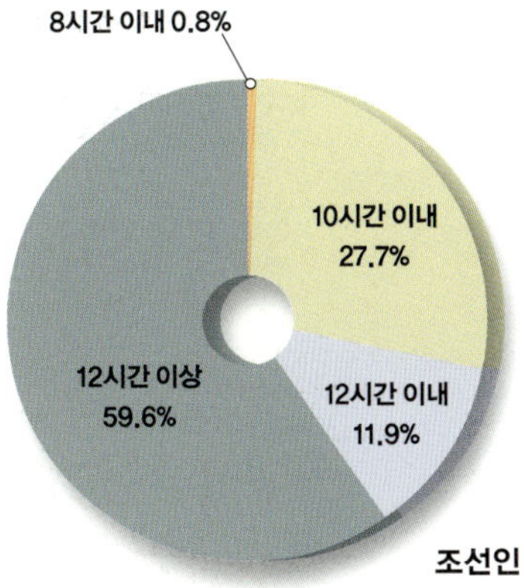

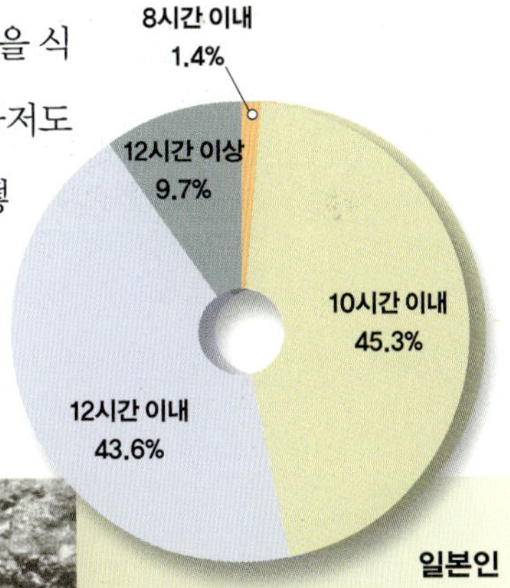

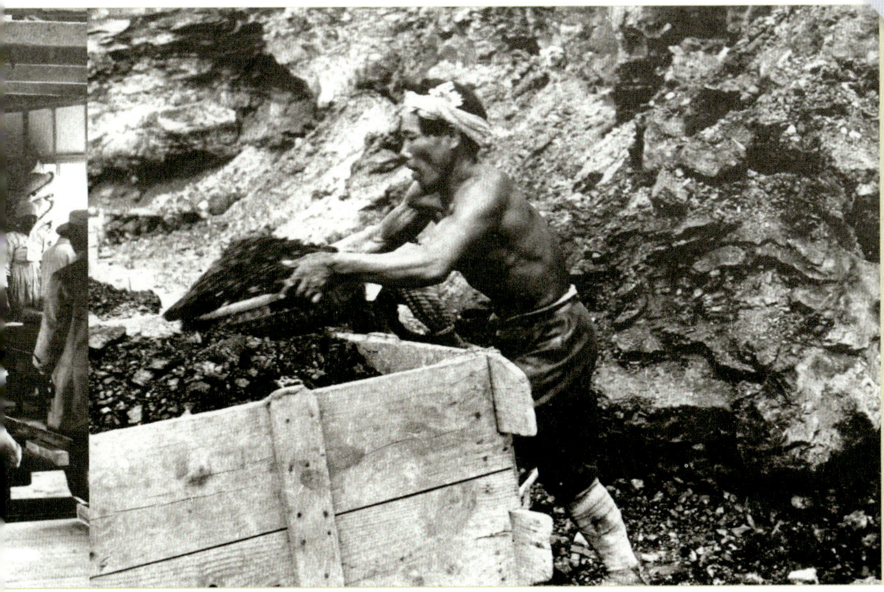

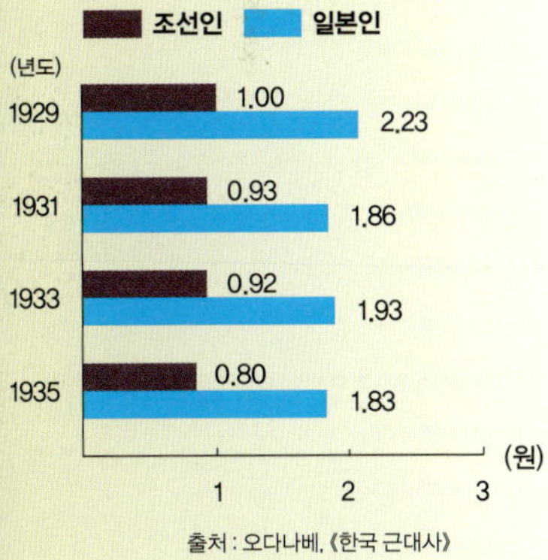

나라 밖의 한인들,
식민지 조선의 일본인

식민지 조선을 떠난 한인들

1920년대 내내 고향을 떠나는 조선인들이 줄을 이었다. 도시에서 고단한 삶을 이어간 사람도 많았으나, 상당수는 아예 국경을 넘어 일본이나 만주로 향하였다. 그리고 그곳에서 새로운 한인 사회를 만들었다.

1920년대에는 일본 이주가 많았는데, 일제가 만주를 점령한 1930년대에는 만주 농업 이민이 크게 늘었고, 1940년대에는 일본의 공장이나 광산, 건설 현장에 강제로 끌려간 노동자들이 많았다. 1945년에 일본과 만주에 거주하는 조선인은 450만 명 안팎이었다.

일본 속의 한인 – '조센진'

조선인의 일본 이주는 제1차 세계 대전을 거치며 이루어졌다. 호황을 맞은 일본 기업들이 저임금의 조선인 노동자 채용에 나섰고, 농촌을 떠나고픈 조선의 젊은이들이 일자리를 찾아 일본 땅에 발을 들여놓았기 때문이다. 주로 경상도와 전라도, 제주도 사람들이 오사카 등 일본의 주요 공업 단지에 자리 잡았다. 그러나 대부분이 농사를 짓다 별 준비 없이 건너간 사람들로, 공업 단지 외곽에 그들만의 빈민가를 이루고 차별과 멸시 속에 노동자로서 힘든 삶을 이어 갔다.

만주의 한인들

조선인의 만주 이주도 꾸준히 이어졌다. 만주와 가까운 함경도와 평안도의 주민들이 주로 옮겨 갔으나, 나라 전체에 흉년이 들면 지역을 가리지 않고 수많은 조선인이 짐을 싸서 만주로 떠났다. 초기에는 간도에 정착하였으나, 이내 만주 전역으로 이주지가 확대되었다. 대부분이 농사를 지으며 살았는데, 이들이 만주의 넓은 들을 비옥한 농경지로 바꾸고, 만주에 벼농사를 보급한 주역이다.

연해주에서 중앙 아시아로 – 또다시 쫓겨난 까레이스키

러시아 혁명 후, 연해주의 한인들은 소련 인으로 살게 되었다. 한인의 이주는 중단되었으나, 까레이
스키^{고려인}라 불린 한인의 수는 당시 30만 명에 가까웠다. 1937년, 소련은 연해주에 살고 있던 한인 17
만 명을 중앙 아시아로 강제 이주시켰다. 숱한 희생 끝에 우즈베키스탄과 카자흐스탄에 머물게 된 한
인들은 그곳의 황무지를 비옥한 농경지로 만들어 성공적으로 정착하였다.

**관동 대지진 당시 학살된
조선인** 1923년 일본 관동
지역에 대지진이 일어났을
때, 조선인 6,000여 명이
학살당하였다. 일본 당국이
조선인이 폭동을 일으키려
한다는 소문을 퍼뜨려
일본인을 자극한 때문이었다.

한인의 국외 이주

소련은 유사시 연해주의 한인이 일본을 도울지도 모른다고 우려해
중앙 아시아로 강제 이주시켰다. 무리하게 진행된 이주 과정에서 강제
이주에 반대한 많은 한인이 희생되었다.

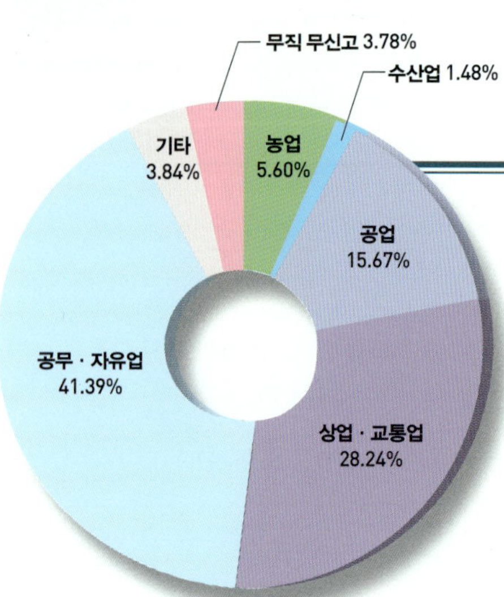

출처: 《조선 총독부 통계 연보》
1937년 조선 거주 일본인의 직업별 인구 구성

조선에 온 일본인

1876년 개항 당시 조선에 사는 일본인은 54명에 불과하였다. 이후 조선과 일본의 교류가 점차 확대되면서 조선 내 일본인 수도 조금씩 늘어났다. 일본이 외교권을 빼앗은 1905년 이후 일본인의 이주가 빠르게 늘었는데, 1910년에 17만 명을 넘어섰고, 9년 만에 그 수가 두 배로 증가하였다. 일제의 대륙 침략이 본격화된 1930년대 이후 또다시 이주민이 대폭 늘어나, 해방 직전에는 75만 명에 가까운 일본인이 조선에서 살았다.

조선에 온 일본인 가운데에는 관리나 경찰 및 그 가족과 상업 종사자가 많았으며, 1930년대 후반부터 광공업 종사자가 빠르게 늘어났다.

일본인은 대부분 도시에서 살았다. 도시에는 일본인을 위한 시가지가 새롭게 조성되었으며, 일본인만을 위한 종교 시설인 신사도 들어섰다. 일본인 학생은 그들만을 위한 학교를 다녔다.

1920년대를 넘기며, 서울은 새로운 도시로 바뀌었다. 신식 건물이 들어섰고, 전기가 밤을 낮처럼 환하게 밝혔다. 길가에 즐비하게 들어선 상가는 진기한 상품들로 가득하였다. 일본인이 모여 산 명동과 충무로 일대는 조선이라기보다 일본에 가까웠다.

남산 조선 신궁 3·1 운동 직후 일제는 조선 태조 이성계와 천신, 산신, 수신을 모시는 남산의 국사당을 헐고 조선 신사(뒤에 조선 신궁으로 불림)를 세웠다.

조선의 예술을 사랑한 일본인, 야나기 무네요시

애수 어린 미가 그들의 친한 벗이었다. …… 만약 저 유명한 셸리의 구절이 진실이라면 그 미는 미의 극치일 것이다. "가장 슬픈 생각을 노래한 것이 가장 아름다운 시가詩歌이다."라고 그는 말하지 않았던가?

– 야나기 무네요시, 《조선의 미술》

일본의 민예 연구가 야나기 무네요시(1889~1961)는 조선의 아름다움을 비극적 역사에서 유래한 슬픔의 아름다움비애의 미으로 이해하였다.

3·1 운동에 대한 일본의 탄압을 비난하고, 슬픔에 잠긴 조선인에게 위로의 말을 전했던 야나기는 일본의 고대 예술이 조선의 은혜를 입었음을 여러 사례를 들어 증명하였다. 또한, 오늘의 일본인이 조선의 예술을 파괴했음을 인정하였다.

야나기가 말한 슬픔의 미학은 조선인의 어려운 처지를 공감한 데서 비롯한다. 그는 식민지가 된 조선의 역사를 슬퍼하였으며, 반도로 이루어져 대륙과 해양 세력의 침략을 거듭 받아야 할 '운명'이었다며 조선인을 위로하려 하였다.

조선은 과연 그의 말처럼 고난의 '운명'을 타고났을까? 그래서 모든 조선 예술은 슬픔을 승화한 비애의 미, 한의 정서를 담고 있을까? 아니, 조선 예술을 한 가지 틀로만 규정할 수 있는 것일까?

야나기가 수집한 조선 민예품 야나기 무네요시는 스물한 차례나 조선을 답사하고, 수많은 조선 예술품을 수집하였다. 그가 특히 사랑한 것은 생활 속에서 흔히 볼 수 있는 그림이나 도자기와 같은 이른바 민예품이었다. 민화란 말을 만들어 낸 사람도 야나기였다.

▲ 호랑이와 까치를 그린 민화, 〈호작도〉

▶ 조선 초기의 막사발

2 임시 정부와 독립군, 일제에 맞서 싸우다

3·1운동이 무장 독립 전쟁으로 이어지다

3·1 운동 한 달 전, 만주와 연해주에서 활동하던 독립운동 인사 39명은 무오 독립 선언서를 발표하였다.

> 우리 대한은 완전한 자주독립과 신성한 평등 복리를 우리 자손에게 대대로 전하기 위해 여기 이민족 전제의 학대와 억압을 벗어나 대한의 민주 자립을 선포하노라. …… 궐기하라 독립군! …… 살신성인하면 이천만 동포는 같이 부활할 것이다.

이들은 일제의 양보나 국제 사회의 지원이 아니라, 무장 투쟁을 통해 독립을 쟁취하겠다는 의지를 분명히 밝힌 것이다.

3·1 운동을 전후로 간도와 연해주의 한인들은 자치 단체를 조직하고 독립군을 양성하는 데 힘을 쏟았다. 무장 투쟁을 벌일 목적으로 국경을 넘어 이곳으로 찾아드는 이들도 많았다.

3·1 운동 직후 만주와 연해주에서는 20여 개의 독립군 부대가 그 지역 한인 자치 단체와 긴밀히 협력하면서 활동하였다. 홍범도 등이 이끈 대한 독립군은 간도 국민회 산하 부대였고, 김좌진 등이 중심이 된 북로 군정서는 대종교 인사들이 조직한 중광단을 주축으로 하는 부대였다. 임시 정부의 직할 부대로서 신흥 무관 학교라는 독립군 양성소를 운영한 서로 군정서는 서간도 한족회가 중심이었다.

무장 독립군들은 간도와 연해주 한인들의 지원을 받으며 힘을 길렀다. 그리고 수시로 국경을 넘어 일본 군인과 경찰을 공격하였으며, 식민지 통치 기관을 파괴하고 요인을 암살하는 활동을 벌였다.

청산리 전투(기록화) 청산리 전투를 이끈 사람은 홍범도와 김좌진이었다. 포수 출신 홍범도는 평민 의병장을 지냈으며, 김좌진은 지주 출신으로 교육 구국 운동을 펼쳤던 인물이다. 김좌진은 평생을 민족주의자로 살았으며, 홍범도는 소련에서 사회주의자로 활동하다 일생을 마쳤다.

봉오동과 청산리에서 거둔 승리

1920년, 간도의 독립군은 6월과 10월 두 차례에 걸쳐 일본의 정규군을 대파하였다. 6월에는 홍범도가 이끈 대한 독립군이 큰 승리를 거두었다. 1920년 한 해 동안 대한 독립군이 수십 차례나 국경을 넘어 한국 내 일본군에게 타격을 주자, 일본 정규군이 간도로 쳐들어왔다. 독립군은 일본군을 봉오동으로 유인하여 157명을 사살하고 200여 명에게 부상을 입히는 커다란 승리를 거두었다. 봉오동 전투

봉오동 전투 이후 간도의 독립군 부대들은 일본의 전면 공격을 예상하고 협력을 모색하였다. 예상대로 일본은 한국과 만주, 연해주에 있던 정규군을 총동원하여 독립군의 근거지를 공격해 왔다.

10월 21일부터 엿새 동안 김좌진이 이끈 북로 군정서 부대와 홍범도가 이끈 독립군 연합 부대는 청산리 부근에서 일본군과 십여 차례 전투를 벌였다. 이 전투에서 독립군 60명이 전사하였으나, 일본군

김좌진(1889~1930)

홍범도(1868~1943)

연통제 임시 정부 내무부 산하에 조직된 비밀 조직으로, 임정이 부과한 임무를 수행하고 자금을 모아 제공하였다. 사진은 일제에 검거된 조직원들이 재판받는 모습이다.

1,254명을 사살하는 전과를 올렸다. _{청산리 전투}

봉오동 전투와 청산리 전투에서의 빛나는 승리로 독립군 부대들은 용기와 자신감을 갖게 되었으며, 국내의 민족 운동이 더욱 활발해지는 계기가 되었다.

임시 정부, 독립 외교를 펼치다

서간도에서 활동하던 서로 군정서 부대는 임시 정부의 직할 부대였다. 임시 정부는 서간도에 광복군 총영을 두어 무장 투쟁을 지원하였다. 그러나 독립군 대부분은 임시 정부와 별개로 활동하였고, 임시 정부도 독립 전쟁보다는 국제 지원을 얻기 위한 외교 활동에 많은 힘을 쏟았다.

임시 정부는 1919년 5월 파리 강화 회의에 대표를 파견하였으며, 이듬해 8월에는 스위스 제네바 회의에서 열린 만국 사회당 대회에도 대표를 파견하였다. 1921년에는 워싱턴에서 열린 국제 회의를 대상으로 외교 활동을 벌였다. 이동휘 등 사회주의자들은 소련을 대상으로, 이승만 등 미주 한인들은 미국을 대상으로 독립을 위한 외교 활동을 전개하였다.

임시 정부는 연통제를 통해 국내에 투쟁 소식을 전하고 필요한 인적·물적 지원을 받았으며, 기관지인 《독립신문》을 발행하여 임시 정부의 활동과 독립 투쟁 상황을 널리 알렸다.

독립 공채 임시 정부는 독립 자금을 마련하기 위해 미주와 중국 등지에서 공채를 발행하였다. 독립을 되찾은 뒤 돌려주겠다고 약속하고 돈을 빌리는 형식이었으나, 많은 사람이 대가를 바라지 않고 자발적으로 성금을 냈다. 이 같은 이들의 헌신은 독립운동의 밑거름이 되었다.

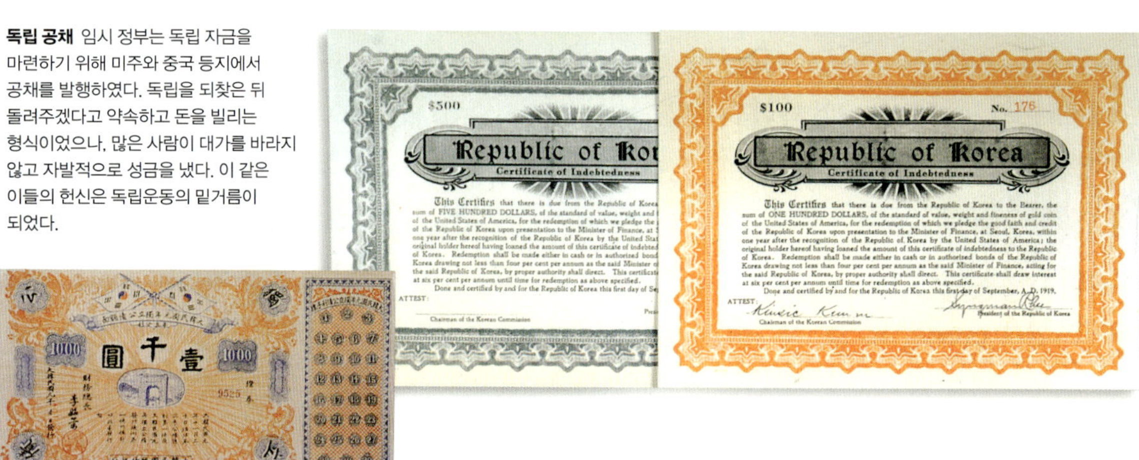

의열단, 민중 직접 혁명론을 실천하다

임시 정부가 수립된 직후 김원봉, 윤세주 등은 만주에서 의열단을 조직하였다. 이들은 외교나 실력 양성보다는 민중의 직접 혁명을 통해서 독립을 앞당기겠다는 생각이었다.

1920년부터 부산을 비롯한 몇 곳의 경찰서와 동양 척식 주식 회사, 식산 은행에 폭탄을 던지는 의거를 감행하였고, 여러 차례 요인 암살을 시도하였다. 조선 침략에 앞장선 일본인이나 민족을 배반하여 국민적으로 지탄을 받는 매국노, 민중을 착취하고 민족 운동을 탄압하는 식민지 통치 기관 등이 암살과 파괴의 대상이었다.

의열단은 누군가 먼저 희생적인 투쟁을 벌이고, 이에 용기를 얻은 민중이 3·1 운동처럼 대대적으로 나선다면, 민중의 힘으로 일제를 물리칠 수 있다고 믿었다.

의사들은 의거 도중 스스로 목숨을 끊거나, 현장에서 체포되어 목숨을 잃었다. 목숨을 아끼지 않은 이들의 투쟁은 항일 의식을 고취하고 또 다른 투쟁을 불러일으키는 데 크게 기여하였다.

조선 의열단

1919년 11월에 간도에서 조직된 의열단은 '정의로운 일을 맹렬히 실행한다.'는 뜻을 담고 있다. 신흥 무관 학교 출신을 중심으로 13명이 결성하였는데, 단장은 김원봉이 맡았다. 문화 운동, 외교 운동, 준비론 등을 배격하고 민중 직접 혁명론을 내세웠으며, 민족주의를 지향하면서도 사회주의의 장점을 많이 받아들였다. 베이징과 상하이로 무대를 옮겨 가며 꾸준히 활동하였다.

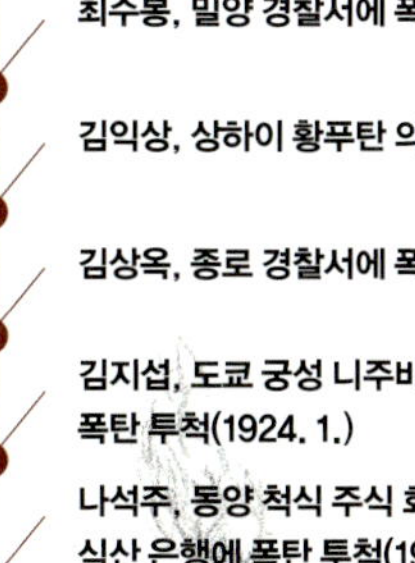

시련의 계절, 고난의 행진

3·1 운동 직후 활발하게 전개되던 무장 투쟁이나 임시 정부의 활동은 1921년을 전후하여 크게 약화되었다. 1921년에는 임시 정부의 국내 기반이었던 연통제 조직이 드러나 거의 파괴되었고, 임시 정부가 공들였던 외교 활동도 별 성과 없이 끝났다.

특히, 임시 정부 대통령인 이승만이 국제 연맹에 한국의 위임 통치를 청원한 사건은 흔들리던 임시 정부를 분열로 이끌었다. 이전부터 지나치게 외교 활동만 앞세운다고 비판해 왔던 인사들은 이승만의 퇴진과 임시 정부 개조를 요구하는 한편, 독립운동의 방향을 전환해야 한다고 주장하였다.

1923년, 상하이에서 국내외 독립운동 단체 대부분이 참가한 국민 대표 회의가 열렸다. 독립운동의 방향을 새롭게 정립하고, 이를 이끌어 갈 지도 기관을 재구성하려던 이 회의는 다섯 달 동안 계속되었으나, 임시 정부의 재구성을 둘러싼 의견 차이를 끝내 극복하지 못하였다. 임시 정부는 계속 유지되었으나, 이제 그 위치가 크게 약화되어 여러 독립운동 단체 가운데 하나일 뿐이었다.

1921년 무렵에는 무장 독립군의 활동도 전환기를 맞았다. 봉오동과 청산리 전투에서 크게 패한 일본군이 독립군의 활동 근거지를 파괴하였으며, 간도의 한인을 무차별 학살하였다.^{간도 참변, 1920} 이후 일본군의 공격을 피해 러시아 영토로 들어갔던 독립군이 러시아 군대에 의해 학살당하고, 무장을 해제당하는 사건도 일어났다.^{자유시 참변, 1920}

다시 간도로 돌아온 독립군은 이전보다 어려운 조건에서 활동해야 했다. 일본의 보복을 두려워하는 한인들에게 예전 같은 지원을 기대하기 힘들었을 뿐만 아니라, 1925년에는 일본군이 만주의 통치자와 한인 독립군의 활동을 공동으로 통제하자는 협정을 맺었기 때문이다.

만주 지역의 독립군은 흐트러진 전열을 가다듬기 위해 부대 통합 운동을 벌였고, 엇비슷한 시기에 남만주의 참의부[1923]와 정의부[1925], 북만주의 신민부[1925]로 통합되었다. 이들 3부는 독립군이 만주의 한인 이주민과 함께 생활하고 이들의 권익을 지키면서 독립 전쟁을 모색한 사실상의 군정부였다.

3·1 운동의 대폭발이 잦아들고, 일제의 탄압이 거세지면서 독립의 희망을 유지하기도 쉽지 않았던 때, 독립을 쟁취하기 위해서는 어떤 전략을 세워야 했을까?

간도 참변(1920) 1920년 10월부터 3개월 동안 간도의 한인 마을을 불태우고 수많은 한인을 학살한 사건이다. 10월 9일~11월 5일까지 27일간 학살된 사람이 자그마치 3,469명이었으며, 3~4개월 동안 수만 명이 학살된 것으로 추정된다.

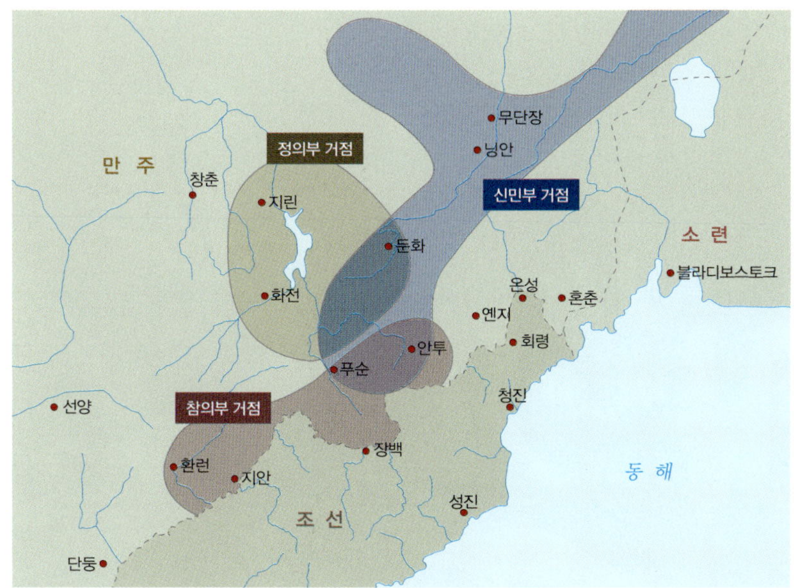

3부의 활동 지역 참의부, 정의부, 신민부 3부는 행정·군사 조직을 갖춘 자치 정부이자 독립운동 단체였다.

광야를 달리는 독립군

광야를 헤치며 달리는 사나이
오늘은 북간도 내일은 몽고땅
흐르고 또 흘러 부평초 같은 몸
고향을 떠난지 그 몇해이런가
석양하늘 등에 지고 달려가는 독립군아
남아 일생 가는 길은 미련이 없어라.

1920년 무렵 불리던 노래

3

변화의 시대, 사회 운동이 사회 변화를 이끌다

'개조의 시대'

> 아, 신천지가 눈앞에 전개되도다. 위력威力의 시대가 가고 도의道義의 시대가 열렸도다.
>
> — 기미 독립 선언서, 1919

3·1 운동이란 거국적 투쟁을 벌였음에도 독립을 쟁취하지 못한 한국인들은 좌절하고 말았을까? 오히려 그 반대였다. 많은 한국인이 세계가 '개조의 시대'에 접어든 것으로 이해하고, 노력하면 승리할 수 있다는 희망을 가졌다. 이 무렵 러시아에서 평등을 이상으로 삼은 사회주의 혁명이 성공하였으며, 유럽과 일본에서 민주주의가 확대되었다. 이와 함께 중국, 인도 등 세계 곳곳에서 독립운동이 폭발하던 때였으니 기대할 만도 하였다.

3·1 운동 이후 각계각층에서 다양한 단체를 조직하여 '개조'를 위한 활동에 나섰다. 도시와 농촌에서 수많은 청년회가 조직되었으며, 농민·노동·여성 단체도 활발하게 결성되었다. 1920년대, 조선은 바야흐로 변화의 시대를 맞고 있었다.

연도	정치 사회	노동	소작인회	청년회	종교 청년회	금주	수양	사교	부인회	산업	교육
1920	11	33	0	251	98	46	25	1	12	83	19
1921	18	90	2	446	226	71	126	201	15	189	64
1922	19	81	23	488	271	75	84	146	29	195	114

출처 : 박찬승, 《한국 근대 정치 사상사》

1920년대 초 각종 사회 단체 현황 일제에 맞서 국권 회복 운동을 벌였던 인사들과 도시의 신지식인층이나 기업인들이 조직한 단체도 적지 않았으나, 3·1 운동의 열기를 반영한 듯 각계각층이 다양한 성격의 단체를 자발적으로 만들었다는 점에서 자강 계몽 운동 시기와 분명히 구별되었다. 통계에서 금주, 수양, 사교를 내건 단체들 대부분은 청년회였다.

청년 학생, 새 사회 건설을 다짐하다

3·1 운동의 주역이었던 청년 학생들은 문화 통치가 시작되자 다양한 단체를 조직하여 활발하게 움직였다.

청년들은 지역별, 종교 단체별로 청년회를 만들었으며, 조선 청년 총동맹[1924]처럼 여러 청년회가 연합 단체를 구성하여 활동 내용을 교류하거나 공동 사업을 추진하였다.

청년회는 외부 인사를 초청하여 강연회를 열었으며, 수시로 회원들간에 토론회나 운동회를 개최하였다. 청년회 대부분이 신지식 습득이나 인격 수양을 목표로 하였으나, 일제의 감시를 피해 3·1 운동 기념식을 치르는 등 민족 의식을 고취하기 위한 노력도 멈추지 않았다.

학생들은 학교별로 독서회를 조직하여 민족의 현실을 자각하려는 노력을 기울였고, 주위의 학생들과 함께 일제의 교육 정책에 반대하는 운동을 벌였다. 여러 학교 학생들이 연합 조직을 구성하여 계몽 활동에 나서기도 하였다.

많은 청년 학생들이 지식인으로서의 책임감을 느끼고 사회를 위해 헌신하겠다고 다짐하였다. 이들은 사회 단체에 참가하여 활동하거나 민족 운동에 적극 나섰으며, 학교를 졸업한 뒤 사회 운동의 주역이 되었다.

학생들의 항일 낙서

청년회 활동(기록화) 청년들은 야학당을 열어 계몽 활동을 벌이기도 하였다. 그림은 윤봉길이 청년들과 함께 야학을 운영하는 장면을 묘사한 것이다.

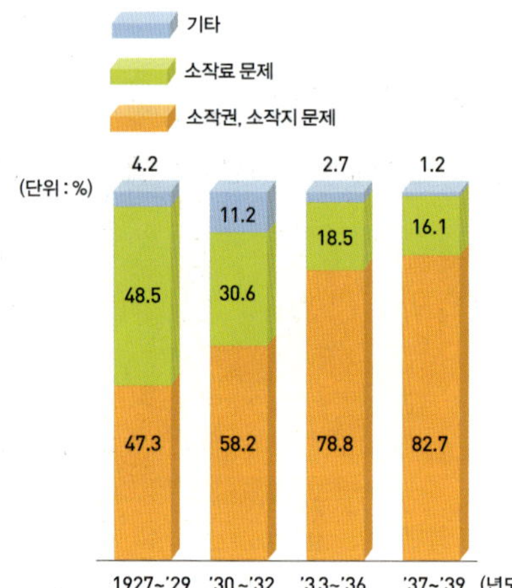

소작 쟁의의 원인별 비율 소작권과 소작료 문제가 쟁의의 원인이었다. 농민들은 지주와 싸우면서 토지는 농민의 것이어야 한다는 주장을 내세우기 시작하였다.

농민 운동과 노동 운동 – 노동의 권리를 주장하다

1920년, 조선 노동 공제회가 결성되었다. 지식 계층이 중심이었으나, "노동이 신성하고 노동자가 존귀하다는 것은 신의 거룩한 소리이다. 명예도 노동자에게, 황금도 노동자에게, 안락도 노동자에게 주라."는 취지문처럼, 노동을 존중하자는 주장 아래 다수의 노동자가 참가한 최초의 노동 단체였다.

농촌과 도시의 노동 계층이 자발적으로 단체를 조직하는 일도 많았다. 농민들은 청년회나 소작인회, 농민 조합을 중심으로 뭉쳤으며, 노동자들은 작업장별, 지역별로 노동 조합을 결성하였다.

농민 단체들은 문맹 퇴치와 구관습 개혁 등을 내걸고 문화 운동을 벌였으며, 지주의 횡포와 일제의 농촌 정책에 맞서 싸웠다. 특히, 자기 땅에서 농사를 못 짓게 하겠다고 위협하며 터무니없이 높은 소작료를 요구하는 지주에 맞서 싸우는 농민들이 많았다.

소작인들은 지주들을 대상으로 소작료를 낮추고 안정적으로 농사

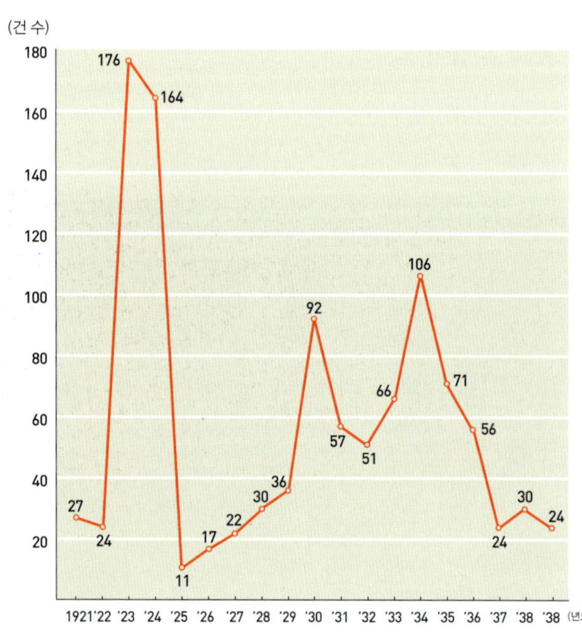

연도별 소작 쟁의 발생 건수   출처 : 조선 총독부 경무국, 〈최근 조선의 치안 상황〉

암태도 소작인회 1923년에 전남 신안 암태도의 소작 농민들은 수확의 70%가 넘는 소작료를 강요하는 지주 문씨 일가와 이를 후원해 온 일제에 맞서 투쟁을 벌였다. 1년 이상 투쟁을 이어 간 끝에 농민들은 소작료를 낮추고, 소작권을 인정받는 성과를 거두었다.

지을 수 있는 권리를 보장하라고 요구하였다. 이를 위해 소작인들끼리 단결하여 추수와 소작료 지불을 거부하며 싸웠다. 암태도 소작 쟁의[1923]와 북률 소작 쟁의[1924]가 대표적인 사례이다.

노동자들의 투쟁도 활발하였다. 노동자들은 임금 삭감이나 부당 해고를 반대하고, 노동 조건의 개선과 임금 인상을 요구하면서 자본가에 맞섰다. 일본인 경영자의 민족 차별에 대한 투쟁도 활발하였다.

노동자들은 작업장별로 파업을 벌이거나, 부산 부두 노동자 파업[1921]이나 원산 총파업[1929]처럼 지역 노동자 전체가 함께 일어나 자본가에 맞섰다.

농민, 노동자 들의 투쟁이 큰 성과 없이 끝난 경우도 많았다. 그러나 투쟁에 나선 농민과 노동자 들은 자신들의 권리를 인식하고 지역 또는 전국적으로 연대하여 활동하였다. '토지는 경작하는 농민의 것', '8시간 노동제와 최저 임금제 실시' 같은 주장이 이들 사이에서 제기되기 시작한 것도 이 무렵이었다.

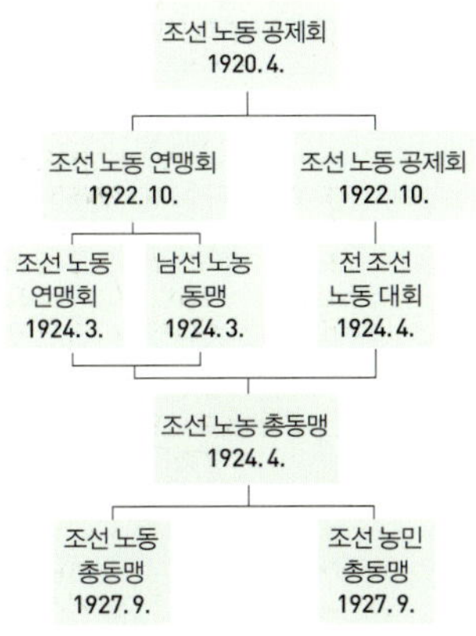

노동·농민 단체의 조직

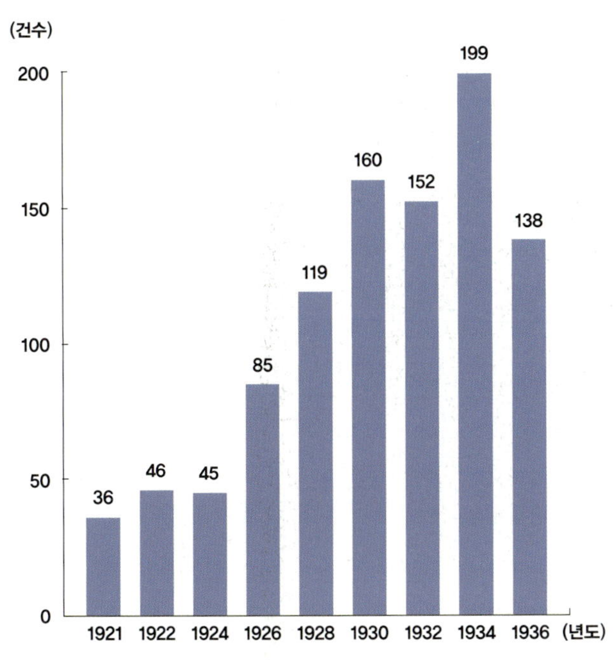

노동 쟁의 발생 변화 추이　　출처 : 조선 총독부 경무국, 〈최근 조선의 치안 상황〉

원산 총파업 1929년 1월부터 4개월간 원산 노동자 및 시민이 일본인 자본가와 식민지 당국에 맞서 대규모 투쟁을 벌였다. 식민지 당국과 일본인 자본가들의 탄압으로 결국 성공하지 못하였으나, 전국의 사회 단체와 해외 노동 단체의 지지 속에서 진행된 최대 규모의 노동 운동이었다.

세계 어린이 운동 발상지 아이를 어린이로 고쳐 부르자고 제안한 방정환은 어린이는 부모의 물건이나 기성 사회의 주문품이 아니니, 한 사람의 인격체로 존중해야 한다고 주장하였다. 서울 종로구 천도교 대교당 앞에 있다.

방정환(1899~1931) 어린이 운동의 선구자로, 최초의 순수 어린이 잡지를 발간하였고 아동 문학 보급에도 힘썼다.

"인간은 존엄하다 – 모든 차별을 폐지하라."

어린이를 …… 완전한 인격으로 예우하라. 14세 이하 어린이에 대한 유상, 무상의 노동을 폐지하라. 어린이들이 고요히 배우고 즐겁게 놀 수 있도록 가정과 사회 시설을 확보하라.

— 소년 운동 협회, 소년 운동 선언, 1923

공평公平은 사회의 근본이고 사랑은 인간의 본성이다. 고로 우리는 계급을 타파하고 모욕적인 칭호를 폐지하며 교육을 장려하여 참다운 인간이 되고자 한다.

— 조선 형평사 취지문, 1923

여성에 대한 사회적·법률적인 일체의 차별 철폐, 일체의 봉건적 인습과 미신의 타파, 조혼의 폐지 및 결혼의 자유 보장, 인신 매매 및 공창 폐지, 여성 노동자에 대한 임금 차별 철폐 및 산전산후 임금 지불 …….

— 근우회 행동 강령, 1927

1920년, 진주 소년회가 조직되면서 소년 운동이 일어났다. 방정환이
이끈 천도교 소년회는 어린이날을 제정하고, 어린이 잡지 《어린이》를
창간하였다. 1923년에는 전국적인 소년 운동 조직인 소년 운동 협회
가 결성되어, 이를 통해 소년 운동이 널리 확산되었다.

　백정들은 '저울처럼 평등한 사회를 만들자.' 며 형평 운동을 벌였다.
강상호, 장지필 등은 조선 형평사를 조직하여 평등 의식을 고취하고
백정에 대한 차별을 폐지하기 위해 노력하였다.

　여성 운동도 활발해졌다. 조선 여자 교육회처럼 여성 교육을 강조
하는 계몽 단체가 나타났고, 신교육을 받은 여성들이 중심이 되어 남
녀 평등 운동을 전개하였다. 여성 노동자가 늘면서 여성 노동 운동이
일어나고, 이들을 돕기 위한 여성 단체도 생겼다.

　여성 교육이 확대되면서 여성의 사회 진출도 확대되었다. 여성이
만드는 여성 잡지도 발간되었다.

일제는 자유를 부르짖는 청년 학생을 탄압하는 한편, 농민이나 노동자의 권
익은 무시한 채 지주와 자본가를 후원하였으며, 여성과 천민에 대한 차별을
제도화하였다. 그러나 한국인들은 자유, 평등의 새 세상을 만들기 위한 노력
을 흔들림 없이 전개하였다.

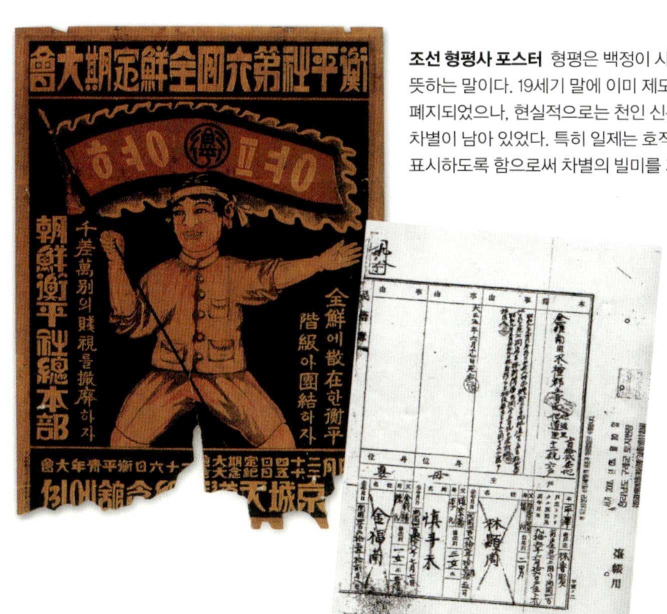

조선 형평사 포스터 형평은 백정이 사용하는 저울을
뜻하는 말이다. 19세기 말에 이미 제도적인 신분 차별은
폐지되었으나, 현실적으로는 천인 신분에 대한 편견과
차별이 남아 있었다. 특히 일제는 호적에 백정임을
표시하도록 함으로써 차별의 빌미를 제공하였다.

일제 시대 호적 조선 시대에 호주는
집안의 어른이란 상징적 의미를 지녔다.
그런데 1921년 조선 호적령에 따른 일본식
호주 제도는 호주의 자격을 남성으로
제한하고, 남성 호주에게 재산이나 혼인
문제 같은 가족 내 중요 문제에 대한
결정권을 집중시켰다. 그 결과 여성은
법적으로 무권리 상태가 되고 말았다.

신여성, 남성 중심 사회에 맞서다

신여자송(新女子頌)

오 태양의 딸들!

피곤한 문명의 장차 올 새벽을 위하여 일어나라
새 시대의 여자여!
조선의 여자여! ……
너는 간다 태양의 딸이여.
산비탈로, 가시덩굴로
고난과 모욕과 무고를, 핍박과 냉소를,
모든 선수자의 슬픔과 아픔을 무릅쓰고 간다.
이는 네 혈관 속에
조상이 남긴 피의 좋은 방울방울이 새로 오는 탄생을
보고 뛰는 까닭이다.
도덕 속에 부도덕을,
부도덕 속에 큰 도덕을 보는,
남자의 구부린 모든 의식적 표준에는
속지 않는 눈을, '신념'을 가진 때문이다.
폐허 위에 새로운 건축도를, 미래의 네 고향을
분명히 보았기 때문이다.

－《신여성》, 1924년 9월호

《신여성》 1923～1934년까지 모두 38회에 걸쳐 발행된 여성 잡지로, 천도교 계통인 개벽사에서 발행하였으며, 발행인은 방정환 등이 맡았다. 여성 교양을 위한 논문이나 문학 작품을 주로 실었다.

동학 농민 전쟁과 갑오개혁 이후 제도적 평등은 이루어졌다. 여성 교육은 갈수록 확대되었고, 교육받은 여성의 전문직 진출도 늘어났다. 외국에서 유학하고, 여성 해방의 신사상을 받아들인 이들도 많았다. 신교육을 받은 여성, 새로운 삶을 모색하였던 여성 등 1920년대는 신여성의 시대이기도 하였다.

내 삶의 주인은 '나'

신여성은 자신의 이름이 아니라 누구의 부인으로, 누구의 어머니로만 기억되는 현실을 거부하고 싶었다. 한 사람의 직장인으로, 예술가로 …… 자신만의 꿈을 꾸고, 자신이 주인이 되어 삶을 일구고 싶어 하였다.

나혜석(1896~1948) 남존 여비란 봉건적인 사상과 관습에 맞서 본격적인 여권 운동을 벌였다. 서양화가이자 시인, 소설가로 활동하였으며, 이성과의 자유로운 교제, 아이를 둔 이혼남과의 결혼, 그리고 이혼 뒤 심경을 밝힌 〈이혼 고백서〉로 화제를 모으기도 하였다. 왼쪽 사진은 나혜석이 그린 서양화 〈캉캉〉이다.

남녀는 평등하다

신여성은 '연애 없는 결혼은 죄악'이라고 생각하여 조혼과 축첩에 반대하였다. 이들은 자유로운 남녀 교제, 자유로운 결혼과 떳떳한 이혼, 좀 더 평등한 부부 관계를 주장하고 실천하였다.

당당한 직업인

신여성은 경제적으로 남성에 의지하지 않아야 한다고 생각하였다. 여성도 남성과 같이 동등하게 교육받아야 하며, 직업 여성으로서 당당히 인정받아야 한다고 생각하였다.

먼저 걷는 자의 어려움

연애와 결혼의 자유라는 주장은 남성 중심의 문화와 충돌하였다. 가사일과 직장의 업무를 병행하는 데서 오는 어려움이나 직장 내 성 차별적 관행으로 겪는 어려움도 적지 않았다. 그러나 신여성의 고통스런 좌절 위에서도 변화의 싹이 자라고 있었다.

윤심덕(1897~1926)과 〈사의 찬미〉 〈사의 찬미〉는 "광막한 황야를 달리는 인생아 너의 가는 곳 그 어데냐"로 시작되는 윤심덕의 노래였다. 윤심덕은 사랑하는 유부남과의 이루지 못할 사랑을 슬퍼하며 현해탄에 몸을 던졌다.

4 민족주의와 사회주의, 새로운 사회를 모색하다

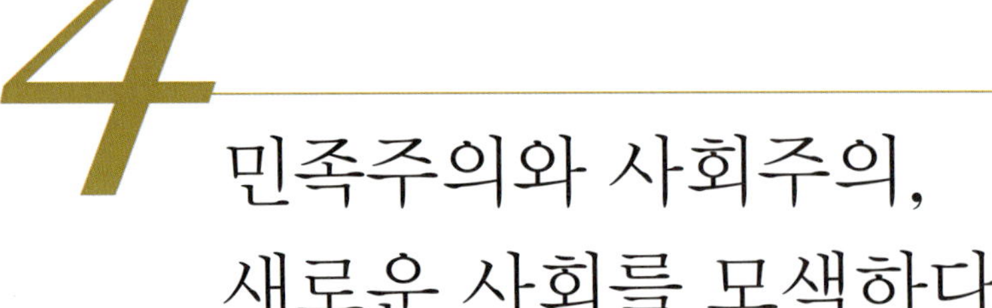

제3계급과 제4계급

> 이제 조선에서는 귀족 계급이 세력을 잃고 상공 계급이 이를 대신하여 일어나고 있으
> 니 …… 돈이 많으면 가문이 어떻든 수양이 되었든 상등 계급이 될 것이나, 그렇지 못
> 하면 하등 계급이 될 뿐이다. 이에 제3계급^{상공 계급}이 제4계급^{노동 계급}을 압박하니 …….
>
> – 《동아일보》 사설, 1921. 5. 10~11.

《동아일보》는 1920년대 조선 사회가 이렇게 "양반 사회에서 상공 계급의 사회로 넘어가"고 있다고 파악하였다. 현대 사회를 제3계급의 문명, 즉 자본주의 사회로 이해하고 머지않아 제3계급과 제4계급이 대립할 것이라고 내다보았다.

《동아일보》가 창간된 1920년 무렵, 조선에는 제3계급이라 칭할 새로운 세력이 등장하였다. 적지 않은 조선인 지주와 상인이 회사 설립에 나섰고, 기업인들이 단체를 조직하였다. 이들 중에는 학교나 언론사를 운영하는 사람도 있었다.

회사를 세운 이가 조선인이든 일본인이든, 그 회사에는 조선인 노동자가 일했다. 회사 수가 늘어나면서 노동자 수도 늘어났다. 노동자들은 노동 조합을 결성하여 자본가나 일제의 경제 정책에 맞섰다. 상공 계급이 등장한 1920년대는 노동자 계급이 본격적으로 대두한 시기이기도 하였다.

1920년대는 조선 상공 계급이 자본주의 경제와 자유주의 정치의 주체인 서양 시민 계급과 자신들을 동일시하려 한 때였다. 또한, 사회주의 사상이 소개되어 지식인과 노동 계급 사이에서 확산된 시기이기도 하였다.

물산 장려 운동과 민립 대학 설립 운동

> 보아라, 우리의 먹고 입고 쓰는 것이 거의 우리의 손으로 만든 것이
> 아니었다. …… 입어라, 조선 사람이 짠 것을! 먹어라, 조선 사람이 만
> 든 것을! 써라, 조선 사람이 지은 것을!
> — 조선 물산 장려회 궐기문

1920년, 조만식을 비롯한 평안도의 경제·교육계 인사들이 평양에서 조선 물산 장려회를 조직하였다. '우리가 만든 것 우리가 쓰자.'는 취지의 이 운동은 1923년에 전국으로 확산되었다.

민족 자본 육성과 경제 자립을 내건 이 운동에는 각계각층이 두루 참여하였다. 토산 애용 부인회 같은 여성 단체가 활발하게 참여하였고, 《동아일보》는 운동을 적극적으로 보도했다. 민중들의 호응도 높아, 조선인이 만든 물건은 없어서 못 파는 일도 생겼다.

비슷한 시기에 민립 대학 설립 운동이 전개되었다. 이상재 등이 중심이 된 조선 교육회는 조선인의 힘으로 조선에 대학을 세우자며 모금 운동을 벌였다.

1923년 상반기에 두 운동은 절정에 이르렀다. 곳곳에서 집회가 열리고, 수많은 사람들이 시가 행진을 하였다. 경제 자립과 인재 양성이 독립을 위한 힘이 될 것이라 믿는 이들이 많았기 때문이다.

이상재(1850~1927) 갑오개혁 이후 2년 동안 신교육 정책 수립에 앞장섰으며, 독립 협회 활동에도 참가하였다. 조선 교육회와 신간회 회장을 지냈으며, 한때 《조선일보》 사장도 지냈다.

물산 장려 운동과 민립 대학 설립 운동
두 운동은 《동아일보》가 제3계급이라 일컫은 계층이 민족의 실력 양성을 주장하면서 민족 운동, 사회 운동의 새로운 주체로 등장하는 계기가 되었다. 왼쪽 사진은 물산 장려 운동을 홍보하기 위한 시가 행진(1923) 장면이고, 오른쪽은 조선 물산 장려회의 전단이다.

민족적인 것과 계급적인 것

'일천만 한 사람이 1원씩'이란 구호를 내걸었던 민립 대학 설립 운동은 시작된 지 1년여 만에 시들해졌다. '조선 사람 조선 것으로'를 내걸고 진행된 물산 장려 운동도 1923년 하반기부터 급격히 약화되었다.

그 이유는 운동의 안팎에 다 있었다. 두 운동이 활발해지자 일제는 집회와 시위를 방해하고, 친일 인사를 부추겨 운동을 왜곡하려 하였다. 조선의 산업과 교육 발전에 힘쓰겠다는, 지키지 않을 약속을 내세워 운동 흐름을 흩뜨려 놓기도 하였다.

실력 양성 운동이 큰 성과를 거두지 못하고 사그라진 데에는 또 다른 원인도 있었다.

물산 장려 운동을 주도한 측에서는 민족의 장래를 위해 '다소 비싸더라도 조선 상품을 사 쓰자.'고 주장하였는데, 이에 대해 '중산 계급의 이기적 운동'이라거나 '유산 계급이 헌신하는 것이 먼저'라는 식의 비판이 일었다.

경성 제국 대학 일제는 민립 대학 설립을 막고 조선인을 회유하기 위해 서울에 경성 제국 대학을 세웠다(1926). 그러나 학생 수는 일본인이 조선인보다 훨씬 많았으며, 자연계열 학과는 1938년까지 설치되지 않았다.

《동아일보》를 창간한 김성수(1891~1955) 호남 지방의 대지주로, 일찍이 일본에서 신교육을 받았다. 3·1 운동 후에는 경성 방직이란 근대적 면직 공장을 설립하고, 중앙 학교를 인수해 경영하였으며, 《동아일보》를 창간하였다. 결국 김성수를 중심으로 지주, 기업가, 교육자, 언론인 간에 거대한 인맥이 형성되었다.

민립 대학 설립 운동에 대한 비판도 적지 않았다. 인구의 대다수가 글조차 모르는 현실을 감안해, 대학보다는 농촌에 간이 학교나 야학, 노동자 강습소를 세우고, 돈 벌며 학교 다니는 어려운 학생들을 돕는 게 먼저라는 주장이었다.

실력 양성을 강조한 이들은 개인보다는 민족을 내세우고, 실력 양성을 통해 민족의 독립을 추구하려 했다는 점에서 민족주의자였다. 두 운동을 비판한 이들은 농민과 노동자의 어려운 삶에 공감하며, 이들의 처지를 바꾸는 게 먼저라고 생각하는 사람들이었는데, 이들 가운데에는 사회주의자가 많았다.

민족주의자가 대체로 자유주의 이념과 자본주의 근대화를 내세웠다면, 사회주의자는 혁명을 통한 차별 없는 평등 사회를 꿈꾸었다. 그러나 민족주의자가 민족 구성원 모두의 평등을 강조하였고, 사회주의자가 일제에 맞선 민족 운동을 실천했다는 점에서 양자는 확연히 가르기가 쉽지 않다.

조선 공산당 사건 관련자 검거 1925년 김재봉, 박헌영 등이 처음으로 조선 공산당을 조직하였으나, 일제의 탄압으로 여러 차례 와해되고 재건되는 진통을 겪었다. 사진 맨 왼쪽은 2차 조선 공산당 지도자였던 권오설이다. 가운데는 조선 공산당 사건 관련자 검거와 재판 소식을 보도한 기사이고, 오른쪽은 1928년 4차 조선 공산당 대표를 맡았던 차금봉(1898~1929)의 조서이다. 차금봉은 서울역 철도 기관사로 일하던 중 3·1 운동이 일어나자 노동자 시위를 조직하다가 해고되었다. 그 이후로 노동 운동을 활발히 전개하였다.

사회주의 운동과 조선 공산당

초기 사회주의자는 대부분 청년 학생이나 지식인이었다. 이들은 사상 단체를 만들어 함께 공부하면서 사회 운동에 참가하였다. 그러나 농민이나 노동자 중에도 사회주의를 받아들이는 사람이 점점 많아졌다.

1925년, 사회주의자들은 '조선 혁명의 지도 기관'이 되겠다고 다짐하며 조선 공산당을 결성하였다.

> 일본 제국주의의 압박으로부터 조선 민족을 절대 해방시키기 위하여 조선의 제종 역량을 집합하여 민족 혁명 유일 전선을 작성할 것, 민주 공화국을 건설하되 국민에 의하여 직접·비밀·보통·평등의 선거로 성립한 입법부를 일체 권리의 최고 기관으로 할 것, 농민·노동자·부녀 등의 정치적·경제적 절대 해방과 절대 평등을 보장할 것 …….
>
> — 1차 조선 공산당 강령, 1925

사회주의 혁명을 목표로 하는 공산당 조직은 이전에도 있었다. 임시 정부의 국무총리를 지냈던 이동휘는 러시아의 지원을 염두에 두고 연해주에서 한인 사회당1918을 조직하였는데, 러시아 혁명에 성공한 레닌은 이들을 통해 조선 독립운동 자금을 제공하기도 하였다.

조선 공산당은 국내에서 여러 단체를 지도할 수 있는 위치에서 결성되었기에 이전의 공산당 조직과는 그 의미가 달랐다. 다른 나라 공산당이 사회주의 혁명만을 강조한 데 비해, 조선 공산당은 계급 해방과 민족 해방을 동시에 추구하였다.

'대한민국은 민주 공화국이어야 한다.'는 믿음이 확산된 1920년대에는 자유주의와 자본주의 근대화를 내세우는 민족주의 운동과, 계급 해방을 통한 평등 사회 실현을 추구하는 사회주의 운동이 함께 일어났다. 모두 일제를 몰아내야만 목표를 달성할 수 있을 텐데, 이들이 만나 협력을 모색하는 일은 어떻게 이루어져야 했을까?

이동휘(1873~1935) 해산된 구한국 군인 출신이며 애국 계몽 운동에도 참가하였다. 1910년대에 연해주에서 활동하다가 1919년 대한민국 임시 정부에 참가하여 국무 총리를 지냈다. 이승만과 안창호 등이 외교론, 준비론을 내세우자 독립 전쟁론을 주장하며 맞서기도 하였다.

중국의 국·공 합작

중국 국민당 지도자 장 제스(1887~1975)와 공산당 지도자 마오 쩌둥(1893~1976)
도시민과 상공 계급의 지지를 받은 국민당은 중국이 발전된 자본주의 국가로 나아가야
한다고 생각하였다. 공산당은 지주제를 폐지하여 농민을 해방시키고 노동자의 권리를
확대할 것을 주장하였다.

3·1 운동이 일어난 1919년에 중국에서는 5·4 운동이 일어났다. '중국 침략을 일삼는 제국주의에 맞서고, 민주주의를 파괴하고 중국을 나누어 지배하려는 군벌 정치를 끝내자.'는 운동이었다. 대중적으로 일어난 5·4 운동은 몇몇 지식인이나 군인이 아니라, 민중의 힘에 의해 혁명이 이루어질 것임을 분명히 보여 주었다. 이후 중국에서는 대중적 혁명 정당이 조직되어 민족 운동을 이끌었다.

1921년, 천 두슈를 비롯한 사회주의자들이 중국 공산당을 조직하였다. 러시아같이 노동자, 농민이 중심이 된 평등 사회를 만들겠다는 취지였다. 뒤이어 1924년 쑨 원이 중국 국민당을 조직하였다. 군벌과 제국주의에 맞서 중국을 통일하고 자주적인 국가를 만들겠다는 취지였다.

공산당과 국민당이 생각하는 국가의 모습은 많이 달랐다. 그러나 두 당은 제국주의자를 몰아내고 군벌을 물리치기 위해(1차 국·공 합작), 중국을 침략해 온 일제를 물리치기 위해(2차 국·공 합작) 손을 잡았다.

이념의 차이를 뛰어넘은 대단결은 중국에서 활동하던 한인 독립 투사들과 중국 혁명을 지켜보던 조선인들에게 큰 영향을 주었다. 곧이어 조선에서도 민족적 과제를 해결하기 위해 사상과 이념의 차이를 뛰어넘어 단결하자는 운동이 일어난 것이다.

신간회 결성 축하 삽화, 1928. 1.

5 신간회와 민족 유일당 운동, "단결하여 투쟁하자!"

조선 공산당 – 치안 유지법 – 자치 운동

사회주의자들이 조선 공산당을 조직한 1925년, 일제는 자국에서 제정·시행하고 있던 치안 유지법을 조선에 적용하였다. 치안 유지법은 일제에 맞서는 사람을 처벌하려고 만든 법인데, 사상의 자유조차 구속하고, 가혹한 형벌을 가하기로 이름난 법이었다.

일제는 주로 사회주의자들에게 이 법을 적용하였다. 공산주의를 반대한다는 명분을 내세워 민족 운동을 탄압하기 위해서였다. 조선 공산당은 이 법에 의해 여러 차례 해체되었으며, 많은 농민·노동 운동가들이 처벌받았다.

조선 공산당의 창건과 일제의 치안 유지법 공포는 민족주의 운동에도 변화를 가져왔다. 동아일보사 사장 송진우와 천도교 지도자 최린 등 민족주의 우파가 자치 운동을 벌인 것이다. 이들은 사회주의에 반대하였고, 당장 독립을 이루기는 어려우므로 독립을 내걸고 일제에 맞서기보다는 일제의 지배를 인정한 위에서 일제와 협상하여 자치권을 따내고 실력을 기르자고 주장하였다.

이광수(1892~1950)와 최린(1878~1958) 1926년 초와 1930년 초 두 차례에 걸쳐 조선 총독부는 조선인의 자치를 허용해 줄 듯 행동하여 조선인을 속였다. 민족 분열 정책의 일환이었으나, 적지 않은 조선인이 동요하여 자치를 내걸며 절대 독립 노선에서 이탈하였다. 사진의 왼쪽은 근대 문학의 선구자로 일컬어지는 이광수이다. 《동아일보》 편집국장을 지낸 민족주의 우파의 대표적인 인물로, 1930년대 후반부터는 노골적인 친일 활동을 하였다. 오른쪽은 대표적인 자치론자 최린이다. 천도교 관련 인사로 3·1 운동을 주도적으로 준비한 인물이었으나, 1920년대 중반부터 자치론으로 기울더니, 1930년대 이후부터 노골적인 친일 활동을 벌였다.

6·10 만세 운동(1926) 마지막 황제인 순종의 장례식에 맞춰 대규모 시위를 추진하였다. 3·1 운동이 고종의
장례식에 맞춰 이루어진 것과 같은 맥락이다.

1925년은 혁명을 추구한 사회주의자들이 공산당을 조직하고, 실력
양성을 내건 민족주의 우파가 조선의 절대 독립이란 운동 노선을 이
탈한 해였으며, 일제가 사회주의자들을 희생양으로 삼아 민족 분열
정책을 더욱 강화한 해이기도 하였다.

6·10 만세 운동에서 신간회로

일부 민족주의자들이 일제와 타협하자고 나서자, 이상재와 안재홍 등
비타협적 민족주의자들은 민족주의자 단체를 조직하여 이들과 맞섰
다. 이들도 사회주의에 동의하지는 않았으나 일제가 사회주의자를 탄
압하는 데 반대하였고, 독립을 위해 사회주의자와 협력하려 하였다.
사회주의자들도 민족 운동에 적극 나섰다.

　1926년, 마지막 황제인 순종이 세상을 떠났다. 강달영, 권오설 등

권오설 기념비 권오설(1897~1930)은
3·1 운동에 참가하여 복역한 뒤,
안동에서 청년회와 소작인회 활동을
하였다. 조선 공산당 활동을 하면서
6·10 만세 시위를 준비하다 체포되어
감옥에서 사망하였다. 2005년 훈장이
추서될 때까지 그의 가족은 빨갱이
집안이라는 눈총을 받으며 어렵게
살았다. 사진은 권오설의 고향인 안동시
풍산면 지곡리에 세워진 기념비이다.

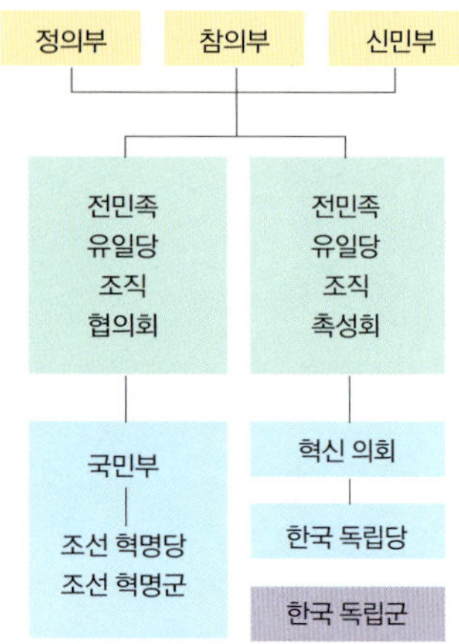

3부 통합 운동 1920년대 말 3부 통합 운동이 진행되어, 국민부와 혁신 의회가 조직되고, 이를 통치할 당과 군사 조직(조선 혁명군과 한국 독립군)도 새롭게 조직되었다.

코민테른 국제 공산당(Communist International)을 가리킨다. 1919년에 모스크바에서 창립되어 1943년에 해산되었는데, 러시아 사회주의 혁명의 성공적인 완수와 식민지의 민족 운동에 기여하는 것을 목표로 삼았다. 한국인 사회주의자들의 활동에 상당한 영향력을 행사하였다.

이 이끄는 조선 공산당은 이때를 이용하여 3·1 운동 같은 대규모 독립운동을 전개하려 하였다. 비타협적 민족주의자 일부도 별도로 만세 운동을 준비하였다.

만세 운동을 예감한 일제 경찰은 철저한 감시망을 펼쳤다. 많은 이들이 만세 운동을 준비하는 단계에서 체포되었고, 선언문도 압수당하였다.

장례식이 있는 6월 10일, 일제는 삼엄한 경계를 펼쳤으나 또 한 번 만세 운동은 실현되었다. 학생들이 앞장서고 장례 행렬을 구경하던 군중이 합세하였다. "조선 독립 만세!"의 함성이 치솟고 태극기가 다시 휘날렸다. 6·10 만세 운동, 1926

만세 운동은 널리 확산되지는 못하였다. 그러나 자치 운동을 전개하려던 타협주의에 경종을 울리며, 독립만이 민족의 요구임을 분명히 보여 주었다. 사회주의자와 비타협적 민족주의자 간에 독립을 목표로 협력하려는 노력도 활발해졌다.

나라 밖에서 민족 유일당 운동이 진행되다

'단결하여 투쟁하자.'는 운동은 나라 밖에서도 펼쳐졌다. 사상과 이념의 차이를 넘어 하나의 독립운동 정당으로 단결하자는, 민족 유일당 운동이 전개된 것이다.

당시 중국에서는 국민당과 공산당이 힘을 합하여 통일 전쟁을 벌이고 있었다. 사회주의자를 돕던 국제 공산당 코민테른 역시 민족주의자와의 협력을 강조하였다.

1926년 7월, 안창호는 "장래 건설될 국가의 형태나 이념을 위해 다투지 말고, 일치 단결하여 이민족과 싸우자."고 제안하였다. 이후 만주와 중국 각지에서 활동하던 독립운동 단체들 사이에 통합 노력이 전개되었다.

하지만 생각의 차이는 쉽게 좁혀지지 않았다. 서로의 투쟁 경험과 투쟁 방안이 달랐기 때문이다. 더불어 1927년에는 중국 국민당과 공

산당의 협력이 깨져 중국에서 활동하던 인사들은 어느 한편에 서기를
강요받았다.

나라 밖의 민족 유일당 운동은 끝내 성공하지 못하였다. 그러나 만
주의 독립운동 단체들이 조선 혁명당과 한국 독립당 두 조직으로 통
합된 데다가 중국 관내에서도 통합 정당에 대한 요구가 커졌으니, 완
전히 실패한 운동은 아니었다.

신간회, 민족 운동을 새롭게 발전시키다

나라 안팎에서 협력의 기운이 높아지고 있던 1927년 2월, 국내의 비
타협적 민족주의자들과 사회주의자들이 협력하여 신간회를 조직하
였다. 농민·노동·청년 단체 회원들이 대거 가입한 신간회는 다음과
같은 강령을 내걸었다.

> 1. 우리는 정치·경제적 각성을 촉진함.
> 2. 우리는 단결을 공고히 함.
> 3. 우리는 기회주의를 일체 부인함.

신간회는 140여 부·군에 지방 조직^{지회}이 있고 회원이 4만여
명에 이른 최대의 민족 운동 단체였다. 여성 단체도 대
통합을 이룸으로써 근우회가 탄생하였다.

신간회는 이름이 널리 알려진 민족주의자와 활
동력 있는 사회주의 계열 단체가 협력하여 일제
의 식민 통치 정책을 비판하고, 민족의 권익을
지키기 위한 다양한 활동을 벌였다. 그러나 일
제는 사회주의자를 탄압하는 한편, 집회와 시위
를 금지하여 모임을 방해하였다. 자치 운동을 벌
였던 인사들이 신간회에 들어와 합법적인 활동만 하
자고 주장하여 운동 방향에 혼선이 빚어지기도 하였다.

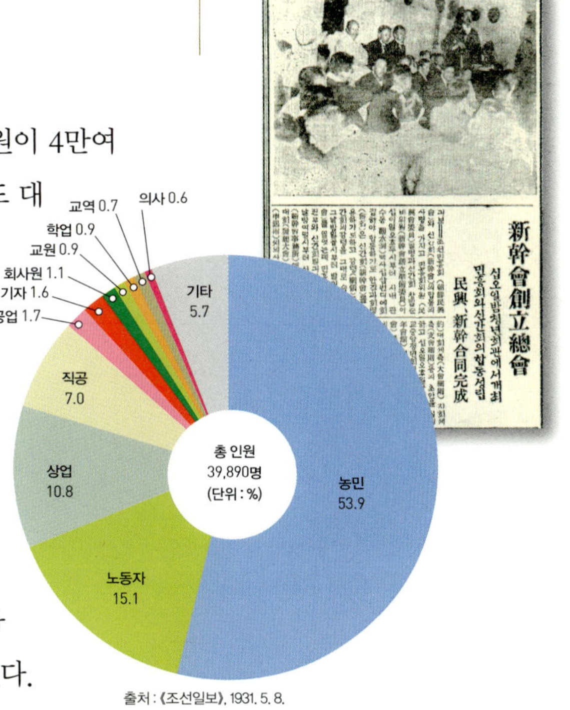

출처: 《조선일보》, 1931. 5. 8.

신간회원의 직업별 분포

신간회의 창립 회 명칭은 '고목에서 새
가지가 돋는다[新幹出古木]'란 말에서
따왔다. 초대 회장은 민족주의 계열
인사인 이상재, 부회장은 사회주의 계열
인사인 홍명희였다. 중앙 간부는 주로
민족주의자들이었고, 지방 조직에는 이미
활동하던 청년·노동·농민 단체 회원이
많았다.

광주 학생 항일 운동과 신간회

1929년 11월, 광주에서 대규모 항일 학생 운동이 일어났다. 하굣길에 조선인 학생과 일본인 학생이 충돌한 사건이 계기였다. 경찰과 교육 당국이 편파적으로 일본인 학생 편을 들어 일을 처리하자, 여러 학교 학생들이 '검거된 학생 석방, 조선인 본위의 교육 실시, 일본 제국주의 타도' 등의 구호를 외치며 여러 날 동안 대규모 시위를 벌였다.

11월 3일에 시작된 시위는 전국으로 확산되어 3·1 운동 이후 최대의 항일 운동으로 폭발하였다. 학생들 사이에 차별 교육에 대한 분노와 일제에 대한 저항 의지가 퍼져 있었고, 신간회를 비롯한 사회 단체들이 학생들의 투쟁을 적극 후원하고 나섰기 때문이다.

신간회 지회들은 투쟁 소식을 알리고 지역 단위의 투쟁을 벌였다. 본부는 서울에서 대규모 민중 대회를 열려고 하였다. 그러나 일제는 집회를 금지하고 신간회 간부와 회원을 대거 구속하여 대회를 무산시키고, 아예 신간회의 활동 자체를 봉쇄하고 나섰다.

광주 학생 항일 운동 1929년 10월 30일 오후, 광주를 떠난 통학 열차가 나주역에 도착하였다. 일본인 남학생이 조선인 여학생을 희롱하자, 여학생의 사촌 동생 박준채가 항의하면서 조선과 일본 학생들 사이에 싸움이 벌어졌다. 이 싸움은 두 학교 학생, 나아가 광주의 조선인과 일본인 간의 전면적인 싸움으로 확대되었다. 광주의 조선인 학생들은 학교별로 비밀 결사를 만들고, 성진회나 독서회 중앙 본부 같은 연합 단체를 구성해 활동하던 터였다. 이들이 중심이 되어 우연하게 일어난 이 사건을 전국적인 항일 학생 운동으로 확산시켰다.

당시 광주 고등 보통 학교 2학년이었던 박준채

광주 제일고에 있는 학생 항일 운동 기념탑

광주 학생 항일 운동의 도화선이 되었던 광주 여자 고등 보통 학교 3학년인 박기옥과 이광춘 민중 대회 사건 11개월 뒤, 신간회는 새로운 지도부를 선출하였다. 새 지도부가 합법 활동을 유난히 강조하자, 사회주의자들은 '합법만 강조하다 어떻게 일제와 싸우겠냐'며 신간회 해소를 주장하고 나섰다.

> 민족 단일당을 표방하고 창립된 신간회는 5년의 짧지 않은 역사를 남기고 어제 오후 4시 전체 대회에서 해소를 결의하였다. …… 동안(해소하자는 안)이 가결되자 참석한 경찰은 단체가 해소되었으므로 다른 안건의 토의를 전부 금지한다고 사회자에게 통고하였다.
>
> – 《동아일보》, 1931. 5. 18.

1931년, 신간회는 자진 해산하였다. 일제의 탄압과 지도부의 타협주의, 사회주의자들의 협력 거부로 빚어진 결과였다.

일제와 합법적으로 싸우는 것이 정말 가능했을까? 그리고 합법적인 투쟁이 어려워졌다고 신간회를 반드시 해소해야 했을까? 사상이 서로 다른 사람들이 협력하려면 어떤 노력을 더 기울여야 했을까?

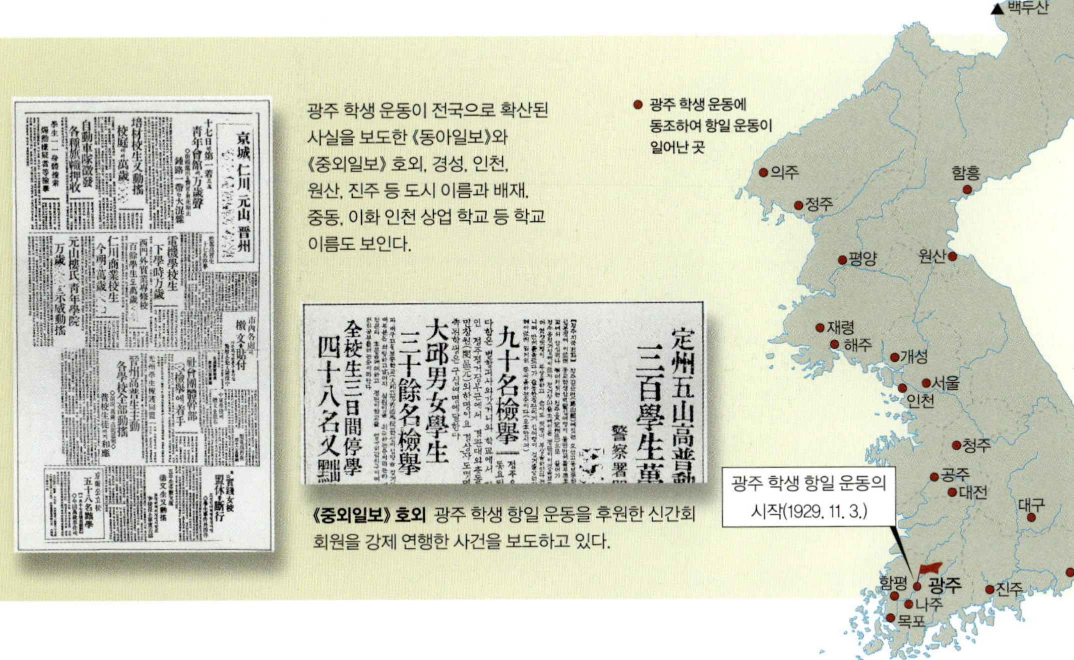

광주 학생 운동이 전국으로 확산된 사실을 보도한 《동아일보》와 《중외일보》 호외. 경성, 인천, 원산, 진주 등 도시 이름과 배재, 중동, 이화 인천 상업 학교 등 학교 이름도 보인다.

《중외일보》 호외 광주 학생 항일 운동을 후원한 신간회 회원을 강제 연행한 사건을 보도하고 있다.

일제 시대 내선 일체 포스터

6 침략 전쟁에 동원된 조선, 황국 신민이길 강요받다

조선, 일제의 침략 전쟁에 끌려들다

1931년, 일제가 만주를 점령하였다. 1932년에는 만주국이 세워져 청의 황제였던 푸이가 만주국의 황제로 즉위하였다. 그러나 만주국은 일제가 만주를 중국에서 떼어내기 위해 세운 나라로, 사실 일본의 일부에 지나지 않았으며 만주국 황제는 일제의 허수아비일 뿐이었다.

만주국의 성립은 시작에 불과하였다. 일제는 1933년에 만리장성을 넘어 중국의 화북 지방을 침략하였으며, 1937년에는 중국과 전면 전쟁에 돌입하였다. 나아가 1941년에는 미국과 동남 아시아를 침략하여 태평양 전쟁을 도발하였다.

15년을 이어 간 이 전쟁은, 세계적인 경제 공황으로 어려움에 빠진 일본이 전쟁을 통해 군수 공업을 육성하고, 식민지를 수탈하여 자국의 경제 위기를 극복하기

일제의 대륙 침략 1929년 미국에서 시작된 공황은 미국으로의 수출 비중이 높았던 일본 경제에 큰 타격을 주었다. 기업의 도산으로 실업자가 늘었으며, 식량 가격 하락으로 농민도 큰 어려움을 겪었다. 일본은 '일본–조선–만주 또는 일본–만주–중국의 공동 발전, 백인종에 맞선 아시아 인의 단결'이란 구호를 내걸고 침략 전쟁을 벌였다.

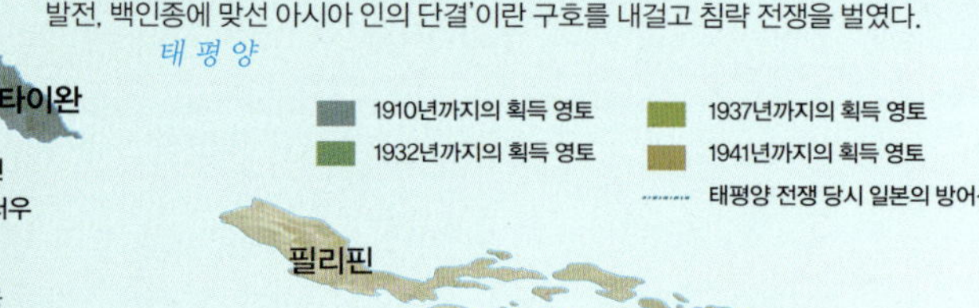

위해 벌인 침략 전쟁이었다.

일제의 식민지, 조선은 일본 상품을 소비하고, 군수 물자를 생산·조달하는 병참 기지 역할을 강요받았다. 일제는 수많은 조선인을 군인으로, 노동자로, 심지어는 군대 '위안부'로 자신들의 침략 전쟁에 동원하였으며, 조선에서 헤아릴 수 없는 양의 식량과 자원을 약탈해 갔다.

일제의 병참 기지로 바뀐 조선

1930년대 초 조선 총독부는 '일본을 수준 높은 기술이 뒷받침하는 정공업 지대로, 만주를 농업 지대로, 양자를 연결하는 조선을 조공업 지대로 설정'하는 이른바 '조선 공업화' 정책을 내걸었다.

일본과 조선, 만주의 경제를 통합하여 원료와 식량을 값싸게 공급받고, 상품과 자본의 수출을 확대하려는 의도였다. 조선의 북부 지방에 발전소와 화학·금속 공업 관련 공장이 들어선 것이 이때부터다.

중·일 전쟁 이후 조선은 일제의 군수 물자 생산 기지가 되었다. 일본은 자국의 대자본을 끌어들여 조선에 금속, 기계, 화학 등 중화학 공장을 대거 유치하였다. 발전소를 세우고, 대형 광산을 개발하기도 하였다.

일제는 기업의 원활한 투자를 구실로, 노동자의 권리를 보장한 공장법의 적용을 계속해서 미루었으며, 노동 운동을 가혹하게 탄압하였다. 국민 총동원령[1938]이나 물자 통제령[1941], 노무 조정령[1941] 등을 공포하여 조선의 인력과 자원을 강제로 동원하거나 일방적으로 배정하는 경우도 많았다.

1930년대 조선은 빠르게 공업화되었다. 그러나 일본 자본을 중심으로 조선의 노동력과 자원을 수탈하여 전쟁을 수행하는 방식으로 이루어진 공업화는 전쟁이 끝남과 동지에 사라져 버릴 사상누각 같은 것이었다.

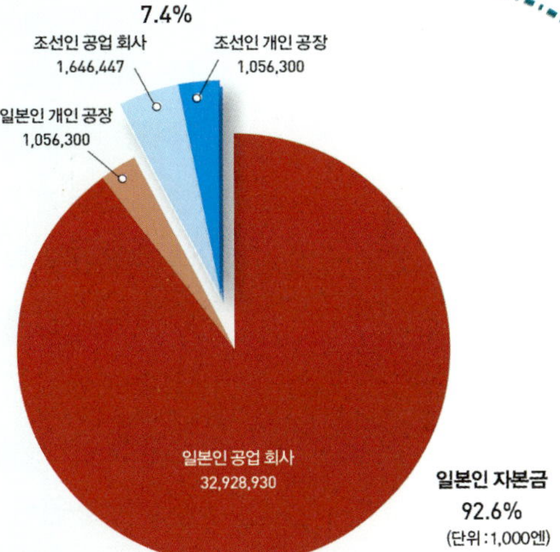

출처 : 허수열, 《개발 없는 개발》

공업 부문 민족별 자산(1945. 8.) 1940년 무렵 국내 총생산에서 광공업이 차지하는 비중이 농업과 비슷해졌고, 중화학 공업과 경공업의 비중도 비슷해졌다. 그런데 1942년 통계에 따르면, 조선에 본점을 둔 회사 자본금의 92% 이상이 일본인 소유였다. 게다가 공장 노동자의 약 93%가 조선인이었는데 그 가운데 기술자는 18%에 불과하였다. 수치로 나타난 경제 성장은 일본인이 조선에서 이룩한 것일 뿐이다.

전쟁에 동원된 슬픈 민중들

일제는 수많은 조선인을 전쟁에 직접 동원하였다.

1938년에 지원병제, 1943년에 학도 지원병제를 실시하였으며, 1944년에는 20세 이상의 남성이면 누구든지 강제로 병사로 끌고 갈 수 있는 징병제를 실시하여 조선 청년들을 전쟁터의 총알받이로 내몰았다.

전쟁 물자를 생산하는 광산이나 기업, 전쟁 시설을 만드는 건축물 공사에 동원된 조선인은 더욱 많았다. 국민 징용령[1939]이 일제의 노동력 수탈을 뒷받침하는 근거였다. 처음에는 취업을 미끼로 모집하였으나, 전쟁이 확대되자 수많은 노동자들을 강제 연행하여 기업에 할당한 뒤, 회사를 옮기지도, 그만두지도 못하게 하며 노예 노동을 강요하였다.

일본군의 성 노예로 끌려가 죽음보다 못한 삶을 강요받은 여성도 많았다. 1930년대부터 군 '위안소'를 운영해 온 일제는, 전쟁이 막바지로 치달으면서 수많은 조선 여성을 강제 연행하여 전쟁터로 보냈다.

끌려가지 않은 이들의 삶도 고단하긴 마찬가지였다.

일제의 전쟁에 동원된 조선인들

1930년대 이후 전쟁의 규모가 커져 감에 따라 일제는 조선을 전쟁 물자 공급 기지로 만들어 인적, 물적 자원을 수탈해 갔다. 왼쪽부터 순서대로 강제 징용되어 북해도 탄광에 끌려간 노동자들, 징병 검사장에 선 조선인 청년, 조면 공장에 동원된 부녀자들, 놋그릇 등을 공출해 가고 대신 지급된 사발, 일본군 '위안부'의 모습이다.

신고산이 우르르 화물차 가는 소리에

지원병 보낸 어머니 가슴만 쥐어뜯고요

어랑어랑 어허야, 양곡 배급 적어서 콩깻묵만 먹고 사누나

신고산이 우르르 화물차 가는 소리에

금붙이 쇠붙이 밥그릇마저 모조리 긁어갔고요

어랑어랑 어허야, 이름 석 자 잃고서 족보만 들고 우누나

— 〈신고산 타령〉을 개작한 〈화물차 가는 소리〉

노골적인 물자 동원은 민중의 삶을 극도로 악화시켰다. 공출이란 이름으로 식량을 싼값에 강제로 거두어 간 것은 물론이고, 무기 제작에 쓰기 위해 집 안의 온갖 쇠붙이, 심지어 교회의 종까지도 빼앗아 갔다. 징용과 징병으로 끌려간 남성들의 빈 자리를 메워야 했던 여성들은 하루하루 가족의 생계를 꾸리며 이중 삼중의 고통을 겪었다.

　대다수 조선 기업들도 심각한 위기를 맞았다. 경성 방직처럼 일제의 정책에 호응하여 만주와 중국으로 뻗어 나간 기업도 있었으나, 대다수의 중소기업은 일제의 물자 통제령과 기업 정비령으로 위기를 맞고 문을 닫아야 했다.

해방 60년, 아직도 아물지 않은 상처

"온몸이 타고 살점이 벗겨진 한국인 징용자들이 공장에 꽉 차 있었지. 그런데도 일본인들은 '조센진끼리 알아서 하라.'며 못 본 체 하더라고. 부리던 개라도 그렇게 하진 않았을 텐데……."

일본 나가사키에 원자 폭탄이 투하된 지 꼭 61년째 되는 날, 대전에서 만난 원폭 피해자 김한수 옹은 당시의 처참한 상황을 어제 일처럼 생생하게 기억하였다.

'꽝' 하는 소리와 함께 철문이 덮치면서 정신을 잃었다. 얼마나 지났을까. 정신을 차리고 방공호로 달려가 보니 온몸이 시커멓게 탄 시체들이 즐비하였다.

"조선소에서만 한국인 징용자 수천 명이 죽거나 다쳤는데도 일본인 관리자들은 속속 공장을 떠났어. 누구에게도 도움을 받을 수 없는 생지옥이었지."

몇몇 생존자는 부상자를 공장 숙소로 옮기고 조를 짜 이들을 돌봤다. 대다수 부상자가 화상으로 입조차 벌리지 못해 대나무를 입에 꽂고 멀건 죽을 먹였지만 합병증으로 대부분 숨을 거두었다.

김 옹은 1944년 봄 황해도 연백군 연안읍에 있는 자신의 집에서 징용에 끌려가 '자살 잠수함'에 쓰이는 동(銅) 파이프를 만들었다. 한국인 징용자에겐 콩깻묵을 쪄 만든 밥과 바닷물에 고구마 넝쿨을 넣어 끓인 국이 유일한 먹을거리였다.

김 옹은 아흔이 다 된 나이에 다시 일본어를 익히고 있다. 눈을 감기 전 일본 정부를 직접 찾아가 사과라도 한마디 듣기 위해서다.

– 《동아일보》, 2006. 8. 10.

한국인 원자 폭탄 피해자 위령비

일본 히로시마 평화 공원 안에 있다. 1945년 8월, 일본 히로시마와 나가사키에 원자 폭탄이 투하되어 69만 1,500명이 피해를 입었고, 사망자만도 23만 3,167명이나 되었다. 한국인 희생자도 약 7만 명이었다. 3만여 명이 목숨을 건졌으나, 일본이나 미국은 물론 한국 정부로부터도 아무런 보상도 받지 못하였다.

일제의 전쟁에 동원된 한국인의 수를 정확히 밝히는 것은 거의 불가능하다. 많은 자료가 사라졌고, 엉뚱하게 끌려간 이들도 너무 많았기 때문이다.

강만길 등이 지은 《한국 자본주의의 역사》에 따르면, 군인이나 전쟁을 지원한 민간인을 합해 37만 명, 강제 연행되어 중노동에 시달렸던 이들이 192만여 명(국내 42만, 해외 약 150만 명), 성 노예로 끌려간 여성이 10만여 명에 이르며, 근로 보국대로 각 도내에 동원된 사람도 400만 명에 이른다고 한다.

해외로 끌려간 사람들 중 다수가 고향으로 돌아오지 못하였으며, 구사일생으로 돌아온 이들도 일본의 아무런 사과나 보상을 받지 못한 채 대부분 어려운 삶을 이어 갔다.

우토로 마을

일본으로 징용된 노동자는 160여 만 명에 이르는데, 이들 상당수가 귀국하지 못하였다. 사진은 귀국하지 못한 조선인 노동자들이 현재 마을을 이루며 살고 있는 교토 인근의 우토로 마을이다. 토지 소유권 문제로 강제 철거당할 처지에 놓였다가 한국 정부가 설립한 '우토로 일반 재단 법인'의 도움으로 토지의 일부를 매입하여 터전을 지키고 있다.

일본군 '위안부'

'위안부'로 고통스런 삶을 이어야 했던 이들의 수는 정확히 알 수 없다. 일본 정부는 국가의 개입이 없었다며 여전히 진상 규명과 배상 의무를 부인하고 있다. 사진은 '위안부' 할머니들이 일본의 사과와 배상을 요구하며 매주 일본 대사관 앞에서 벌이는 수요 시위 장면이다.

· 한국 정신대 문제 대책 협의회
www.womenandwar.net
· 태평양 전쟁 희생자 유족회
www.victims.co.kr
· 태평양 전쟁 피해자 보상 추진 협의회
www.pacificwar.or.kr
· 일제 강점하 강제 동원 피해 진상 규명 위원회
www.gangje.go.kr

내선 일체, 행복한 장래를 위한 선택?

내선 일체란 '일본과 조선은 하나'란 뜻으로, "조선인을 천황께 충성하는 신민으로 만들자."는 황국 신민화와 같은 말이다. 이는 일제가 조선인을 자신들의 전쟁에 동원하기 위해 내세운 주장이었다.

일제는 학교나 관공서에서 조선어 사용을 금지시켰으며, 한글로 발행된 신문을 모두 폐간시켰다. 1941년에는 소학교를 황국 신민 학교란 뜻의 국민 학교로 바꾸고 조선어 교육을 금지시켰다. 그뿐만 아니라 조상이 물려준 성과 이름을 부정하고, 일본식 성명을 쓰도록 강요하였다.

> 1. 창씨를 하지 않은 자의 자제는 각급 학교에 입학·진학할 수 없다.
> 2. 창씨를 하지 않은 아동에 대해 일본인 교사는 이유 없이 힐책·구타해 아동으로 하여금 부모에게 호소하여 창씨하게 한다.
>
> – 문정창, 《군국 일본 조선 강점 36년사》 하권

황국 신민화 강요

황국 신민화 정책은 조선 민족 말살을 추구하는 것과 동시에 국가를 위해 개인의 자유와 권리를 포기하고 헌신해야 한다는 전체주의적 정책이다. 일제가 물러난 뒤에도 전체주의 사고는 남아 한국 민주주의 발전에 걸림돌이 되었다.

일본어 사용을 강요하는 포스터

황국 신민 서사를 암송하는 어린 학생과 교사들

궁성 요배를 독려하는 전단

학교나 관공서의 모든 행사는, "저희는 대일본 제국의 신민입니다. 마음을 합해 천황 폐하께 충의를 다하겠습니다."라는 황국 신민의 서사를 낭독하는 것으로 시작되었다. 날마다 천황이 사는 곳을 향해 절을 하고(궁성 요배), 신사를 찾아 천황의 조상에게 참배하여야 했다.

일제는 야만적인 폭력을 내세워 내선 일체 정책을 추진하였다. 아주 미미한 항일 활동도 가혹하게 처벌하였으며, 단체를 만들거나 의사를 표현할 수 있는 최소한의 기본권조차 부정하였다. 민족 운동에 참여하였던 인사들에게 일제 지지 의사를 밝히게 하는 전향 공작을 벌였으며, 전향하지 않는다는 이유만으로 형벌을 부과하였다.

자발적으로 일제의 앞잡이가 된 이도 적지 않았는데, 이들은 내선 일체를 영광으로 받아들이고 일본인으로서 의무를 다하자고 하였다.

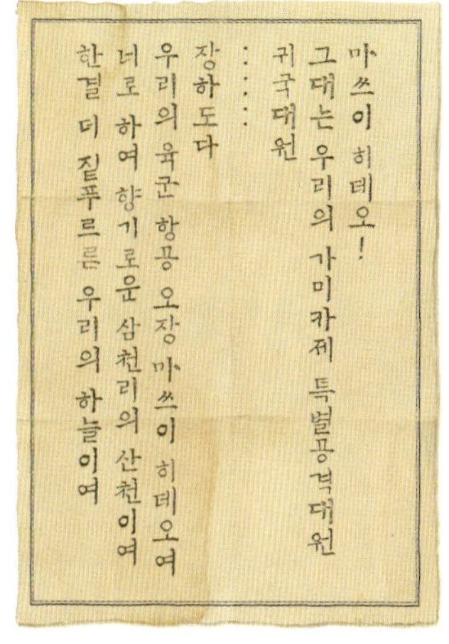

〈오장 마쓰이 송가〉 가미카제 특공대를 찬양한 이 시는 서정주(1915~2000)가 쓴 글이다. 서정주는 이 외에도 여러 편의 친일 작품을 썼으며, 친일 문학지 《국민문학》과 《국민시가》의 편집에도 관여하였다.

> 내선 일체의 길 말고 조선인이 나아갈 길이 있겠습니까? 그 길을 거부한다면 조선인이 나아갈 길은 공산주의밖에 없습니다. …… 이들을 배제하고 박멸하는 것이 우리가 행복해질 수 있는 길입니다. 내선 일체야말로 유일한 민족적 진로이며, 이 길 위에서 행복한 장래를 전폭적으로 기대할 수 있다고 봅니다.
> — 윤치호, 《동양지광》, 1939

노골적으로 전쟁 참여를 독려하고 나선 이들도 많았다. 조선인의 사랑과 존경을 받았던 문인이나 교육자 들 가운데 전쟁 참여를 독려하는 글을 쓰거나 강연을 하는 사람들이 있었다. 문인 최남선·모윤숙·서정주, 교육자 김활란 등이 대표적이다. 현제명이나 김은호 같은 예술가는 음악이나 미술 작품으로, 김연수나 박흥식 같은 기업인은 돈으로 일제의 전쟁을 도왔다.

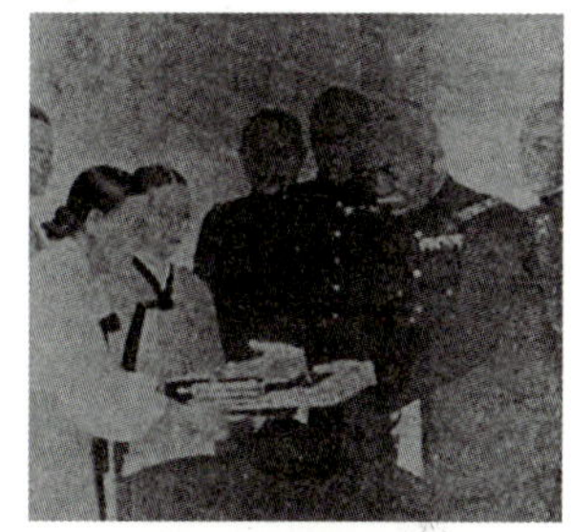

〈금채 봉납도〉 대표적인 친일 미술가 김은호(1892~1979)가 그린 그림으로, 여성 단체 인사들이 일본군을 돕기 위해 금비녀와 가락지를 뽑아 헌납한다는 내용이다. 김은호는 1937년부터 전쟁이 끝날 때까지 친일 작품을 여러 점 그렸으며, '국방 기금' 마련을 위한 특별 전시회를 열기도 하였다.

친일 행위는 일제의 강요로 어쩔 수 없이 한 행동이었을까, 아니면 일제의 식민 지배가 지속될 것이라 믿고 스스로 선택한 행동이었을까?

친일 기업인의 헌금으로 만든 비행기 경성 방직 사장 김연수, 화신 백화점 사장 박흥식 등이 헌납하였다.

파시즘의 시대

파시스트의 종말 죽음의 사자에게 끌려가는 독일, 이탈리아, 일본의 지도자를 풍자한 영국 만평이다.

> 전시 또는 이에 준할 경우 제국 신민을 징용하고, 노동 쟁의를 제한하거나 금지하고, 물자의 생산과 수리 및 이동에 관한 명령을 내릴 수 있고, 신문이나 기타 출판물 게재를 제한 또는 금지할 수 있다.

1938년에 일제가 공포한 국민 총동원령의 일부이다.

민주 사회에서는 헌법이 국민의 권리를 보장한다. 의회는 헌법을 기준으로 법을 만들고, 정부는 법을 지키며 일한다. 하지만 1930~1940년대는 이러한 원칙이 무시되는 파시즘의 시대였다. 전쟁과 비슷한 상황 또는 전쟁에 도움이 되는 상황이라고 '정부'가 판단하면, 의회를 무시하고 법률이나 헌법조차 부정하는 체제, 정부와 정부를 대표하는 1인이 통치하는 체제가 등장한 것이다.

난징 대학살 중국 난징을 점령한 일본군이 2개월 동안 중국인 30만 명 이상을 무차별 학살한 사건이다. 침략 전쟁은 무수한 민간인 학살을 동반하였다.

일본, 독일, 이탈리아 등이 파시즘 국가였다

세 나라는 "모두는 하나를 위하여"란 주장을 내걸고, 국가와 민족을 위한 개인의 희생을 당연시하고 강요하였다. 일본은 군부가, 독일은 히틀러의 나치 당이, 이탈리아는 무솔리니의 파시스트 당이 국가의 이름으로 자유를 억압하였다.

파시즘은 독재 체제였다

파시즘은 민주주의를 파괴하였다. 삶의 현장 곳곳에 감시의 눈길을 보내고, 민주적 가치를 지키려는 노력을 짓밟았다. 생존권을 지키려는 노동자와 농민의 저항을 공산주의로 몰아 탄압하고, 대화와 토

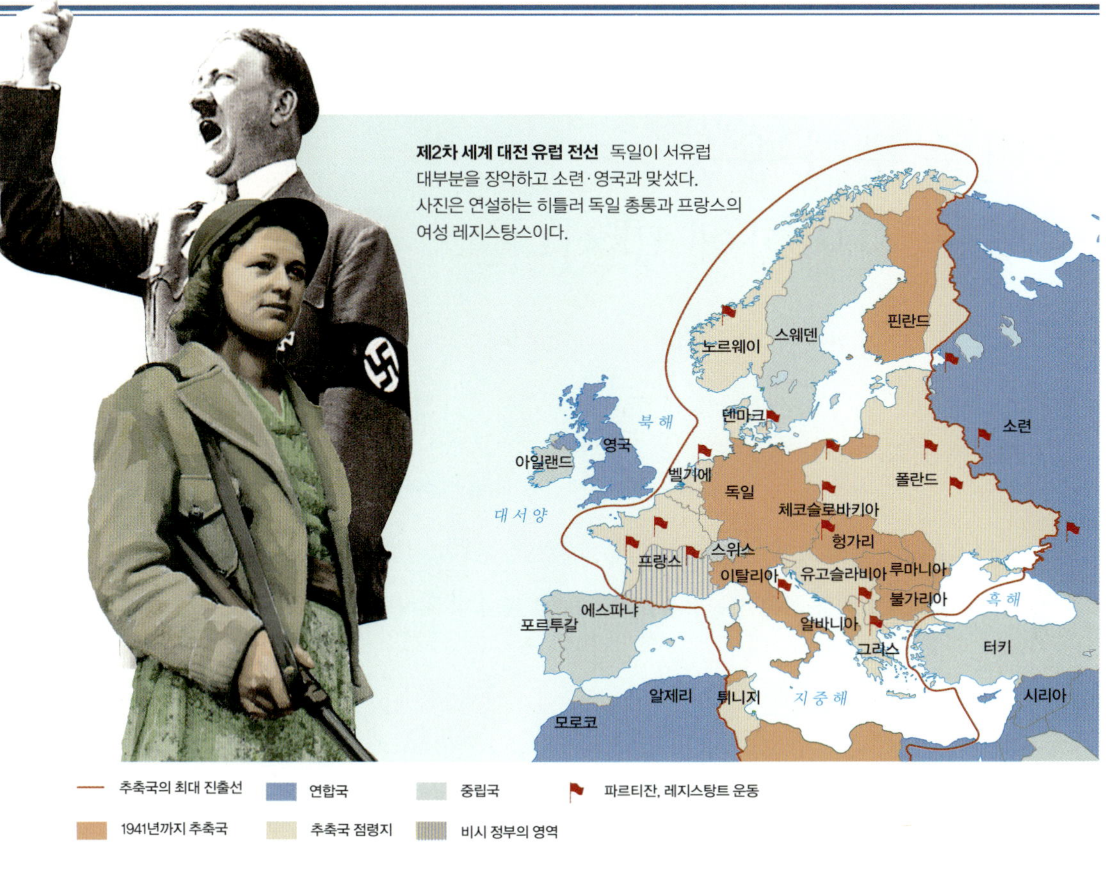

론, 의회 정치를 비효율적이라며 거부하였다.

파시즘은 침략적 팽창주의였다

파시즘 국가는 자국의 경제 위기를 극복하기 위해 식민지를 수탈하고, 더 많은 지역을 지배하고자 침략 전쟁을 일삼았다. 일본은 아시아–태평양을, 독일과 이탈리아는 유럽을 전쟁의 소용돌이 속으로 밀어 넣었다.

반파쇼 연합 전선이 형성되었다

유럽 전선에서는 소련과 영국이 독일에 맞섰으며, 아시아에서는 중국과 미국이 일본과 싸웠다. 유럽에서는 레지스탕스나 파르티잔(빨치산) 투쟁이, 아시아에서는 식민지 여러 민족의 민족 해방 운동이 활발하였다. 독일과 일본의 항복은 이들 모두가 이루어 낸 결과였다.

민족 문화 운동,
황국 신민화에 맞서다

"차선의 최선, 아니 최선의 차선"

조선인은 차선의 최선, 아니 최선의 차선책으로, 조선인이 조선인으로 문화적 순화, 심화, 정화되고 이를 위해 정진함을 공통 과제로 해야 할 것이다.

조선 문화 운동에로!
조선 문화에 정진하자!
조선학을 천명하자!

– 《신조선》, 1935. 1.

신간회가 해소된 1930년대는 일제에 맞설 공개적인 정치 운동을 벌이기 어려운 상황이었다. 이에 비타협적 민족주의자들은 조선학 운동이라는 합법적인 문화 운동을 벌여 나갔다.

운동을 앞장서서 이끈 사람은 신간회의 주역이기도 한 안재홍과 국학자 정인보였다. 1935년, 안재홍과 정인보 등이 정약용 연구 운동을 제안하였다. 마침 정약용이 세상을 떠난 지 100년이 되던 때라, 그를 기리는 기념 행사를 치렀으며, 1938년까지 정약용의 저서를 모은 《여유당 전서》를 모두 펴냈다. 정인보는 이익이나 유

안재홍(1891~1965) 1923년 《시대일보》 창간에 참여하였으며, 10년 동안 조선일보사 사장 겸 주필을 지냈다. 신간회 총무로 활동하였으며, 고대사 연구를 통해 식민 사관 극복에 앞장섰다. 1942년 조선어 학회 사건으로 다시 구속되기도 하였다. 민족 자주와 함께 구성원 내부의 평등을 강조한 신민족주의를 제창하였다.

정인보(1892~1950) 1923~1938년까지 연희 전문에서 한문학과 조선 문학을 가르쳤다. 이익, 정약용 등의 학문이 주자학 경향에서 벗어나 실증적인 방법으로 연구한 실용적 학문이라 하여, 실학으로 규정한 인물이다. 〈오천 년간 조선의 얼〉(1935)을 《동아일보》에 연재하여 주체적인 민족 의식을 고취시켰다.

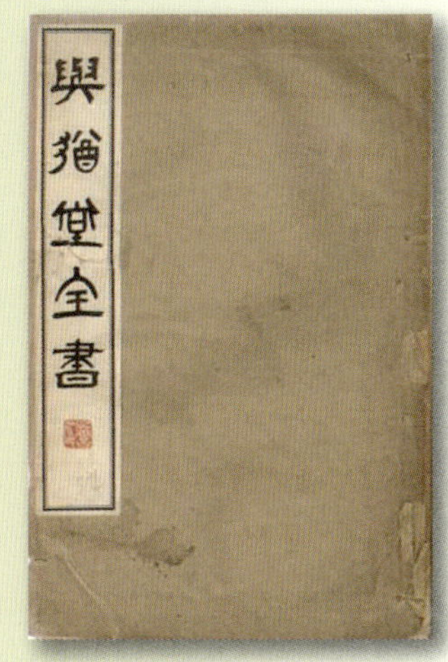

《여유당 전서》 1936년 신조선사 간행

형원 같은 다른 실학자들로 연구 대상을 넓혔다.

안재홍과 정인보 등은 정약용을 비롯한 실학자야말로 조선의 실정에 맞는 조선 사회의 발전 방안을 연구했다고 보았다. 이들의 조선학 운동은, 조선은 스스로 발전할 수 없는 정체된 사회이며 일본을 닮는 것이 문명화되는 유일한 길이라 주장하는 일본에 맞서, 조선 사람도 할 수 있으며 조선 사회의 발전은 조선인의 손으로 이루겠다는 의지를 담은 학술 운동이었던 셈이다.

조선학 운동은 우리말과 우리 문화를 재발견하고 가꾸는 운동으로 이어졌다. 조선 실정에 맞는 과학 기술, 조선의 아름다움을 표현하는 예술처럼 여러 분야로 확대되기도 하였다.

문화 운동으로 일제를 물리칠 수 있을지, 조선적인 것을 찾는 것이 과연 최선의 문화 운동인지에 대한 비판도 제기되었다. 그러나 민족 말살을 꾀하는 일제와 맞서야 했던 조선에서, 그것은 최선은 아니어도 차선은 될 것이며, 어쩌면 차선이야말로 최선이라는 생각을 가졌던 이들이 많았다.

《조선사》와 《조선사 편수회 사업 개요》
일제는 총독부 산하에 조선사 편수회를 두어 자료를 정리하였는데, 1932년부터 6년 동안 37권, 2만 4,000쪽에 달하는 《조선사》를 차례로 간행하였으며, 수많은 사료집을 편찬하였다. 조선 총독부나 경성 제국 대학 등 일본 관청에 속한 학자(일제 관학자)들은, 이 작업을 통해 조선 역사의 주체성과 독자성을 부인하는 타율성론과, 조선은 고대에서 발전이 멈춘 정체된 사회란 정체성론을 체계화하였다.

무엇이 최선이었을까?

이미 두 차례 자치 운동을 전개하였던 송진우나 최린 등의 생각은 달랐다. 일본은 갈수록 성장할 것이니, 독립을 위해 애쓰기보다 일본에 협조하여 현실적 이익을 얻자고 한 것이다.

이들 민족주의 우파는 1930년을 전후하여 또다시 자치 운동을 벌였으며, 일부는 총독부 행정에 참가하기도 하였다. 한편 《조선일보》를 중심으로 문자 보급 운동을, 《동아일보》를 중심으로 브나로드^{민중 속으로} 운동을 전개하였다. 특히 《동아일보》는 이순신, 권율 등 위인 기념 사업과 고적 보존 운동을 함께 벌여 나갔다.

"아는 것이 힘, 배워야 산다."

공황과 파시즘, 전쟁이 이어지던 1930년대, 민족주의 우파는 "민족의 힘을 키우는 게 절실하게 필요한 때"라 주장하였다. 반공을 내세우며, 사회주의 세력과 협력을 거부하였고 파시스트인 무솔리니와 히틀러가 위대한 이탈리아와 독일을 만들었다고 생각하였다. 그들은 근대 문화를 수용하고, 위인의 정신을 이어받아 실력을 기르는 것이 중요하다고 강조하였다.

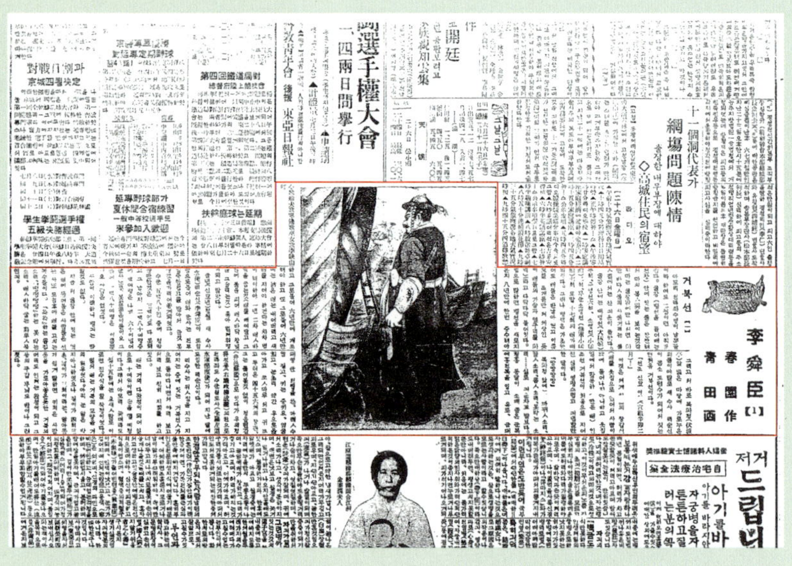

이순신 유적 보존 운동 《동아일보》가 앞장서서 대규모 모금 운동을 벌여 이순신을 기리는 현충사와 제승당을 새로 지었다. 이 운동을 이끈 이광수는 이순신의 '충군애국'과 자기 희생 정신을 배우자며 장편 소설 《이순신》을 《동아일보》에 연재(테두리 친 부분)하였다. 그런데 이광수에게 임금과 국가는 누구였을까?

문맹 퇴치 운동 《조선일보》는 1929년부터, 《동아일보》는 1931년부터 학생 계몽대를 조직하여, 농민을 대상으로 한글 보급과 생활 개선 운동을 펼쳤다. 조선어 학회는 문자 보급에 사용할 교재를 만들었고, 수많은 학생이 계몽대를 조직하여 참가하였는데, 1935년 총독부에 의해 중단되었다.

사회주의자들의 생각은 이들과 전혀 달랐다. 이 시기에 닥친 공황은 일본 자본주의의 위기를 보여 준다며, 이제 민중의 생존권 투쟁이 폭발하여 일제의 지배를 타도할 기회가 올 것이라 생각하였다. 때마침 일본과 조선에서 노동 쟁의와 소작 쟁의가 폭발적으로 증가하였다.

　사회주의자들은 '혁명의 시기'가 왔다고 생각하였다. 이들은 노동자, 농민 속으로 들어가 혁명적 노동 조합과 농민 조합을 조직하였으며, 학생들을 중심으로 반제국주의 동맹을 조직하였다. 일제의 눈을 피해 조직을 유지하면서 노동자와 농민의 경제적 이익을 지키기 위한 운동과 민중의 항일 의식을 고취시키는 투쟁을 벌였다.

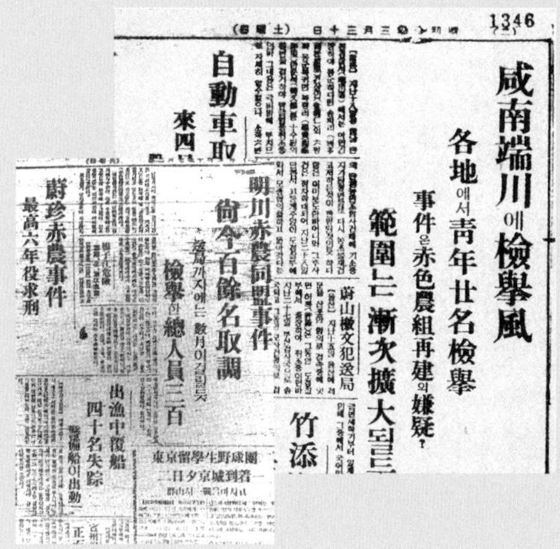

혁명적 농민 조합 적발 보도 기사 "함남 단천에서 적색 농조를 재건하려는 혐의로 여러 명이 검거되었다. 명천의 적색 농조 사건 관련으로 백여 명이 취조를 받고 있다."는 내용이 실려 있다.

강주룡(1901~1931) 1931년 평원 고무 공장(평양) 파업을 주도한 강주룡이 죽음을 각오하고 을밀대 지붕 위에 올라가 농성하는 모습이다. "내가 배워서 아는 것은 대중을 위해서 죽는 것이 가장 명예스러운 일"이라는 말이 널리 알려져 있다.

최현배(1894~1970) 한글 학자 주시경의 제자로, 일찍이 연희 전문 교수를 지냈다. 조선어 학회 활동에 앞장 서다가 1942년부터 3년간 감옥살이를 하기도 하였다.

《한글》 이윤재, 최현배 등을 중심으로 조선어 연구회(조선어 학회)가 1927년 창간(1932년 재창간) 한 잡지이다. 한 한글은 큰 글, 위대한 한민족의 글이란 뜻인데, 조선어 연구회가 한글날을 제정하고, 《한글》이란 잡지를 펴내며 널리 쓰이게 되었다. 한글날의 첫 이름은 가갸날이었다.

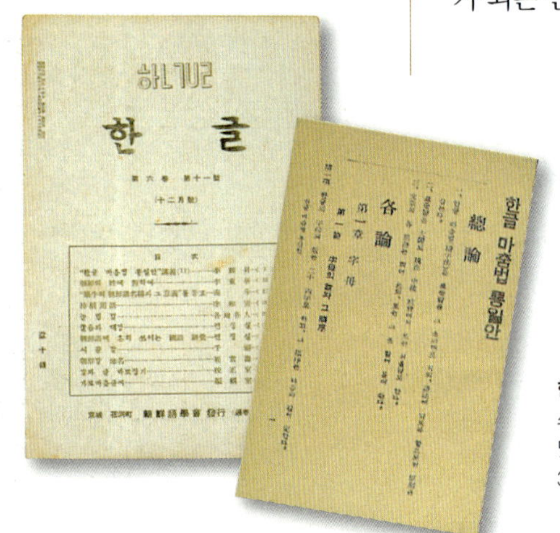

우리말을 가꾸다

인구의 80%가 문맹이었던 시절, 배우기 쉽고 쓰기 쉽도록 한글을 잘 가꾸어 널리 보급하는 것은 민족 운동에서 중요한 부분이었다. 국어 학자들은 한글 연구에 앞장섰으며, 언론이나 사회 단체 들은 한글 사용을 확대하고 다양한 국어 운동을 통해 한글 보급에 힘썼다.

국어 연구는 주시경과 그 제자들에 의해 기초가 세워졌다. 주시경 은 처음으로 국어 사전 편찬 작업을 시작하였으며, 문법을 체계화하 는 데 주력하였다. 장지영과 김윤경 등은 조선어 연구회를 조직하여 [1921] 한글 사용법을 연구하는 한편, 연구 발표회와 강습회를 열어 한글 보급에 나섰다. 한글이라는 말을 처음 만든 것도, 한글날을 제정한 것 도 조선어 연구회였다.

조선어 연구회는 1931년에 조선어 학회로 발전하였는데, 조선어 학회는 문자 보급 교재를 만들어 언론−사회 단체에서 주관하는 문맹 퇴치 운동을 지원하였으며, 한글 맞춤법 통일안[1933], 표준어[1936], 외래어 표기법[1938]을 제정하였다. 1936년부터 이미 두 차례나 중단된 사전 편 찬 활동을 다음과 같은 뜻에서 시작하였다.

> 조선 민족이 다시 살아날 수 있기 위한 지름길은 문화의 향상과 보급 에 힘쓰는 일이니, 문화를 시급히 발전시키기 위해서는 문화의 기초 가 되는 언어의 정리와 통일을 급속히 꾀해야 할 것…….
>
> − 《조선어 사전 편찬회 취지서》

그러나 조선어와 조선 역사를 말살함으로써 황국 신 민화를 이루려는 일제의 탄압으로 조선어 학회는 해산되 었고, 사전 편찬 작업은 해방 후에 계속되었다.

한글 맞춤법 통일안 1933년 조선어 학회가 제정하여 공포하였으며, 해방 이후 한글 바로 쓰기의 기준으로 채택되었다. "1. 한글 맞춤법은 표준말을 그 소리나는 대로 적되, 어법에 맞도록 함으로써 원칙을 삼는다. 2. 표준말은 대체로 현재 중류 사회에서 쓰는 서울말로 한다. 3. 문장의 각 단어는 띄어 쓰되, 토는 그 윗말에 붙여 쓴다."는 총론이 제시되어 있다.

식민 사관에 맞서다

많은 역사 학자들이 일제의 통치를 합리화하고 한국인에게 모멸감을 심어 주는 왜곡된 역사 인식을 극복하는 데 앞장섰다. 이들이 일제의 침략상을 비판하고, 민족의 자주적 발전 과정을 밝혀 냄으로써 근대 역사학의 기틀을 마련하였다.

임시 정부 대통령을 지냈던 박은식은 일제에 주권을 빼앗기는 과정《한국 통사》과 일제에 맞서 벌인 독립 투쟁의 역사《한국 독립운동지혈사》를 기록하였다. 신채호는 《조선 상고사》와 《조선사 연구초》 등에서 고대사를 통해 외세의 도전을 물리치고 주체적으로 발전해 온 과정을 그려 냈다.

> 역사란 무엇이뇨. 인류 사회의 아와 비아의 투쟁이 시간부터 발전하며 공간부터 확대하는 심적 활동 상태의 기록이니, …… 아에 대한 비아의 접촉이 빈번해질수록 비아에 대한 분투가 더욱 맹렬하여…….
>
> — 신채호, 《조선 상고사》

박은식(1859~1925) "옛 사람이 이르기를, 나라는 없어질 수 있으나 역사는 없어질 수 없다고 하였으니, 나라는 형체이고 역사는 정신이기 때문이다. 이제 한국의 형체는 허물어졌으나, 정신만이라도 오로지 남아 있을 수 없을 것인가."라며 민족혼을 되살리는 역사 인식을 강조하였다.

일제가 조선을 지배하기 위해 조선과 일본은 조상도 문화도 같은 민족이라고 주장일선동조론하였을 때, 정인보와 문일평 등은 일본과 뚜렷이 구별되는 조선 문화의 독자성과 조선 문화의 우수성을 강조하였다. 이들에 의해 민족주의 역사학의 기틀이 확립되었다.

일본 학자들이 근대적 연구 방법론을 동원하여 조선은 스스로의 발전할 수 없는 정체된 사회라 주장정체성론 하였을 때, 백남운을 비롯한 사회 경제 사학자들은 조선 역사를 발전적으로 이해할 수 있는 체계적인 논리를 정립하였다.

백남운(1895~1974) 《조선 사회 경제사》(1933)와 《조선 봉건 사회 경제사》(1937)를 통해 조선의 역사도 유럽이나 일본처럼 고대−중세−근대 사회로 발전했다고 주장하였다. 고려 시대를 봉건 사회로 규정하는 한편, 조선 후기에 자본주의로 발전할 가능성이 있었음을 주장하였다.

▶ **민족 사학 역사서들** 왼쪽 위 부터 시계 방향으로 박은식의 《한국 독립운동지혈사》, 신채호의 《조선사 연구초》, 안재홍의 《조선 상고사감》, 문일평의 《조선사화》, 정인보의 《조선사 연구》이다.

▶▶ **진단 학회** 이병도, 손진태 등이 만든 단체로 조선 역사와 문화를 연구하였다. 문헌 고증을 중시하였는데, 이들에 의해 실증주의 역사학의 기초가 확립되었다. 사진은 진단 학회에서 발행한 기관지 《진단 학보》이다.

신문화에 담긴 민족 정서

일제 강점기에 서구식 근대 문화가 활발하게 수용되었다. 신사상, 신
문화를 적극적으로 수용하는 것이 실력 양성의 지름길이라 생각한 사
람도 많았고, 한편으로는 조선 문화를 멸시하려는 일제 문화 정책의
영향도 있었다. 그러나 민족의 전통을 계승하고 새로운 형식에 민족
의 정서를 담으려는 노력도 꾸준히 전개되었다.

신문학 소개

1920년부터 《폐허》와 《백조》 등 문예 잡지가 창간되었으며, 신교육을 받은 문학가들이 앞을
다투어 시와 소설, 희곡 등 근대적 형식의 문학 작품을 발표하였다. 이들 가운데에는 문학
활동을 통해 사회주의 혁명에 기여하자며 조선 프롤레타리아 예술가 동맹(KAPF)을 결성하여
작품 활동을 하는 사람들도 있었다.

홍명희의 《임꺽정》 1928년 11월 21일부터 1939년 3월 11일까지 《조선일보》에 연재되었다.

지금은 남의 땅 ― 빼앗긴 들에도 봄은 오는가

나는 온몸에 햇살을 받고,
푸른 하늘 푸른 들이 맞붙은 곳으로,
가르마 같은 논길 따라 꿈속을 가듯 걸어만 간다.
……
그러나 지금은 ― 들을 빼앗겨 봄조차 빼앗기겠네.

― 이상화, 〈빼앗긴 들에도 봄은 오는가〉, 《백조》

근대 미술의 성장

동양화의 전통이 이어지는 가운데 고희동,
나혜석을 중심으로 서양화가 한국 화단에
소개되었다. 김복진은 조소와 미술 비평을
도입하기도 하였다.

김복진(1901~1940) 한국 정부가 미술인 가운데
유일하게 항일 운동가로 인정하였다.김복진은
뛰어난 조각가로 활동하면서, 날카로운 미술 비평
활동도 하였다. 사진은 김복진이 제작한 금산사
미륵 불상이다.

연극과 영화

토월회와 극예술 연구회가 활동하면서 서양식 무대극이 도입되었고,
판소리에 연극적 요소를 가미한 창극도 선보였다. 1910년대부터는
우미관과 단성사에서 영화를 상영하면서 영화의 시대가 열렸다.

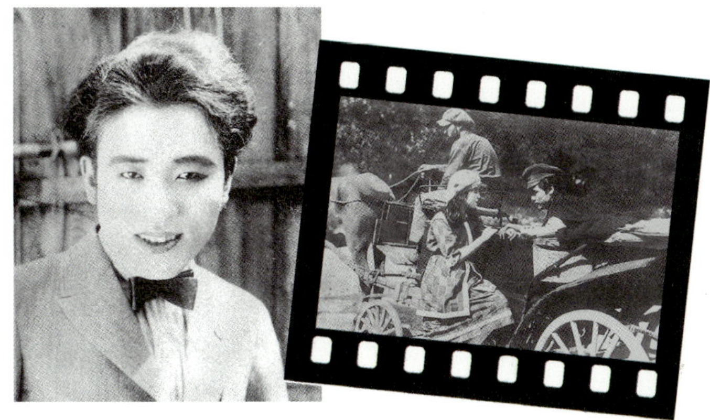

나운규(1902~1937)와 〈아리랑〉 〈아리랑〉은
민족 정서를 잘 표현하여 선풍적인 인기를 끌었던
기념비적인 한국 영화이다. 천재적인 배우이자
제작자였던 나운규가 감독과 주연을 맡았는데,
1926년에 전편, 1930년에 후편이 제작되었다.
〈아리랑〉에는 촉망받는 지식인이었으나 광인이
된 영진, 고통받는 식민지 조선을 상징하는 듯한
누이동생 영희, 일제의 앞잡이이자 악덕 지주인
오기호 등 당시 사회의 전형적 인물들이 등장한다.

음악

서양식 음악이 본격적으로 소개되고 서양식 음악 교육이
보급되었다. 반면 전통 음악은 학교 교육 과정에서 배제되는
등 그 입지가 점차 좁아졌다. 그러한 변화 속에서도 홍난파와
윤극영 등은 민족 정서를 반영한 아름다운 가곡과 동요를
많이 작곡하였다. 축음기가 보급되면서 대중 가요도 널리
보급되었다.

윤극영(1903~1988)과 〈반달〉 1923년 색동회를 창립하면서부터 어린이
운동에 앞장섰으며, 〈반달〉, 〈까치까치 설날은〉, 〈고드름〉 등 수많은 동요를
창작하였다. 오른쪽 사진은 1924년에 윤극영이 만든 〈반달〉의 악보이다. 이
노래는 8분의 6박자 동요 형식을 따랐다.

두 과학자 이야기, 석주명과 김용관

석주명(1908~1950) 일본에서 동식물학을 공부하고 돌아와 오랫동안 개성에서 박물(생물) 교사로 지냈다. 우리말에도 관심이 높아 각시멧노랑나비, 떠들썩팔랑나비, 무늬박이제비나비, 번개오색나비(아래 사진) 등과 같이 순 우리말로 나비 이름을 지었다.

> 조선에 많은 까치나 맹꽁이는 미국에도 소련에도 없고, 조선 사람이 늘 먹는 쌀도 미국이나 소련에서는 그리 많이 먹지 않는다. 그러니 자연 과학에서는 생물학만큼 향토색이 농후한 것도 없어서 조선적 생물학 또는 조선 생물학이라는 학문도 성립될 수가 있다.　－석주명

1940년 뉴욕에서 《A Synonymic List of Butterflies of Korea(조선산 나비류 총목록)》이란 책이 발간되었다. 조선산 나비 255종을 정리하고, 그동안 발표한 모든 나비 연구 문헌을 체계적으로 기록한 책이다.

석주명의 저서 《조선 나비 이름의 유래기》

연구를 지원한 곳은 왕립 아시아 학회였고, 연구자는 석주명이었다. 석주명은 지난 10여 년 동안 수많은 조선산 나비를 연구하여 조선 나비를 분류하는 방법을 확립한 인물이었다.

석주명은 조선의 각 지역을 발로 뛰어다니며 조선 생물을 연구하고, 그 특성을 밝히려 하였다. 조선적 생물학을 지향하였으며, 가장 조선적인 것이 세계적인 것이라 믿었다. 조선학 운동의 시대, 석주명의 조선적 생물학

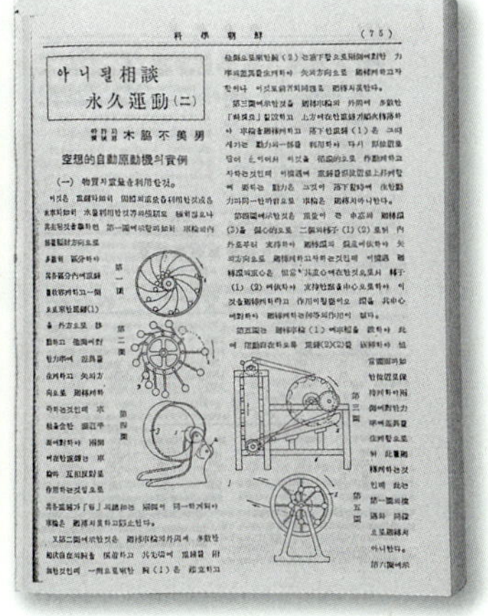

《과학 조선》 1933년~1944년까지 발간된 월간지이다. 발명 학회(훗날 과학 지식 보급회로 명칭이 바뀜)에서 발행하였는데, 1937년부터 일제가 조선의 과학 운동을 탄압하면서 점차 친일의 길을 걸었다.

김용관(1897~1967) 경성 공업 전문 학교를 다니며 도자기 기술을 익혔다. 해방 후 도자기 공업에 공헌한 바도 크다.

연구는 자연 과학 분야의 조선학 운동이었다.

석주명이 나비 연구에 몰두한 1930년대는 '조선 과학 운동'이 활발하였다. 1934년 '과학 데이' 행사가 처음 열렸으며, "생활의 과학화! 과학의 생활화!"를 내건 과학 지식 보급회가 조직되었다. 해마다 '과학의날'이면 강연회와 활동 사진 상영회를 비롯한 다양한 과학 문화 행사가 열렸다.

앞장서서 활동을 이끈 사람이 1924년에 발명 학회를 만든 김용관이었다. '조선 과학 운동'을 내걸고 《과학 조선》을 발행한 것도 김용관과 발명 학회였다. 김용관은 이화학 연구소 설립도 추진하였다. 민족 공업이 성장하려면 공업 기술을 발전시켜야 했기에 민간 차원에서라도 발명가를 지원할 수 있는 기술 연구소를 꼭 세워야겠다고 생각한 것이다.

총독부는 1938년 이전까지 대학에 이공계 학과를 두지 않았다. 일본 이공계 대학에 유학하기도 어려웠고 과학 기술 연구소도 마땅치 않았으니, 조선의 과학 기술 정책은 철저히 일본에 종속된 판국이었다. 이는 기술로 산업을 지배하고, 이를 통해 조선에 대한 지배를 영구화하려는 일제의 포석이었다.

물산 장려 운동에도 참가하며 민족 경제의 발전을 염원하였던 김용관은, 기술 자립을 통해 이를 이루겠다는 염원으로 가득 차 있었다.

8 무장 투쟁이 다시 불타오르다

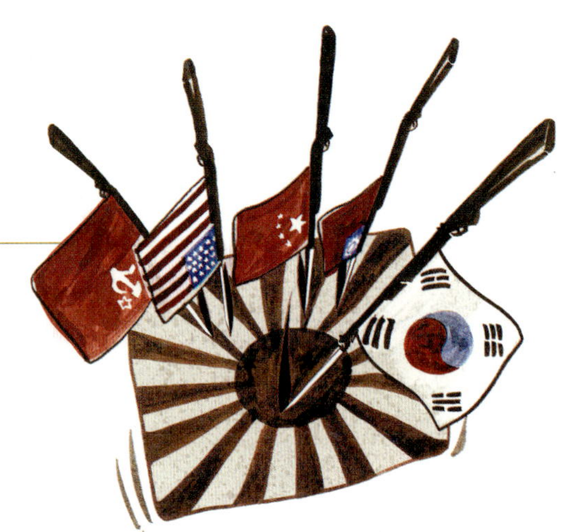

무장 투쟁이 부활하다

> 나는 적성으로써 조국의 독립과 자유를 회복하기 위하여, 한인 애국단의 일원이 되어
> 중국을 침략하는 적의 장교를 도륙하기로 맹세하나이다.
>
> — 윤봉길의 선서

독립운동 14년[1932] 4월 26일, 청년 윤봉길은 '적성赤誠', 곧 심장의 끓는 피같이 뜨거운 마음으로 이같이 맹세하였다.

그로부터 사흘 뒤 윤봉길은 상하이 훙커우 공원에 나타났다. 그곳에는 상하이를 침략한 일본군의 승전 기념식이 열리고 있었다. 윤봉길은 준비해 온 폭탄을 던졌고, 침략의 원흉 여럿이 그 자리에서 죽었다. 기념식장은 아수라장이 되었고, 전쟁의 승리에 들떠 있던 일본인들은 충격에 빠졌다. 일본의 승전 기념 행사를 지켜봐야 했던 중

국인들은 통쾌하기 그지 없었다.

윤봉길의 의거는 그간 임시 정부를 비롯한 한국인들의 항일 투쟁을 대수롭지 않게 여겨 온 중국 내 분위기를 단박에 바꾸어 놓았다. 중국 정부를 이끌던 장 제스는 "중국 100만 대군도 하지 못한 일을 한국의 한 청년이 해냈다."고 높이 평가하였고, 한·중 두 나라 국민들 사이에서 일제에 맞서 함께 싸우자는 분위기가 크게 일었다.

1931년에 만주를 차지한 일제는 1932년에 상하이를 공격하여 또 승리하였다. 싸울 때마다 승리하는 일제를 보며 친일파는 일제의 조선 지배가 오랫동안 이어질 것이라 짐작하였다. 우리 힘으로 일제를 물리치기란 불가능하니, 일본의 일부가 되어 일본인처럼 살아야 조선이 더 발전할 수 있다고도 하였다.

윤봉길이나, 그를 보낸 김구는 독립이 정말 가능하다고 생각했을까? 현실적으로 어려운 것이 사실이지만, 최선을 다해야 한다고 생각했을까?

그들은 단결하여 투쟁하면 반드시 기회가 올 것이라 믿었다. 일제가 승리를 거듭하며 전쟁을 확대할수록, 일제의 패배도 가까워진다고 생각하였다. 일제의 중국 침략은 중·일 간의 전면 전쟁으로 이어지고, 일제의 중국 지배는 소련이나 미국과의 대립을 불러올 것이니, 마침내 일본이 전쟁에서 패할 수밖에 없다고 확신한 것이다.

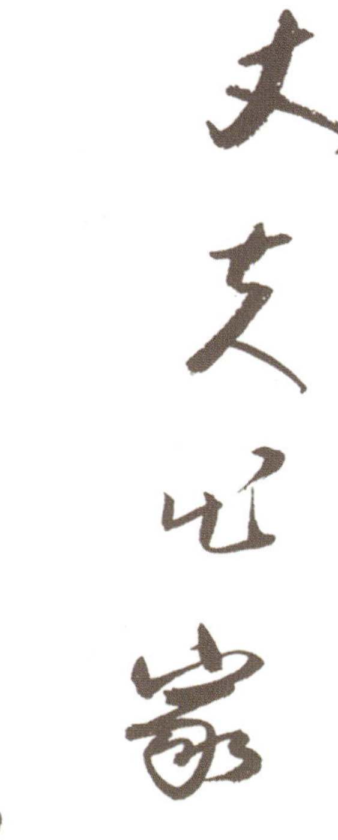

윤봉길의 상하이 의거 1932년에 한인 애국단원 이봉창이 일본 왕에게 폭탄을 던졌을 때 중국 신문이 '불행히' 뒤따르던 마차를 폭파하는 데 그쳤다고 보도하자, 일제는 이를 구실로 상하이를 점령하였다. 윤봉길의 상하이 의거로 침략군 대장인 시라카와와 상하이 주재 영사, 거류민 단장 등 많은 사람이 죽거나 크게 다쳤다.

우리만의 힘으로 일본을 이길 수는 없어도, 일본의 패배는 조선의 해방으로 이어질 수 있다고 믿었다. 일본이 승승장구하던 1930년대, 많은 사람이 저항을 포기하고 일본에 협력하였으나, 독립의 날이 가까워졌음을 예견하고 투쟁의 깃발을 높이 올린 이들도 적지 않았다. 1930년대는 이런 사람들에 의해 무장 투쟁이 부활한 시기였다.

중국인과 협력하여 무장 투쟁을 벌이다

일제를 꺾으려면 중국 및 러시아 인과 협력해야 한다는 사람은 일찍부터 있었다. 그들 중에는 제국주의에 반대하며 중국인과 함께 중국 혁명에 러시아 인과 함께 러시아 혁명에 참가한 이도 적지 않았다.

일제가 만주를 점령한 후, 만주에서 활동하던 독립군은 중국인과 연합하여 무장 투쟁을 준비하였다.

남만주에서는 양세봉이 이끄는 조선 혁명군이 중국 의용군과 함께 여러 차례 전투를 벌였다. 1932년 영릉가에서 일본군을 크게 물리쳤으며, 1933년에는 일본군을 몰아내고 흥경성을 점령하기도 하였다.

북만주에서는 지청천이 이끄는 한국 독립군이 중국군과 연합하여 일본군에 맞섰다. 1932년에는 쌍성보에서, 1933년에는 대전자령에서 일본군을 크게 물리쳤다.

1930년대 중반에 이르러서는 만주에서 중국인과 협력하기가 점차 어려워졌다. 거세진 일제의 공격으로 투쟁이 어려워지고, 투쟁 전략과 주도권을 놓고 두 진영 사이에 갈등이 생겼기 때문이다. 상당수 독립군이 만리장성을 넘어 중국 관내로 이동하였고, 이들 가운데 일부는 한국 광복군 창설의 주역이 되었다.

1935년 이후 만주에서 또 다른 무장 투쟁이 시작되었다. 중국 본토로 이동하지 않은 한인 사회주의자들을 중심으로 동북 항일 연군이란 무장 투쟁 조직이 탄생한 것이다. 동북 항일 연군은 항일을 위해서는 이념과 민족의 차이를 뛰어넘어 일제에 반대하는 모든 세력의 단결을 추구하였다. 중국 공산당 조직의 구성원으로 싸우는 것이었으나, 상

쌍성보 전투지 한 · 중 연합군이 일본군과 싸워 큰 승리를 거둔 쌍성보의 현재 모습이다. 사진은 하얼빈에서 45km 떨어져 있는 쌍성의 서문 승은문이다.

1930년대 항일 무장 투쟁

국내에서 공개적인 항일 운동이 어려웠던 시절, 해방을 이루고자 하는 염원을 간직한
이들은 나라 밖에 모여 무장 투쟁의 깃발을 들었다. 일제의 대륙 침략이 본격화되던
때라, 이들의 투쟁은 중국인이나 러시아 인과 협력하면서 이루어졌다.

동북 항일 연군 1936년에 조직된 만주
사회주의자 중심의 무장 독립군으로 1941년
무렵까지 활동하였다. 국경 부근의 산악
지대를 중심으로 유격 활동을 벌였는데, 주요
지도자 가운데 한 사람이 김일성이었다.

한국 독립군 한국 독립당 산하의 군사
조직으로, 1930년에 결성되었다. 북만주를
중심으로 1932, 1933년 무렵에 활발하게
활동하였다. 지청천과 홍진(사진)이
중심이었는데, 1933년 이후 만주에서
중국 본토로 활동 무대를 옮겼다.

조선 혁명군 1929년에 조직되어
1932년 무렵에 가장 활발하게
활동하였다. 조선 혁명당 산하의
무장 독립군으로, 양세봉을
중심으로 남만주에서 주로
활동하였다. 1936년을 고비로
점차 쇠퇴하였다. 사진은 랴오닝
성에 있는 양세봉의 동상이다.

조선 의용대 1938년, 중국의 임시 수도였던
한커우에서 조직되었다. 민족 혁명당을
중심으로 조직되었는데, 이들의 일부가 중국
국민당 구역으로 이동한 후 남은 병력은
한국 광복군에 합류하였다.

한국 광복군 1940년에 충칭에서
창설되었는데, 중국 국민 정부의 지원을
받아 1941년부터 본격적으로 활동하였다.

윤봉길 의거 상하이 의거는 일제에 맞선
무장 투쟁에 활기를 불어넣어 주는 계기가
되었다. 사진은 상하이 훙커우 공원에 있는
윤봉길 의사 의거 표지석이다.

보천보 전투 보천보 전투를 보도한 1937년 6월 5일자 《동아일보》 호외이다. 200여 명이 돌연 기습하여 우편소와 면소, 보통 학교와 소방서에 방화하였다는 내용이 실렸다.

한국 광복군 1941년부터 중국 국민당 정부의 군사 지원을 받았다. 이 과정에서 중국 군사 위원회의 지휘를 받는다는 내용의 '한국 광복군 행동 준승 9개항'에 합의하였다. 임시 정부가 이에 대한 부당성을 지속적으로 주장한 끝에 1944년 8월에 폐기되었다. 사진은 한국 광복군 배지이다.

당수의 한인은 한인 부대에 속해 독자적으로 활동하였다.

이들은 산악 지역에 근거지를 마련하고, 유격대 활동을 통해 여러 차례 일본군을 괴롭혔다. 1936년에는 사상과 이념의 차이를 뛰어넘어 항일 투쟁 전개를 목표로 한 조국 광복회^{재만 한인 조국 광복회}를 조직하였다. 1937년에는 김일성이 이끄는 유격대원들이 국경을 넘어 함경도 혜산의 보천보를 공격하여 일본군에게 타격을 주었다. 국경을 넘은 이 투쟁은 일제의 대대적인 공격으로 이어져 이후 활동에 지장을 가져왔지만, 한편으로는 국내에 널리 알려져 숨죽이고 있던 조선 민중들에게 커다란 용기를 주었다.

조선 의용대와 한국 광복군

중국인과의 협력은 만리장성 이남 중국 본토에서도 활발하였다. 의열단을 이끌던 김원봉은 중국 국민 정부의 지원을 받아 1932년부터 3년간 한인 군관 학교를 운영하였다. 한인 애국단을 이끌던 김구도 국민 정부의 지원으로 중국 군관 학교에 한인 특별반을 두어 운영하였다. 1938년에 김원봉은 중국 관내에서 처음으로 항일 무장 조직인 조선 의용대를 조직하였다. 조선 의용대는 중국 국민당의 지원을 받으면서 정보 수집과 포로 심문 등의 역할을 맡았다.

1940년에는 임시 정부 산하 무장 독립군인 한국 광복군이 창설되었다. 지청천을 총사령으로 한 한국 광복군은 1942년에 조선 의용대의 일부를 받아들여 본격적인 군사 활동을 시도하였다.

두 부대 모두 중국 국민당이 통치하는 구역 안에서 중국 정부의 지원을 받아 만들어졌다. 중국 정부가 부대 운영에 종종 간섭해 왔으나, 두 부대 모두 자주성을 유지하며 항일 투쟁을 벌여 나갔다.

중국 관내에서 활동하던 독립운동 단체들의 통합 운동도 활발하였다. 이 과정에서 독립운동 방법과 독립 후 국가 건설 방안에 대한 토론이 활발하게 이루어졌다.

민족주의자들은 임시 정부에 대한 태도와 이념의 차이에 따라 김원봉이 이끄는 민족 혁명당, 김구가 이끄는 한국 국민당으로 결집하여 활동하였다. 이들은 대부분 조소앙이 체계화한 삼균주의를 받아들였는데, 그 정신을 바탕으로 김구와 조소앙 등이 한국 독립당을 새로 조직하였다.

사회주의자들은 대부분 중국 공산당에 참가하여 그 일원으로 항일 전쟁을 벌였다. 중국 공산당이 항일 투쟁을 활발하게 전개하고 있었고, 일제를 물리친 다음 사회주의 이념이 실현되는 국가를 만들어야 한다고 생각했기 때문이다.

민족주의자와 사회주의자 사이의 갈등도 적지 않았다. 그러나 독립을 그 무엇보다 중시하였으며, 의견 차이를 좁히기 위한 노력도 꾸준히 이어졌다.

조소앙(1887~1958) 1919년에 임시 정부의 외무부장을 지냈으며, 독립운동 단체의 통합을 위해 많은 노력을 기울였다. 개인과 개인, 민족과 민족, 국가와 국가 간의 균등, 정치·경제·교육의 균등을 의미하는 삼균주의를 체계화하였는데, 선거를 통해 민주 공화정을 수립하되 평등을 실현할 수 있는 사회 경제 정책을 강력하게 추진한다는 내용이다. 1948년 단독 정부 수립에 참가하지 않았으나 2대 국회 의원 선거에서 최다 득표로 당선되었다.

◆ 누구는 의사이고, 누구는 열사인가요?

안중근 의사와 이준 열사, 윤봉길 의사와 유관순 열사. 이름 뒤에 붙은 말이 자연스럽나요? 의거에 성공하면 의사, 실패하면 열사라고 한다는데, 맞는 말인가요? 성공하든 그렇지 않든 그 행동이 장하다면 굳이 구분할 필요가 있을까요? 2005년, 국가보훈처에서 의사와 열사를 다음과 같이 정의했어요.

1. 국가보훈처에서는 의사·열사를 구분하지 않고 '독립 유공자'로 표기하고 순국 선열과 애국 지사로 구분하고 있으나 법률적 용어는 아님.
2. 민간이나 학계에서 의사와 열사를 통념적으로 구분하고 있지만, 그 기준이 통용되는 것은 아님.
 – 의사(義士) : 성패에 관계없이 목숨을 걸고 무력으로써 적에 대한 거사를 결행한 사람(예: 안중근, 이봉창, 윤봉길)
 – 열사(烈士) : 직접적인 행동 대신 강력한 항의의 뜻을 자결로써 자신의 굳은 의지를 내보인 사람
 (예: 민영환, 이준, 황현)

이 정의에 따르면 유관순이 의사인지 열사인지 모호해져요. 국어 사전에는, 의사는 '의로운 지사(志士)', 열사는 '나라를 위하여 절의를 굳게 지키며 충성을 다하여 싸운 사람'이라고 나와 있어요. 무력을 사용했는지, 맨몸으로 저항했는지 굳이 구분하려는 국가보훈처의 정의도 딱히 근거가 있지는 않네요.

똑같이 민족을 위해 헌신한 분들인데, 과연 어떻게 불러야 할까요?

9 독립을 예견하고 건국을 준비하다

건국 강령과 대일 선전 포고

1941년 12월 9일, 충칭으로 옮겨 가 있던 독립운동 임시 정부는 하나의 독립된 전투 단위로서 일본에 선전 포고를 하였다.

> 우리는 삼천만 한국 인민과 정부를 대표하여 삼가 중국, 영국, 미국, 소련, 캐나다, 호주 및 기타 모든 나라의 대일 선전이 일본을 물리치고 동아시아를 재건하는 가장 유효한 수단이 됨을 축하하여 이에 특히 다음과 같이 성명한다.
>
> 1. 한국 전 인민은 현재 이미 반침략 전선에 참가하였으니, 한 개의 전투 단위로서 추축국(독일, 이탈리아, 일본)에 선전한다.
>
> 3. 한국, 중국과 서태평양에서 왜구를 완전히 몰아내기 위하여 최후의 승리를 거둘 때까지 혈전한다.
>
> — 조소앙, 《소앙 문집》

대일 선전 포고는 '삼천만 인민을 대표하는 독립운동이, 연합국의 일원으로 참가하겠다.'고 선언하였다는 점에서 늘 하던 투쟁의 다짐이 아니었다.

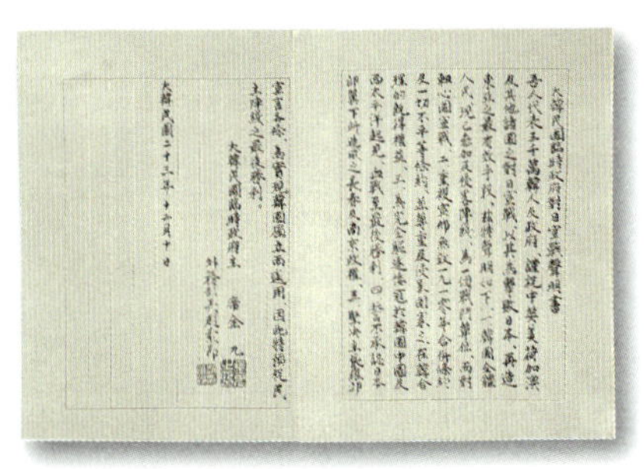

독립운동 임시 정부 대일 선전 성명서

1941년은 일제의 침략 전쟁이 동남 아시아까지 뻗치고, 미·일 전쟁으로 확대되어 세계 전쟁으로 치닫던 때였다. 일제의 힘이 무한할 것처럼 보였던 이때, 임시 정부는 일제가 패망을 향해 치닫고 있다고 보았다. 바야흐로 일제 타도와 독립운동의 건국이 다가왔음을 절실히 느끼고 있었던 것이다.

1941년 11월, 임시 정부는 일제가 패망할 경우 나라를 세우는 방법과 새 국가가 실천할 주요 정책을 담은 건국 강령을 선포하였다. 중국 정부의 도움을 받아 광복군의 무장을 강화하고, 적극적인 독립 활동을 모색한 것도 이 무렵이었다.

일제의 패망을 예견하다

일제의 패망이 다가왔다고 느끼고 건국을 준비한 것은, 나라 안팎이 마찬가지였다.

나라 안에서는 사회주의자들이 조직한 비밀 결사가 여럿 활동하였다. 이들은 농민·노동자·학생 조직을 구성하여 전쟁 반대 운동을 벌이는 한편, 식량 공출과 전쟁 물자 생산을 무력화시키는 활동을 전개하였다.

박헌영 등이 중심이 된 경성 콤그룹이 대표적인데, 이들은 혁명적 농민·노동 조합을 결성하고 공산당 재건을 위해 노력하였다. 일제가 전쟁에서 패하는 '결정적 시기'가 오면, 이 조직을 중심으로 민중 봉기를 일으키고, 나라 밖의 독립군과 함께 일제를 물리쳐 독립을 이룰 생각이었다.

조선 의용대와 한국 광복군은 국내에서 투쟁하던 이들이 기대하고 주목하는 해외 독립군이었다. 중국군을 후방에서 지원하던 조선 의용대는 1941년에 상당수 대원이 항일 전투가 자주 일어나는 화북 지방으로 이동하여 중국 공산당군과 협력해 싸웠다. 이들이 1942년에 이

김두봉(1890~1961?) 조선어 사전 편찬 사업에 참여하는 등 한글 학자로도 유명하다. 3·1 운동 후 망명하여 독립운동을 시작하였는데, 1942년, 중국 공산당의 근거지였던 옌안에서 사회주의자와 민족주의자, 일본군에서 탈출한 사람 들과 조선 독립 동맹을 조직하여 대표를 맡았다. 일제를 물리친 뒤 선거를 통해 민주 공화국을 수립하려 했다는 점에서 임시 정부의 건국 구상과 크게 다르지 않았다.

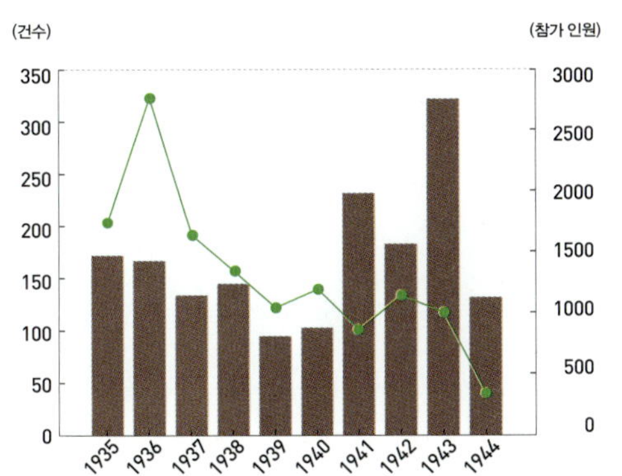

치안 유지법 위반 사건의 추이
1940년대는 무장 봉기론이 점차 대세를 이루었는데, 일제의 철저한 감시 속에서도 수많은 사람들이 비밀 단체를 결성하여 투쟁을 벌였음을 알 수 있다.

출처 : 역사학 연구소, 《강좌 한국 근현대사》

한국 광복군 인도 · 버마 전선 파견
1943년, 10명의 요원이 인도 · 버마 전선에 투입되어 일본군을 상대로 정보 수집 · 포로 심문 등의 활동을 벌였다.

카이로 회담(1943) 제2차 세계 대전에서 연합군이 승리할 가능성이 높아진 1943년, 미국의 루스벨트와 영국의 처칠, 중국의 장 제스가 만나 일본과 전쟁을 치를 방안과 전쟁 후 일본 처리 원칙에 합의하였다. 한국의 독립을 처음으로 확인한 국제 회의였다.

지역엔안에서 조직된 조선 독립 동맹의 무장 부대 '조선 의용군'의 주역이 되었다.

임시 정부의 직할 부대인 한국 광복군도 활발하게 움직였다. 1943년에는 영국군의 요청을 받아들여 동남 아시아의 인도 · 버마 전선에 공작대를 파견하였다. 중국에 주둔한 미군과 협력하여 국내 투입을 위한 특수 훈련도 실시하였다.

독립운동 진영의 대단결을 모색하다

1942년, 연합군 진영은 유럽과 아시아 두 전선에서 큰 승리를 거두었다. 소련이 스탈린그라드 전투에서 독일군을 격파하였으며, 미국이 미드웨이 해전에서 일본군을 격파하였다. 연합군의 승리와 일본의 패배 속에서 조선의 해방도 점차 현실로 다가오고 있었다.

1943년 11월, 미 · 영 · 중 대표가 이집트 카이로에서 만났다. 회합이 끝난 뒤 삼국 대표는 "한국 인민의 노예 상태에 유의하여 적절한 과정을 거쳐 한국을 자유 독립케 할 것을 결정한다."고 발표하였다. 카이로 회담 '적절한 과정을 거쳐'란 말이 가져올 무서운 결과를 예견하지는 못했으나 해방이 멀지 않았다는 것만은 분명해졌다.

건국을 앞두고 해외에서는 독립운동 세력의 협력이 모색되었다. "일본이 망하는 날 우리는 독립할 것이다. 여기에 우리가 대비해야 한다. 대비란 결국 해외의 우리 항일 단체들이 모두 단합해서 통일된 조직을 갖추는 것" 장건상의 회고 이란 인식에서였다.

1944년, 임시 정부는 중국 국민당 통치 구역 내의 모든 독립운동 세력을 통합하였다. 오랫동안 김구의 한국 독립당과 경쟁 관계에 있던 김원봉의 민족 혁명당 계열이 임시 정부와 임시 의정원에 참가한 것이다.

한편, 나라 안에서는 여운형을 중심으로 "대동단결하여 거국일치로 일본 제국주의 세력을 몰아내고 조선 민족의 자유와 독립을 회복할 것"을 강령으로 내건 건국 동맹이 탄생하였다. 사상과 이념을 뛰어넘어 건국 준비 활동을 본격화하자는 것이었다.

1945년에는 옌안에서 중국 공산당과 협력하던 조선 독립 동맹과, 충칭에서 활동하던 임시 정부 사이에 협력에 대한 논의가 본격적으로 진행되었다. 국내의 건국 동맹도 옌안에 사람을 보내 협력을 모색하였다.

어떤 나라를 만들 것인가

독립운동 진영 간의 협력을 모색하던 이들은 일제를 몰아낸 뒤 세울 국가의 모습에 대해서도 충분히 상의하며 의견 차이를 좁히기 위해 노력하였다.

의견 차이도 크지 않았다. 사회주의에 반대하던 민족주의자들도 자유만큼이나 평등이란 가치를 소중하게 여겼다. 계급 타파를 주장하는 사회주의자들도 해방 뒤 선거를 통해 민주 공화국을 건설한다는 구상에 이견을 달지 않았다.

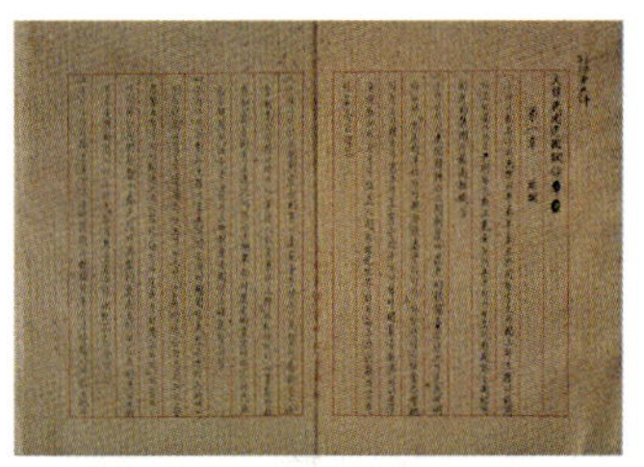

건국 강령 독립운동 임시 정부가 1941년 11월 28일에 제정·공포하고, 1944년 제5차 개정 헌법에서 법제화되었다. 정치, 경제, 교육의 균등을 강조한 건국 강령은 민족주의를 견지하던 독립운동가들의 이념을 잘 보여 준다.

> 보통 선거 제도를 실시하여 정권을 균히^{고르게} 하고, 국유 제도를 채용하여 이권을 균히 하고 공비 교육^{무상 의무 교육}으로써 학권을 균히 하며, 국내외에 대하여 민족 자결의 권리를 보장하여서 민족과 민족, 국가와 국가의 불평등을 깨뜨려 없앨 것이니, 이로써 국내에 실현하면 특권 계급이 곧 없어지고, 소수 민족이 침몰을 면하고, 정치와 경제·교육의 권리를 균히 하여 높고 낮음을 없이 하고, 동족과 이족에 대해 또한 이렇게 한다.　　　　－ 임시 정부의 건국 강령에 나오는 건국 원칙

독립운동을 하며 꿈꾼 나라

권리와 의무	민족 반역자를 제외한 만 18세 이상 남녀의 보통 선거
정치	민주 공화정 수립, 지방 자치제 전면 실시
경제 체제	• 대생산 기관이나 공공 사업, 광산 등을 국유로, 중소기업은 개인 경영 • 지주제를 폐지하고 토지를 경작하는 농민에게 분배 • 민족 반역자와 일제의 재산을 몰수하여 국가나 집단 생산 기관이 공공의 이익을 위해 경영
교육	• 초등·고등 교육에 관한 일체 비용을 국가가 부담하고 의무 교육 시행 • 지역마다 균등하게 초등·고등 교육 기관을 설립

독립운동은 일제를 타도하고 새로운 나라를 만들기 위한 운동이었다. 왼쪽 표는 임시 정부의 건국 강령 가운데 건국 후 실시할 조치를 요약한 것으로, 삼균주의를 기본 정신으로 하였다.

이런 임시 정부의 생각에는 다른 독립운동 세력들도 대체로
동의하였다. 이것이 각기 다른 이념을 가지고 다른 환경 속에서 투쟁해
온 여러 독립운동 세력이 협력을 모색할 수 있었던 가장 큰 이유였다.

아! 왜적이 항복……

1945년 8월 15일, 일제가 무조건 항복을 선언하였다. 김구는 광복군
훈련소가 있던 중국의 시안에서 이 소식을 들었다. 평생을 일제에 맞
서 싸워 온 그로서는 이 소식에 환호할 수 없었다.

1945년 무렵 나라 안팎의 독립운동 세력

중국 국민당 구역에서는 임시 정부와 한국 광복군이, 중국 화북에는 독립 동맹과 조선
의용군이, 소련에는 동북 항일 연군 세력이 활동했고, 나라 안에서는 여운형의 건국 동맹과
박헌영 등 사회주의자들이 개별적으로 활동하고 있었다. 미국의 이승만과 임시 정부의 김구
등은 공산주의에 반대하는 입장이었으나, 중국 공산당이나 소련과 함께 독립운동을 한
사람들도 많았다. 서로 협력하여 함께 싸우지는 못하였으나, 이들 가운데 어느 누구도 분단을
상상한 사람은 없었다.

광복군의 국내 진입 시도 광복군 일부가 1945년 8월 19일, 산둥 성 위현 비행장에 불시착하였을 때의 모습이다. 미군과 중국군도 포함된 탑승자들은 8월 18일 서울 여의도 공항에 도착하였으나 일본군의 거부로 시안으로 돌아가던 길이었다.

> 아, 왜적이 항복……. 이 소식은 내게 희소식이라기보다는 하늘이 무너지고 땅이 꺼지는 일이었다. 수년 동안 애를 써서 참전을 준비해 온 것이 모두 허사로 돌아가고 말았다.
>
> — 김구, 《백범일지》

김구와 독립운동 임시 정부는 훈련된 광복군을 국내로 침투시켜 다양한 공작을 추진하고, 무기를 운반하여 일제와 대격전을 벌이려고 미 육군성과 협력하던 중이었다.

조선 의용군 역시 국내 진격 작전을 모색하며 화북 지방에서 치열하게 일본군과 싸우고 있었다.

급박하게 이루어진 일제의 항복 선언으로 유격대 출신 인사들 가운데 일부가 소련과 함께 국내로 진격하였을 뿐, 준비해 온 해외 무장 세력의 통일도, 대대적인 국내 진격도 이루어지지 못하였다. 자력으로 이루지 못한 해방, 김구의 탄식은 그것이 가져올 결과에 대한 우려였다.

일제의 패망에 앞서 꼭 준비해야 했던 것은 무엇이었을까?

우리는 스스로 해방을 이룩하지 못하였나?

A 꿈에도 그리던 해방이다. 이제 우리 손으로 민주 국가를 세울 일만 남았다.

B 한국이 해방된 것이 아니라 일본이 패한 것이다. 미국과 소련이 한반도에서 일본의 지위를 이어받는 것이 당연하다.

A 일제에 나라를 빼앗긴 지 35년, 하루도 독립 투쟁을 멈춘 적이 없다.

B 그렇다 해도 일제를 물리치는 데 별 기여를 하지 못한 것이 사실 아닌가?

A ······.

B 미·소의 분할 점령이 분단으로 이어진 것은 어쩌면 조선인의 숙명인지도 모르겠다.

A ······.

카이로에서 미국, 영국, 중국 세 나라 정상이 만나 조선을 독립시키겠다고 선언하였다. 세 나라가 한국에 각별한 애정을 갖고 있었기 때문일까? 독립운동 임시 정부가 세 나라를 대상으로 외교 활동을 잘했기 때문일까? 그도 저도 아니면 세 나라가 일본을 약화시키려 했던 것일 뿐일까?

1951년, 미국의 샌프란시스코에서 태평양 전쟁을 종결짓는 강화 회의가 열렸다. 미국과 일본 두 나라 간의 회의가 아니라, 51개 연합국이 일본과 협상을 벌인 것이었다. 태평양 전쟁에서 패자는 일본 한 나라에 불과하였으나, 승전국은 미국 외에도 많았다. 식민지에서 해방된 많은 아시아 국가들이 이 자리에 참석하였으나 한국은 초대받지 못하였다.

태평양 전쟁은 미국의 원자 폭탄 투하와 소련의 대일 전쟁 참가를 계기로 끝났다. 그런데 태평양 전쟁 기간 내내 일본 주력군의 80%는 중국에 있었다. 따라서 중국인들의 항일 투쟁은 그만큼 격렬하였고, 그것이 일본을 패전으로 이끈 중요한 힘이었다. 일본의 침략을 받은 동남 아시아 민중들의 투쟁도 꾸준히 이어졌다. 이처럼 중국을 비롯한 아시아 각국의 민중들은 일제의 침략에 맞선 투쟁을 중단하지 않았다. 이들의 투쟁은 독립을 향한 아시아 인들의 열망을 어느 누구도 가로막을 수 없다는 걸 잘 보여 주었다.

일본의 패전은 미국과 소련의 승리이기도 하지만, 중국 민중의 승리이자 일본에 반대한 아시아 민족 운동의 승리이기도 하였다. 우리 민족도 쉬지 않고 싸웠으며, 일제가 패망한 뒤 우리 손으로 나라를 세울 수 있음을 잘 보여 주었다.

한국인들은 물론, 아시아 인들 모두가 승리를 위해 싸웠고, 승리에 기여하였으며, 예전과 같은 식민 통치가 더는 계속될 수 없다는 것을 잘 보여 주었다.

4

두 국가로 나뉘어 독립하다

悲劇은 없다
Roman Holiday
로―마의 休日
오―드리·헵버―ㄴ
그레고리·펙
윌리암·와일러
파라마운트 超特作
悲劇은 없다
洪性麒
議長

민주주의가 제도화되다

1948년 5월 첫 선거가 실시되고, 7월에는 기본적 인권을 광범위하게 보장하고, 토지 개혁을 통한 지주제 폐지, 친일 민족 반역자 처단 등을 규정한 새 헌법이 제정되었으며, 8월에는 마침내 대한민국 정부가 수립되었다.

민주 정부 수립은 분단과 함께 이루어졌다. 민주 공화국을 지향한 남한과 인민 민주주의 공화국을 지향한 북한은 대결로 치달았다. 분단은 전쟁으로 이어졌고, 전쟁은 누구의 상상에도 없던 분단을 수십 년째 뿌리내리게 만들었다. 실로 1,300년 만의 분단이었다.

1940

1945 해방, 건국 준비 위원회 발족, 모스크바 3상 회의

1945 국제 연합 성립

1946 제1차 미·소 공동 위원회 개최, 좌·우 합작 운동, 남북 별도의 임시 정부 구성

1947 제2차 미·소 공동 위원회 성과 없이 끝남, 여운형 피살

1947 미국과 소련의 대립 본격화(냉전)

1948 제주 4·3 사건, 5·10 총선거, 대한민국 정부 수립, 북한 정부 수립

1949 반민족 행위 특별 조사 위원회 활동, 김구 암살

1949 중화 인민 공화국 성립, 소련 핵 개발 성공

1950

1950 농지 개혁법 공포, 한국 전쟁 발발

1951 연합국과 일본 간의 강화 조약 성립

1952 대통령 직선제를 담은 헌법 개정

1953 정전 협정 조인, 한·미 상호 방위 조약 체결

1954 대통령 출마 횟수 제한을 없애는 헌법 개정

1956 8월 종파 사건으로 북한에서 김일성 권력 강화

1956 중·소 분쟁 시작

1958 진보당 사건(조봉암 간첩 혐의로 처형), 북한 농업 협동화 완료

해방 기념 엽서(경성 중앙 우체국 발행), 1945. 8. 15.

1 해방과 건국 운동

해방, 그날이 오다

> 흙 다시 만져 보자 바닷물도 춤을 춘다 / 기어이 보시려던 어른님 벗님 어찌하리
>
> 이날이 사십 년 뜨거운 피 엉긴 자취니 / 길이길이 지키세 길이길이 지키세
>
> – 정인보 작사, 윤용하 작곡, 〈광복절 노래〉

1945년 8월 15일 오전, 서울 시내 곳곳에 일본 천황의 중대 발표를 예고하는 벽보가 나붙었다. 이날 정오, 라디오에서 "짐은 제국 정부에게 미·영·중·소 4국에 대하여 그 공동 선언을 수락한다는 뜻을 통고하게 하였다."는 천황의 목소리가 흘러나왔다. 일본이 연합국에 무조건 항복한다는 선언이었다. 그것은 온 민족이 꿈에도 그리던 한국의 해방을 뜻하였다.

그날 아침 조선 총독부의 정무 총감 엔도는 미리 여운형에게 일본의 패전 사실을 알리고, 일본인이 안전하게 제 나라로 돌아갈 수 있도록 협력해 줄 것을 요청하였다. 여운형은 정치범과 경제범의 즉각 석방, 서울의 3개월 치 식량 확보, 치안 유지와 건국 사

업에 대한 일본의 간섭 금지 등을 약속받고 그의 제안을 받아들였다.

8월 16일 아침, 감옥에 갇혀 있던 정치범들이 모두 석방되었다. 거리는 독립을 위해 헌신한 이들을 환영하고, 해방을 기념하는 인파로 넘쳐 났다.

국가 건설을 준비하다

해방을 맞이한 날 저녁, 신간회 활동을 같이하였던 여운형과 안재홍 등은 조선 건국 준비 위원회^{건준}를 구성하고 활동에 나섰다. 건준 지역 지부도 잇달아 결성되어 8월 말까지 145개 지부가 생겨났다.

> 1. 우리는 완전한 독립 국가 건설을 기함.
> 2. 우리는 전 민족의 정치적 · 사회적 기본 욕구를 실현할 수 있는 민주주의 정권의 수립을 기함.
> 3. 우리는 일시적 과도기에 있어서 국내 질서를 자주적으로 유지하며 대중 생활의 확보를 기함.
> — 조선 건국 준비 위원회 선언문

건준에는 민족주의, 사회주의 등 다양한 정치적 성향을 띤 인사들이 참여하여, 민족의 뜻을 대변할 민주적인 정부 수립을 준비하였다.

해방 직후에는 사회주의자들의 활동이 더 활발하였다. 이들은 건준에 참여하는 한편, 1928년에 강제로 해체된 조선 공산당을 재건하였다. 박헌영을 중심으로 한 조선 공산당은 전면적인 토지 개혁은 물론 노동자와 농민을 중심으로 진보적 인사들이 두루 참가하는 인민 정권

해방과 건국 준비
해방의 기쁨은 건국 준비를 위한 활동으로 이어졌다. 8월 16일 건준은 대규모 집회를 개최하였다. 여운형은 엔도와 벌인 협상 과정을 보고하면서 "지난날의 아프고 쓰라린 것들을 이 자리에서 잊어버리고, 이제부터 이 땅에 합리적이고 이상적인 낙원을 건설하자."고 외쳤다.

을 세우자고 나섰다.

건준과 조선 공산당은 미군이 한반도에 들어오기 전에 우리 민족끼리 정부를 만들어 놓는 것이 유리하다고 생각하였다. 1945년 9월 6일, 건준은 인민 대표자 회의를 개최하여 조선 인민 공화국이 건국되었음을 선포하고, 각 지부를 인민 위원회로 전환하여 지방 정부의 역할을 하겠다고 나섰다.

한편, 송진우와 김성수 등은 건준에 참여하지 않고, 별도로 한국 민주당(한민당)을 결성하였다. 한민당에는 일제하의 지주와 기업인 들이 많았으며, 친일파도 상당수 있었다. 한민당은 사회주의를 반대하고, 일제와 민족 반역자의 토지를 몰수하여 농민에게 분배하자는 등의 방침을 내건 조선 인민 공화국의 타도를 주장하였다.

미국과 소련 그리고 38도선

건국 운동은 순조롭게 진행되지 못하였다. 무엇보다도 미국과 소련이 38도선을 경계로 한국을 나누어 점령하였기 때문이다.

소련은 해방 직전인 1945년 8월 8일에 미국의 요청으로 일본에 전쟁을 선포하고, 만주를 거쳐 한반도의 나진, 청진 등에서 일본군과 격렬한 전투를 치르며 남하를 계속하였다. 아직 한반도에 들어오지 않은 미국은 예상보다 빠른 소련군의 남하에 놀라, 소련에 38도선을 경계로 한국을 분할 점령하자고 제안하였다. 이에 따라 38도선을 기준으로 이북은 소련군이, 이남은 미군이 점령하였다.

미국과 소련의 한반도 점령 정책은 많이 달랐다. 미국은 조선 인민 공화국이나 대한민국 임시 정부를 부정하거나 무시한 채, 오직 미 군정만이 합법적인 통치 기관이라며 38도선 이남에 미 군정에 의한 직접 통치를 실시하였다. 반면에 38도선 이북의 소련은 건준의 하부 기관 인민 위원회의 활동을 대체로 인정하였으며, 한국인 대표자와 협의하여 정책을 추진하는 간접 통치 방식을 취하였다.

군정이든 간접 통치든, 미국과 소련 모두 한국인의 의사보다 자국

38도선 해방 당시 분단을 상상한 이는 아무도 없었다. 그러나 38도선으로 1,300년 동안 자연스럽게 이어져 있던 공간이 인위적으로 분할되고 말았다. 사진 속의 군인이 38도선을 표시한 이 마을 길은 그로부터 얼마 뒤 아예 오갈 수 없는 길이 되고 말았다.

성조기가 걸린 조선 총독부 8월 25일 평양에 들어온 소련은 일본으로 하여금 건준을 개편한 인민 정치 위원회에 행정권을 넘겨주도록 하였다. 미군은 9월 9일 서울에 도착하였는데, 이날 일본 국기를 대신하여 미국 국기가 조선 총독부 건물에 게양되었다. 소련과 미국 모두 한국에서 좌파가 우세하다고 판단하였는데, 그런 판단은 한국에 대한 두 나라의 점령 정책에 영향을 주었다.

의 이익을 우선한 점은 동일하였다. 미·소의 분할 점령은 국가 건설 방향을 둘러싼 한국인 사이의 분열을 확대시켰고, 분단의 중요한 원인이 되었다.

돌아온 투사들

해외에서 활동하였던 민족 운동 지도자들이 하나 둘 귀국함에 따라 완전 독립을 향한 희망이 불타올랐다.

사회주의자들은 대부분 소련이 점령한 이북으로 귀국해 평양을 중심으로 활동하였다. 중국 화북 지방에서 조선 의용군을 이끌었던 김두봉과 무정이 대표적이다. 소련에서 귀국한 김일성은 이북 사회주의 진영의 최고 지도자로 떠올랐다.

이승만과 김구는 미군이 점령한 38도선 이남으로 귀국하였으며,

국가 건설 방향을 둘러싼 논쟁

해방 직후 사회(공산)주의 활동을 한 이들을 좌파라 하고, 반공을 내세우며 자본주의 질서를
강조한 이들을 우파라 한다. 좌·우 어느 쪽에 속해 있더라도 좌·우파 간의 협력을 중시한 여운형
등을 중도파라 한다. 사진의 왼쪽에 가까운 인물일수록 전면적인 토지 개혁과 주요 산업의
국유화를 강조하고, 친일 청산에 적극적이었다. 한민당과 이승만은 친일 청산과
토지 개혁에는 소극적이었고, 김구는 친일 청산에는 적극적이었으나 토지
개혁 문제에 대해서는 좌파와 생각이 많이 달랐다.

북쪽 소련에서 활동하던 김일성이 좌파의 중심이었다면, 물산 장려 운동을
이끌었던 조만식이 우파, 국어 학자이자 조선 독립 동맹 활동을 한 김두봉이
좌파와 우파의 가운데쯤에 있었다. 전체적으로 좌파가 많았으며 중도파는
약했다.

김일성

김두봉

조만식

38°

남쪽 조선 공산당을 이끈 박헌영이 좌파의 중심이었다면, 송진우 등 한민당 계열이 가장 심한
우파였다. 이승만도 분명한 반공주의자였다. 여운형은 좌파이면서도 민족적 단결을 강조한
점에서 중도파였으며, 김구는 민족의 단결을 강조하였으나 사회주의를 반대한 우파였다.

박헌영

여운형

김구

이승만

송진우

대통령
이승만 〉 김구

내무부장	외무부장	재무부장	군무부장	사법부장	문교부장	경제부장	교통부장	노동부장
김구 〉 여운형	여운형 〉 이승만	조만식 〉 김성수	김일성 〉 김원봉	허헌 〉 김병로	안재홍 〉 김성수	백남운 〉 이관술	최용달 〉 하필원	박헌영 〉 여운형

출처 : 권태억 외, 《한국 근현대 탐사》

선구회 조사 결과를 바탕으로 구성해 본 내각 선구회라는 단체가 1945년 10월 10일에서 11월 9일까지
150여 단체 회원을 대상으로 설문 조사한 결과를 나타낸 표이다. 왼쪽이 1위, 오른쪽이 2위 득표자이다.

서울을 중심으로 활동하였다. 미 군정은 여운형, 박헌영을 견제해 주
길 바라며 이들의 활동을 도왔다. 이승만은 한민당과의 협력을 모색하
였고, 김구는 임시 정부 조직과 한국 독립당을 중심으로 활동하였다.

1945년 12월까지 해외 독립운동 세력들이 대부분 귀국함에 따라,
어떤 나라를 세울 것인지에 대한 토론이 더욱 활발해졌다.

해방, 새 세상에 대한 꿈이 부풀다

해방은 일제의 억압적 질서를 무너뜨리고 민주적인 새 질서를 만들
수 있는 좋은 기회였다. 국내외 여러 정치 세력들은 정당을 결성하여
민주적인 국가 건설을 도모하였으며, 사회의 각계각층에서 저마다 단
체를 결성하여 사회 변화를 이끌었다.

농민들은 군 단위 농민회를 조직하고, 전국 농민 조합 총연맹^{전농}
을 중심으로 단결하였다. 전농은 일본인과 친일파, 민족 반역자의
토지를 몰수하여 가난한 농민들에게 나누어 주고, 소작료를 수확의
30%로 줄일 것^{3·7제}을 주장하였다.

노동자들은 공장 위원회를 조직하여 일본인이 떠난 공장이나 기업
을 관리하면서 노동 조합 전국 평의회^{전평}를 중심으로 단결하였다. 전
평은 8시간 노동제와 노동자의 단체 협약권 확립 등을 주장하였다.

여성들은 다양한 여성 단체를 조직하여 공·사창제 폐지, 남녀 임금
차별 폐지 등을 주장하였다. 학자들은 조선 학술원을 조직하고, 문화
예술인들은 조선 문화 건설 중앙 협의회 같은 연합 조직을 결성하여
식민의 잔재를 청산하고 민족 문화를 건설하기 위한 활동을 벌였다.
교육자들은 한글로 된 새로운 교과서를 만들어 민족 교육을 실천하였
으며, 조선 교육자 협회 같은 자주적 교육자 단체를 조직하였다.

수많은 사회 단체가 등장하면서 좌파와 우파 간 갈등도 생겨났으나, 여전히
사회는 새로운 미래를 향한 설렘과 새 사회를 건설하려는 활력으로 가득 차
있었다.

"일제가 물러났으니
우리가 손잡고 독립해야지."

회사는 일본 놈들의 전파 탐지기 성능을 높여 주는 화학 약품을 만드는 공장이었어요. 와 보니 사람들은 그대로 있는데 퇴직금을 지불하더라고요. ……

　일본 사람들은 아직 한국에서 계속 머무를 수 있는지 없는지 판단을 내리지 못하고 있던 때였어요. 그래서 '평화 산업'으로 전환하자고 우리와 얘기가 됐어요. 곧 우리는 일본에서 제올라이트라는 치약 원료를 들여와 치약을 만들어 팔았죠.

　그때 공장 노동자들이 '자주 관리 운동'이라는 걸 조직해 일본인이 시설물을 못 가져가게 하고, 한국인들에 의한 도난 사태도 막았어요. 그러다가 8월 20일, 일본인들이 철수 결정을 내리면서 치약 제조도 실패로 끝났어요. 가져온 원료량도 적은 데다 그 뒤로 더 좋은 치약이 나왔기 때문이에요.

　어쨌든 하루 아침에 세상이 뒤집혔는데도, 공장이 노동자들에 의해 신속히 관리가 될 수 있었던 이유는 별다른 준비가 있어서라기보다 저절로 생겨난 주인 의식 때문이었어요. 영등포 일대의 조선 피혁이라든가 인천의 동일 방직, 부산의 조선 방직과 같은 일본계 큰 회사들을 모두 한국인 노동자들이 접수해 자주적으로 관리했습니다. 이유야 뭐, 노동자들이 자기가 다니는 공장밖에 갈 데가 더 있었겠습니까? 이런 흐름이 이어지면서 8월 말 9월 초순쯤 '전국 노동 조합 평의회(전평)' 결성과 관련한 논의가 이루어졌습니다.

− 이일재의 증언, 《8·15의 기억》

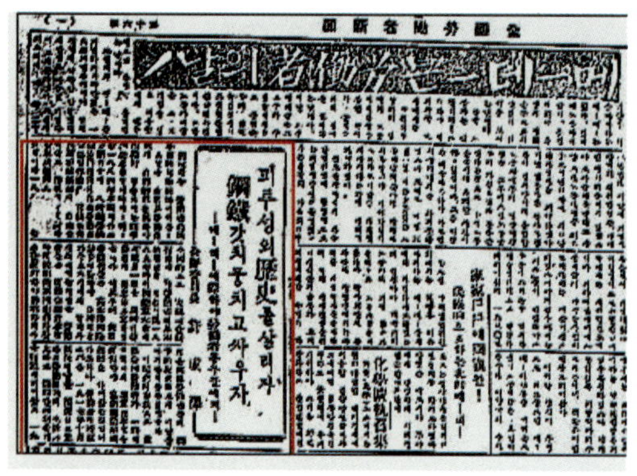

전국 노동자 평의회의 기관지인 《전국노동자신문》

전평의 행동 강령

- 최저 임금제 확립
- 8시간 노동제 실시
- 7일 1휴가, 연 1개월간의 유급 휴가제 실시
- 여성 노동자의 산전 산후 2개월 유급 휴가제 실시
- 노동자의 이익을 위한 단체 협약권 확립
- 해고와 실업 절대 반대
- 일제와 민족 반역자 기업을 공장 위원회가 관리

전농의 행동 강령

- 일제와 민족 반역자 토지를 몰수하여 빈농에게 분배
- 소작료는 수확의 30%로 하는 3·7제 실시
- 각종 세금과 공과금은 지주가 부담
- 마름이나 관리인의 중간 착취 금지
- 금융 조합 등을 개편하여 농민이 공동 관리
- 고리대를 없애고 이자를 연 5% 이하로 인하
- 반농노 같은 머슴의 대우를 개선

부녀 총동맹 행동 강령

- 남녀 평등의 선거권과 피선거권 확보
- 8시간 노동제, 남녀 차별 임금 폐지
- 산전 산후 1개월의 유급 휴가제 실시
- 산원, 탁아소, 공동 식당과 아동 공원 완비
- 공·사창제 철폐, 인신 매매 금지 모자 보호법 제정
- 여성의 경제적 평등권과 자주성 확립

건국 준비 위원회 선전물(1945. 8. 16.) 우리들 장래에 광명이 있을 것이니 지도층의 뜻을 잘 따라 달라는 내용이다.

다시 간행된 잡지 해방 속간 제1호라 쓰여 있는 잡지 《별나라》 표지 사진이다. 1940년 무렵, 대다수 한글 잡지와 신문이 폐간되었다.

해방 이후 첫 등교 해방 이후 첫 등교를 보도한 신문이다. "씩씩하게 글 배우자"라는 제목이 눈길을 끈다.

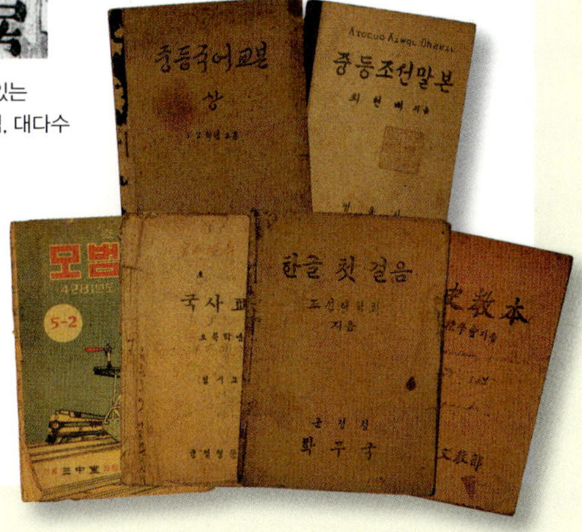

국어와 국사 교육 일본어와 일본 역사 교육 대신 한국어와 한국 역사를 공부하게 되었다. 교과서로 쓰기 위해 급히 만들어진 교과서이다.

2 분단으로 가는 길, 그것을 막아선 사람들

좌·우 합작 풍자화, 〈제3특보〉, 1946. 10. 28

모스크바 3상 회의와 신탁 통치 문제

1945년 12월, 미국과 소련, 영국의 외무 장관이 모스크바에서 회의를 열어 한국 문제를 협의하였다. ^{모스크바 3상 회의} 1943년 12월 카이로에서 맺은 '적절한 과정을 거쳐 한국을 독립시킨다.'는 약속을 다시 확인하는 자리였다.

모스크바 3국 외상 회의가 열리고 있던 1945년 12월 27일, 《동아일보》가 "미국이 즉시 독립을 주장한 데 대해 소련이 38도선 이북이라도 점령할 목적으로 신탁 통치를 제안하였다."고 보도하였다. 즉시 독립을 원했던 한국인 대다수가 《동아일보》의 보도에 놀라움을 금치 못하였다. 이에 좌·우 정치 세력 모두 신탁 통치 반대^{반탁} 의사를 밝혔고, 특히 우파 정치 세력은 대대적인 반탁 운동을 벌였다. 김구를 비롯한 임시 정부 계열은 신탁 통치에 반대하며 임시 정부가 과도 정부 역할을 맡겠다고 나섰다. 이승만과 한민당은 소련이 신탁 통치를 주장하고 사회주의자들이 이를 지지한다며, 반탁 – 반소 – 반공 운동을 전개하였다.

하지만 반탁 의사를 밝혔던 중도파와 좌파 진영은 회의 결정서를 확인한 뒤 입장을 바꾸었다.

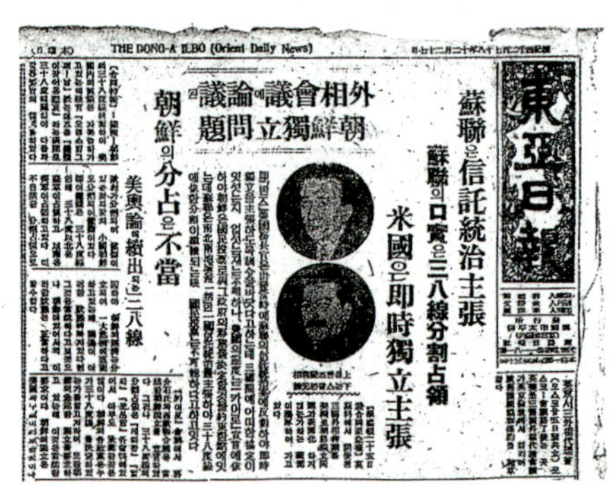

1. 조선에 (통일된) 임시 민주 정부를 수립한다.
2. 이를 위해 미·소 대표자들이 공동 위원회(미·소 공동 위원회)를 구성한다.

《동아일보》의 신탁 통치 기사 모스크바 3상 회의에 대한 《동아일보》의 대대적인 보도는 전국적인 반탁 운동을 불러왔고, 한민당은 소련을 강하게 비판하였다.

3. 미·소 공동 위원회가 조선 임시 정부와 상의하여 최고 5년간의 신탁 통치안을 작성한다.

4. 2주 내에 미·소 군 사령부 대표들이 만난다.

— 조선에 관한 모스크바 3상 회의 결정서(요약)

신탁 통치를 둘러싼 갈등 '신탁 통치 절대 반대'와 '매국노 처단'을 주장하는 우파의 집회(왼쪽)와 '3상 결정 절대 지지'와 '자주독립 정부 수립'을 내건 좌파의 집회(오른쪽) 모습이다. 우파와 중도-좌파의 격렬한 대립으로 건국 사업은 벽에 부딪혔다.

사실 12월 27일자 《동아일보》의 보도는 명백한 오보였다. 기사와는 달리 신탁 통치를 제안한 쪽은 소련이 아니라 미국이었다. 미국은 얄타 회담(1945. 2.)에서는 30~40년의 신탁 통치를, 모스크바 회의에서는 5년간의 신탁 통치를 하되, 협의하에 5년을 더 연장할 수 있도록 제안하였다. 반면 소련은 조선 임시 정부의 수립을 제안하였다. 임시 정부 구성에서 좌파 진영이 우세할 것으로 판단하였기 때문이다. 모스크바 3상 회의 결정서는 이런 미국과 소련의 제안을 절충한 것이었다.

여운형과 안재홍 등 중도파는 신탁 통치를 반대하였다. 그러나 미·소의 분할 점령이 분단으로 이어지지 않도록 남과 북을 아우르는 임시 정부를 서둘러 세운 뒤, 단결된 한국인의 힘으로 신탁 통치 실시 여부를 놓고 미·소와 협상해야 한다고 판단하였다. 조선 공산당은 '3상 결정 절대 지지' 입장을 밝히고, 하루라도 빨리 미·소 공동 위원회를 열어 통일된 임시 정부를 만들자고 주장하였다.

모스크바 3상 회의를 계기로 우파와 좌파가 정면으로 대립하는 상황이 벌어졌다. 38도선 이남에서는 우파 세력이 크게 확장되었고, 이북에서는 반탁을 주장한 우파 세력이 수난을 당하였다.

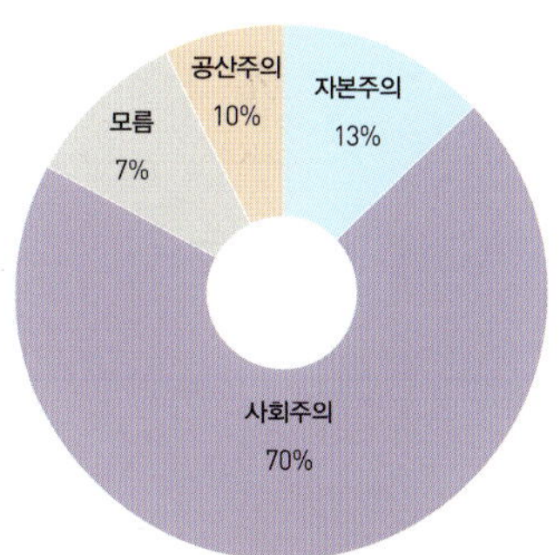

미 군정이 실시한 '미래 한국 통치 구조에 관한 여론 조사'(8,000여 명 응답, 1946. 9. 10.) 많은 사람이 사회주의를 희망하였는데 당시 사람들은 사회주의를 '시장 경제를 유지하되 공공의 이익에 중요한 산업은 국가가 경영하고, 지주제를 폐지하자.'는 정도로 이해하였다. 당시 중도파의 주장을 연상하면 된다.

분단으로 가는 길

'반탁'과 '3상 결정 지지'를 둘러싼 좌·우파 간의 공방이 전개되는 동안, 38도선 이남과 이북은 서로 다른 길을 걷고 있었다.

미 군정은 한국에 좌파 정권이 수립되는 것을 우려하여 우파를 지원하였고, 좀 더 수월하게 한국을 통치하기 위해 일제하의 총독부 관리나 경찰 들을 유지하였다. 이들 중에는 독립운동가 색출에 앞장서고 우리 청년들을 전쟁의 총알받이로 내몬, 민족 반역자들도 많았다.

미 군정 경제 정책도 우파의 견해와 큰 차이가 없었다. 옛 일본인 기업을 자주적으로 관리하겠다는 노동자들의 요구를 무시하고 군정이 직접 별도의 관리인을 지명하였으며, 몰수한 일본인 소유 토지도 분배를 바라던 농민의 뜻과 달리 직접 관리하였다.

소련이 지원하는 가운데, 이북의 좌파는 1946년 2월 8일 임시 정부 기능을 맡을 북조선 임시 인민 위원회를 결성하였고, 김일성이 위원장을 맡았다.

소련과 이북 지도부는 이북을 정치·경제·군사적으로 강화하여 조선 혁명의 근거지로 만든 다음, 이남으로 혁명을 확산한다는 민주 기지 노선을 수립하였다. 지주의 토지를 무상으로 몰수하여 무상으로 분배하는 토지 개혁을 실시하였고, 8시간 노동제에 기초한 노동 법령과 남녀 평등법을 제정하는 한편, 주요 산업을 국가 소유로 만드는 국유화 조치를 잇달아 추진하였다.

미 군정의 현상 유지 정책 미 군정은 군정 고문 대부분을 한민당에서 충원하였고, 한민당 간부를 경찰 책임자로 임명하였다. 경찰 조직에서는 친일 경력자가 여전히 큰 비중으로 잔존하였다. 또한 이승만과 김구 등 우파 인사들을 중심으로 '민주 의원'을 구성하여 임시 정부 수립을 준비하려 하였다.

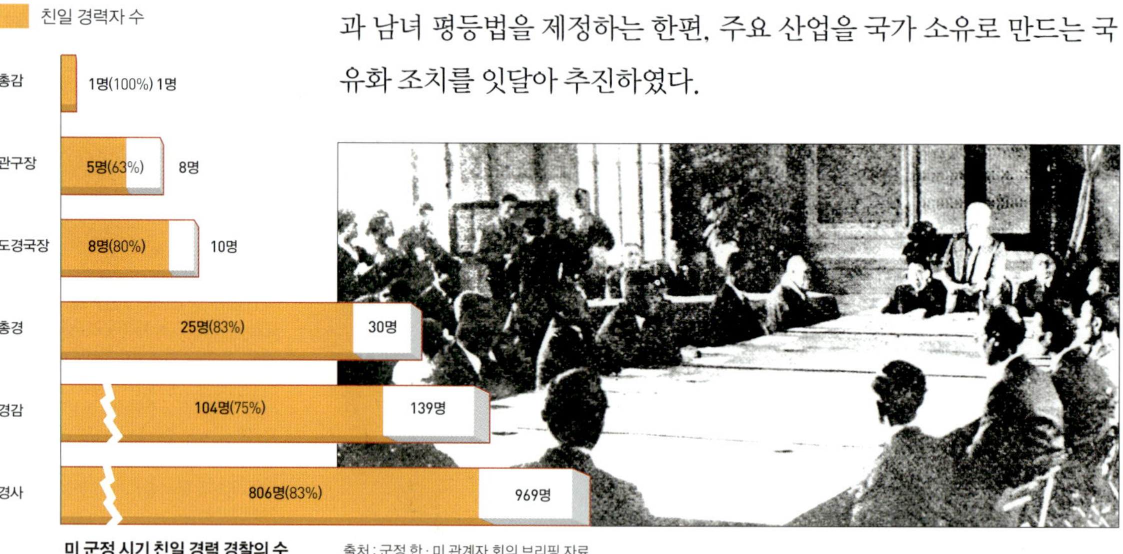

미 군정 시기 친일 경력 경찰의 수   출처 : 군정 한·미 관계자 회의 브리핑 자료

이남에서는 미 군정이 우파를 지원하고, 노동자·농민의 개혁 요구를 받아들이지 않으면서 군정에 대한 여론이 나빠졌다. 좌파는 이러한 여론을 바탕으로 미 군정을 압박하였으나, 미 군정은 도전하는 좌파를 용납하지 않았다.

북조선 임시 인민 위원회가 일련의 개혁을 추진하자, 이북의 지주와 자본가, 우파 정치인 상당수가 이남으로 내려왔다. 이남의 좌파는 이북에서 실시한 것과 같은 개혁을 주장하며 미 군정을 압박하였다. 이남의 우파, 위기감을 느끼고 남쪽으로 내려온 이북의 우파는 '반공'을 소리 높이 외치며 이에 맞섰다.

미·소의 대립이 본격화되기도 전, 국내 좌파와 우파의 대립이 극단을 향해 치닫고 있었다. 여기에 미국과 소련의 대립이 중첩되면서 한국의 통일 국가 수립은 더욱 어려운 상황으로 빠져들게 되었다.

남녀 평등법 제정을 축하하는 집회(1946, 북한)

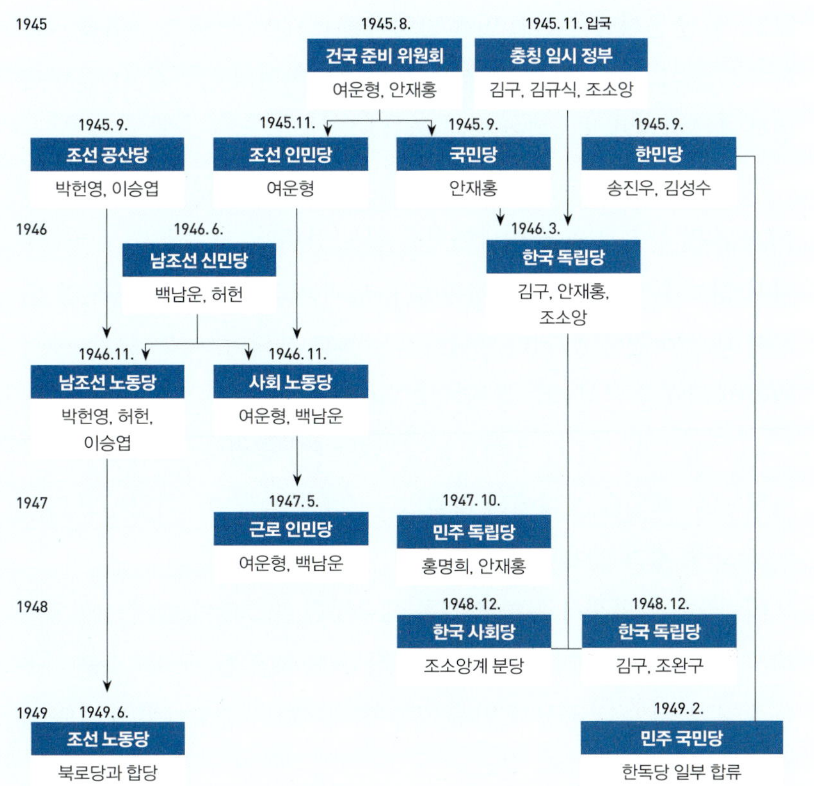

1945~1949년 주요 정당 수많은 정당이 난립한 듯 보이나, 한민당 중심의 우파와 조선 공산당–남로당 중심인 좌파, 사상과 이념의 차이를 뛰어넘어 단결하자는 중도파로 나눌 수 있다. 중도파는 좌·우 합작 위원회(1946) 이후 민족 자주 연맹(1947)을 구성하여 협력을 모색하였다.

출처 : 서중석, 《사진과 그림으로 보는 한국 현대사》

좌·우 합작 위원회 좌·우 합작 운동은 조선 공산당이나 극단적 반공주의자를 배제하려는 미 군정의 뜻이 반영되어 있었고, 제2차 미·소 공위가 실패한 이후 사실상 무력화되었다. 사진은 해체될 무렵의 좌·우 합작 위원회 사진이다.

이승만의 정읍 발언 관련 신문 기사 1946년 6월 3일, 이승만은 처음으로 이남만의 단독 정부 수립이 필요하다고 주장하였다. 이승만은 미 군정이 좌·우 합작 운동을 지원하자, 직접 미국에 가서 미 국무성을 대상으로 단독 정부 수립의 필요성을 설득하고 돌아왔다.

여운형과 김규식, 좌·우 합작을 위해 노력하다

1946년 3월 20일, 모스크바 3상 회의의 결정에 따라 미·소 공동 위원회미·소 공위가 열렸으나 순조롭지 못하였다. 우파의 반탁 운동이 거세게 일어났고, 미·소가 임시 정부 수립 논의에 참가할 정당과 사회 단체 선정을 둘러싸고 양보 없이 대립하였기 때문이다.

두 달을 끌던 회의는 아무런 성과 없이 끝났고, 남북이 서로 다른 길을 걸을지도 모른다는 우려가 높아졌다. 이때 여운형과 김규식 등 중도파는 "진정한 통일 정부는 좌·우 합작을 통해 수립될 것이요, 결코 좌나 우 단독으로 수립되지 못할 것"이라며 분단을 막기 위한 좌·우 합작 운동을 제안하였다.

1946년 7월 좌·우파가 두루 참가한 좌·우 합작 위원회가 결성되었다. 그러나 합작 노력은 난관에 부딪혔다. 이승만과 한민당은 반소-반공을 원칙으로 내세우면서 이남만의 단독 정부 수립을 주장하였고, 조선 공산당은 친일 민족 반역자를 배제하고, 중요 산업을 국유화하고 토지 개혁을 실시할 것을 거듭 주장하면서 좁혀질 수 없는 팽팽한 줄다리기가 계속되었기 때문이다.

미 군정과 소련-이북도 좌·우 합작과 무관한 길을 걸었다. 1946년 말 이북은 물론 이남에서도 임시 정부북조선 인민 위원회–남조선 과도 정부와 임시 의회인민 회의–입법 의원가 구성되었다. 남과 북의 단독 정부 수립을 염두에 둔 것이었다. 그러나 이남에서는 좌파 세력이, 이북에서는 우파 세력이 배제된 임시 정부와 임시 의회였다.

1947년 5월, 1년 만에 미·소 공위가 다시 열렸다. 그러나 미국과 소련 모두 책임을 상대에게 떠넘기려고만 하였을 뿐, 회의는 또다시 두 달 만에 성과 없이 끝났다.

미·소가 합의해서 통일 정부를 세우자던 모스크바 합의는 이렇게 해서 무효가 되고 말았다. '좌·우 합작 → 남북 연합 → 미·소를 비롯한 외세 설득'으로 통일된 민주 정부를 세우려던 중도파의 노력도 좌절되었다.

"38도선을 베고 쓰러질지언정……"

제2차 미·소 공위가 결렬되자, 1947년 9월 미국은 한국 문제를 국제 연합_{유엔}을 통해 해결하겠다고 나섰다. 소련은 이에 반대하며, 두 나라 군대가 동시에 철수하여 한국인 스스로 문제를 해결하도록 하자고 제안하였다. 그러나 이번에는 미국이 거부하였다.

1947년 11월, 유엔 총회는 미국이 제안한 '유엔 감시하 남북 총선거를 통한 통일 정부 수립 방안'을 다수결로 결정하였다. 이에 따라 유엔 한국 임시 위원단이 한국에 파견되었으나, 소련은 이들의 이북 방문을 거부하였다. 미국은 '선거가 가능한 지역에서만이라도 총선거를 실시한다.'는 유엔 소총회의 결의를 빌려 38도선 이남에서 단독 선거를 실시하겠다고 밝혔다.

단독 선거가 분단 정부 수립으로 이어질 상황에서 분단을 막기 위한 남북 협상 운동이 다시 일어났다. 이번에는 중도파 정당 및 사회 단체를 중심으로 민족 자주 연맹을 조직하였던 김규식과 한국 독립당을 이끌었던 김구가 중심이 되었다.

여운형 장례식 여운형은 1947년 7월 19일, 제2차 미·소 공위가 결렬된 직후 암살당하였다. 범인은 단독 정부 수립을 주장하는 우파 청년이었다.

제2차 미·소 공위 제2차 미·소 공위가 열리던 1947년은 이미 미·소 합의에 의해 한반도 문제를 해결하기가 어려워진 상황이었다. 동유럽에서 사회주의 정권이 차례로 들어서자, 미국이 사회주의의 확산을 막는다며 트루먼 독트린과 마셜 계획을 통해 소련 봉쇄에 나섰다. 오른쪽 지도는 그에 따라 동서로 나뉜 유럽을 보여 준다. 1947년에는 미국과 소련이 분할 점령한 동·서독에서 단독 정부를 구상하기 시작하였다. 미국과 소련을 중심으로 차가운 전쟁(냉전)이 본격화된 것이다.

냉전 풍자 만평 1947년 9월 16일 《만화 행진》 창간호에 실린 시사 만평이다.

우리가 기다리던 해방은 우리 국토를 양분하였으며, 앞으로는 그것을 영원히 양국의 영토로 만들 위험성을 내포하고 있다. …… 나는 통일된 조국을 세우려다가 38도선을 베고 쓰러질지언정 일신의 구차한 안일을 취하여 단독 정부를 세우는 데 협력하지 않겠다.

– 김구, 〈삼천만 동포에게 울며 호소함〉, 1948. 2. 10.

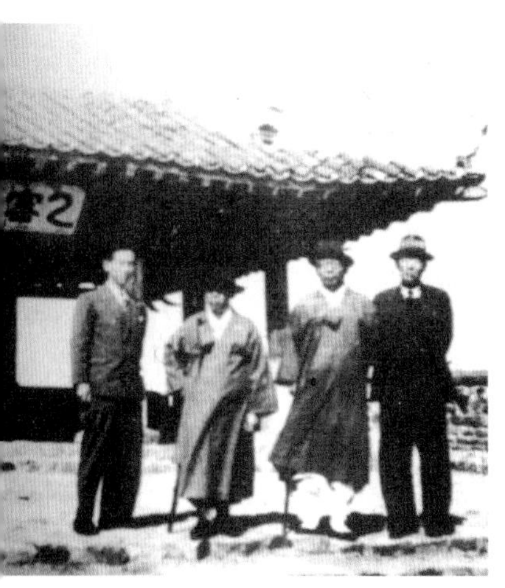

평양 을밀대 앞에 선 김구와 김규식

김규식(1881~1950)은 1919년 임시 정부 대표로 파리 강화 회의에 참가하였으며, 1930~1940년대 동안 중국에서 활동하던 독립운동 단체의 통합을 위해 노력하였다. 해방 후에도 좌 · 우 협력을 위해 많은 노력을 기울였다. 1944년에는 임시 정부 부주석을 지냈다.

1948년 2월 16일, 김구와 김규식은 김일성과 김두봉 등 이북의 지도자들에게 남북 협상을 제안하였다. 그러나 한 달 동안 이북은 이에 응답하지 않았다. 이북은 남조선 노동당(남로당)을 통해 단독 정부 수립 반대 운동을 이끄는 한편, 이북만의 단독 정부 수립을 준비하고 있었다.

앞선 2월 7일, 이남에서는 남로당의 제안으로 대규모 단독 선거 반대 투쟁이 일어났다. 도시에서는 노동자들이 파업과 시위를 전개하였고, 농촌에서는 무장대가 조직되어 무장 투쟁을 벌였다. 특히, 제주도에서는 무장 투쟁 형태로 단독 선거 반대 투쟁이 이루어져 선거구 세

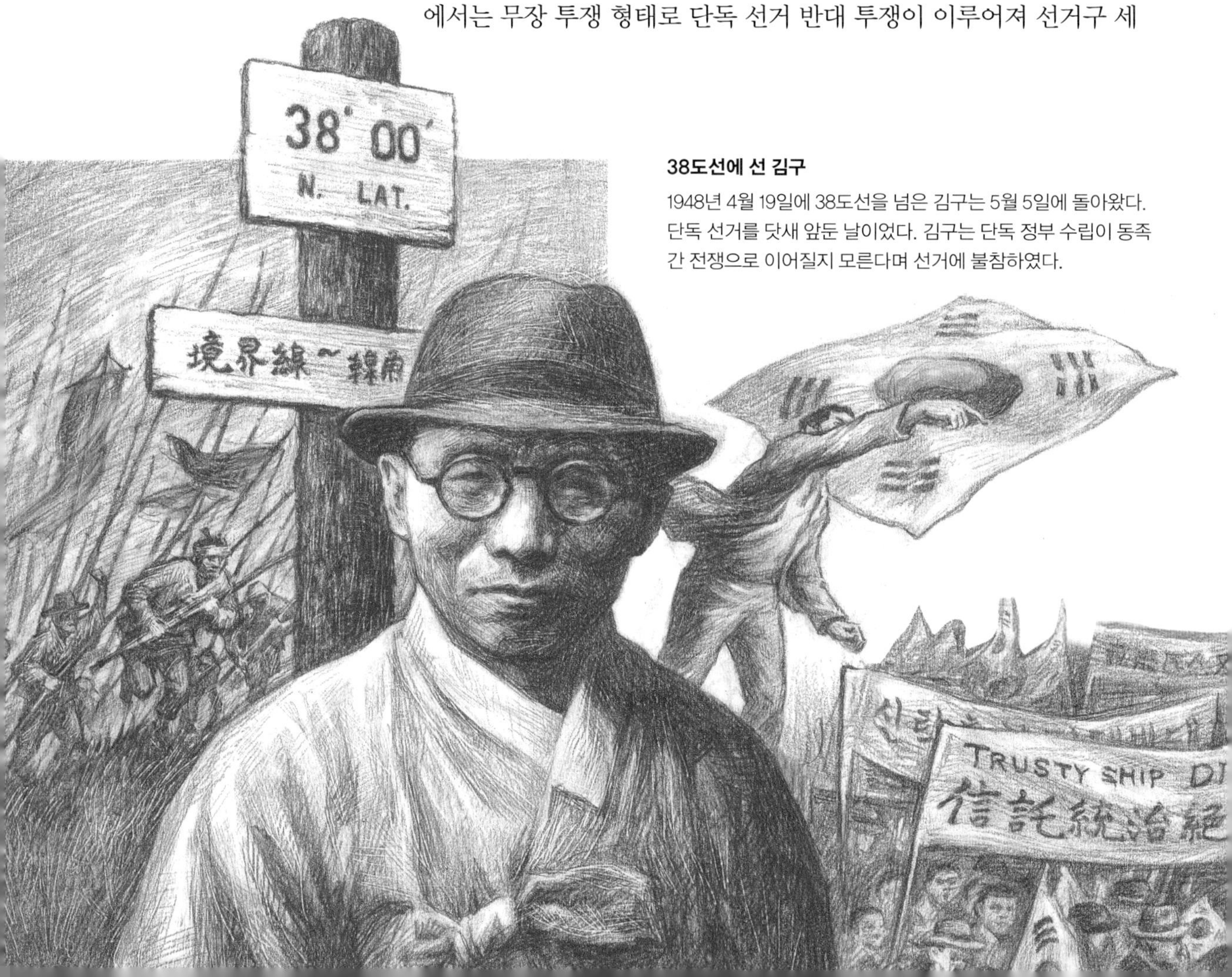

38도선에 선 김구

1948년 4월 19일에 38도선을 넘은 김구는 5월 5일에 돌아왔다. 단독 선거를 닷새 앞둔 날이었다. 김구는 단독 정부 수립이 동족 간 전쟁으로 이어질지 모른다며 선거에 불참하였다.

곳 가운데 두 곳에서 선거가 치러지지 못하였는데, [4·3 사건] 군인과 경찰
이 이를 제압하는 과정에서 수많은 제주도민이 희생되었다.

김구와 김규식이 바라던 남북 협상은 4월에야 열렸다. 그리고 어렵
사리 '외국 군대의 즉시 철수, 내전 방지를 위한 공동 노력, 통일 임시
정부 수립 절차 합의, 남조선 단독 선거 반대' 등의 합의를 이끌어 냈다.

그러나 미·소 모두 이 합의안을 무시하였다. 이승만과 한민당은 김
구의 이북행을 소련에 한반도를 팔아넘기는 일이라며 비난하였고, 이
북 역시 이남의 단독 선거를 비난하며 자기 정부 수립의 필연성을 강
조하는 데 활용할 뿐 분단을 막으려는 노력을 기울이지 않았다.

협상에 의한 통일 정부 구성에 실패한다면, 통일을 명분으로 한 전쟁이 올지
도 모를 일. 그래서 분단을 막는 것은 곧 전쟁을 막는 노력이기도 하였다.

◆ 분할 점령된 국가는 다 분단되었나요?

제2차 세계 대전을 거치며 연합군이 분할 점령한 지역에는 독
일, 오스트리아도 있었지요.

독일은 자본주의 국가 서독과 사회주의 국가 동독으로 나
뉘었어요. 미·소 모두 독일의 분단을 염두에 둔 정책을 폈으
며, 1948년에는 미·소가 군사 충돌 직전까지 이르게 되지
요. 동·서독이 각각 독립 정부를 구성한 것은 1949년의 일이
었어요.

오스트리아도 1945년 4월 미국, 영국, 프랑스, 소련 네 나라
에 의해 분할 점령되었어요. 자그마치 10년 동안이나요. 독일
과 함께 제2차 세계 대전을 일으킨 나라였거든요. 그래도 분단되지는 않았어요.

오스트리아에도 좌파와 우파, 중도파가 있었는데, 임시 정부 구성과 관련한 선거에서 좌파인 사회 민주당이 대중
의 폭넓은 지지를 받았지요. 하지만 좌파는 우파 및 중도파와 연립 정부를 구성하였고, 합의에 따라 정책을 수행하
였대요. 국민의 80% 지지를 받아 영세 중립국 선언도 했어요. 어떤 국가와도 동맹하지 않을뿐더러, 어떤 국가의 군
대도 자국에 주둔할 수 없게 하겠다는 거지요.

1955년, 드디어 오스트리아와 미·영·프·소 4개국이 참가한 오스트리아 국가 조약이 체결되었어요. 분할 점령
된 지 10년 만에 자유로운 독립 공화국이 된 거지요.

3

대한민국과 조선, 두 국가로 나뉘어 독립하다

첫 선거, 그리고 헌법 제정

1948년 5월 10일, 국회 의원을 뽑는 첫 번째 선거가 실시되었다. 38도선 이남만의 선거였고, 김구 진영이나 중도파와 좌파가 불참한 채 치러졌으나, "대한민국은 민주 공화국이며, 대한민국의 주권은 인민에게 있음"^{임시 정부 헌법}을 확인한 역사적 선거였다.

5월 31일, 최초의 국회가 열려 치열한 논쟁 끝에 헌법안을 만들었다. 일제가 만든 법률의 효력을 인정한다거나, 대다수 의원이 지지한 의원 내각제가 이승만의 강경한 반발에 밀려 대통령 중심제로 바뀌는 등 새 헌법에는 적지 않은 문제가 있었다. 그러나 완전한 보통 선거, 친일 민족 반역자 처벌, 토지 개혁을 통한 지주제 폐지, 지하 자원과

1948년 제헌 국회 선거 정당 · 단체별 당선자 분포

제헌 국회 198명의 국회 의원 당선자 가운데는 무소속이 가장 많았다. 그러나 가장 조직화가 잘된 이승만―한민당 진영이 무소속 일부를 끌어들여 정치를 주도하였다.

출처 : 중앙 선거 관리 위원회, 《대한민국 선거사》

중요 산업의 국유화, 사기업에서 노동자들의 이익 참가권 등을 헌법에
규정하였으며, 독립운동 시기의 국가 구상을 반영하여 민주주의를
제도화하는 전환점이 된 것만은 분명하였다.

대한민국 정부가 수립되다

국회는 1948년 7월 17일 헌법을 공포하였고, 사흘 뒤에 이승만을
대통령으로 선출하였다. 광복 3주년을 맞은 8월 15일, 대한민국
정부가 탄생하였다.

8월 25일에는 이북에서도 선거가 치러져 최고 인민 회의 대의원이
선출되었고, 9월 9일에는 김일성을 수상으로 하는 조선 민주주의 인
민 공화국이 공식적으로 탄생하였다.

1948년 12월에는 소련군이, 1949년 6월에는 미군이 한반도에서
철수하였다. 군정이 끝나면서 꿈에도 그리던 완전한 독립을 이룬 것
이다. 그러나 독립은 누구도 상상하지 못한 분단으로 현실화되었다.
이남과 이북의 두 정부는 각각 자신을 중앙 정부라 주장하면서 상대
를 '북한 괴뢰' 또는 '미제의 앞잡이'로 비난하고, 전쟁을 해서라도 통
일을 이루겠노라고 하였다.

대한민국 정부 수립 선포식 1948년 8
월 15일, 대한민국 정부가 수립되었다.
사진은 조선 총독부 건물에서 열린
선포식 장면으로, 연단 위에 '대한민국
정부 수립 국민 축하식'이라고 적힌
현수막이 걸려 있다.

◆ 대한민국이란 국호는 어떻게 결정되었나요?

우리가 당연시하는 '대한민국'이란 국호는 적어도 1948년까지는 당연한 것이 아니었어요. '한국', '조선'이 많이
사용되었고, '대한'이나 '고려'도 자주 쓰였거든요.

1947년 제2차 미·소 공위가 주요 정당의 정책을 조사한 결과에 따르면, 좌파인 민주주의 민족 전선은 조선 인민
공화국을, 우파인 한국 민주당은 대한민국을, 중도파가 중심이 되었던 좌·우 합작 위원회는 고려 공화국을 새로운
국호로 삼고 싶어 했대요. 우파는 대체로 '대한', '한국', '대한민국'을, 좌파는 '조선'을 선호한 것이지요.

좌파와 중도파 대부분이 참가하지 않은 제헌 국회에서도 국호는 논란 끝에 표결에 붙여졌어요. 27명의 헌법
기초 위원 가운데 17명이 대한민국을, 7명이 고려 공화국을, 2명이 조선 공화국을, 1명이 한국을 선택하였답니다.
대한민국은 주로 이승만 계열이, 고려 공화국은 한민당이 제안하였지요.

국호는 헌법 제1조에서 "대한민국은 민주 공화국이다."라는 표현으로 규정되어 있습니다.

친일 청산과 4 · 3 사건, 그리고 국가 보안법

1948년 9월, 국회는 반민족 행위자 처벌법^{반민법}을 제정하였다. 10월에는 반민족 행위 특별 조사 위원회^{반민 특위}를 구성하여 본격적으로 친일 청산 활동을 시작하였다. 국민들은 반민 특위 출범에 박수를 보내며 친일 청산 활동에 자발적으로 참여하였다.

그러나 친일파들은 반민법 제정에 앞장선 위원들을 빨갱이로 몰아붙였고, 이승만은 공산주의와 싸우는 게 급선무라며 과거의 잘못으로 유능한 사람을 처벌할 수 없다는 주장을 앞세워 자신의 지지 기반이던 친일파를 감쌌다.

국회에서 친일 청산 활동이 본격화될 무렵, 이승만 정부는 강경한 반공 정책을 추진하였다. 당시 제주도에서는 단독 선거 반대 투쟁을 일으켰던 무장대와 군인 경찰의 충돌이 계속되고 있었는데, 이승만 정부가 대규모 군대를 보내 이들을 대대적으로 공격하려 한 것이다.

그런데 출동 명령을 받은 여수의 주둔 군인들이 강제 진압에 반대하며 반란을 일으켰다.^{여수 · 순천 10 · 19 사건} 이들의 반란은 곧 제압되었으나,

재판받는 반민족 행위자들 1948년 9월 22일, 법률 제3호로 반민법이 제정되었다. 이 법에 따라 1949년 1월 8일부터 이광수, 최남선, 김연수 등 거물급 친일파 체포가 시작되었다. 오른쪽 사진은 최남선의 재판 장면이다.

반민 특위 사서함 반민 특위 활동에 대한 국민들의 관심은 뜨거웠다. 사진은 반민 특위 전라 남도 조사부가 친일 혐의자에 대한 신고를 받기 위해 설치한 투서함에 투서를 넣는 장면이다(1948. 10).

4·3 사건 2000년 '제주 4·3 특별법'이 제정되고 2003년에 정부 차원의 진상 조사 보고서가 채택되었다. 2004년, 대통령이 참석한 가운데 국가 권력에 의한 민간인 희생이 다시는 나오지 않기를 다짐하며 4·3 사건을 기억하기 위한 제주 평화 공원(위 사진) 건설이 시작되었다. 왼쪽 사진은 4·3 사건에 가담한 혐의로 체포된 주민들의 모습이다. 20대로 보이는 청년 외에도 노인과 부녀자 등의 모습이 보인다.

이후 남로당이 무장대를 조직하여 정부와 무력 대결을 벌이고, 정부는 반공을 내세워 반대파를 공격하는 상황으로 치달았다.

정부는 이미 있는 형법상의 내란죄로 10·19 사건 관련자를 처벌하는 대신, 새로이 국가 보안법을 제정하여 엄격하게 처벌하였다. 국가 보안법은 북한을 하나의 국가가 아닌 반국가 단체로 규정하여 남북 간의 평화적인 협상의 여지를 없앴으며, 북한과 비슷한 주장을 하는 단체 역시 반국가 단체로 규정하여 해산하고 처벌할 수 있게 하였다.

제주도민의 비극적 희생은 강경한 반공 정책의 결과였다. 정부의 대규모 진압 작전이 이루어진 1948년 11월부터 이듬해 4월까지 무장대는 거의 제압되었다. 그러나 진압군에 의한 방화와 집단 학살이 곳곳에서 자행되어 제주도 169개 마을 가운데 130개 마을이 불타고, 제주도민의 1/9에 가까운 2만 5,000~3만 명 정도가 살해되었다. 학살의 80%가 진압군에 의해 이루어졌으며, 사망자의 1/3이 어린이나 노인, 여성 들이었다. 특별한 증거 없이 무장대와 협력할 가능성이 있다는 이유만으로 학살된 사람이 대부분이었다.

반민 특위 해체, 김구 암살 …… 반공 국가의 형성

여수·순천 10·19 사건과 국가 보안법 제정, 제주도 4·3 사건이
이어지면서 반공이냐 아니냐란 흑백 논리가 사회를 지배하였다.
1949년 6월은 극단의 절정에 있었다.

6월 초 친일파들이 "공산당과 싸우는 애국 지사를 잡아간 반민 특
위 위원들은 공산당이다."라며 시위를 벌였다. 6월 6일 반민 특위가
친일 경찰 노덕술을 검거하자, 경찰은 반민 특위 사무실을 습격하였
다. 이튿날 이승만은 자신의 뜻에 따른 행동이라고 밝혔다. 결국 반민
특위의 활동은 무력화되었고, 곧이어 특위조차 해체되고 말았다. 친
일파 청산도 이로써 유야무야되어, 친일파 대부분이 별 탈 없이 예전
처럼 생활을 유지할 수 있게 되었다.

6월 26일에는 이승만의 최대 경쟁자였던 김구가 현역 군인 안두희
에 의해 암살되었다. 평생을 독립과 통일을 위해 애써 온 김구의 죽음
은 온 국민에게 충격을 주었으나, 암살범 안두희는 1년 만에 군 장교
로 복귀하였다.

반공을 이용한 이승만의 반대 세력 제거는 이후에도 계속되었다.
좌파 계열의 정당 및 사회 단체의 활동이 불법화되었고, 좌파 인사들
에 대한 대대적인 검거가 이루어졌다. 한때라도 좌파 활동을 한 사람
은 좌파가 아니라며 전향 사실을 공공연히 밝혀야 했고, 그 증거로 보

보도 연맹 1949년 6월 정부가 앞장서서
조직한 반공 단체이다. 정당, 사회 단체
활동을 한 적 있는 사람을 대상으로
좌파가 아니라는 증거로 가입을
요구하였는데, 지방 관청에 따라 실적을
올리기 위해 숫자를 부풀린 경우도
많았다. 보도 연맹원 상당수가 한국 전쟁
때 군인·경찰에 의해 학살되었는데,
2006년에야 정부 차원의 공식적인 진상
조사가 시작되었다.

도 연맹에 가입하여야 했다.

　이 모든 일이 지리산과 태백산 일대에서 활동하던 남로당 무장 유격대에 대한 공격과 동시에 이루어졌다. 1950년 1월에는 거의 모든 무장 유격대가 진압되었고, 남로당 관련자 대부분이 체포되었다.

농지 개혁 – 지주제가 사라지다

정부는 1950년 3월, 개정된 농지 개혁 법안을 최종 공포하였다.

> 가구당 3정보를 초과하는 땅은 국가에서 유상으로 매입한다. 땅값은 연간 수확량의 150%로 하되, 농지를 분배받은 농민은 이를 5년간 나누어 낸다. 정부는 지주에게 지가 증권을 주어 산업에 투자할 수 있도록 유도한다. (주요 내용 요약)

농지 개혁법 공포 보도 1949년 6월 21일 농지 개혁법이 공포된 사실을 보도한 신문이다. 법 공포 직후 다시 법 개정을 둘러싼 논의가 지루하게 이어져 1950년 4월에야 농지 개혁과 관련한 모든 법률이 완비되었다. 이처럼 농지 개혁이 지연되는 사이 많은 지주들이 토지를 처분함으로써 실제 분배 대상이 된 토지는 애초보다 크게 줄어들었다.

정부는 농지 개혁의 방식을 이같이 '유상 매입 유상 분배'라고 밝히며, 지주 자본을 산업 자본으로 전환하여 산업 발전의 계기로 삼고자 하였다. 해방된 지 5년 만의 일이다.

　해방과 동시에 대부분의 정치 세력이 토지 개혁안을 내놓았는데, 이북에서는 1946년에 이미 '무상 몰수 무상 분배'의 토지 개혁을 시행하였고, 이남에서도 미 군정이 정부 수립 이전에 자신들이 관리하던 귀속 농지^{국가가 몰수한 옛 일본인 소유 토지}를 유상으로 분배하였다.

　이승만 정부는 유상 매입 유상 분배 방식의 토지 개혁이라면 반대할 의사가 없었다. 좌파가 혁명적 토지 개혁을 내걸고 농촌에서 세력을 넓힌 예가 있으니, 토지 개혁이라면 무상이든 유상이든 농촌의 지지를 이끌어 낼 수 있다고 믿었기 때문이다.

　1950년 4월부터 농민들에게 농지 분배가 시작되었다. "토지는 밭갈이하는 농민에게!"라고 토지 개혁을 요구해 온 농민들의 오랜 꿈의 결과이자, 수천 년 동안 내려온 지배 계급^{지주 계급}이 소멸하는 과정이었다. 이로써 농촌에서 이승만의 지지가 확대될 토대도 마련되었다.

사진과 도표로 본 토지 개혁

남한의 토지 개혁은 농민 단체와 좌파 정당의 혁명적 토지 개혁 요구와
북한의 토지 개혁 실시로 인한 영향, 농촌에서 사회주의 세력의
확대를 막으려는 미 군정과 이승만 정권의 정치적 목적이 두루 작용해
이루어졌다.

남한의 토지 소유 상황(1945년 말)

1945년 말 자작농은 13.9%, 자 · 소작농은 34.7%, 순 소작농은 48.6%에
이르렀다. 5정보 이상을 소유한 대지주는 농가 인구의 0.3%에
불과하였으나, 전체 경작지의 24.6%를 차지하고 있었다.

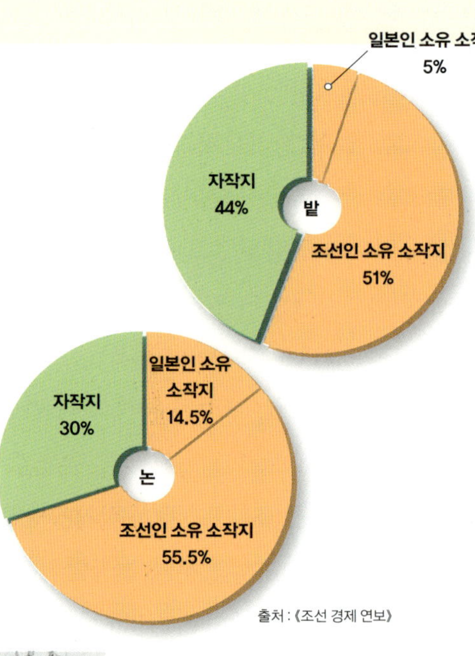

출처 : 《조선 경제 연보》

이북의 토지 개혁(1946)

1946년 3월, 이북은 지주의 토지를
무상으로 몰수하여 농민에게 무상으로
분배하는 혁명적 토지 개혁을 실시하였고,
이는 언론을 통해 이남에도 상세하게
알려졌다.

지가 증권 토지 분배가 끝난 뒤 정부가
지주에게 지급한 증서로, 1951년부터
5년간 토지 대금을 지급한다는 내용이다.
정부가 농민에게 수확의 30%를 거두어
지주에게 돈으로 지급하는 형식으로 농지
개혁이 진행되었다.

농지 개혁법의 국회 통과(1948)

1948년 미 군정은 당시 소작농에게 국가가 관리하던 토지를 분배하였다. 정부
수립 이후 헌법에 농지 개혁이 명시되고 1949년에 농지 개혁법이 통과되면서
남한에서도 전면적인 농지 개혁이 이루어졌다. 3정보[*] 이상 소유지가 분배
대상이었는데, 농민들은 연평균 수확량의 1.5배를 5년 동안 나누어 갚으면
되었다.

[*] 1정보는 약 1만 ㎡(1ha). 1949년 당시 농가 1호당 평균 경작지는
0.84정보였다. 2정보 이상이면 머슴을 고용해야 경작할 수 있는 규모이다.

소작지의 자작지화 비율(1945년)

1945년 총 소작지는 147만 7,000여 정보였는데, 이 중 89%가 1951년까지 자작 농지로
바뀌었다. 그런데 이 가운데 정부가 사들여 농민에게 되판 토지는 21% 안팎에 불과하다.
토지 개혁이 지체되면서 지주가 미리 팔아 버린 토지가 많았기 때문이다. 또한, 토지를
사거나 분배받은 농민이 다시 소작인이 되는 경우도 적지 않았다. 이렇듯 불완전한
개혁이었지만, 경작지 대부분이 자작지로 재편되어 더 이상 지주가 지배 계급으로
존재하지 못하게 된 것만은 분명하였다.

출처 : 김성호 외, 《농지 개혁사 연구》

1,300년 만의 분단······ 국민은 평화와 민주주의를 꿈꿨다

분단이 분명해지면서 남북간 경제 교류가 불가능해졌다. 1948년 5월에는 이북이 사용료를 지불하지 않았다는 이유로 이남으로의 전기 공급을 중단하였고, 1949년에는 한국 정부가 치안을 이유로 북한과의 교역을 금지시켰다.

38도선 이남과 이북은 경제 구조가 크게 달라 교역이 꼭 필요하였다. 이남이 경지 면적이 넓고 식량 생산이 많다면, 이북은 지하 자원과 전력 생산에서 이남을 압도하였다. 따라서 남북 교역의 중단은 가뜩이나 어려운 경제를 더욱 힘들게 하였다.

경제적 이유가 아니더라도 이남과 이북의 대다수 국민들은 분단을 현실로 인정할 수 없었다. 통일 신라 이래 1,300여 년 동안 단일한 국가 체제에서 생활해 왔고, 일제에 맞서 함께 싸운 한 민족이기 때문이었다. 그래서 대한민국이든 조선 민주주의 인민 공화국이든 모두 불완전한 국가일 수밖에 없었다.

이승만은 반공 국가를 수립하고, 전쟁을 해서라도 반드시 통일을 이루겠다고 약속하였다. 하지만 대다수 국민은 평화와 협상을 통한 통일을 원했으며, 민주 사회를 희망하였다.

1950년 5월 30일에 실시된 제2대 국회 의원 선거가 그 증거였다. 이승만을 지지한 대한 국민당과 한민당의 후신인 민주 국민당은 국민의 선택을 받지 못하였고, 단독 정부 수립에 반대하여 1948년 선거에 불참했던 중도파가 대거 당선되었다.

이제 이승만 지지자들이 몰락한 국회에서 이승만이 아닌 새 대통령을 뽑을 수도 있고, 중도파가 늘 주장해 왔듯 협상을 통한 통일, 철저한 친일 청산, 민주주의와 인권을 위한 새로운 제도가 마련될 수 있다는 희망도 생겨났다.

그런데 이로부터 26일 뒤 전쟁이 일어났고, 전쟁은 상황을 완전히 바꾸어 버렸다.

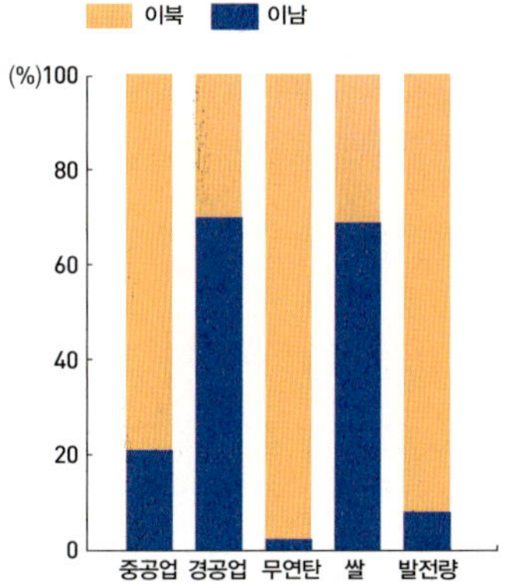

출처 : 조선 은행 조사부, 《조선 경제 연보》, 1948

해방 당시 38도선 이남과 이북의 경제 구조 비교 일제가 추진한 병참 기지화 정책은 이북 지역을 중화학 공업 지역으로 집중 개발하는 정책이었다. 그 결과 경제 구조의 왜곡이 더욱 심해졌다.

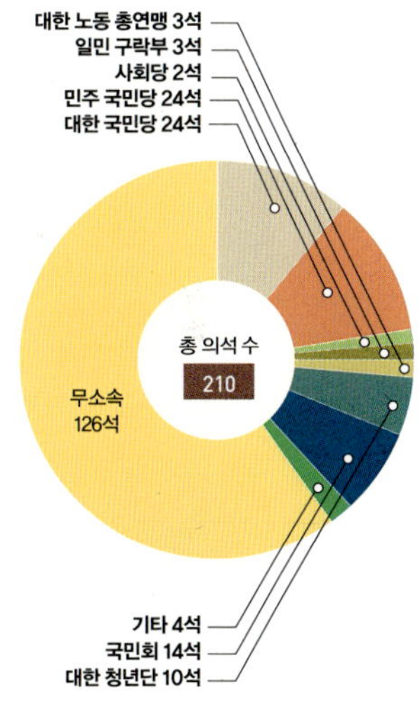

출처 : 중앙 선거 관리 위원회, 《대한민국 선거사》

1950년대 제2대 국회 의원 선거 결과 김구와 함께 남북 협상을 추진한 조소앙이 전국 최다 득표로 당선되었으며, 중도파 인사의 상당수가 무소속으로 당선되었다. 헌법에 따르면, 이때 선출된 국회 의원의 임기는 1954년까지이며, 2대 대통령은 1952년에 선출하도록 되어 있었다.

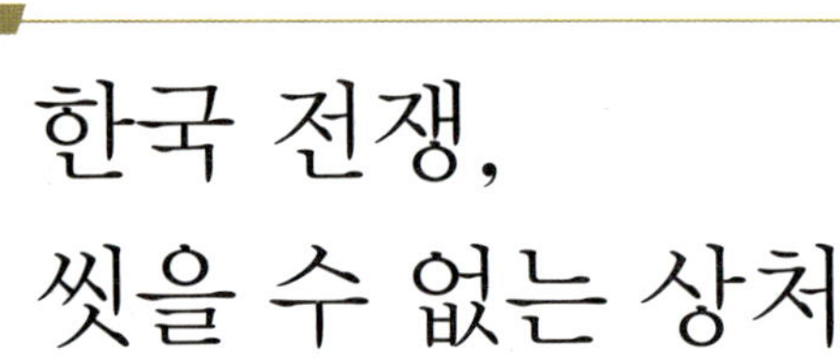

4 한국 전쟁, 씻을 수 없는 상처

비극의 시작

1950년 6월 25일 새벽, 북한 인민군이 38도선 전역에서 공격을 개시하였다. 그간 38도선 부근에서 종종 발생하였던 크고 작은 군사 충돌이 아니라 인민군의 전면적인 공격이었다. 전투가 시작된 지 사흘 만에 서울이 인민군에게 점령되었다.

전쟁은 이미 예고되어 있었는지도 모른다. 38도선 이남과 이북의 분단 정부가 서로의 체제를 반국가 단체로 규정하고, 각각 북진 통일과 국토 완정^{남진 통일}을 주장하며 군사 충돌도 마다하지 않았기 때문이다.

전면전을 준비한 쪽은 북한이었다. 북한은 소련과 중국의 도움을 얻어 빠르게 군사력을 키워, 남한보다 군사력에서 앞섰다. 게다가 북한 지도부는 '남조선 해방'에 대한 북한 주민의 열기가 높고, 남한 정부에 대한 남한 국민의 지지는 낮다고 생각하였다.

파괴된 한강 인도교 전쟁 발발 직후 이승만 정부는 함께 서울을 사수하자고 거짓 방송을 한 뒤, 몰래 대전으로 피신하였다. 그리고 인민군의 진격을 막기 위해서라며 6월 28일 새벽에 한강 철교를 폭파하였다. 부득이하게 서울에 남게 된 이들의 상당수는 서울을 점령한 인민군에게 협력하였다는 이유로 훗날 큰 어려움을 겪게 되었다.

북한은 한반도의 주변 상황도 자신에게 유리하다고 판단하였다. 1949년 한 해 동안 미군이 한국에서 모두 철수한 데다가 중국 공산당이 중국 전체를 장악하였고, 소련이 원자 폭탄을 개발하는 일이 잇달았던 것이다.

김일성과 박헌영은 1950년 4월과 5월에 소련과 중국을 차례로 방문하여 자신감을 내비치며 전쟁 의사를 밝히고, 두 나라로부터 지원 약속을 이끌어 냈다. 전쟁은 이렇게 시작되었다.

승리자 없는 전쟁

전쟁은 준비된 인민군의 일방적인 승리로 시작되었다. 그러나 참전하지 않을 것으로 북한이 예상한 미국이 즉각 전쟁에 개입하였다. 6월 27일 미 공군의 참전을 시작으로, 일주일도 채 되지 않아 일본에 있던 육군도 한국에 상륙하였다. 미국을 중심으로 16개국이 참여한 국제

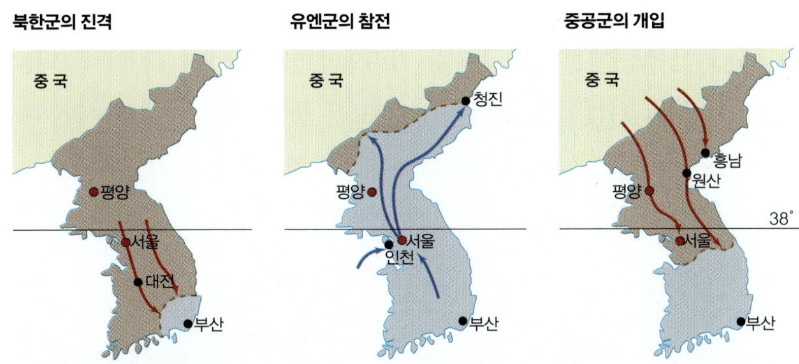

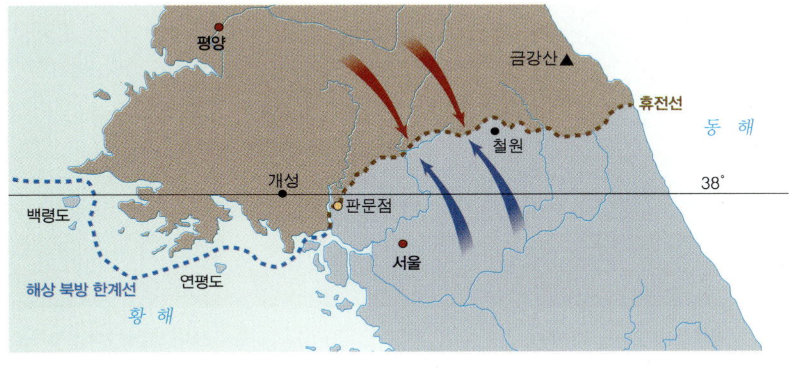

한국 전쟁 전쟁은 중·소의 지원을 약속받은 이북에 의해 시작되었다. 미국은 사회주의 진영을 봉쇄하기 위해 미국 주도의 유엔군을 조직하였고, 유엔군이 38도선 이북으로 진출하자 중국군이 개입하였다.
전선은 1년 만에 최초의 출발선으로 돌아왔다. 어느 한쪽의 승리, 무력에 의한 통일이 불가능하다는 점을 확인시킨 셈이다. 미국과 소련-중국은 모두 38도선 부근에서 전쟁을 끝내는 데 반대하지 않았다.

연합유엔군도 참전하였다.

유엔군의 대규모 개입에도 불구하고 인민군은 공세를 늦추지 않았다. 1950년 8월에는 국군과 유엔군을 낙동강 이남으로 밀어붙여 이남 지역 대부분을 장악하였을 정도였다.

전세는 9월과 10월 두 차례에 걸쳐 급격히 변화하였다.

9월 15일, 유엔군은 인천에 대규모 군대를 상륙시킨 다음 인민군을 전면 공격하였다. 반도의 허리를 가르고 들어온 유엔군에게 남과 북 양쪽에서 포위된 인민군은 급격히 무너졌고, 이제 국군과 유엔군이 평양을 비롯한 이북 지역 대부분을 장악하였다.

10월 13일에는 중국 공산당이 전쟁 참여를 공식 결정하였다. 전쟁이 이제 자본주의와 사회주의 양 진영 간의 정면 대결로 비화한 것이다. 국군과 유엔군은 중국군에게 밀려 큰 피해를 입고 한강 남쪽으로 후퇴하였다. 1951년 1월, 서울 거리에는 다시 북한의 인공기가 휘날렸다.

그러나 1월 말에 국군과 유엔군이 다시 반격을 개시하면서, 전쟁은 양측이 38도선 부근에서 밀고 밀리는 지리한 공방전 양상을 띠게 되었다.

1951년 6월 23일에 소련이 유엔 대표를 통해 휴전을 제의하자, 미국이 이를 받아들여 7월에는 본격적인 정전 협상이 시작되었다.

남부군 여수·순천 10·19사건 이후 무장 투쟁에 나선 이들과, 유엔군의 인천 상륙 이후 이북으로 돌아가지 못한 인민군으로 편성된 남부군은 국군과 비정규전을 벌였다. 지리산 등 산악 지대를 중심으로 1954년 무렵까지 활동하였다는데, 이북은 정전 협정 때 이들의 송환을 요구하지 않았다.

◀ 영화 〈남부군〉 포스터(1990)

▲ 한국군에게 붙잡힌 지리산 빨치산

전쟁이 남긴 너무 아픈 상처들

인민군이 남침을 시작했을 때 국군과 경찰은 이들과 협력할 가능성이 있다는 이유만으로 감옥에 갇혀 있던 재소자와 보도 연맹원들을 대대적으로 학살하였다. 인민군도 새로 점령한 지역에서 이른바 반동 분자¹를 색출하여 공공연하게 처형하였다.

¹ 북한이 사회주의 개혁을 추진하면서 청산 대상으로 삼은 사람들을 일컫는 말

전선이 자주 이동함에 따라 학살이 일상화되었다. 국군이 점령할 때는 인민군에 협력한 사람들이 보복을 당했고, 다시 인민군이 점령하면 반대의 일이 일어났다. 빨치산이 활동하던 지역에서도 빨치산과 토벌대에 의한 민간인 학살이 자주 일어났다.

전쟁이 길어지면서 수많은 젊은이들이 군대에 동원되었다. 많은 이들이 고향으로 돌아오지 못했으며, 일생 전쟁의 상처를 안고 살아가야 할 부상자도 속출하였다. 수많은 어린이들이 전쟁 고아가 되었고, 가족과 흩어진 이산 가족이 무려 1,000만 명을 넘어섰다.

경제적인 피해 규모도 천문학적이었다. 국토는 황폐화되고 산업 시설 대부분이 파괴되었다. 도로와 주택, 철도와 항만 시설 파괴도 헤아릴 수 없이 많았다.

파괴된 도시 폭격으로 도시 전체가 잿더미가 된 1950년 원산의 모습이다.

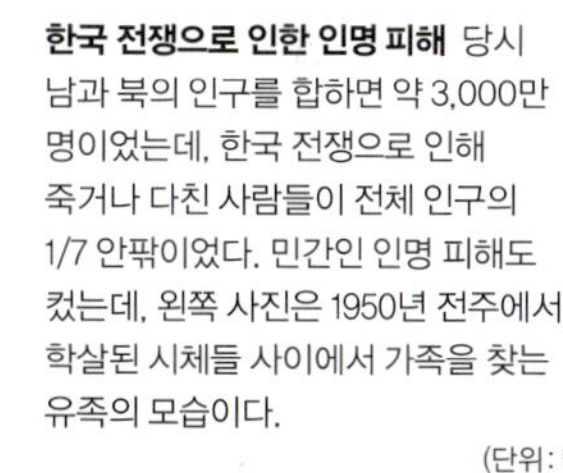

한국 전쟁으로 인한 인명 피해 당시 남과 북의 인구를 합하면 약 3,000만 명이었는데, 한국 전쟁으로 인해 죽거나 다친 사람들이 전체 인구의 1/7 안팎이었다. 민간인 인명 피해도 컸는데, 왼쪽 사진은 1950년 전주에서 학살된 시체들 사이에서 가족을 찾는 유족의 모습이다.

(단위: 명)

자료 출처	구분	군인		민간인		기타	
		한국	북한	한국	북한	유엔군	중국군
한국 정부 발표	사망	147,000	520,000	244,663	-	35,000	-
	부상	709,000	406,000	229,625	-	115,000	-
	행방 불명	131,000	-	330,312	-	1,500	-
	계	987,000	926,000	804,600	200,200	151,500	900,000
통일 조선 신문	사망	227,748	294,151	373,599	406,000	36,813	184,128
	부상	717,083	225.849	229,652	1,594,000	114,816	715,872
	행방 불명	43,572	91,206	387,744	680,000	6,198	21,836
	계	988,403	611,206	990,995	2,680,000	157,827	921,836

출처 : 백종천 · 윤종원, 〈6 · 25 전쟁에 관한 연구〉

짓밟힌 민주주의 국회가 헌법 개정을 반대하자 이승만은 군대와 경찰, 깡패를 동원하고 온갖 위협을 가하여 개헌에 동의하게 만들었다. 사진은 출근길에 국회 의원이 탄 통근 버스를 군부대로 연행하는 장면으로, 1952년 5월 26일에 전쟁 중 임시 수도였던 부산에서 있었던 일이다.

전쟁, 민주주의를 후퇴시키다

1948년 당시 한국과 북한은 각각 민주 공화국과 인민 공화국을 내걸고 민주주의 실천을 다짐했었다. 그러나 전쟁이 일어나면서 남북 모두 민주주의는 크게 후퇴하고 말았다.

한국에서는 독재자가 자신의 권력 연장을 위해 헌법 개정을 강요한 첫 번째 사건이 일어났다. 이승만은 국회 의원들에 의한 간접 선거 방식으로는 대통령에 재당선될 가능성이 없자, 1952년에 임기 만료를 앞두고 국민이 직접 대통령을 뽑는 방식^{대통령 직선제}으로 헌법을 개정하려 하였다. 이에 국회는 이승만의 개정안을 반대하고 대통령제에서 내각 책임제로 정부 형태를 바꾸는 헌법 개정안을 제출하였다. 그러자 이승만은 국회 의원 10명을 공산주의자로 몰아 구속하고, 군대와 경찰, 우익 청년 단체 등을 동원하여 국회 의원들을 위협하며 강제로 개헌안을 통과시켰다. 제1차 헌법 개정, 1952. 7

북한에서는 김일성의 권력이 더욱 강화되었다. 전쟁 직후 조선 독립 동맹을 이끌었던 인사들의 일부가 권력에서 밀려났으며, 박헌영, 이승엽 등 남로당 출신의 당 간부들이 대부분 체포되었다. 이들에게는 전쟁을 잘못 이끌었다거나, 정권 전복 음모를 꾀했다거나, 미국의 간첩 노릇을 하였다는 등의 죄목이 붙었고, 많은 사람이 처형되었다.

전쟁은 끝났으나……

전쟁은 1951년에 마무리될 수도 있었다. 그러나 정전 협상은 오래 끌었고, 그 사이에도 많은 사람이 목숨을 잃었다.

협상이 길어진 가장 큰 이유는 포로 송환 문제였다. 공산군 측은 "포로는 적극적 적대 행위가 종료된 후 지체 없이 석방하고 송환하여야 한다."는 포로 대우에 관한 제네바 협정1949. 8. 12. 118조를 내세워 양측 포로의 무조건 송환을 요구하였다. 유엔군 측은 "포로의 자유 의사에 따르자."며 자신의 의사에 반하여 불이익을 받아선 안 된다는 제네바 협정의 또 다른 조항을 근거로 내세웠다. 인민군이든 국군이든 전쟁 중에 자신의 의사와 관계없이 강제로 징집된 사람들이 많았기 때문이다. 결국 양측은 포로의 자유 의사에 따른 송환에 합의하였다.

1953년 7월 27일, 드디어 미국과 북한－중국 대표가 정전 협정에 서명하였다. 한국 정부는 북진 통일을 고집하며 서명을 거부하고 맞섰으나, 전쟁이 끝난 것은 분명하였다.

정전이 일시적인 휴전에 그칠지, 정치 협상을 통한 평화 체제의 수립으로 이어질지는 90일 이내에 열릴 정치 협상에서 결정하기로 되었다.

정전이 아닌 영구적인 평화를 위해 남북한은 무엇을 해야 했을까?

판문점 서울에서 북으로 약 50km, 개성에서 동으로 약 10km 떨어진 지점에 위치해 있다. 이곳에서 정전 협정이 조인되었고, 포로 교환도 이루어졌다. 군사 정전 위원회 본회의장, 유엔 측의 '자유의 집'과 북한 측의 판문각이 있다. 사진에서 정면으로 보이는 건물이 판문각이다.

정전 협정 조인서 아래 사진은 판문점에서 정전 협정에 조인하는 장면이다. 조인서의 윗줄 왼쪽부터 조선 인민군 사령관, 중국 인민 의용군 사령관, 미 합참의장의 서명이 보이고, 그 아래 조인식에 참가한 인민군 대표 남일과 유엔군 대표 해리슨의 서명도 보인다.

중립국을 찾은 한국인,
한국 전쟁에 희생된 외국인

거제도 포로 수용소 한국 전쟁 당시 약 13만 2,000명의 공산군 포로가 이곳에 수용되었다. 여기서는 전쟁 포로와 이들을 감시하는 유엔군 사이의 충돌은 물론, 이북행을 희망하는 포로와 이남에 남길 원하는 포로 사이에도 수시로 충돌이 일어났다.

자기 땅을 거부한 사람들

정전 협정이 효력을 발휘하면서 유엔군과 공산군은 전쟁 포로를 본국으로 돌려보냈다. 중국군과 인민군에 가담하였던 7만 5,823명, 유엔군과 국군으로 참전하였던 1만 2,773명이 본국으로 송환되었다.

그러나 본국으로 돌아가지 않은 포로도 많았다. 돌아갈 것인지 그곳에 남을 것인지는 포로 본인이 선택하였다. 유엔군이 사로잡은 포로 가운데 7,604명의 인민군 포로와 1만 4,235명의 중국군 포로는 한국과 대만으로 가길 원했다. 국군 포로 325명과 미군 포로 21명, 영국군 포로 1명은 북한에 남길 희망하였다.

떠날 자와 남을 자가 결정될 때까지 포로 수용소는 또 다른 전쟁터였다. 유엔군은 더 많은 인민군 포로가 이남에 남기를 기대하였다. 인민군 포로조차 공산주의를 반대한다고 선전할 수 있기 때문이었다. 그러나 많은 인민군 포로가 무조건 송환을 요구하며 강경하게 반발하였다.

소설 《광장》 인민군 포로로 있다가 중립국을 선택한 이명준이 주인공으로 등장하는 최인훈의 소설이다. 소설 속에서 이명준은 남한을 개인주의만 있고 국민이 없는, 밀실만 푸짐하고 광장이 없는 곳으로, 북한을 개인의 내밀한 공간은 없고 광장만 터무니없이 강요되는 곳으로 여긴다. 위 사진은 북으로의 귀환 문제를 놓고 북한 대표와 설전을 벌이는 포로의 모습이다.

한국이나 대만, 북한이나 중국이 아닌 제3국을 선택한 포로도 있었다. 남측에 잡혀 있던 공산군 86명과 북측에 잡혀 있던 국군 2명은 제3국행을 희망하였다. 남북한 출신 76명과 중국 출신 12명이 그들이었다.

1954년 2월 21일, 제3국행을 희망한 88명을 실은 배가 인도를 향해 출발하였다. 1956년에는 처음부터 인도를 원했던 15명을 제외하고 55명이 브라질로, 9명이 아르헨티나로 다시 이주하였다.

그런데 76명의 한국인은 왜 남도 아니고 북도 아닌 곳을, 12명의 중국군 포로는 중국도 대만도 아닌 곳을 택했을까? 그들은 왜 말도 글도 통하지 않는 낯선 곳을 선택하였을까?

한국에서 세상을 떠난 외국 군인들

미국은 한국 전쟁이 일어난 지 사흘 만에 남한에 군대를 파견하였다. 이후 한국에서는 남한과 16개국의 군대로 구성된 유엔군이 한 진영을 이루고, 북한과 중국군이 한 진영을 이루어 싸웠다. 비밀리

미국 워싱턴에 있는 한국 전쟁 기념 공원 전쟁 중 사망한 미군의 유해는 모두 미국으로 보내졌는데, 사진은 유해의 일부가 묻힌 곳에 조성된 한국 전쟁 기념 공원이다. 이곳은 정전 협정이 체결된 지 42주년이 되던 1995년 7월 27일에 조성되었다.

부산의 유엔 묘지 2001년부터 '재한 유엔 기념 공원'으로 부르는데, 한국 전쟁에서 사망한 유엔군들이 묻혀 있다. 1951년 4월부터 유해를 묻기 시작하였다.

에 참가한 일본과 소련, 의료 지원단을 파견한 5개국을 합치면 모두 26개국이 참가한 셈이었다. 한국 전쟁은 제2차 세계 대전 다음으로 비용이 많이 든 전쟁이자, 세계의 주요 강대국들이 다 참가한 그야말로 국제적인 전쟁이었다.

미국은 유엔이 인정한 합법 정부를 침략한 북한을 비난하면서 공산주의의 확산을 막는다는 구실로 유엔군 결성을 제안하였다. 전쟁에 참가한 유엔군 수만 명이 목숨을 잃었다.

중국은 사회주의 형제국을 돕는다는 명분 외에도, 미군이 북한 지역을 장악하면 자국의 안보가 크게 위협받는다며 전쟁에 참가하였다. 중국군 가운데 20만 명 정도가 전사하였다.

소련과 일본도 전쟁에 참가하였다. 소련은 1950년 말부터 공군과 함께 미 공군기를 격추할 고사포 부대를 파견하여 미군기 약 1,300대를 격추하였다. 일본의 경우 수천 명의 일본인이 유엔군 사령부에서 일했으며, 일본 해상 보안청 소속 함대를 파견하기도 하였다. 그러나 그 상세한 내용은 지금까지 비밀에 부쳐지고 있다.

한국 전쟁의 승리자는 일본과 독일?

일본 자위대 일본은 제2차 세계 대전 이후 군대를 보유하지 않기로 국제 사회에 약속하였다. 그러나 한국 전쟁 발발 직후 경찰 예비대를 창설하고 1952년에 보안대로 재편한 다음, 1954년에는 사실상의 군대라 할 수 있는 자위대를 조직하였다. 자위대는 말 그대로 '국토 방어를 목표로 하는 부대'라는 뜻인데, 최근에는 헌법을 바꾸어 명실상부한 국군으로 개편하기 위한 방안을 검토하고 있다.

한국 전쟁을 연구하면서 느끼는 한 가지 흥미로운 사실은, 누구도 승리하지 못한 전쟁에서 누구도 패배하지 않았다고 주장한다는 점이다. 수많은 인명 피해와 파괴로 점철되어 있는데도, 모두가 승리했다고 주장한다.

대한민국 정부는 북한의 불법 남침과 적화 야욕으로부터 자유 민주주의 체제를 지켜 냈다고 주장한다. 조선 민주주의 인민 공화국 정부는 미국과 이승만 정부의 침략을 막아 내고 사회주의 조국을 성공적으로 보위했다고 주장한다. 중국은 한반도 전체를 점령하여 중국을 향한 전초 기지를 세우려는 미국의 음모를 깨뜨렸다고 주장한다. 미국 역시 대한민국 정부와 같은 주장을 하고 있지만……

누구도 승리하지 못한 전쟁이지만, 엄밀하게 이 전쟁의 수혜자를 따져 본다면 그것은 바로 일본이 아닐까? …… 그러나 일본은 자의보다는 타의에 의해 전쟁 특수를 챙겼다. 또한 자위대를 출범시켜 재무장할 수 있는 기회를 만들었다. 그리고 한국 전쟁 기간에 체결된 샌프란시스코 강화 조약을 통해 제2차 세계 대전에 대한 면죄부를 챙기고자 하였다. 이 회담에서 일본은 독도 문제를 자기 입맛에 맞게 처리할 수 있었다. …… 독일 역시 혜택을 보았다. 한국 전쟁 시기 유럽에서 소련을 봉쇄할 방안을 강구하던 미국은, 독일의 경제 재건과 재무장이 소련 봉쇄의 필수 요건이라 생각하였다.

— 박태균, 《한국 전쟁》

샌프란시스코 강화 조약 일본의 전쟁 책임 문제를 해결하기 위하여 1951년 9월 8일 일본과 연합국 사이에 조인된 조약. 제2차 세계 대전을 공식적으로 끝낸 이 조약을 통해 일본은 독립을 회복하였으며, 배상 및 영토와 관련된 문제를 유리하게 해결하였다.

5 전쟁의 유산, 남과 북이 다른 길을 걷다

제네바 회담(1954) 한국 전쟁의 당사자인 한국과 유엔군 측 15개국, 북한과 중국, 소련 등 19개국이 참가하였다. 그러나 전쟁 당사국 간 완전한 전쟁 종료에 대한 합의를 이루지 못함으로써 한국 전쟁은 여전히 끝나지 않은 상태로 남아 있다.

평화를 향한 협상……머리를 맞대긴 하였으나

1954년 4월 26일부터 6월 15일까지 스위스 제네바에서 남북한을 비롯하여 미국, 소련, 중국 등 한국 전쟁의 당사국들이 모두 참가한 회의가 열렸다. 이는 1년 전에 맺은 정전 협정에 따른 것이었다.

> 정전 협정 성립 후 3개월 이내에 고위급 정치 회담을 개최할 것을 권고한다. 관계 각국 정부는 이 회담에서 모든 외국 군대를 한국에서 철수시키는 사항과 한국 문제 및 기타 문제를 평화적으로 해결하는 사항을 고려하도록 요청한다. – 정전 협정 제60조, 1953. 7. 27.

제네바 정치 회담은 정전을 일시적 전투 중지에서 항구적인 평화 체제로 이어 가기 위한 회담이었으며, 남북한과 주변국이 한국의 통일 문제를 처음이자 마지막으로 논의한 국제 회의였다.

북한과 중국, 소련 등 공산 측은 회담에 적극적이었으나, 한국은 이 회담이 공산 측의 평화 공세에 불과하다며 소극적인 태도를 취하였다. 따라서 회담은 순조롭게 진행되지 못하였다.

한국 정부는 1954년 5월, 유엔 감시하 남북한 자유 선거를 통한 통일 정부 구성을 제안하면서, 선거 전에 이북의 중국군을 모두 철수하라고 요구하였다. 북한은 전쟁 당사자인 유엔을 배제하고 중립국 감시 위원회를 구성한 다음, 남북의 외국군을 모두 철수한 상태에서 선거를 통해 통일 정부를 구성하자고 제안하였다.

그러나 유엔의 권위 인정 문제와 외국군 철수 문제를 두고 쌍방이 의견 차이를 좁히지 못함으로써, 회담은 성과 없이 끝났다. 전쟁 당사자들 간의 화해와 협력, 한반도의 평화 정착을 위한 기회는 또다시 무산되었다.

한국 – 한 · 미 동맹과 시장 경제

서명을 거부하며 정전 협정을 조인하지 않은 데다 제네바 회담에도 소극적이었던 한국 정부는, 강력한 반공 정책을 내세우면서 미국에 군사 경제 원조를 요청하였다. 이는 한국을 중국–소련과 대결할 냉전 기지로 만들려는 미국의 의도와도 맞물렸다.

제2차 개헌 1954년에 두 번째 헌법 개정이 있었다. 초대 대통령에 한하여 중임 제한을 폐지함으로써 이승만의 영구 집권을 가능하게 한 개헌이었다. 사진은 개헌안 처리에 항의하는 야당 의원의 모습이다.

재벌 형성 1950년대는 향후 재벌이라 불릴 대기업 집단이 형성된 시기였다. 이들 대부분이 정부의 귀속 업체를 사들였으며, 정부로부터 원조 물자를 배정받아 기업을 경영하였다. 당시 주요 산업에서 이들 대기업이 큰 비중을 차지함으로써 중소기업은 설 자리가 좁았다.

1953년 10월 한·미 상호 방위 조약이 체결되고, 1954년 11월에는 한·미 간 군사 경제 원조에 관한 합의록이 채택되었다. 이로써 미군이 남한에 주둔하면서 한국군 지휘권을 장악하고, 원조 자금의 흐름을 통제함으로써 한국의 경제 정책에도 개입할 수 있게 되었다.

이승만 정부는 전쟁으로 어려워진 경제를 안정시키기 위해 미국의 경제 원조를 적극 활용하였다. 미국의 원조는 농산물이나 농업 용품, 밀가루·설탕·면화 등 소비재 공업 원료가 중심이었는데, 정부는 이를 팔아 얻은 수입의 대부분을 국방 예산에 충당하였다.

미국의 경제 원조는 부족한 물자 문제를 해결하고 경제를 안정시키는 데 어느 정도 도움을 주었으며, 면직·제분·제당 등 소비재 공업의 발전에도 기여하였다. 그러나 값싼 농산물이 많이 들어와 농산물 가격이 떨어지면서 농민들은 큰 어려움을 겪었다.

이승만 정부는 헌법을 개정하여 공익 실현을 위해 국가가 경영하기로 한 중요 산업의 범위를 크게 줄였다. 제2차 개헌, 1954. 또한, 국가가 관리하던 귀속 업체옛 일본인 소유 기업체 대부분을 1955년부터 민간에 판매하였다.

귀속 업체 판매를 주관하고 원조 자금과 물자를 배분하는 정부의 힘은 여전히 컸으나, 국·공유 범위를 최소화함으로써 민간 사기업 중심의 자본주의 체제가 분명히 자리 잡았다.

1950년대 10대 대기업의 산업 지배력과 축적 기반

기업명 (창립 연도)	계열 기업 (1961년)	귀속 재산 불하 여부	원조 물자 배정 여부
삼성(1938)	13	○	○
삼호(1950)	7	○	○
개풍(1949)	9	×	○
대한(1946)	5	○	○
럭키(1947)	4	×	○
동양(1953)	4	○	○
극동(1947)	4	○	○
한국유리(1954)	2	×	○
동립(1949)	2	○	○
태창(1916)	2	○	○

출처 : 이헌창, 《한국 경제 통사》에서 재인용

1958년 주요 제조업에서 대기업의 비중

사회주의 북한

북한은 전쟁 피해를 복구하면서 경제와 사회 제도를 사회주의 체제로 개조하고, 주변 사회주의 국가들로부터 경제 원조를 받았다.

1954~1956년 사이에 소련과 중국, 동유럽 사회주의 국가들이 북한 전체 예산의 23%에 이르는 경제 원조를 하였는데, 북한은 이를 주로 중공업을 발전시키는 데 투자하였다. 중공업 육성을 통해 소비재 공업에 쓰일 기계나 중간재, 비료와 농기계 등을 생산함으로써 하루 빨리 자립적 경제 구조를 갖추기 위해서였다.

북한은 1954년부터 국가가 생산과 분배를 중앙 집중식으로 계획하는 인민 경제 복구 발전 3개년 계획^{1954~1956}, 제1차 5개년 계획^{1957~1960. 1년 일찍 목표 달성}을 연이어 시행하였다. 농업의 협동화도 1954년부터 빠르게 진행되어, 1958년에는 모든 농민이 협동 조합에 가입하고, 공동 생산 공동 분배의 체제를 갖추게 되었다. 개인 수공업자들도 1958년까지 모두 협동 조합에 편입되었다.

1950년대를 보내며, 사회적 소유^{국유·공유}와 계획 경제가 결합된 사회주의 체제가 확립된 것이다.

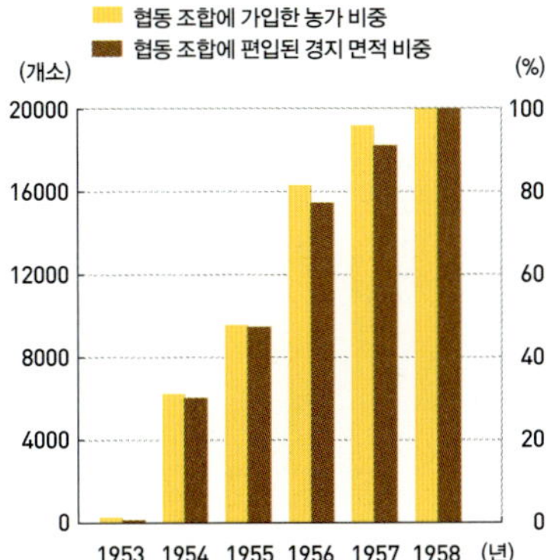

협동 조합화의 비율 협동 조합은 리 단위로 구성되었으며, 하나의 협동 조합은 평균 300여 호의 농가가 500정보의 토지를 경작하였다. 협동 조합은 몇 개의 작업반으로 다시 나뉘어 일한 만큼 생산물을 분배받았다.

북한 사회 계층 구성의 변화 농민과 개인 수공업자가 협동 조합에 소속되고, 공업화가 전개되면서 노동자와 사무원이 크게 늘어났음을 볼 수 있다.

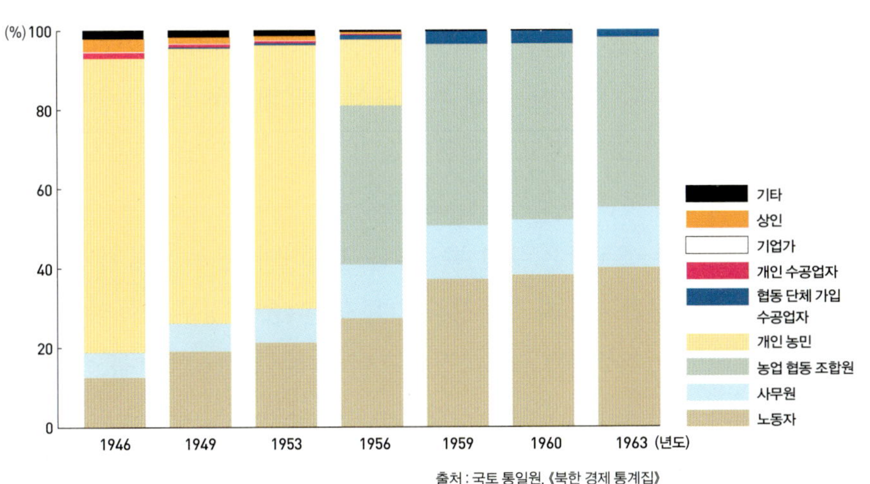

출처 : 국토 통일원, 《북한 경제 통계집》

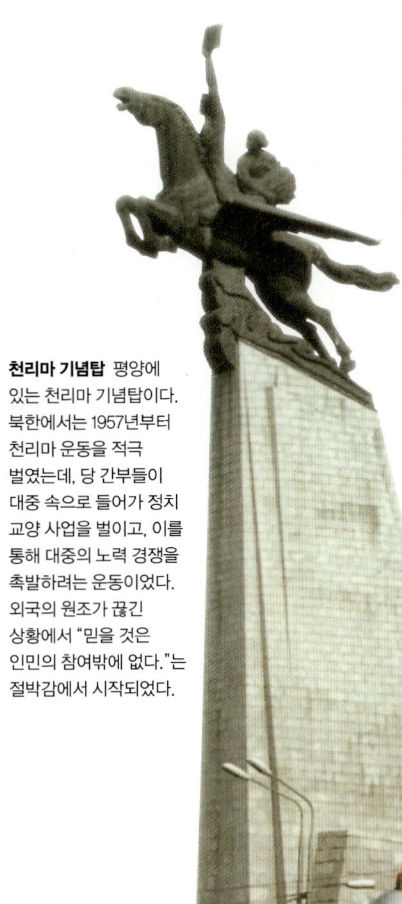

천리마 기념탑 평양에 있는 천리마 기념탑이다. 북한에서는 1957년부터 천리마 운동을 적극 벌였는데, 당 간부들이 대중 속으로 들어가 정치 교양 사업을 벌이고, 이를 통해 대중의 노력 경쟁을 촉발하려는 운동이었다. 외국의 원조가 끊긴 상황에서 "믿을 것은 인민의 참여밖에 없다."는 절박감에서 시작되었다.

한국이 미국과 꾸준히 동맹을 유지한 데 반해, 북한과 중·소의 관계는 그리 원만하지 않았다. 1958년 무렵에는 경제 원조가 거의 끊겼고, 중국군도 북에서 완전 철수하였다. 특히, 1950년대 후반부터 중국과 소련이 대립하면서 북한은 더욱 어려운 상황에 빠졌다. 이 무렵부터 북한은 군사에서 자위, 경제에서 자립, 사상에서 주체를 표방하는 북한식 사회주의 건설 노선을 구체화하기 시작하였다.

한 민족 두 국민

분단과 전쟁을 거치면서 이북에서 사회주의를 반대하는 인사들이 대거 남쪽으로 내려왔다. 그런가 하면 이남에서 사회주의를 지지하는 상당수 인사들은 이북으로 갔다. 한국이 반공과 자본주의 체제를, 북한이 반미와 사회주의 체제를 지향하면서 이남과 이북은 서로 다른 길을 가게 되었다. 자유 민주주의 이념을 내세운 한국 정부는 선거를 실시하고 의회를 유지하면서 북한을 공산 독재라고 비판하였다. 자립 경제와 자주 노선을 내세운 북한 지도부는 '남조선을 미국으로부터 해방시켜야 한다.'고 주장하였다.

남북 두 정부는 날카롭게 대립하였으나, 양측 모두 더는 전쟁을 원하지 않았다. 전쟁으로 인한 상처가 너무 클뿐더러, 남북 모두 체제 강화를 앞세웠기 때문이다.

한편, 남북 협상을 통한 평화와 통일을 추구하는 세력도 있었다. "공산 독재는 물론 자본가와 부패 분자의 독재도 배격하고[2항] …… 평화적 방식에 의한 조국 통일의 실현[4항]"을 강령으로 내걸었던 진보당이 대표적이다.

진보당의 당수 조봉암은 무력 통일론을 반대하며, 남북 당국이 협력하여 통일 정부를 세우자고 주장하였다. 또, 이승만 정부의 독재에 맞서 진보적인 민주주의를 실현하겠다고 나섰다. 그러나 남과 북, 반공과 반미가 날카롭게 대결하는 상황에서 진보당의 주장이 관철되기는 어려웠다.

진보당 사건 재판 광경 1956년 3대 대통령 선거에 출마한 조봉암은 엄청난 돌풍을 일으켰으나, 권력의 위협을 느낀 이승만 정권에 의해 간첩죄로 체포되어 처형당하였다. 1956년 북한에서도 권력 투쟁이 일어나 북한 지도부 내 독립 동맹 계열과 소련파가 모두 밀려나고 김일성 중심의 지도 체제가 더욱 강화되었다.

냉전, 냉전 속의 열전

베트남과 프랑스의 전쟁은 마침내 베트남의 승리로 끝났다. 전쟁을 끝내면서 북위 17도선을 경계로 양측의 군대가 철수하고, 1956년까지 총선을 치러 통일 정부를 수립하기로 하였다. 그러나 미국이 이에 반대하여 남베트남을 지원하면서 17도선은 상당 기간 국경이 되고 말았다.

남베트남 해방 민족 전선 북베트남과 손잡고 베트남 통일을 위해 싸우던 남베트남 주민들로 조직된 단체

냉전으로 인해 한국, 중국, 베트남, 독일 네 나라는 통일 국가를 형성하지 못하였으며, 한국과 베트남은 동족끼리 전쟁을 치렀다.

한국, 독일, 베트남의 분단은 제2차 세계 대전 직후 시작되었다. 전쟁이 끝나면서 독일은 미국, 영국, 프랑스, 소련이, 한국은 미국과 소련이, 베트남은 영국과 중국이 분할 점령하였다.

중국은 1949년에 공산당이 중국 전체를 장악하고 중화 인민 공화국을 선포하자, 이때까지 중국을 이끌던 국민당은 타이완으로 옮겨갔고, 미국이 중국의 타이완 공격을 막고 나선 뒤 현재까지 그 상태가 이어지고 있다.

한국과 독일은 냉전이 격화되는 가운데 1948년과 1949년 각각 단독 정부를 수립하면서 분단의 길을 걸었다. 독일은 냉전이 끝나면서 통일을 이룩하였으나, 한국은 여전히 분단된 국가로 남아 있다.

제2차 세계 대전 당시 진주한 일본군이 항복하자 베트남은 독립을 선언하였다. 하지만 과거 베트남의 식민 정부였던 프랑스가 재지배 야욕을 드러내어 전쟁이 벌어졌다(1946~1954, 인도차이나 전쟁). 1954년에 독립을 회복하였으나 완전한 독립이 아닌 절반의 독립이었고, 1965년부터는 남베트남을 지원하는 미국과 오랜 전쟁을 치른 끝에 통일을 이루었다.

6 평등의 제도화, 현대 사회의 출발점

"모든 국민은 법 앞에 평등하다."

> 모든 국민은 법률 앞에 평등이며, 성별, 신앙 또는 사회적 신분에 의하여 정치적·경제적·사회적 생활의 모든 영역에 있어서 차별을 받지 아니한다. 사회적 특수 계급의 제도는 일절 인정되지 아니하며 여하한 형태로도 이를 창설하지 못한다. – 헌법(1948) 8조

한국인들은 독립이 분단으로, 분단이 전쟁으로 이어지는 격동의 세월을 보냈다. 해방의 감격이 실망으로 바뀌고, 분단의 아픔이 전쟁의 고통으로 이어졌으나, 이 기간은 낡은 것을 무너뜨리고 새로운 세상을 만들어 가는 희망의 시간이기도 하였다.

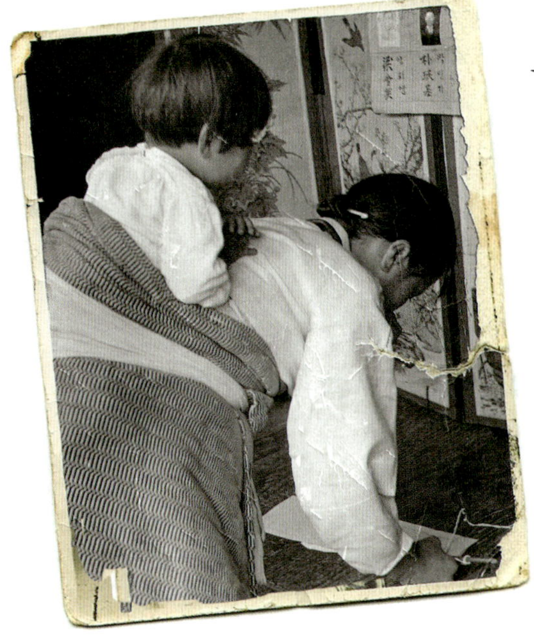

가장 분명한 변화는 법 앞의 평등이 대원칙으로서 분명히 뿌리를 내렸다는 점이다. 헌법에서 "모든 국민은 법 앞에 평등하다."라고 규정하였을 뿐만 아니라, 성별이나 종교 등에 관계없이 모든 성년이 1표씩 행사하는 보통 선거가 제도화되고, 꾸준히 유지되었기 때문이다.

5·10 선거 첫 선거를 준비하면서 투표권 부여 범위에 대한 논란이 적지 않았다. 20세 이상으로 할 것인지, 25세 이상으로 할 것인지, 글을 모르는 사람에게 투표권을 줄 것인지, 말 것인지의 여부였다. 한민당을 비롯한 우파에서는 25세 이상과 문맹자의 선거권 제한을 내세웠으나, 최종안은 21세 이상의 모든 남녀에게 투표권을 주는 것으로 정해졌다.

양반의 정치적 특권이 소멸되고, 해방 이후 토지 개혁을 통해 지주 제도가 사라졌다. 전쟁과 광범위한 인구 이동도 평등 사회로 가는 길을 재촉하였다.

해방된 한국에서 양반 지주가 농민을 수탈하고 국가가 특권층을 관리로 선발하여 국민을 지배하던 시대는 분명히 막을 내렸다.

교육 기적이 일어나다

> 모든 국민은 균등하게 교육을 받을 권리가 있다. 적어도 초등 교육은 의무적이며 무상으로 한다. 모든 교육 기관은 국가의 감독을 받으며 교육 제도는 법률로써 정한다.
>
> — 헌법(1948) 16조

해방과 함께 한국인의 교육열이 폭발하였으며, 그것은 전쟁 이후에도 식지 않았다. 많은 사람이 새로운 사회를 이끌어 갈 인재를 기르는 일에 기꺼이 뛰어들었고, 모든 국민은 법 앞에 평등하다는 생각이 확산되면서 교육이 가장 확실한 계층 상승 수단으로 떠올랐기 때문이다.

도시와 농촌을 막론하고 수많은 학교가 세워졌다. 국가나 개인이 세운 학교도 많았고, 민간 모금으로 세워진 학교도 많았다.

교실과 교사가 부족해 대도시는 학급당 학생 수가 100여 명에 이르렀으며, 한 교실에서 2부제, 3부제 수업이 이루어지는 일도 허다하였다. 그러나 배움에 대한 열망은 식을 줄 몰랐다.

'널리 인간을 이롭게 한다.'라는 단군의 건국 이념이 교육 이념으로 제정되었으나, 교육 제도를 만들고 이를 운영할 내용을 채우는 데는 미국 교육의 영향이 컸다. 미국식 민주 시민 교육 이념이 도입되었으며, 초·중·고등 학교를 6년-3년-3년으로 하는 새로운 학제도 마련되었다.

초등 학교 취학률이 크게 높아졌으며, 일제 강점기에 억제되었던

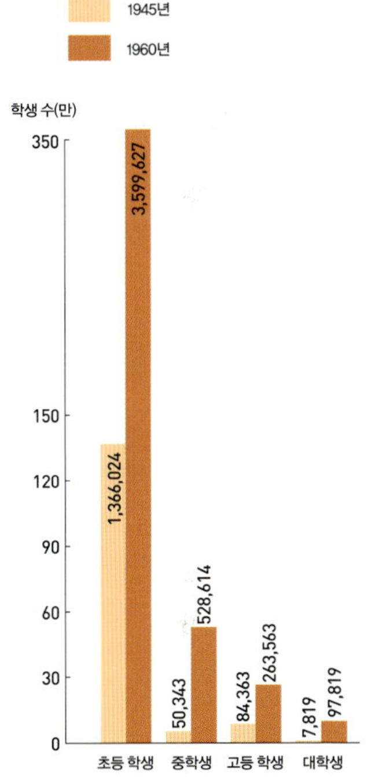

출처 : 한국 정신 문화 연구원, 《한국 전쟁과 사회 구조의 변화》

해방 후의 교육 기적 초등 학교 학생 수는 2.6배, 중학생 수는 11배, 고등 학생 수는 3.1배, 대학생 수는 12배 늘어났다. 1961년 현재 총인구 대비 대학생과 전문 학생 비율은 한국을 100으로 할 때 미국 455.8%, 프랑스 129.4%, 일본 209.1%보다 낮으나, 영국 93.8%, 대만 71.7%보다는 높아 국민 소득 규모로 보면 최빈국이던 한국이 고등 교육 면에서는 선진국 수준이었다.

피난지 학교 1950년 7~8월에 피난민이 대거 몰리던 부산을 중심으로 곳곳에서 천막 학교가 들어섰다. 피난 온 학생과 교사(교수)가 원 소속 학교와 상관없이 함께 모여 공부하였으며, 전시 연합 대학도 운영되었다.

중·고등 교육이 크게 확대되었다. 미국을 중심으로 해외 유학생도 빠르게 늘어났다.

그러나 지나친 교육열로 인한 부작용도 없지 않았다. '개천에서 용 난다.'는 말처럼 교육을 통해 계층 상승에 성공하는 사람이 늘자, 입시 경쟁을 비롯하여 교육의 기회를 둘러싼 경쟁이 치열해졌고, 치맛바람이라 불린 사교육 열풍이 사회 문제로 대두하기도 하였다. 고등 교육을 받은 학생들 대다수가 도시 중간층 출신이었고, 학교를 오래 다녔다고 해서 더 좋은 일자리를 얻는 것은 아니었다.

하지만 교육의 확대는 평등 사회를 앞당기는 데 긍정적으로 작용하였으며, 1960년대 이후 경제 성장의 중요한 밑거름이 되었다.

여성의 사회 진출과 달라진 여성의 지위

해방 직후 탄생한 건국 부녀 동맹[1945]은 "조선의 진정한 해방은 여성 해방으로 완성된다."라고 선언하였다. 일제가 물러나도 여성에 대한 차별은 개선되지 않을 것이며, 전쟁으로 인해 여성이 가장 큰 피해를 입을 것임을 미리 알고 있었던 것일까?

해방과 건국, 분단과 전쟁은 여성의 삶과 지위에 큰 영향을 주었다. 21세 이상이면 남녀 모두 차별 없이 선거권을 행사하였으며, "혼인은 남녀 동권을 기본으로 하며, 혼인의 순결과 가족의 건강은 국가의 특별한 보호를 받는다."^{헌법 20조} 라는, 차별 폐지의 정신이 헌법에 담겼다.

그러나 첫 선거에서 단 한 명의 여성도 국회 의원으로 선출되지 못하였으며, 혼인의 순결을 내세운 헌법도 한 남자가 여러 첩을 거느릴 수 있는 축첩제를 부정하지 않았다.

전쟁은 수많은 여성을 고통 속으로 몰아넣었다. 특히, 전쟁으로 인해 남편을 잃은 수많은 여성 가장의 삶은 눈물겨웠다. 남성이 없는 집안의 여성 농민은 힘겨운 농사일을 도맡아야 했으며, 시장에 좌판을 벌이거나 이 도시 저 도시를 오가며 행상을 벌이는 여성들도 많았다.

제도적으로는 매춘이 폐지되었지만 많은 여성이 매춘으로 생계를 이어 갔으며, 여성 청소년 다수가 부유층의 식모로 살았다. 제조업 노동자의 40% 안팎을 차지한 여성 노동자들 역시 저임금과 장시간 노동에 시달려야 했다.

여성 상인들로 가득한 남대문 시장
전쟁을 겪으며 서울과 부산 등 대도시로 인구가 크게 몰렸다. 마땅한 생계 수단이 없는 사람들은 막노동을 하거나 상업에 종사하면서 어렵게 생활을 꾸려 갔다. 서울의 남대문 시장이나 동대문 시장은 대부분 여성들에 의해 운영되다시피 하였다.

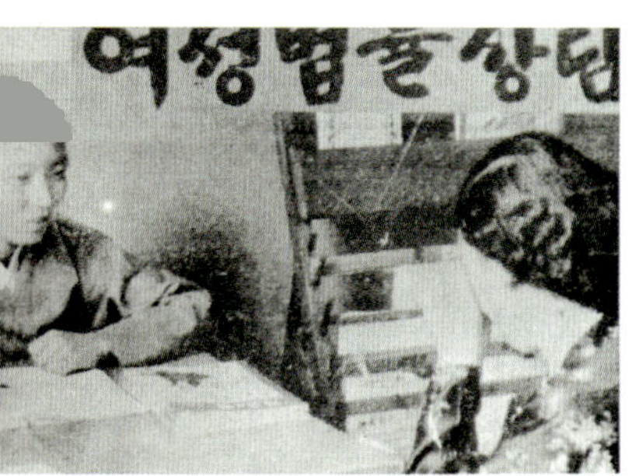

여성 법률 상담소 1950년대에는 여성 문제를 적극적으로 제기한 여성 문제 연구회와 여성의 법적 지위 개선을 목표로 내건 여성 문제 연구원, 여성 법률 상담소 등이 설립되었다. 이 단체들은 국회가 1958년에 새 민법을 제정할 때까지 대대적인 가족법 운동을 벌여 옛 민법(일제가 만든 민사령)의 여성 차별적인 요소의 상당 부분을 개선하는 성과를 거두었다.

여성의 경제 활동 참여는 1950년대 내내 확대되었다. 교육받은 여성의 수도 갈수록 늘어났고, 전문직에 종사하는 여성들도 점차 늘어갔다. 여성 법률 상담소처럼 여성의 지위 향상을 목표로 내건 단체 활동도 활발해졌고, 여성의 권익 신장을 위한 노력도 조금씩 결실을 맺어 갔다.

형법에 "배우자가 있는 자가 간통했을 경우 2년 이하의 징역에 처한다."며 축첩을 범죄로 규정하는 조항을 두었고, 이혼이나 재산권 행사에서 여성 차별을 폐지한 새로운 민법도 만들어졌다.

그래도 여전한 특권층 – 참된 민주주의는 올 것인가?

사회적인 평준화가 대세를 이루었다고 하여 모든 특권층이 사라지고 실질적 평등이 이루어진 것은 아니었다.

친일파 청산이 좌절되면서 경찰과 관료 등 일제하 특권층은 살아남았다. 이들은 국민 주권의 새 시대에도 일제가 한국인을 다루듯 국민 위에 군림하였다. "대한민국은 민주 공화국이며, 모든 권력은 국민으로부터 나온다."는 헌법 정신은 무시되었고, 관은 높고 민은 통치의 대상일 뿐이라는 관존 민비의 관념도 이어졌다.

정치인이나 관리가 개입된 부정 부패가 수없이 일어났다. 관리 채용이나 승진이 학연이나 지연 등의 연줄을 따라 이루어지고, 정치인이 특정 기업에 이권을 주는 대신 불법 자금을 받는 일도 많았다. '만사는 빽이 해결한다.'는 유행어도 생겨났다.

이들의 부패와 불법을 바로잡고 민주 공화국의 본뜻을 살리기 위한 운동이 쉽지는 않았다. 이승만은 자신과 맞설 수 있겠다는 판단 아래 대통령 후보였던 유력 정치인 조봉암을 사형에 처하고, 정당을 해산시켰다. 그리고 정부에 비판적인 기사를 썼다는 이유로 《경향신문》을 강제로 폐간하기도 하였다.

이런 상황에서 시민들이 자주적으로 단체를 결성하여 활동하기가 쉽지 않았다. 심지어 자신의 이익을 지키기 위해 싸울 수 있는 권리가 법적으로 보장된 노동자들조차 노동 조합을 결성하기가 어려웠다.

　사회에 부패와 불법이 가득하였으나 이를 견제할 수단이 거의 없는 상황은 분단과 전쟁이 가져온 정치 상황과 관련이 깊었다. 독재 정권은 북한의 전쟁 위협을 강조하고, 북한과 전쟁을 불사하겠다는 강경한 반공 정책을 내세워 사회 전체를 군사화하였다. 학생 자치를 바탕으로 민주 시민을 육성해야 할 학교에서는 학생회가 사라지고 학도 호국단이라는 군사 동원 체제가 자리 잡았다. 또한, 그나마 있던 노동 단체마저도 노동자들의 권익을 지키기보다 노동자를 동원하여 독재를 지지하도록 강요하였다. 조직 폭력배들이 반공 청년단이라는 이름을 걸고 정부 시책에 반대하는 개인이나 단체에 폭력을 행사하기도 하였다.

해방은 민주주의를 제도화함으로써 국민이 주인인 새 시대를 열었다. 그러나 독재 정치가 계속되고 특권층이 재생산되면서 민주주의와 인권은 오랫동안 숨쉴 수 없었다. 법 앞의 평등이 실질적 평등으로, 형식적인 민주주의가 생활 속의 민주주의로 자리 잡기 위해서는 또 많은 노력과 희생이 필요하였던 것이다.

이승만 정권 시기 정치 깡패 이승만 집권 시에는 이정재 등 정치 깡패들이 반공 청년단 등의 이름을 걸고 독재 정권의 하수인 노릇을 하였다. 사진은 야당의 정치 집회에서 폭력을 행사하는 모습으로, 1957년 장충단 공원에서 있었던 일이다.

《경향신문》 폐간 공고 이승만 정권은 1959년 4월 30일, 평소 정부에 비판적인 태도를 보이던 《경향신문》을 강제 폐간시켰다. 허위 사실 보도, 내란 선동 등의 이유를 들었는데, 사실은 1년 뒤에 있을 대통령 선거를 앞두고 언론을 장악하기 위한 의도에서였다. 《경향신문》은 4·19 혁명 이후에 다시 간행되었다.

7 두 갈래의 현대 문화

조선 학술원 - 신문화 건설을 다짐하다

> 본원은 과학의 모든 부문에 걸쳐서 진리를 탐구하며 기술을 연마하야 자유 조선의 신
> 문화 건설을 위한 연총(모든 것이 샘솟는 연못)이 되며 나아가서 국가의 요청에 대한 학
> 술 동원의 중축이 되기를 목적으로 함.
>
> — 조선 학술원 사업 목표 1항

1945년 8월 16일, 경제학자 백남운을 위원장으로 한 조선 학술원이 탄생하였다. 국어와 국사는 물론 사회 과학과 인문학, 자연 과학을 공부한 이들까지 두루 참가하였으며, 좌파와 우파, 중도파를 막론하고 학문 활동을 통해 신국가 건설에 참가하자고 다짐하였다.

이병도(1896~1989) 조선 총독부의 조선사 편수회에 참가하였으며, 문헌 고증 사학의 대표적 인물이다. 해방 후 서울대 국사학과 교수를 지내면서 남한 역사학의 주류를 형성하였다.

최현배(1894~1970) 조선어 학회 사건으로 복역 중 해방을 맞았다. 미 군정청, 교육부 편수국장을 지내며 교과서 행정의 기틀을 마련하였고, 한글 학회 이사장 등을 지냈다.

이태규(1902~1992) 한국인 최초의 이학 박사로 교토 제국 대학 교수를 지냈다. 해방 후 서울대 이공학 부장, 문리과대 학장을 맡은 이론 물리학자로, 자연 과학 교육에 크게 이바지하였다.

일제가 물러난 대학이나 연구소는 이제 민족 문화 재건과 신국가 건설을 위한 연구 활동을 이끄는 곳으로 개조되었으며, 여러 대학이 새로 설립되었다. 일제가 금지하였던 국어와 국사를 연구하고 공부하는 학과도 생겨났다.

민간 연구 활동도 활발하였다. 일제의 탄압으로 해산되었던 학회들이 재건되었으며, 우리말로 된 교과서를 만들고, 우리말 큰사전 편찬과 우리 역사 연구 사업도 활기를 띠었다.

그러나 좌·우 대립이 분단으로 이어지면서 단체든 개인이든 좌 아니면 우, 남 아니면 북을 선택해야 할 처지였다. 각 분야의 학술 연구자들이 참여하여 신국가 건설을 다짐하였던 조선 학술원도 아래로부터 무너져 내렸다.

좌파와 중도파 학자들 다수가 이북에 자리 잡았고, 이남에는 우파 학자들이 주류를 이루었다. 1952년 1월에는 북한에서 사회 과학, 자연 기술 과학, 농학 의학 부문 위원회와 8개 연구소로 구성된 과학원이 창설되었다. 1954년 남한에서는 인문 사회 과학부회와 자연 과학부회로 구성된 대한민국 학술원이 탄생하였다.

일제 강점기에 백남운 등이 구상하였던 중앙 아카데미가 해방과 함께 조선 학술원으로 태어났으나, 얼마 안 가 조선 학술원은 사라지고

백남운(1895~1974) 사회·경제사학의 기초를 확립하였으며, 해방 후 서울대 경제학과 교수로 재직하였다. 1947년 월북하여 북한의 과학원장을 지냈다.

홍명희(1888~1968) 신간회 부회장을 지냈으며, 일제 강점기에 소설 《임꺽정》을 발표하기도 하였다. 1948년에 월북하여 북한 과학원장, 최고 인민 회의(의회) 부의장을 지냈다.

이승기(1905~1996) 석회석과 무연탄을 원료로 한 비날론을 발명한, 한국인 최초의 공학 박사이다. 서울대 교수를 지낸 바 있으며, 1950년부터 북한에서 섬유 공업 발전에 크게 기여하였다.

두 개의 학술원이 자리 잡은 것이다. 학술의 분단이 분단을 당연시하는 학술로 이어질 위기였다.

두 갈래의 현대 문화

해방을 계기로 한국인은 미국 또는 소련의 문화를 직접 접하게 되었다. 많은 미국인과 소련인이 한국에 와서 살았고, 많은 한국인이 미국과 소련으로 유학을 떠났다. 미국과 소련은 정치, 경제, 사회, 문화 모든 면에서 남과 북이 각각 지향해야 할 본보기처럼 여겨지기도 하였다.

남한에서는 사회적 지위보다 능력을 중시하고, 개인의 자유와 경쟁 원리를 강조하는 자유주의 문화가 확산되었다. 도시를 중심으로 문화 생활의 대중화도 이루어졌다. 신문 보급이 크게 늘어났으며, 라디오도 점차 인기를 끌었다. 미국식 대중 문화도 영화와 대중 가요를 중심으로 빠르게 확산되었다.

북한에서는 개인의 자유보다 집단의 단결을 중시하는 공동체적 가치

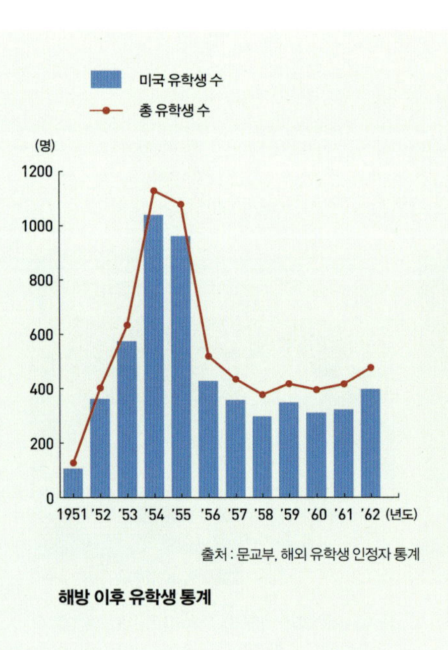

해방 이후 유학생 통계

《사상계》 1952년에 창간된 월간지로, 1955년에 발행 부수가 8,000부를 돌파하였으며, 4·19 혁명 때는 9만 7,000부가 발행되었다. 당시 일류 신문이 10만 부 안팎으로 발행되던 때였다.

라디오와 영화 1950년대에는 라디오 보급이 크게 확대되었으며, 1958년에는 국산 라디오 생산도 이루어졌다. 위 사진은 1955년 국내에 개봉되어 큰 인기를 끌었던 미국 영화 〈로마의 휴일〉 포스터이다.

관이 확산되었다. 만 7세가 되면 소년단에 가입하고, 이후로도 자신의 나이와 성, 연령에 맞는 단체에 필수적으로 가입하여 생활하는, 집단주의적 생활 양식이 자리 잡았다.

1950년대 남한에는 외래 문화의 범람을 우려하는 목소리가 컸다. 그러나 서구 문화가 들어와 대세를 이루면서 사람들 사이에 새로운 삶의 양식이 자리 잡았다.

북한은 다른 길을 걸었다. 초기에는 소련과 중국 문화의 영향이 컸으나, 점차 중국과 소련에 의지하지 말고 주체를 세우자는 흐름이 대세를 이루었다.

사회주의적인 것과 민족적인 것을 결합하자는 주장이 높아졌고, 고전 번역이나 조선 역사에 대한 연구가 활발해졌으며, 북한의 실정에 맞는 과학을 주장하는 '주체 과학'이란 말도 등장하였다. 중국과 소련의 대립이 본격화되면서 자주 노선을 모색하던 1950년대 중반부터 일어난 일이다.

북한에서 번역된 《리조 실록》 북한은 전쟁 중이던 1950년 7월 《조선 왕조 실록》을 평양으로 운반하였는데, 1981년까지 번역을 완료하였다. 1950년대 중엽부터 북한은 고전 연구실 등을 두어 주요 고전 번역을 국가 사업으로 추진하였다.

평양 시가 한국 전쟁으로 폐허가 된 평양은 1953년부터 본격적으로 재건되었다. 처음부터 철저한 설계에 따라 도시 구획이 이루어졌다. 소련 모스크바 건축 아카데미를 졸업한 김정희가 재건 계획을 총괄하였으며, 민족적 양식과 사회주의 내용의 결합을 시도하였다고 한다.

이승만 동상 1956년 4월 서울 남산에 세워졌던 이 동상은 4·19 혁명 직후에 철거되었다.

문화 분단과 분단 문화

분단은 문화의 분단을 가져왔다. 해방을 맞아 함께 민족 문화 건설에 나섰을 문화인들이 남과 북으로 갈라져 서로 다른 환경에서 활동하였다. 분단이 전쟁으로 이어지고, 상대 체제에 대한 적개심이 높아지면서 이들이 만나 학문, 예술 활동의 성과를 교류하는 것조차 힘들어졌다.

반공주의를 내세운 남쪽에서 사회주의적 지향이 조금이라도 드러나거나, 반미와 사회주의를 내세운 북에서 자본주의적 지향이 조금이라도 포함되는 저서나 작품을 낸다는 것은 곧바로 활동 중단을 뜻했다. 남에서든 북에서든 학자와 예술인은 오직 두 가지 색깔로만 세상을 볼 것을 강요받았다.

많은 학자와 예술인이 아예 분단을 강화하거나 독재를 유지하는 데

여학생들의 군사 교육 장면 한국 전쟁 이후 남한에서는 북한을 섬멸 대상으로 규정하는 '멸공 의식'이 강조되었다. 무력에 의한 북진 통일이 공공연하게 주장되었고, 학생들을 대상으로 하는 군사 교육도 제도화되었다. 학생들은 모든 공식 행사에서 공산 침략자를 쳐부수고 백두산 꼭대기에 태극기를 휘날리자는 내용의 '우리의 맹세'를 암송하였다.

노골적으로 동원되기도 하였다. 대중 문화를 통해 상대에 대한 적개심을 고취하는 일도 많았다. 남쪽에서는 이승만을 지지하는 문화 예술인들의 모임이 활동하였고, 이북의 문화인들은 당의 선전 사업을 담당하는 일꾼으로 존재하였다. 전쟁 중에는 위문단을 꾸려 전투에 참가한 문화인들도 많았다. 전쟁 참여를 독려하는 대중 가요가 유행하고, 상대에 대한 적개심을 고취시키는 문화 활동도 많았다. 이 같은 상황은 전쟁이 끝난 뒤에도 계속되었다.

문화 활동에 대한 사상적 통제가 엄격하고 문화 활동이 정치 선전에 종종 활용되자, 많은 문화인들이 아예 정치 · 사회적 관심사로부터 멀어지고자 하였다. 학문을 위한 학문, 순수 예술 같은 개념은 이 같은 시대의 산물이었다. 그러나 학문과 예술이 사회 속에 살아가는 인간을 대상으로 하는 것이라면, 이 또한 분단 문화의 또 다른 초상이 아닐 수 없다.

만경대를 찾은 북한 주민들 김일성 생가인 만경대는 1947년부터 북한의 성스러운 장소 가운데 하나로 자리잡았다.

북한 소년단 북한 인민의 생활에서 단체 활동은 큰 비중을 차지한다. 사진은 북한 어린이들이 가입하는 소년단 모습인데, 1946년에 조직되었으며 7~13세까지의 어린이를 대상으로 한다. 14~30세 때는 청년 동맹에 참가한다. 소속된 일터에 따라 직업 총동맹이나 농업 근로자 동맹에 가입하고, 전업 주부는 여성 동맹에 가입한다.

기적의 합성 섬유, 나일론과 비날론

1957년 한국에서 처음으로
선보인 나일론 스타킹

1961년은 과학자 이승기(1905~1996)에게 성취의 해였다. 흥남의 대규모 비날론 공장에서 마침내 제품 생산에 성공한 것이다. 가볍고 질기며 자연 섬유에 가까운 특성을 지닌 비날론은, 순식간에 북한의 의생활을 바꾸어 놓았다.

석회석을 주원료로 하여 비날론이란 합성 섬유를 발명한 사람은 이승기였다. 일본 유학 중이던 1939년의 일이니, 미국에서 나일론이란 합성 섬유가 소개될 무렵이었다.

해방 후 이승기는 서울대 교수로 지내다가 한국 전쟁 때 남한의 후진적인 연구 환경을 안타까워하며 제자들과 함께 월북하였다. 북한이 대규모 흥남 비료 공장 설비를 지원하고, 비날론 공업화를 전폭적으로 지원하겠다고 나섰기 때문이다.

북한에서 비날론이 상용화될 무렵, 남한에서는 미국에서 들어온 나일론이 큰 인기를 끌었다. '비단보다 질기고, 면보다 가볍고, 신축성도 뛰어난 기적의 섬유'인 나일론은 스타킹이나 양말에서 시작하여 다양한 용도로 쓰였다. 남한에는 나일론을 생산해 낼 수 있는 기술이 없었기 때문에 외국에서 실을 들여와 직물을 짜거나, 완제품을 수입해야 했다.

남한에서는 1965년, 동양나이론(지금의 효성)이란 기업이 드디어 나일론 원료를 만드는 데 성공하였다. 1968년에는 울산에 대규모 공장을 세워 국내 판매는 물론 외국으로 수출하기 위한 노력도 본격화하였다.

북한의 2·8 비날론 연합 기업소

비날론은 북한에서 '주체 섬유'로도 불렸다. 북한이 원천 기술을 갖고 있는 데다가 북한에 있는 많은 자원을 이용하여 만들었으며, 민족 전래의 면 제품에 가장 가까운 섬유였기 때문이다.

비날론 공업화 이후, 북한에는 주체 과학이란 말도 생겼다. '북한의 원료와 기술을 바탕으로 하여 북한 인민에게 필요한 물품을 만든다.'는 내용이었다. 무연탄을 이용하여 가스를 생산해 내는 공장이 건설되고, 한의학과 서양 의학의 접목도 이루어졌다.

세계 시장을 향한 남한의 섬유 생산은 기술의 혁신과 신기술 도입을 촉진하였다. 그러나 인민 생활과 생산 현장을 중시한 북한의 주체 과학은, 세계 변화에 둔감해지고 기초 학문의 성장에 무관심해질 수 있다는 우려를 안고 있었다.

나일론에서 시작한 남한의 화학 섬유 공업은 세계적 수준의 생산 기술을 자랑하게 되었으나, 1960년대 초만 하더라도 세계적 수준을 자랑하던 북한의 화학 섬유 공업은 변화·발전하는 세계 기술 수준에서 점차 멀어져 갔다.

분단을 피할 수는 없었을까?

1,300년 만의 분단

1948년, 38도선 이남과 이북에 단독 정부가 수립되었다. 두 정부 모두 국민의 뜻에 따라 세워진 진정한 민주 정부임을 자처하고, 상대를 자국에 도전하는 세력으로 규정함으로써 전쟁을 피하기는 어려웠다. 전쟁을 불사하면서까지 단독 정부를 세워야 했을까? 정말 분단과 전쟁을 피할 길은 없었을까?

두 유형의 민주주의

1919년에 '대한민국은 민주 공화정'임을 분명히 한 임시 정부가 탄생하였다. 이후 독립을 위한 투쟁은 어떤 민주 정치여야 하는지를 모색하는 과정이기도 하였다. 자유주의자들은 개인의 자유를 강조하고 자본주의 근대화를 추구하였으며, 사회주의자들은 평등을 강조하고 사회적 소유와 계획 경제를 추구하였다.

분열인가, 협력인가

생각과 함께 활동 방식도 달랐기에 독립 이후 세울 나라의 모습도 다를 수밖에 없었다. 그래서 자유주의자와 사회주의자의 단결은 쉽지 않았다. 그러나 일제와 싸워 이겨야만 민주주의든 공화정이든 가능했기에 진정으로 민족을 위하는 사람이라면 자유주의자든 사회주의자든 간에 서로를 배려하고 협력할 준비가 늘 되어 있었다.

구심력과 원심력

꿈에도 그리던 해방이 왔다. 사상의 차이를 뛰어넘는 대단결을 이루어, 민주적인 국가를 건설하려는 노력도 활발해졌다. 그러나 한반도를 분할 점령한 미국과 소련은 이남과 이북에 자신들을 닮은 국가를 세우고자 하였으니, 대단결을 해칠 원심력으로 작용하였다.

원심력이 구심력을 압도하면 분단될 것이지만, 그 반대이면 자주적인 통일 국가를 이룰 수 있는 터라, 정치 세력 하나하나의 선택이 모두 중요하였다.

전쟁이 남긴 것

두 정부가 수립된 이후에도 분단이 비정상적인 상황이란 점에는 모두가 동의하였다. 결국 통일을 명분으로 한 전쟁으로 치달았으나, 전쟁을 통한 통일은 불가능하다는 점만을 확인시킨 채 끝났다. 전쟁이 남긴 상처는 너무나 컸다. 더군다나 남과 북이 반드시 통일해야 한다는 생각이 약화되는 더 큰 상처를 남겼다.

누구도 상상하지 못했던 1,300년 만의 분단.

1940년대로 거슬러 올라가 이 책을 다시 읽고, 분단의 책임이 누구에게 가장 많은지, 분단은 정말 피하기 어려웠는지, 분단의 책임이 어디에 있는지, 여전히 분단이 해소되지 않은 이유는 무엇인지 여러분 각자의 대답을 만들어 보자.

5

산업화와 민주주의, 마주보는 남과 북

참된 민주 공화국을 꿈꾸며

오랜 세월 동안, 모든 권력은 제왕적 통치자
이길 원한 한 사람의 독재자로부터 나왔다.
공화국은 민주적이지 않았고, 특권층의 사적인
이익이 공공의 이익을 자주 우선하였다.
배신당한 민주 공화국을 바로잡은 것은
민주화 운동이었다. 독재를 바로잡아 나라의
주인이 국민임을 분명히 하였으며,
국가는 국민 다수의 이익을 보호하고 공익을
실현하는 데 주력함으로써
형식적 평등이 실질적 평등으로 구현되어야
한다는 원칙이 분명해졌다.

1

4·19 혁명,
민주 공화국을 바로 세우다

뒤틀린 민주 공화국

> ㄱ. 4할 사전 투표 : 투표 당일의 자연 기권표와 선거인 명부에 허위 기재한 유령 유권
> 자표, 금전으로 매수하여 기권하게 만든 기권표 등을 그 지역 유권자의 4할 정도
> 씩 만들어 투표 시작 전에 자유당 후보에게 기표하여 투표함에 미리 넣도록 할 것.
> ㄴ. 3인조 혹은 5인조 공개 투표
>
> — 민주당이 폭로한 3·15 부정 선거 지시 비밀 지령(요약), 《동아일보》, 1960. 3. 3.

"대한민국은 민주 공화국이다. 모든 권력은 국민으로부터 나온다." 대한민국 헌법 제
1조, 민주 공화정의 근간이 되는 가장 중요한 조항이다. 그러나 1950년대 내내 국민
은 나라의 주인다운 권리를 행사하지 못하였고, 모든 권력은 한 사람의 독재자로부터
나왔다.

　이승만은 자신의 권력을 연장하기 위해 헌법을 두 차례나 바꾸었다. 국민의 저항

이 거셌으나, 그때마다 이승만은 군대와 경찰, 깡패를 동원하여 국민의 입을 막고 자신의 뜻을 실현하였다.

그러나 이북을 공산 독재라 규정하고, 자유민주주의를 지키기 위해 반공 정책을 펴야 한다고 주장한 이승만으로서는 자유민주주의의 기초가 되는 선거까지 없앨 수는 없었다. 국민들은 야만적 폭력 앞에 숨죽였으나, 선거 때마다 민주주의 회복을 바라는 뜻을 분명히 밝혔다.

1952년과 1956년 선거에서 이승만이 내세운 부통령 후보가 연거푸 낙선하였다. 1956년 선거 때는 야당 후보의 유세장마다 인파가 넘쳐나는 등 변화를 갈망하는 목소리가 가득하였다. 그 결과 제1야당 후보가 선거 도중 사망하였는데도, 이승만의 득표율은 겨우 50%를 넘기는 데 그쳤다.

이승만과, 그를 후보로 내건 자유당은 긴장 속에서 1960년을 맞았다. 그해 3월 15일 대통령과 부통령 선거가 예정되어 있었기 때문이다. 야당은 정권 교체를 호소하였고, 국민들의 호응은 높았다. 불안해진 이승만 정권은 모든 수단을 동원해 유례없는 부정 선거를 준비하였다. 민주 공화국은 질식할 위기에 빠졌다.

4·19 혁명 부정 선거 규탄 투쟁이 4·19 혁명으로 확산된 데는 김주열의 죽음이 있었다. 3월 15일 시위 중 실종되었던 김주열은 4월 10일 최루탄이 눈에 박힌 참혹한 모습으로 마산 앞바다에서 발견되었는데, 경찰의 소행임이 곧 밝혀졌다. 이때부터 다소 주춤했던 시위가 전국적으로 폭발하고, 부정 선거 항의를 넘어 이승만 퇴진을 요구하는 운동으로 발전하였다.

피의 화요일 …… 이승만 독재를 무너뜨리다

민주 공화국을 살려 낸 것은 학생들이었다. 1960년 2월 28일 대구에서 학생들이 처음으로 "부정 선거 중단"을 요구하며 시위를 벌였다. 선거 당일인 3월 15일에는 마산의 학생과 시민들이 "부정 선거 다시

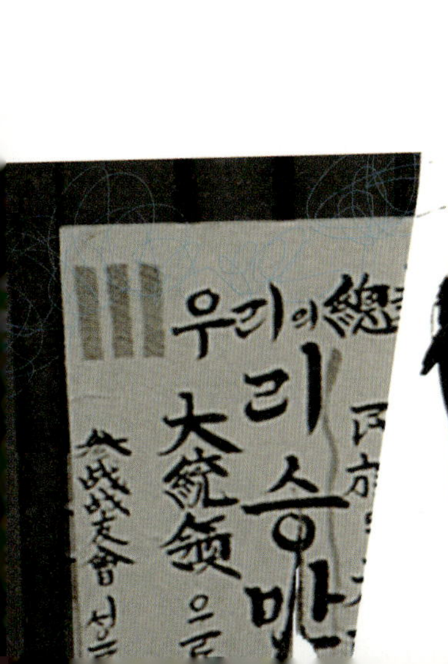

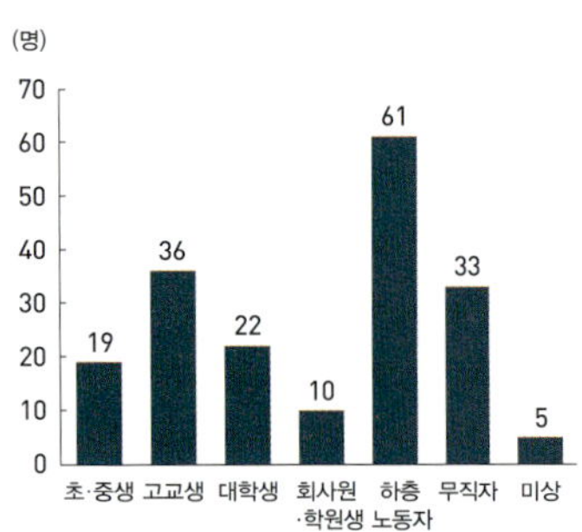

출처 : 한국 역사 연구회 현대사 연구반, 《한국 현대사》
4월 혁명 희생자 직업 분포

4·19 국립 묘지 3, 4월 항쟁 기간 내내 시위의 주역은 학생이었다. 특히, 중·고생의 적극적인 시위 참여가 두드러졌으며, 실업자와 하층 노동자도 많이 참가하였다. 4·19의 승리는 민주 회복을 바라는 평범한 학생과 시민들의 희생으로 거둔 것이다. 항쟁 기간 184명이 사망하고 6,000여 명이 부상당하였다. 사진은 희생자들이 잠들어 있는 서울 4·19 국립 묘지의 기념 조형물이다.

하라."는 구호를 외치며 대규모 시위를 벌였고, 이튿날에는 부산과 서울로 시위가 확산되어 고교생들이 거리로 쏟아져 나왔다.

이승만 정권은 최루탄과 총을 발사하며 폭력적으로 시위를 진압하였다. "난동자 뒤에 공산당이 있다."는 내용의 담화를 발표하며 시위대를 공산주의자, 북한의 간첩으로 몰기도 하였다. 그러나 부정 선거 규탄 투쟁은 점차 거세어졌고, 얼마 안 가 이승만의 퇴진을 요구하는 투쟁으로 발전하였다.

1960년 4월 19일, 서울과 부산, 광주에서 최대의 항의 시위가 일어났다. 대학생은 물론 중·고생들까지 두루 참가한 이날 시위에서는, 경찰의 무차별 발포로 115명이 죽고 727명이 부상당하는 비극이 빚어졌다.

4월 25일, 시민과 학생들이 대규모 시위를 또다시 벌였다. 이번에는 교수들이 시위대를 이끌었고, 그 뒤를 학생과 시민이 따랐다. "이승만 퇴진"을 요구한 시위대의 규모는 갈수록 커졌으며, 이튿날에는 10만 명이 넘는 시위 군중이 이승만 퇴진을 외치며 모여들었다.

이승만은 군대를 앞세워 유혈 진압을 시도하였으나 군대가 진압을 거부한 데다, 성난 민심을 확인한 미국이 이승만을 지지할 수 없다고 밝혔다. 4월 26일, 마침내 이승만은 대통령 직에서 물러나겠다고 발표하였다.

제2공화국, 경제제일주의를 내걸다

1960년 6월, 새 헌법이 마련되었다. 대통령 1인 독재를 막기 위해 의회가 정치의 중심이 되는 내각 책임제가 채택되었고, 신중한 의사 결정을 위해 국회를 민의원과 참의원으로 나눈 2차 개헌 때의 취지를 살렸다. 언론·출판·집회·결사의 자유 같은 국민의 기본권도 크게 신장되었다.

7월 29일에는 새 헌법에 따른 총선거가 실시되었다. 해방 이후 어느 때보다 자유로운 분위기에서 선거가 치러졌는데, 선거 결과 독재 정치를 뒷받침했던 자유당이 몰락하고, 제1야당이었던 민주당이 압도적으로 승리하였다. 윤보선이 대통령, 장면이 총리로 선출되고, 새 총리가 내각을 지명함으로써 제2공화국 새 정부가 출범하였다. 4·19 혁명이 일어난 지 넉 달 만이었다.

3·15 선거에서 "못살겠다 갈아 보자."란 구호를 내걸었던 민주당 정권은, 경제 자립과 고도 성장을 이루겠다며 경제제일주의를 다짐하였다. 미국의 원조와 국군 감축을 통한 국방비 절약으로 경지 정리, 도로·댐 건설 등 대규모 국토 개발 사업을 추진하려 하였으며, 1961년을 '경제 건설 출발의 해'로 지정하고 정부 수립 이후 최초로 경제 개발 5개년 계획을 수립하기도 하였다.

제2공화국 출범 민주당의 뿌리는 해방 정국의 한국 민주당으로, 민주당 정권의 총리를 맡았던 장면(1899~1966)은 미국에 유학한 경험이 있으며 영어에 능통하였다. 일제 말 가톨릭계 학교의 교장을 지냈는데, 이때 일제의 전쟁 동원 정책에 협조한 적이 있어 친일 논란을 빚기도 하였다. 한국 전쟁 당시 주미 대사를 지냈으며, 이승만에 맞서 민주당을 조직하는 데 앞장섰다. 사진 왼쪽은 윤보선 대통령 내외, 오른쪽은 장면 총리 내외이다.

3·15 부정 선거 관련자 처벌 민주당 정부는 이들을 처벌하는 문제에 소극적이어서, 발포 책임자 1명과 부정 선거 책임자 1명만이 사형 선고를 받았다. 곧이어 5·16 군사 정변이 일어나 반민주 행위자, 부정 축재자 처벌은 사실상 유야무야되고 말았다. 사진은 부정 선거 관련자에 대한 재판 장면이다.

민주주의로 가는 길 민주화는 과거의 잘못을 밝혀 바로잡고, 국민으로서 당연히 누려야 할 권리를 제도적으로 보장하는 것을 뜻한다. 왼쪽 사진은 1960년 교원 노조 합법화를 요구하며 대구에서 개최한 교원 노조 연합 대회 장면이다. 오른쪽 위 사진은 국군이 민간인을 학살한 거창 사건의 억울함을 풀어 줄 것을 요구하는 시위대의 모습이다. 오른쪽 아래 사진은 1960년에 실시된 지방 자치제 선거 투표 모습이다.

민주화가 진전되다

민주당 정권 아래 민주화가 꾸준히 진전되었다. 단체 결성 및 표현의 자유가 확대되었고, 시장과 도지사에서 면장과 면의원까지 국민이 직접 선출하는 지방 자치제 선거도 실시되었다. 그러나 독재 정권 아래서 반민주 행위를 한 사람이나 부정 축재를 한 기업인을 처벌하는 데에는 소극적이었다.

민주화가 확대되면서, 독재 정치 아래 억압되었던 학생과 시민 들이 권리를 회복하기 위한 활동에 나섰다.

4·19 혁명을 주도했던 학생들은 학교를 병영처럼 만들었던 학도 호국단을 폐지하고 민주적인 학생회를 조직하여 학원 민주화 활동에 나섰다. 노동자들은 민주적인 노동 조합을 결성하여 노동자의 권익 향상을 도모하였다. 독재 정권을 대변해 온 대한 노동 조합 총연합회^노총^을 민주적으로 개조하려는 노력도 벌였다. 교사와 기자, 금융인 같은 지식 노동자들도 노동 조합 건설에 나섰다. 특히, 전체 교사의 25% 이상이 참가한 한국 교원 노동 조합은 교육 민주화와 사회 민주화를 위한 운동을 활발히 전개하였다.

한국 전쟁을 전후하여 '빨갱이'로 몰려 군인이나 경찰에 의해 가족을 잃었던 이들은 피학살자 유족회를 조직하여 진상 규명과 명예 회복을 요구하였다.

남북 학생 회담 개최 요구 시위 4·19 혁명 이후 민주주의가 확대되면서 분단 질서를 깨뜨리려는 통일 논의가 일어나고 통일 운동도 활발하였다. 그러나 민주당 정권은 통일보다 건설이 먼저라며 외부적으로는 유엔 감시하에 자유 총선거 방안을 제시하였고, 북한은 외국군(미군) 철수 후 자유 총선거 방안을 제시함으로써 협상의 여지가 크지 않았다. 사진은 1961년 5월 남북 학생 회담 개최를 요구하는 교수와 학생들의 시위 모습이다.

"가자 북으로, 오라 남으로"

4·19 혁명 이후 자유로워진 공간 속에서 민주주의를 억압해 온 분단 질서를 깨뜨리려는 통일 논의와 함께 통일 운동이 전개되었다.

오스트리아처럼 국제 사회가 보장하는 영세 중립화 통일 방안이 제시되는가 하면, 남북 협상을 통해 자주적인 통일 방안을 모색하자는 논의가 활발하게 일었다.

대학생들은 민족 통일 연맹^{민통련}을 조직하여 통일 운동을 시작하였다. 혁신 정당과 사회 단체는 '자주, 평화, 민주'를 통일 원칙으로 세우고 민족 자주 통일 협의회^{민자통}를 조직하였다.

1961년 5월, 민족 통일 연맹은 북한의 대학생들에게 남북 학생 회담을 열자고 제안하였다. 민족 자주 통일 협의회는 대규모 집회를 열어 학생들의 평화 협상을 통한 통일 논의 움직임을 지지하고 나섰다.

남북의 대학생들이 증오와 전쟁을 넘어, 화해와 평화의 길을 열어 갈 수 있을지 나라 안팎의 관심이 집중되는 가운데 1961년 5월 중순이 다가오고 있었다.

2 5·16 군사 정변과 제3공화국

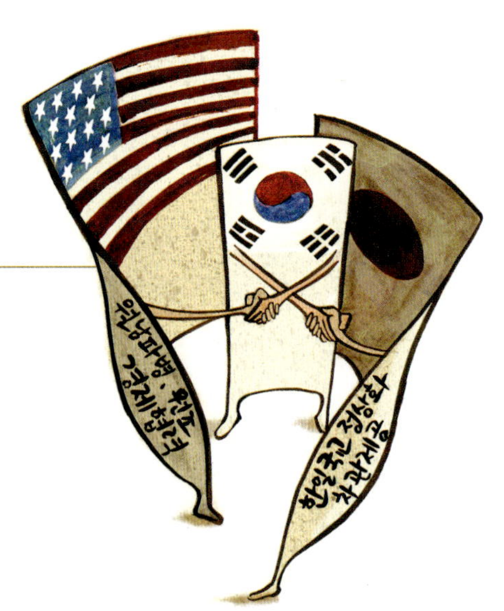

쿠데타, 군대가 민주 정부를 무너뜨리다

1961년 5월 16일, 해병 1여단 소속 군인들이 한강 대교에 나타났다. 해병대는 자신들을 막아선 헌병대를 향해 무차별 총격을 퍼부었다.

반란을 일으킨 군대는 정부 주요 기관과 방송국을 장악한 뒤, 자신들이 국가를 운영하겠다고 나섰다.

> 친애하는 애국 동포 여러분! 은인 자중하던 군부는 드디어 오늘 새벽을 기해서 일제히 행동을 개시하여 국가의 행정·입법·사법의 3권을 완전히 장악하고 이어 군사 혁명 위원회를 조직하였습니다.
>
> — 5·16 혁명 제일성, 1961. 5. 16.

5월 19일, 군인들은 장관, 시장과 도지사를 비롯한 정부 주요 기관의 책임자를 모두 군인으로 대체하고, 군인들이 중심이 된 국가 재건 최고 회의^{최고 회의}가 국기 기관의 역할을 대신한다고 선언하였다. 군사 정부가 출현한 것이다.

쿠데타의 주역은 최고 회의 의장을 맡게 된 박정희 소장과, 중앙 정보부를 창설하여 막강한 권력을 행사하게 될 김종필 중령이었다.

이들은 "반공을 국시의 제1의로 삼고 반공 체제를 재정비 강화한다." 등의 혁명 공약을 내세우며, 북한과의 평화 협상을 주장했던 2,100여 명의 통일 운동 세력들을 체포하였다.

구호·학술·종교 단체를 제외한 모든 정당과 사회 단체를 해산시켰으며, 국회를 해산하고 일체의 정치 활동을 금지시켰다. 1,170종의 신문과 잡지도 강제로 폐간시켰다.

5·16 군사 정변과 박정희 이들은 4·19 혁명 1주년을 맞아 학생 시위가 대대적으로 일어나면 그 혼란을 수습한다며 쿠데타를 할 작정이었다. 4·19 혁명 1주기가 학생, 시민의 절제 속에 치러지자, 이번에는 학생들의 남북 회담 추진을 구실로 쿠데타를 일으켰다. 사진의 한가운데가 박정희(1917~1979)다. 그는 가난한 소작농 집안에서 태어나, 일제 강점기에 초등 학교 교사와 일본군 장교를 지냈다. 해방 후 국군 대위로 군 생활을 시작하였는데, 군부 내 남로당 인사로 활동하다가 1949년 무기징역형을 받기도 하였다. 이후 복직하여 5·16 쿠데타 당시 소장으로 2군 부사령관이었다.

제3공화국 - 박정희 정권이 탄생하다

쿠데타 주역들은 "2년 뒤 양심적인 정치인들에게 정권을 이양하고 군에 복귀하겠다."고 약속하였으며, 박정희도 대통령에 출마하지 않겠다고 여러 차례 약속하였다. 그러나 이들은 쿠데타 직후부터 비밀리에 정당민주 공화당=공화당을 조직하고, 정치 자금을 모으는 등 권력을 잡을 준비를 하였다.

1963년 10월에는 대통령 선거, 11월에는 국회 의원 선거가 있었다. 군복을 벗은 박정희가 대통령 후보로 출마하였고, 많은 군인들이 군복을 벗고 국회 의원 후보로 나섰다. 공화당이 오랜 준비를 거쳐 선거를 맞은 것과 달리, 2년 가까이 주요 지도자의 정치 활동을 금지당해 온 다른 정당들은 선거 운동에 큰 어려움을 겪었다.

선거는 공화당의 승리로 끝났고, 박정희는 1963년 12월 17일, 대통령에 취임하였다. 제3공화국이 출범한 것이다.

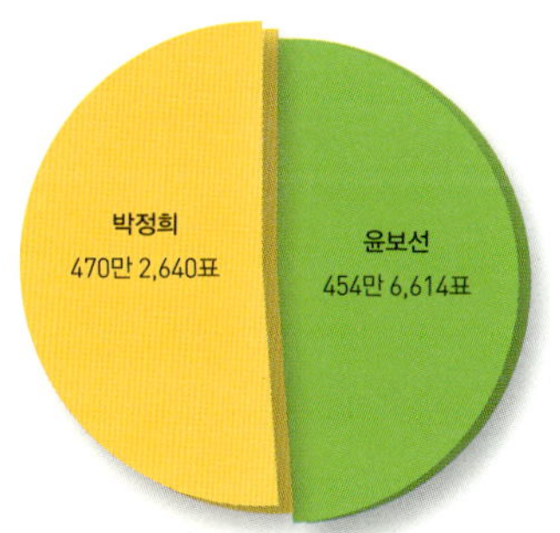

제5대 대통령 선거 결과 박정희와 대결한 이는 제2공화국 대통령이었던 윤보선이었다. 옛 한국 민주당 출신인 윤보선은 박정희의 좌파 경력을 집중적으로 공격하였으나, 약 15만 표 차이로 패했다. 윤보선은 독립 협회 활동과 친일 행적으로 유명한 윤치호의 조카이며, 아산의 지주 집안에서 태어났다. 영국 유학생 출신으로 정부 수립 후 초대 서울 시장과 상공 장관을 지냈다. 1963, 1967년 두 차례에 걸쳐 대통령에 출마하였으나 모두 패했다.

한·일 협정과 굴욕 외교 반대 투쟁

쿠데타의 주역들은 미국의 지지를 얻기 위해 공을 들였다. 1961년 11월에 박정희는 좌파 경력 때문에 자신을 의심하였던 미국을 방문하여, 강력한 반공 정책을 약속하고 신임을 얻었다.

▲ **한·일 협정 조인식** 1965년 6월, 일본에서 한·일 협정이 조인되었다. 사진은 일본 수상 관저에서 열린 한·일 협정 비준식 장면이다. 박정희는 쿠데타를 일으킨 1961년에 일본을 찾아가 수상과 회담을 하였으며, 이후 중앙 정보부장 김종필과 일본 외상 간의 협상으로 한·일 협정과 관련된 쟁점이 거의 해소되었다.

◀ **한·일 협정 반대 시위(1964)** 사과와 배상을 받지 못한 채 경제 협력 기금을 받고 서둘러 조약을 체결하려는 박정희 정권에 대한 국민의 저항은 거세었다. 사진은 '한·일 흥정 반대, 미국은 흥정을 강요하지 말 것' 등을 내건 학생 시위대 모습이다.

미국은 한국의 군사 정부를 지지하며, 한국에 경제 원조와 군사 지원을 계속하겠다고 약속하였다. 한편으로는 한국에 일본과의 관계 개선을 강력히 요구하였다. 기존의 미·일, 한·미 동맹을 미국 중심의 한·미·일 삼각 동맹 체제로 발전시키길 원했기 때문이다. 한·일 관계 개선에는 군사 정부도 적극적이었다. 일본 정부에 식민 통치에 대한 배상을 요구하여 경제 개발을 추진하는 데 필요한 자금을 끌어들이기 위해서였다.

1951년 이후 시작과 중단을 거듭했던 한·일 회담은 쿠데타의 주역들에 의해 급속히 마무리되었다. 그러나 회담의 결과는 국민을 크게 실망시켰다.

일본은 식민 지배에 대해 어떠한 사과도 하지 않았다. 그러나 한국 정부는 청구권이란 이름의 경제 협력 자금무상 3억 달러, 차관 2억 달러을 지원받는 대가로 이를 묵인하였다. 또, 일본이 독도를 한국 영토로 인정하지 않는데도 이를 받아들이는 등 굴욕적인 외교가 계속되었다.

반성하지 않는 일본과 그런 일본에 끌려가는 듯한 한국 정부의 태도에 국민들은 분노하였다. 1964년 3월부터 "한·일 회담 즉시 중지"를 내건 학생과 시민의 시위와 집회가 잇달았고, 6월에 절정을 이루었

다. 그러자 정부는 군대를 동원하여 시위를 진압하였다. ^{6 · 3 항쟁}

이듬해 6월 양국 정부는 한 · 일 협정을 조인하였다. 야당은 '굴욕 외교 반대'를 내세우며 강력히 반대하였으나, 두 달 뒤 야당이 불참한 가운데 공화당만으로 구성된 국회가 이를 비준하였다.

베트남 전쟁에 군대를 보내다

한 · 일 협정이 비준된 1965년 8월, 국회는 베트남에 전투병을 파견하자는 정부의 제안에 동의하였다.

베트남 파병은 5 · 16 군사 정변 직후 미국을 방문한 박정희가 먼저 제안하였다. 그러나 베트남의 반대와 미국의 소극적인 입장이 맞물려 당시에는 파병이 이루어지지 않았다. 한국군 전투병 파병은 미국이 북베트남과 전면전을 시작한 1965년부터 이루어졌다. 미국이 공식적으로 파병을 요구하자, 한국 정부가 원조 제공과 경제 협력을 요구하며 이에 동의하였다.

한국이 "반공, 자유 우방 지원"을 내걸고 참전한 10여 년 동안 최대 5만 명의 국군이 베트남 땅을 밟았다. 이 기간에 한국은 10억 달러에 이르는 외화를 벌어들였으며, 기업의 해외 진출과 수출 증대에 도움을 받았다. 그러나 5,000여 명의 젊은이들이 목숨을 잃었다. 부상자 1만여 명과 고엽제 피해자 2만여 명은 여전히 고통받고 있다.

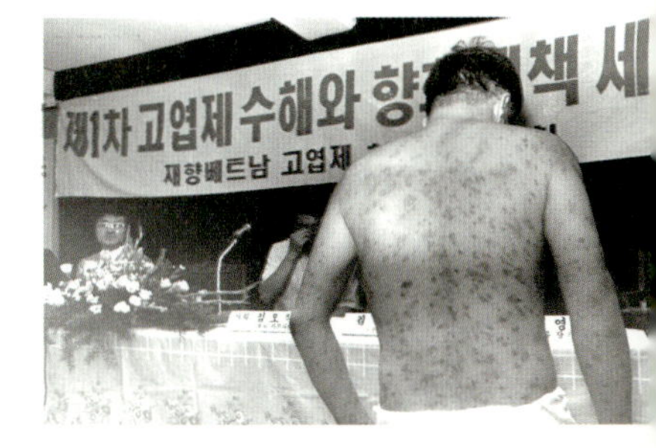

고엽제 피해자 고엽제는 풀과 나무를 말라 죽게 하는 약품이다. 미국은 베트남 전쟁 때 밀림에서 활동하는 공산 게릴라들을 공격하기 위해 고엽제를 대량으로 뿌렸다. 이 고엽제에는 디옥신이라는 물질이 들어 있어 각종 질병을 일으킬 수 있다. 베트남 국민의 상당수와 한국의 베트남 참전 군인들 일부가 고엽제 후유증을 앓고 있다.

베트남 파병 1964년 비전투 요원으로 시작해 이듬해부터는 본격적인 전투병 파병이 이루어졌다. 1973년까지 모든 한국군이 철수하였다. 이 기간에 반공 정책은 더욱 강화되었고, 군사 문화가 사회 전체로 확산되었다. 사진은 많은 사람이 베트남으로 떠나는 군인들을 환송하는 모습이다.

한반도, 전쟁 위기에 휩싸이다

1968년과 1969년에 한반도는 다시 전쟁이 일어날지 모른다는 위기에 휩싸였다. 1968년 1월 21일, 북한 특수 부대가 청와대를 공격하려 하였다. 이틀 뒤에는 미국 군함 푸에블로 호가 북한 해군에 납치되었다. 한국 정부는 보복 공격을 검토하였고, 미국은 항공모함을 이동하여 북한을 공격하겠다고 나섰다. 10월에는 북한 특수 부대가 산악 지대인 울진과 삼척 지역에 침투하였다. 1969년 4월에는 북한이 미군의 정찰기를 격추하는 사건도 일어났다.

북한이 한국과 미국을 대상으로 군사 도발을 감행한 것은 1967년부터였다. 북한이 소련과 중국에 의지하지 않고, 독자적으로 사회주의 건설을 완수하겠다는 '자주 노선'을 내세운 이후였다.

북한은 한·일 국교 정상화, 베트남 파병으로 이어지는 남한의 상황을 자국의 안보에 심각한 위기가 조성된 것으로 인식하였다. 북한은 중국이나 소련과 협력하여 위기에 대처하려 하였으나, 중국과 소련이 대립을 그치지 않는 데다가 소련은 오히려 미국을 대상으로 평화 공

1·21 사태(1968. 1. 21.) 북한의 특수 부대 소속 무장 게릴라 31명이 청와대를 기습하기 위해 서울에 침투한 사건으로, 군인과 경찰이 이들과의 치열한 전투 끝에 1명을 생포하고 28명을 사살하였다(2명은 도주). 이 사건 이후 남한에는 보복 공격을 위한 특수 부대가 조직되기도 하였다.

푸에블로 호 피랍 사건(1968. 1. 23.) 북한은 미 해군 소속의 정보 수집 함대 푸에블로 호가 영해를 침범하였다며 원산 앞바다에서 납치하였다. 미국은 처음에 침범 사실을 부정하였으나, 결국 북한의 요구대로 함장이 영해 침범 사실을 인정하고 사과문에 서명한 뒤 풀려났다. 석방 후 함장은 발언을 취소하였다.

존 정책을 펼치기까지 하여 위기감이 더욱 높아지기만 하였다.

이에 북한은 군사력을 키우는 한편, 제3세계 국가들과의 협력 방안을 모색하였다. 베트남 전쟁과 한국의 베트남 파병을 비판하고, 북베트남을 돕기도 하였다.

북한이 침투시킨 특수 부대는 한국 국군에 의해 대부분 사살되었다. 그리고 한국과 미국이 전쟁을 부를지도 모를 즉각적인 대북 군사 공격을 자제하여, 남북 대립이 전쟁으로 치닫는 사태는 피할 수 있었다.

하지만 전쟁 위기가 지속되는 동안 남한에서는 향토 예비군이 창설되고 학교에서 군사 교육이 제도화되었다. 남북 교류를 추진하자는 주장도 꼬리를 감추었다. 반공을 내세워 국민의 생각을 가두고 독재를 강화하기에는 더욱 유리해졌다.

안보 위기를 이용해 권력을 강화하기는 북한도 마찬가지였다. 북한은 강경한 반미 정책으로 국민을 결속시킬 수 있었다. 그러나 한·미·일과 화해할 수 없는 대립을 만들어 냄으로써, 군사비 부담이 가중되어 지속적인 경제 발전에 적지 않은 어려움이 더해졌다.

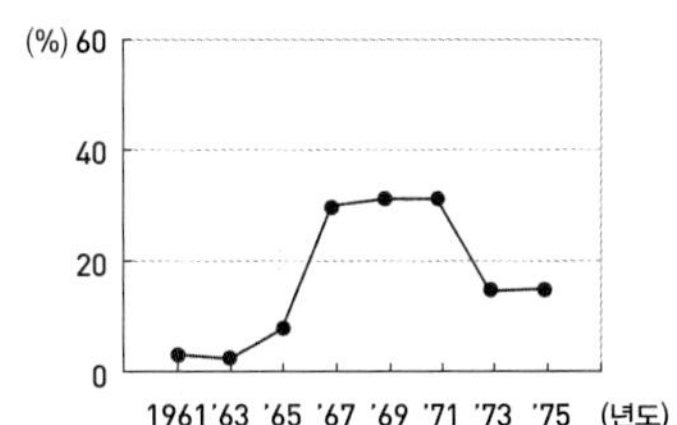

북한 정부 지출에서 군사비가 차지하는 비중 1962년 조선 노동당은 "경제와 국방의 병진 건설"을 내걸고 본격적인 군사력 증강에 나섰다. 1960년대 이후 한국은 미국의 협력을 바탕으로 경제 성장에 주력하였으나, 북한은 소련이나 중국의 지원을 거의 받지 못한 상황에서 자주 국방 자립 경제를 추진하였다.

향토 예비군 창설(1968. 4. 1.) 1·21 사태 직후, 군 복무를 마친 청장년을 조직하고 군사 훈련을 제도화하였다. 5월 29일 '향토 예비군 설치법'(법률 2017호)을 공포·시행함으로써 그 체계가 완성되었는데, 창설 당시 예비군 수는 약 250만 명이었다.

울진·삼척 지구 북한 특수 부대 침투 사건(1968. 10. 30.~12. 26.) 1968년 10월 30일부터 11월 1일까지 사흘에 걸쳐 강원도 울진·삼척 지구에 북한의 특수 부대원 120명이 침투하였다. 군인과 경찰이 113명을 사살하고 7명을 생포하면서 마무리 지었다. 이를 계기로 북한에 대한 경계심이 크게 높아졌다.

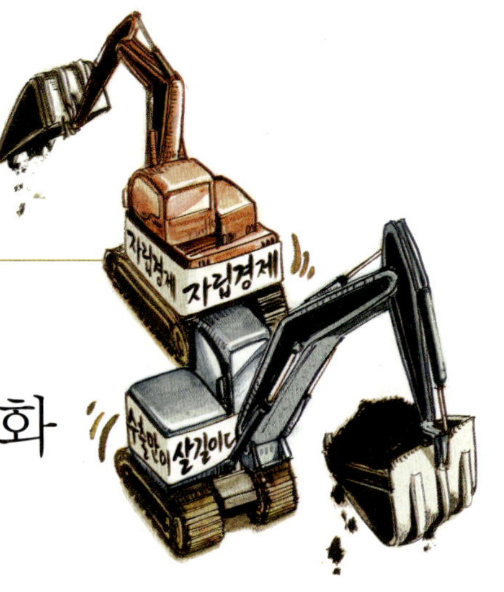

3 경제 개발 계획, 본격적으로 시작된 산업화

먼저 산업화에 나선 북한

'흰 쌀밥에 고깃국 먹기', 긴 세월 한국인 모두의 소망을 반영한 말이었다. 해방 무렵 한국은 인구 대다수가 농민이었고, 세계적인 빈곤국이라 할 정도로 가난한 나라였다.

우리 손으로 독립 국가를 세우면서, 자립적인 국민 경제를 건설하려는 노력도 폭발하였다. 잘살아 보겠다는 국민의 의지와 국가의 적극적인 노력이 결합하여, 1960~1970년대에는 남북이 모두 근대적인 산업 국가로 탈바꿈하였다.

북한이 먼저 산업화의 길로 들어섰다. 북한은 인민 경제 복구 발전 3개년 계획에 이어 제1차 5개년 계획을 시행하였다.

1956년 무렵에는 전쟁의 피해를 극복할 수 있는 단계에 이르렀고, 1960년 무렵에는 농업 생산량이 크게 늘고 공업화의 기초가 마련되었다. 1961년에는 '승리한 사회주의 제도를 바탕으로, 기술 혁명과 문화 혁명을 이룩하여 인민 생활을 획기적으로 개선하자.'며 본격적인 공업 육성에 나섰다. 제1차 7개년 계획, 1961~1970, 3년 늦게 목표 달성

1969년 북한은 국민 소득에서 공업이 차지하는 비중이 65%로 높아지면서, 사회주의 공업 국가로 자처하였다.

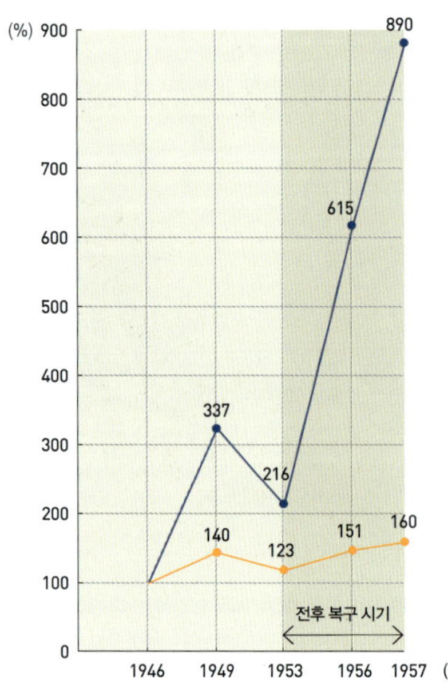

출처: 《조선 민주주의 인민 공화국 인민 경제 및 문화 발전 통계집》

북한의 공업 성장 북한이 말하는 사회주의 공업 국가는 공업 생산이 차지하는 비중이 압도적이며, 경제 재생산이 외국에 의존하지 않는 자립 경제의 체제를 갖춘 상태를 의미한다.

서로 다른 산업화 전략

북한의 산업화는 사회주의 방식으로 이루어졌다. 공장이나 사업소는 대부분 국가가 직접 경영하였으며, 농촌은 수많은 협동 조합으로 편성, 운영되었다. 국가가 인력과 자원을 배분하고, 생산과 분배를 계획하고 조정하는 경제 체제였다.

북한에서는 농업과 소비재 공업을 앞세울지, 철강과 기계 등 중공업을 앞세울지에 관해 논쟁을 벌였다. 결국 '중공업을 우선하면서 경공업과 농업을 동시에 발전'시키기로 하였다. 이는 경공업이나 농업에 쓰일 기계 등의 생산 설비를 제대로 갖추어 여러 산업을 고루 발전시킴으로써 외국에 의존하지 않는 자립 경제를 수립하기 위해서였다.

남한의 산업화도 정부가 경제 개발 계획을 세워 추진하는 방식으로 진행되었다. 다만 남한은 민간 기업이 책임지고 생산하며, 시장이 생산과 소비를 조절하는 자본주의 방식이라는 점에서 북한과 달랐다. 경제 개발 계획을 처음 세웠던 민주당 정권은 정부의 개입을 최소화하면서, 경쟁력 있는 기업을 중심으로 성장을 도모하려 하였다. 그러나 부족한 자본을 효율적으로 이용하고, 성장과 함께 분배도 적절히 이루기 위해서는 국가가 경제 활동에 적극 개입해야 한다는 주장도 만만치 않았다.

북한의 트랙터 생산 공장 농업 협동화를 추진하면서 농민 중 상당수를 공장 노동자로 전환하여 농기계와 비료를 생산하도록 하였다. 줄어든 농촌 노동력을 이들이 개발한 농기계가 보완하도록 한 계획이었다. 사진은 북한 농업의 기계화를 상징하는 트랙터 생산 공장이다.

경제 개발 5개년 계획-한국 자본주의가 성장하다

한국의 산업화는 경제 개발 5개년 계획이 시작되면서 본격화되었다. 정부는 외국에서 자본을 끌어와 수출 산업을 특별히 지원하는 '국가 주도-대외 지향적 방식'으로 공업화 정책을 추진하였다.

낮은 임금으로 고용할 수 있는 풍부한 노동력을 바탕으로 섬유, 합판, 신발 등 경공업 제품을 만들어 미국과 일본으로 수출하는 것이 경제 개발 계획의 핵심이었다. 정부는 외국에서 들여온 자금을 낮은 이자로 빌려 주는 금융 정책을 통해 수출 기업을 적극적으로 지원하였다.

제1차 1962~1966, 제2차 1967~1971 경제 개발 계획을 추진하는 동안 연

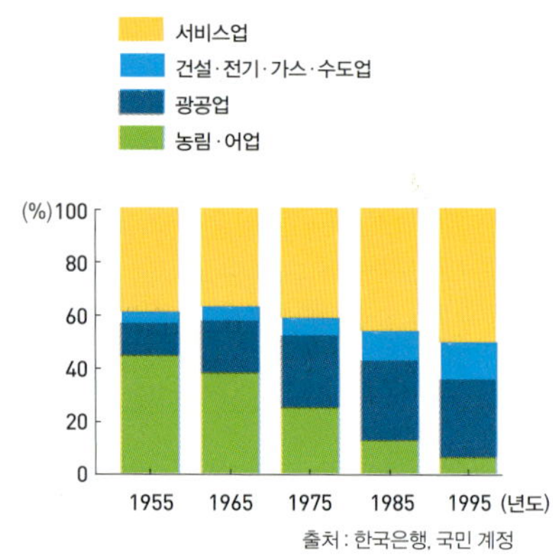

국내 총생산에서 각 산업이 차지하는 비중

가발 공장의 여성 노동자 '공순이'라 불린 어린 여성 노동자들이 경공업 중심의 초기 수출 산업을 일군 견인차였다. 경제 성장이 이어진 1960~1980년대 내내 노동자들은 산업 역군, 수출 역군으로 치켜세워졌다. 그러나 노동자들의 평균 임금은 1987년까지 최저 생계비에도 미치지 못하였고, 주당 54.7시간(1986)에 이르는 노동 시간은 세계 최고 수준이었다.

평균 10%에 가까운 성장률을 보였다. 경제 규모는 급속도로 커졌고, 수출도 비약적으로 늘어났다. 국민 총생산에서 농업이 차지하는 비중은 점차 줄어들었고, 광공업의 비중은 크게 늘어났다.

남과 북의 1970년대

남북이 거둔 경제 성과는 세계의 주목을 받을 정도로 대단하였다. 교육받은 풍부한 인력이 뒷받침되고, '빈곤으로부터 해방', '자립 경제 수립'을 목표로 국민 모두가 열심히 노력했기 때문이다. 체계적인 경제 개발 계획처럼 정부 주도의 성장 전략도 효과를 발휘하였다. 그러나 급속한 성장은 예상치 못한 부작용도 많이 가져왔다.

1970년대부터 북한의 경제 성장은 점차 더디어졌다. 기술과 원료, 자본의 자립을 강조한 나머지 빠르게 변화하는 세계 경제의 흐름을 따라가지 못하였다. 경제 규모는 커지는데, 여전히 모든 것을 계획에 의존함으로써 경제의 효율성이 점차 떨어졌다.

남한의 대외 지향적 산업화도 적지 않은 문제를 낳았다. 외국 빚이 눈덩이처럼 불어나고, 경제의 해외 의존도가 너무 커졌다. 공업화로 인해 도시는 빠르게 성장한 데 비해 농촌은 그 발전의 그늘에서 점차 소외되었다.

1970년대 북한은 외국 자본을 끌어들이고 기술 혁명을 강조하여 변화를 꾀했다. 그러나 공동 소유와 계획 경제, 자립 경제 중시란 큰 틀을 그대로 유지함으로써 큰 성과를 내지 못하였다. 한국도 '균형 있는 성장'을 경제 개발 계획의 주요 목표로 내걸었지만, 정부가 적극 나서서 수출 공업을 육성하는 고도 성장 전략은 그대로 유지하였다.

'한강의 기적', 그러나……

1970년대에도 남북의 경제는 지속적으로 성장하였다.

1977년 남한은 수출 100억 달러를 달성하였고, 경제 개발 계획 추진 이후 처음으로 경상 수지 흑자를 기록하였다. 한국의 비약적인 경제 성장을 '한강의 기적'이라 일컫는 사람도 나왔다.

1970년대의 성장은 중화학 공업화 정책의 결과였다. 정부는 철강, 화학, 비철 금속, 기계, 조선, 전자 등 6대 전략 업종을 지정하고, 포항, 창원, 울산, 여천 등지에 새로운 공업 단지를 조성하였으며, 이에 참여하는 기업을 지원하였다.

기업들은 대규모 공장을 앞 다투어 건설하였고, 중공업은 빠르게 성장하였다. 1977년에는 생산액에서 중공업이 경공업을 넘어섰고, 국내 총생산에서 제조업이 차지하는 비중도 급격히 증가하였다.

그런데 중화학 공업화는 외자 도입과 정부 지원을 바탕으로 이루어졌고, 많은 기업이 시장 규모나 수익성을 고려하지 않은 채 투자하였다. 그 결과 1979~1980년에는 많은 기업이 생산한 물건을 제대로 팔지 못하여, 기업은 물론 금융 기관까지 어려워지고 외국 빚이 눈덩이처럼 불어나 최악의 경제 위기가 초래되기도 하였다.

남동 임해 공업 지역 경제 개발 5개년 계획이 시작된 뒤, 정부는 대규모 기업들을 집중시킨 공업 단지 조성에 나섰다. 1962년부터 울산 공단이 조성되었는데, 흔히 구로 공단이라 불리는 구로 수출 산업 공업 단지를 제외하면, 초기에는 주로 바다와 접하고 있는 포항–울산–부산–마산–여천을 잇는 남동 지역을 중심으로 개발되었다.

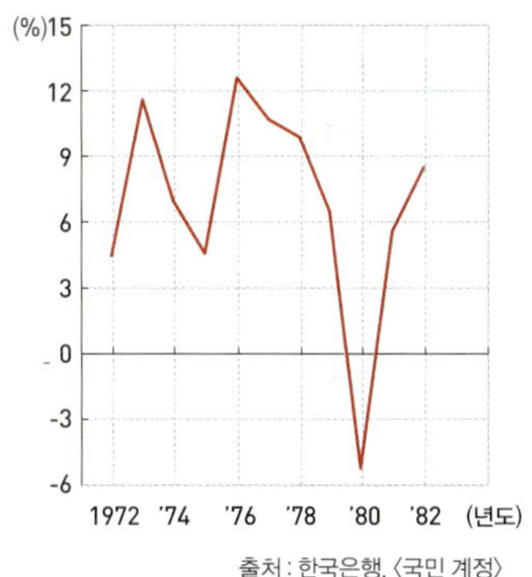

제3·4차 5개년 계획 기간의 경제 성장률 중화학 공업화 정책으로 1970년대에는 높은 성장률을 유지할 수 있었으나, 중복 과잉 투자의 문제점이 드러난 박정희 정권 마지막 해에는 국가 경제 전체가 심각한 위기를 맞았다. 경제 성장을 계속하기 위해서는 또 다른 희생이 필요한 처지였다.

경제 개발 20년 10대 뉴스

경제 개발 계획이 시작된 1962년부터 한국 경제는 고도 성장을 지속하였다. 공업화가 본격화된 지 20여 년 만에 한국은 근대적인 산업 국가로 탈바꿈할 수 있었다. 그 20년 동안 무슨 일이 있었는지, 공업화 20년을 10대 뉴스를 통해 돌아본다.

1962

경제 개발 계획 시작
1961년 경제 기획 기능과 예산 편성권을 지닌 경제 기획원이 생기면서, 국가 주도의 경제 개발이 본격화되었다. 정부는 공기업을 육성하는 한편, 금융 정책을 통해 민간 기업을 지원하였다.

1965

나일론 원료 섬유 공업은 산업화 초기 한국의 수출을 이끌었다. 1965년에는 나일론 원료가 국산화되고, 1968년에는 의류·산업용 나일론의 대량 생산이 가능해졌다.

1966

텔레비전의 국산화
1966년에는 흑백 텔레비전을 자체 생산하게 됨으로써 한국 전자 산업의 가능성을 보여 주었다.

1970

경부 고속 도로 준공
1968년에 착공하여 1970년에 준공되었다. 경부 고속 도로는 수도권과 영남 공업 지역을 연결하는 대동맥 역할을 하며 전국을 1일 생활권으로 묶었다. 건설 과정에서 호남 소외 논란이 일기도 하였다.

마산, 익산 수출 자유 지역 설정 1960년대 말에는 외국에서 빚을 내 수출 산업을 육성하던 전략이 위기를 맞았다. 빚 감당이 어려워진 정부는 '외국인 투자를 유치하고 원료를 수입하여 전량을 해외에 수출'하는 수출 자유 지역을 만들었다.

1973

중화학 공업화 선언 정부는 철강, 조선, 기계, 석유 화학 등 중화학 공업을 육성하여 전체 수출 상품에서 중화학 제품이 50%를 초과하도록 하자고 선언하였다. 수출용 중화학 제품 생산이란 점에서 자립 경제를 목표로 한 북한의 중공업화와 비교된다.

1975 · 1977 · 1980 · 1981 · 1986

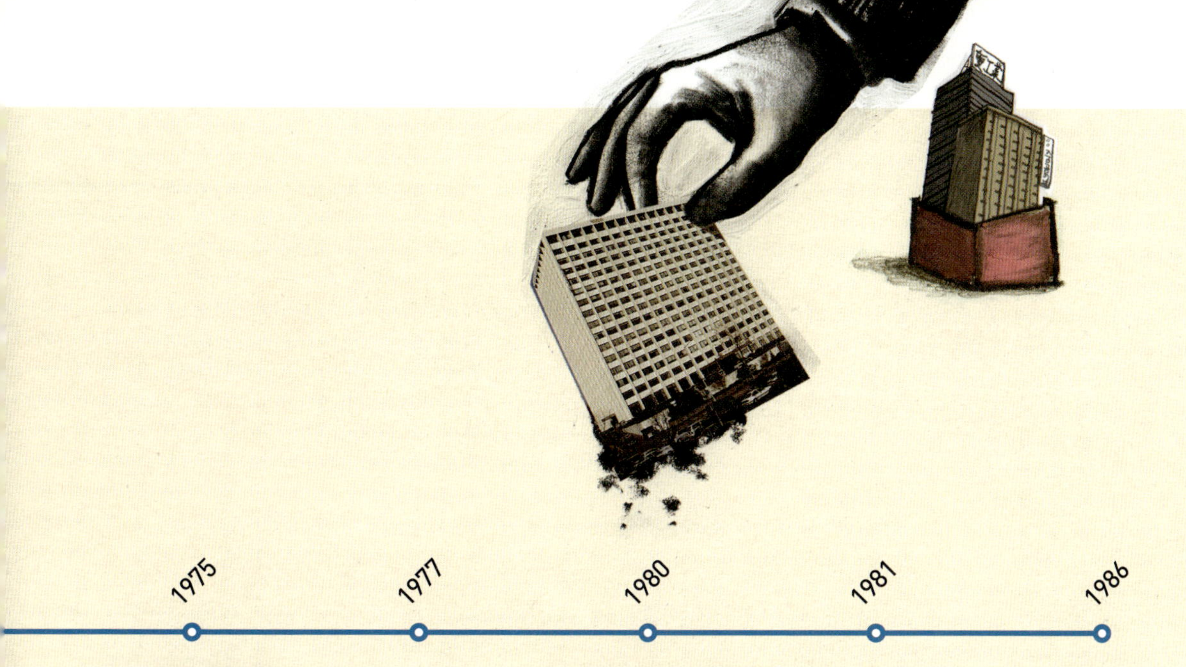

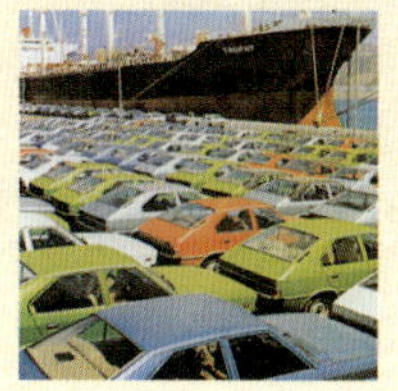

최초의 고유 모델 자동차 생산 한국인들의 마이카 시대를 열었던 최초의 국산 자동차 포니가 생산되었다. 국산화율이 90%였던 포니는 처음으로 해외에 수출된 국산 자동차이기도 하다.

수출 100억 달러 달성 수출 산업이 빠르게 성장하면서 1961년 수출액 4,000만 달러에서 1964년 1억, 1971년 10억 달러를 넘어섰으며, 1977년에는 100억 달러를 돌파하였다. 1977년의 주요 수출 시장은 미국(31.0%)과 일본(21.4%)이었다.

중화학 공업 구조 조정 심각한 경제 위기를 불러온 중복 과잉 투자 문제를 해결하기 위해, 1980년에는 화학, 금속, 기계 공업 분야의 여러 기업을 정부가 강제로 통·폐합하였다.

재벌 성장 경쟁력 있는 기업을 중심으로 수출 산업을 육성하려던 정책으로, 경제 개발 기간 재벌이라 불리는 대기업 집단이 형성되었다. 제4차 경제 개발 계획이 마무리되던 1981년 현재 30대 재벌의 출하액은 전체 기업의 39.7%였다.

3저 호황 국제 금리와 석유 가격의 하락, 달러 가치의 저평가 등 경제 성장에 중요한 영향을 미치는 3요소가 한국에 유리하게 작용하여, 1986년부터 3년간 10%가 넘는 경제 성장률을 기록하였다. 한국이 근대적인 산업 국가로 발돋움한 때였다.

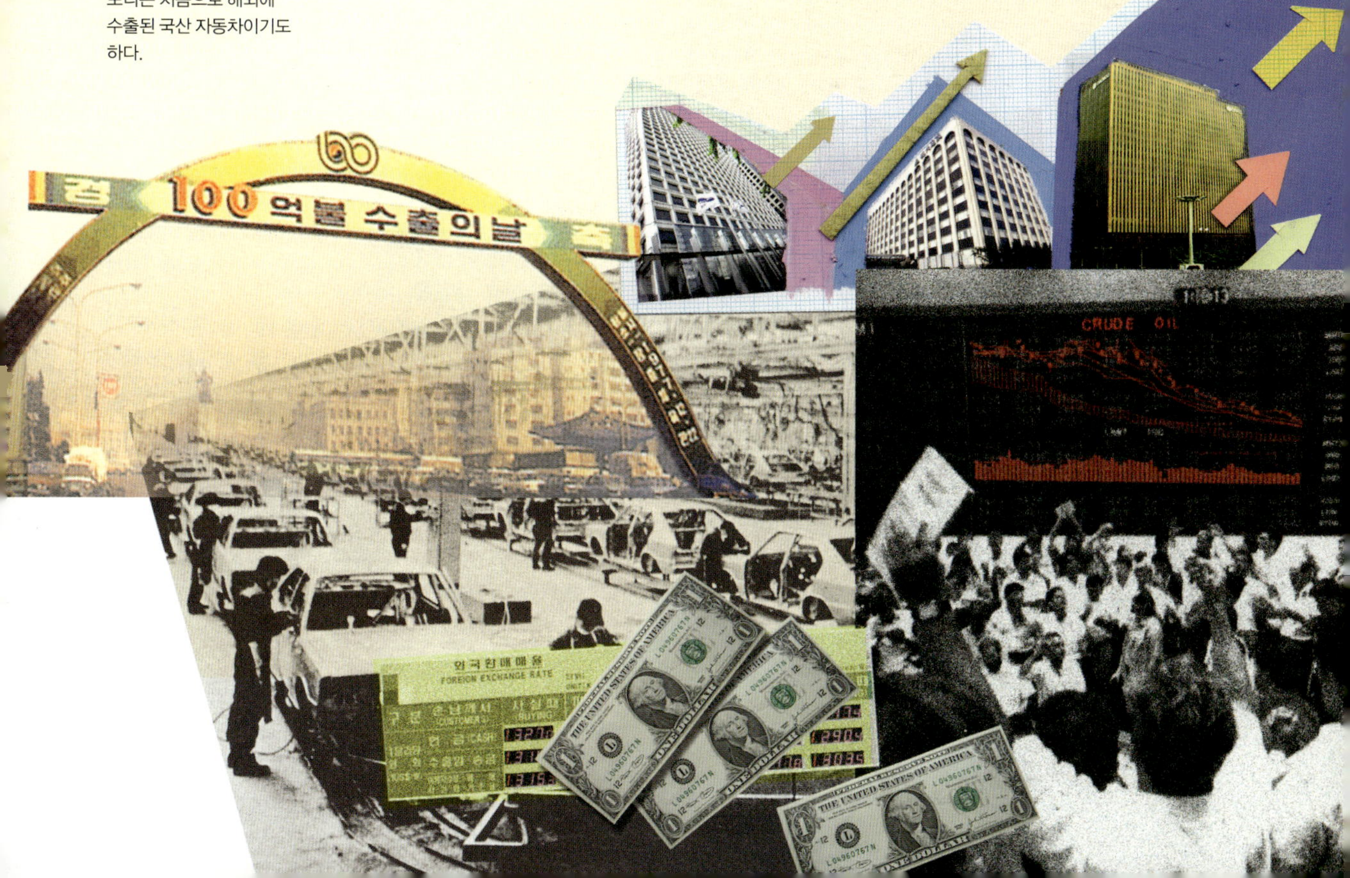

독일로 간 광부와 간호사,
한국 속의 외국인 노동자

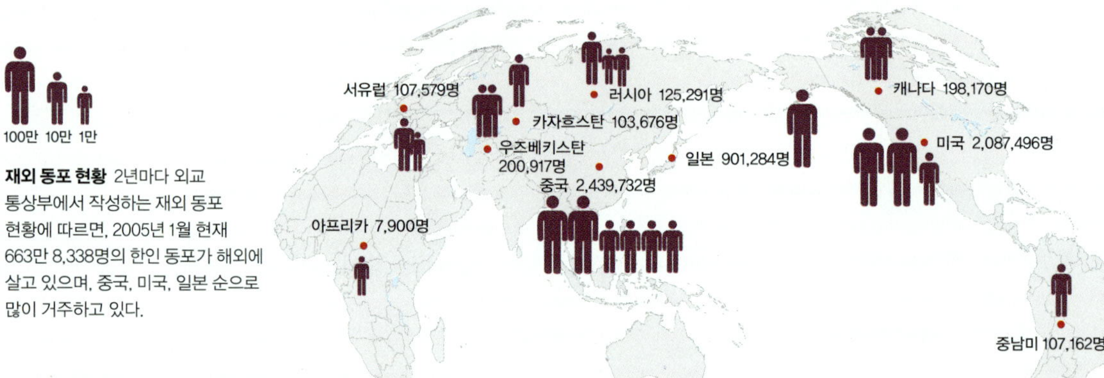

재외 동포 현황 2년마다 외교 통상부에서 작성하는 재외 동포 현황에 따르면, 2005년 1월 현재 663만 8,338명의 한인 동포가 해외에 살고 있으며, 중국, 미국, 일본 순으로 많이 거주하고 있다.

한국을 떠난 노동자

"30대 중반에 남편을 여의고 3년째 혼자 남매를 키우던 어려운 상황에서 선택한 독일행이었습니다. 한국에 두고 온 아이들을 생각하면서 악착같이 벌었지요. 돈 드는 바깥출입은 일절 하지 않았습니다." 월급 800마르크(당시 우리 돈으로 5만 4,000원) 가운데 600마르크를 꼬박꼬박 한국의 친정어머니에게 송금하였다. 쌀 한 가마니에 3,000원, 초급 공무원의 한 달 월급이 3,300원하던 때였다.
                                                    – 《문화일보》, 2005. 7. 8.

1963년 광부 247명이 처음 독일에 도착하였다. 모두 3년간 취업 계약을 맺었는데, 1977년까지 8,395명의 광부가 독일 석탄 광산에서 일했다. 1965년부터는 한국인 간호사의 독일 취업이 허용되어 1976년까지 모두 1만 371명이 독일로 떠났다. 역시 3년 계약이었다.

　광부와 간호사 들에게 주어진 일은 힘들기 그지없었다. 광부들은 지하 1,000m의 막장에서 힘든 노동에 시달렸으며, 간호사들도 처음에는 시체를 닦는 일 등 병원의 힘든 일을 도맡았다.

서독으로 파견되는 한국인 간호사(1960년대)

서독 광산에서 일하는 한국인 광부(1976)

이들의 월급은 한국에 송금되어 가족의 생계비와 학비로 쓰였다. 국가적으로는 이들의 '외화벌이'가 자본 부족에 허덕이던 한국의 경제 성장에 크게 기여하였다.

해외에 자리 잡은 한인들

한국인 간호사에 대한 독일인들의 평가는 좋았다. 그래서 대다수 간호사들이 계약을 연장하고 독일에서 살게 되었다. 광부들 가운데 60%가량도 독일에 남아(이들의 1/3은 뒷날 미국으로 이민), 유럽 한인 사회의 중심을 이루었다.

광부와 간호사 들이 독일로 떠난 1960년대는 합법적인 이민이 시작된 때였다.

1962년부터 브라질 이민이 시작되었고, 비슷한 시기에 아르헨티나, 파라과이, 볼리비아로 떠나는 이민자들도 생겨났다. 광활한 토지에 비해 인구가 부족했던 이 나라들이 농장 개발을 위한 투자 이민을 받아들였기 때문이다.

1965년부터 미국은 해마다 2만 명씩의 한국인 이민자들을 받아들였다. 이 무렵에 미국으로 유학을 떠났던 학생들은 6%(1967년 문교부 통계) 정도만 귀국했을 뿐, 대개는 미국 사회에 정착하였다. 이 때를 기점으로 미국 이민도 크게 늘었다.

노동자들의 독일 정착과 해외 합법 이민은 어쩔 수 없이 한반도를 떠나야 했던 유·이민자들이 일군 이전의 한인 동포 사회와는 또 다른 한인 사회를 세계 여러 곳에 형성하는 계기가 되었다.

법무부 통계에 따르면, 2006년 3월 말 현재 약 80만 명가량의 외국인이 국내에 체류하고 있다. 잠시 다녀가는 외국인을 빼면, 이들 가운데 상당수가 취업을 위해 한국에 온 사람들이다. 이는 1993년부터 외국인 산업 연수생 제도를 실시한 데 따른 결과로, 중국(조선족이 상당수), 타이, 필리핀, 베트남인이 연수생 자격으로 들어와 한국의 중소기업에서 일하게 된 것이다.

이들은 '연수생 신분'이란 이유로, 같은 일을 하더라도 한국인 노동자보다 급여가 훨씬 적을 뿐만 아니라, 인권을 침해받는 등 불리한 처지에 놓여 있다.

불공평한 조건이지만 적지 않은 연수생이 계약 기간이 끝난 뒤에도 국내에 남는다. 불법 체류자가 되는 셈인데, 한국인 노동자의 높은 임금을 부담스러워하는 중소기업들의 요구와 맞물려 있기도 하다.

최근에는 결혼을 목적으로 입국하는 외국인 여성도 빠르게 늘고 있다. 농어촌의 경우 외국인 여성과 혼인하는 비율이 40%에 가까울 정도이다.

체류 외국인 현황 (단위 : 명)

	계	중국(동포)	타이	필리핀	방글라데시	인도네시아	베트남	몽골	우즈베키스탄	기타
총체류자	804,547	321,406 (193,637)	33,972	42,325	14,831	23,751	43,320	24,926	13,965	286,051
불법 체류자	185,550	80,394 (35,562)	11,259	13,661	13,224	5,884	11,893	10,374	6,355	32,506

출처 : 법무부, 2006. 3. 31.

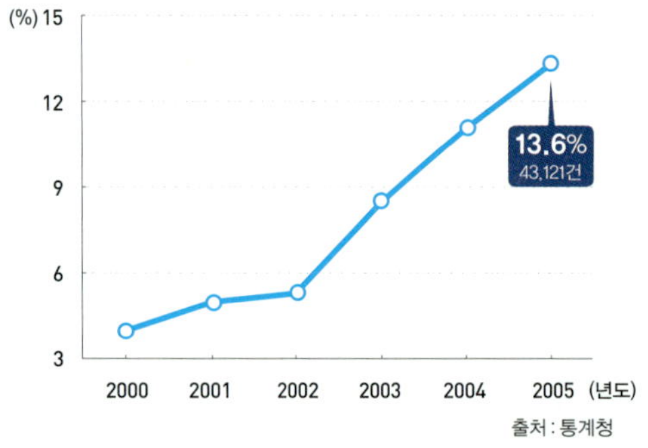

출처 : 통계청

전체 혼인 건수 중 국제 결혼 비중

서울 한남동에 있는 이슬람 서울 성원 한국 이슬람 중앙회에 따르면, 한국인 이슬람교도(무슬림)는 3만 5,000명 안팎이며, 국내에 거주하는 외국인 이슬람 교도는 약 8만 명이다. 국내에는 이슬람 사원(마스지드)이 여섯 개가 있고, 이슬람 센터나 간이 예배 시설이 여러 곳에 있다.

일본 교과서가 본 한국의 경제 성장

일본 고등 학교 지리 교과서

최근 외국 교과서에서 한국을 다루는 방식에 작지 않은 변화가 일고 있다. 상당 기간 분단과 전쟁, 남북 대결이 한국을 설명하는 주요 개념이었으나, 최근 들어 한국의 빠른 산업화가 많은 국가의 관심사로 부각되고 있기 때문이다. 한국에 관한 서술 분량도 크게 늘어났고, 과거보다 긍정적으로 기술하는 사례도 많아졌다.

다음은 한국학 중앙 연구원이 외국 교과서를 분석한 글을 바탕으로 작성한 신문 기사를 요약한 글이다. 일본 지리 교과서에 대한 분석으로, 한국 경제에 대한 일본인의 시각을 잘 보여 준다.

- **일본의 가장 가까운 이웃 나라, 한국** 교과서의 '근린 제국(이웃 나라)'을 다루는 장에서 한국을 가장 앞서 다루며, 한국의 문화 · 지리적 특성과 함께 한국 경제를 설명하고 있다.
- **한국의 급속한 경제 성장** 지리 교과서 6종 모두 한국의 급속한 경제 발전에 대해 다루고 있다. 일부 교과서는 한국이 선진국 대열에 들어섰다고 소개하였다.
- **긍정적 시각** 일부 지리 교과서들은 경제 성장의 배경을 한국의 높은 교육 수준과 근면성이라고 설명하였다. 또, 한국 제품의 품질과 디자인의 우수성에 대해 소개하고 있다.
- **한 · 일 관계를 전향적으로 전망** 일부 교과서들은 향후 경제 협력과 문화 교류 등 한 · 일 관계에 대해 상당히 긍정적으로 기술하고 있다.
- **일본의 경제 원조를 부각** 일부 교과서는 일본의 경제 원조와 기술 이전이 한국 경제 발전의 계기가 되었다며 일본의 역할을 부각시키고 있다.

– 《세계일보》, 2007. 1. 6.

4 유신과 반유신,
민주화 운동이 성장하다

유신 선전 홍보물

평양을 방문한 남측 대표단 '자주 평화 통일의 실현' 등을 목표로 1972년 11월에 정식 발족한 남북 조절 위원회는 1973년 6월까지 평양과 서울을 오가며 세 차례에 걸쳐 본회담을 진행하였다. 이와 별도로 남북 적십자 회담 본회담이 7차에 걸쳐 진행되었다.

7·4 남북 공동 성명

1972년 7월 4일 오전 10시, 정부의 중대 발표가 예고되어 있었다. 기자들 앞에 나타난 이는 이후락 중앙 정보부장으로 대통령의 최측근이었다.

그는 '남과 북이 자주적, 평화적으로 통일하고 사상과 이념의 차이를 넘어 민족적 대단결을 도모한다.'는 내용의 7·4 남북 공동 성명을 발표하였다. 남북 정상이 합의하고, 서울과 평양에서 동시에 발표한 이 성명에는 상대방을 비난하거나 침략하지 않으며, 평화적으로 교류하겠다는 약속도 들어 있었다.

실로 충격적인 발표였다. 북한을 괴뢰 집단으로 규정하고, '선건설 후통일'을 내세워 통일이란 말조차 꺼내지 않던 한국 정부, 통일을 이야기하면서도 한국 정부를 인정하지 않은 채 특수 부대를 침투시켜 한반도를 전쟁 위기로 몰아갔던 북한이 아닌가?

성명은 말로만 끝나지 않았다. 공동 성명 발표 이후 남북 조절 위원회가 구성되었고, 남북 정부 대표단이 휴전선을 넘어 평양과 서울을 교환 방문하였다.

남북 대화를 독재 강화에 악용하다

갑작스런 남북 대화는 미국과 중국의 화해 분위기에 영향을 받았다. 1970년 미국과 중국이 대화를 시작하였고, 1972년에는 미국의 닉슨 대통령이 중국을 방문하였다. 이어 중국과 일본도 국교를 맺었다. 북한도 남북 관계 개선을 적극적으로 주장하고 나섰다. 미국, 일본과 동맹하여 반공 정책을 펼치던 한국 정부에게는 큰 충격이 아닐 수 없었다.

많은 국민이 박정희의 장기 집권에 반대하는 상황도 남북 대화를 추진하게 만들었다. 1969년에 박정희는 국민의 거센 반발을 억누르고 헌법을 개정하여 세 번째 대통령에 출마하였다. 1971년에 격렬하게 치러진 대통령 선거에서 박정희는 근소한 차이로 승리하였다. 그러나 곧이어 치러진 국회 의원 선거 결과는 박정희가 이끄는 공화당

1970. 2.
닉슨 독트린

1971. 3.
주한 미군 일부 철수

1971. 10.
중국의 유엔 가입 및 유엔에서 타이완 축출

1972. 2.
닉슨의 중국 방문. 평화 원칙에 합의

1972. 7.
7·4 남북 공동 성명 발표

1972. 9.
중·일 국교 정상화

1972. 10.
남한 유신 체제 수립

1972. 12.
북한 유일 체제 확립

7·4 남북 공동 성명 이후 남한을 방문한 북한 부수상 박상철

중·일 수교 이후 중국을 방문한 일본 외상 오히라

흔들리는 냉전 질서 1970년 미국은 아시아에 대한 개입을 자제하겠다는 선언인 닉슨 독트린을 발표하였다. 이후 주한 미군을 일부 철수하고, 적국으로 간주해 온 중국과 화해하는 정책을 펴나갔다. 이로써 한·미·일이 동맹을 맺어 북·중·소 사회주의 국가들과 대결하던 동아시아의 냉전 질서가 흔들렸다. 화해와 협력을 통해 남북 대결을 완화할 것인지, 반공 정책을 계속하면서 국방력을 지속적으로 강화할 것인지, 기로에 선 한국 정부는 남북 협상을 진행하는 한편, 10월 유신을 통해 강력한 반공 독재 정권을 만들어 갔다.

중국을 방문한 닉슨 미 대통령

8대 대통령 선거 유신 헌법은 통일 주체 국민 회의에서 대통령을 선출하도록 하였다. 친여권 인사로 구성된 대의원 2,359명은 1972년 12월 23일 세종 문화 회관에서 단독 출마한 박정희 후보를 8대 대통령으로 뽑았다. 찬성 2,357표, 무효 2표였다.

긴급 조치 9호 보도 긴급 조치는 모두 아홉 차례 이루어졌는데, 하나같이 유신 헌법 반대 운동을 막기 위해서였다.

인혁당 사건 유신 정권은 유신 반대 운동이 불붙었던 1974년에 이른바 인민 혁명당 재건 사건을 조작하여 관련자 8명에게 사형을 선고한 뒤, 다음날 곧바로 집행하였다. 2006년 법원은 재심을 통하여, 사형당한 8명에게 적용된 죄목이 가혹한 고문에 의해 이루어진 허위 진술에 바탕을 둔 것으로, 이들이 독재 정권에 의해 부당하게 희생되었다는 취지의 판결을 하였다. 오른쪽의 1975년 4월 10일자 《동아일보》는 인혁당 관련자 8명 사형 집행과 긴급 조치 7호 발동을 동시에 보도하고 있다.

이 국민의 지지를 받지 못했다는 것을 분명히 보여 주었다.

국제적인 화해 분위기가 확산되는 가운데 국민의 반발에 부딪힌 박정희는 한편에서는 북한의 남침 위협을 강조하고, 다른 한편에서는 남북 대화를 추진하는 모순된 대북 정책을 이용하여 권력을 강화하였다.

1971년, 대통령에 취임한 박정희는 '북괴의 남침이 걱정되는 상황'이라며 국가를 전시 체제로 운영하겠다고 나섰다.^{1971. 12. 비상 사태 선언} 그러고는 비밀리에 북한과 평화 협상을 추진하여 다음해인 1972년 7월에 남북의 평화 통일을 약속한 7 · 4 공동 성명을 발표하였다.

공동 성명 발표 석 달 뒤, 박정희는 국회를 해산하고 모든 정치 활동을 금지하였다.^{1972. 10월 유신} 이어 통일을 실현하기 위해서는 새로운 헌법, 강력해진 대통령이 필요하다며 대통령 1인에게 권력을 집중시킨 새 헌법^{유신 헌법}을 제정하였다. 1972년 12월 박정희가 네 번째로 대통령에 당선되면서 유신 체제가 시작되었다.

유신 체제가 성립되면서 남북 대화도 사실상 끝났다. 화해와 통일을 말하던 시간이 지나고, 북의 위협과 반공만을 외치는 시간이 왔다. 민주주의가 짓밟혔고, 통일을 바라던 국민의 열망도 짓밟혔다.

유신 체제 – 폭력의 제도화

유신 헌법에 따라 대통령은 법관을 임명하고, 국회 의원 후보 1/3을 추천하였으며, 법의 효력을 정지시킬 수 있는 긴급 조치권을 가지게

되었다. 대통령 임기는 6년으로 늘어났고, 출마 횟수 제한은 없어졌다. 영구 집권을 꿈꾼 박정희는 국민의 강력한 저항을 받았다. 그러나 군대를 동원하여 시위를 진압하고, 헌법 개정을 주장하거나 토론하는 일조차 처벌하였다. 중등 학교 이상 모든 학교에서 학생회를 폐지하고, 학도 호국단이란 군대식 조직을 만들었다. 언론의 자유를 주장한 동아일보와 조선일보 기자들이 해직되고, 야당 대표를 선출하는 행사장이 정치 깡패들에 의해 난장판이 된 것도 이때였다.

유신 정권은 경제 성장을 최고의 가치로 내세웠다. 기업의 경제 활동, 특히 수출 산업을 육성하는 데 지원을 아끼지 않았다. 반면 노동자들이 노동 조합을 만들어 자신의 권리를 주장하는 행위는 불온하게 여겼으며, 투쟁하는 노동자와 이를 돕는 지식인을 경제 건설을 가로막는 적, 북한 사상에 물든 빨갱이로 몰아세웠다.

유신 체제 7년은 대다수 국민에겐 꽁꽁 얼어붙은 겨울 공화국이었다.

타는 목마름으로 …… 민주주의를 소망하다

신새벽 뒷골목에 / 네 이름을 쓴다 민주주의여
내 머리는 너를 잊은 지 오래
내 발길은 너를 잊은 지 너무도 너무도 오래
오직 한 가닥 있어 / 타는 가슴 속 목마름의 기억이
네 이름을 남 몰래 쓴다 민주주의여　　　　　　– 김지하, 〈타는 목마름으로〉

유신 체제 아래서 민주주의를 말하기 위해서는 큰 고통을 감수해야만 했다. 그러나 철저한 감시와 폭력에도 저항은 이어졌고, 민주화 운동도 그만큼 발전하였다.

겨울 공화국을 앞장서서 돌파한 것도, 가장 가혹한 탄압을 받은 것도 학생들이었다. 10월 유신 1주년을 맞은 1973년, 대학생들은 "자유민주주의 체제 확립" 등을 주장하며 시위에

유신 반대 운동 1973년의 학생 시위(오른쪽 사진)는 곧바로 지식인, 종교, 언론계로 확산되었으며, 장준하 등이 중심이 된 유신 헌법 개정 서명 운동으로 이어졌다. 왼쪽 사진은 유신 반대 운동에 앞장섰던 장준하(1918∼1975)이다. 광복군 장교 출신이며, 1950∼1960년대에는 잡지 《사상계》를 발행하며 독재에 맞섰다. 국회 의원을 역임했는데, 유신 반대 운동에 앞장서던 1975년에 의문의 죽음을 당했다.

나섰다. 이후 유신이 끝날 때까지, 학생들은 가장 헌신적으로 유신 반대 운동을 벌였다.

폭력적인 유신 체제는 양심적인 종교인과 언론인, 문인, 정당인 등으로 이루어진 이른바 '재야'라는 투쟁적인 시민 사회를 만들어 냈다. 이들 재야 인사들은 '민주 회복 국민 회의'와 같은 연합 단체를 조직하여 유신 체제에 반대하는 국민 운동을 벌였다.

동일 방직이나 YH 무역처럼, 많은 노동자들이 민주적인 노동 조합을 건설하여 노동자의 권리를 지키기 위해 싸웠다. 함평 고구마 사건 등 경제 성장 과정에서 농민을 희생시킨 정부의 정책에 맞선 농민들의 투쟁도 이어졌다.

유신 정권은 노동자나 농민의 주장에 귀 기울이기보다 그들의 입을 틀어막는 데만 급급하였다. 그러나 학생과 재야 인사 들은 노동자와 농민을 지지하였으며, 아예 이들과 생활하면서 함께 싸우는 이들도 생겼다.

민주화 운동이 차별받는 민중의 권리 찾기 운동과 결합되면서, 민주주의는 사회·경제적 평등을 포함하는 말로 새롭게 인식되었다. 민주화를 이루기 위해서는 소수의 학생이나 지식인만이 아니라 많은 계층이 협력해야 한다는 생각도 자라났다. 차별받는 이들, 그래서 민주화의 주체가 될 계층이란 뜻의 민중이란 말은 이 시기에 만들어졌다.

유신과 유일 체제 – 다른 듯 보이는 쌍둥이

1972년 12월 27일, 유신 헌법에 따라 선출된 박정희가 제8대 대통령으로 취임하였다. 이날 평양에서는, 김일성 한 사람에게 모든 권력을 집중시킨 '사회주의 헌법'이 제정되었다. 우연이라면 절묘한 우연이다.

> 조선 민주주의 인민 공화국 사회주의 헌법은 위대한 수령 김일성 동지의 주체적인 국가 건설 사상과 국가 건설 업적을 법화한 김일성 헌법이다.
>
> — 북한 1972년 헌법 전문

함평 고구마 사건(1976~1978) 전남 함평의 농민들은 생산한 고구마를 모두 농업 협동 조합이 사들인다는 약속을 받고 농사를 지었으나, 농협이 약속을 저버려 막대한 피해를 입게 되었다. 이에 농민들은 피해 보상을 요구하며 격렬하게 항의하였는데, 농협은 무성의한 태도로 일관하고 경찰은 긴급 조치 9호를 내세워 강경하게 탄압하였다. 농민들의 흔들림 없는 투쟁, 천주교의 적극적인 지원, 민주 세력의 지지와 지원을 바탕으로 2년 만에 보상을 받았다.

사회주의 헌법은 '주체 사상'을 모든 국가 활동의 지도 이념으로 삼도록 규정하였다. 김일성 1인 중심의 유일 체제가 출현한 것이다.

유신 헌법은 '한국적 민주주의 실천'을 내세웠다. 북한의 위협이 존재하는 한, 서구 같은 자유민주주의는 불가능하다는 의미였다.

1970년대 내내 대통령은 오직 박정희 한 사람뿐이었고 '후계자'라는 단어조차 거론되지 않았다.

같은 시기에 북한에서는 '온 사회의 주체 사상화'가 강조되고 김일성 개인 숭배가 이어졌다. 1974년에는 김일성의 아들 김정일이 '당 중앙'으로 불리면서 후계자로서 기반을 확고히 하였다.

대립하면서도 닮아 갔던 두 체제, 유신 체제와 유일 체제라는 이름만이 차이라면 차이였다.

국제적인 화해 분위기가 한반도에서는 왜 독재 권력 강화와 남북간 적대감의 고취로 이어졌을까? 이때부터 통일을 위한 협력의 시대를 열 수는 없었을까?

주체 사상탑 평양 중심지에 세워져 있으며 높이가 170m에 이른다. 김일성 70회 생일에 맞추어 완공되었다(1982).

반공 궐기 대회 유신 체제 아래서 국민들은 수시로 반공 궐기 대회에 참가해야 하였으며, 학교에서는 반공 웅변 대회가 정례화되었다. 심지어 '반공'이란 제목이 들어가는 교과서도 있었다.

5 되살아난 군사 독재, 민주주의 열망이 더 뜨거워지다

홍성담, 〈대동 세상〉

여공, 유신을 무너뜨리다

1979년 8월 11일 깊은 밤, 1,000여 명의 경찰이 제1야당이던 신민당 본부 건물로 밀고 들어갔다. 절규하면서 버티던 여성들은 모두 끌려 나왔고, 안타깝게도 한 여성이 사망하였다. 이들은 YH 무역이라는 회사의 노동자들로, 신민당사에서 농성하며 회사의 부당한 조치와 경찰의 간섭에 맞서 싸우던 중이었다.

농성을 해산한 경찰은 살인과 폭력에 대해 사과하는 대신 YH 무역 노조를 해산시키고, 노동자들을 도왔다는 이유를 들어 성직자를 포함하여 기독교 인사 8명을 구속

YH 무역 농성 사건 YH 무역은 서울 면목동에 있는 가발 제조 업체로, 이 회사 노동자 200여 명이 부당한 폐업에 항의하며 1979년 8월 9일부터 신민당사를 찾아 농성을 벌였다.

부·마 민주 항쟁 시위가 확산되자 유신 정권은 부산과 마산, 창원 일대에 군대를 투입하여 1,600여 명을 체포하고 이들 가운데 87명을 군사 재판에 회부하였다. 강경 진압을 둘러싼 집권층 내부의 갈등이 10·26 사건의 한 원인이 되었다.

하였다. 또한 당사를 짓밟힌 야당의 강경한 항의에 대해, 야당 대표의 국회 의원직을 박탈하는 것으로 답하였다.

유신 체제의 야만적 폭력은 민주주의의 소중함을 다시 일깨워 주었고, 민주화를 이루려는 운동이 다시 불타오르는 계기가 되었다. 노동 운동 탄압에 반대하는 학생, 노동자, 종교계의 투쟁이 이어졌고, 야당 탄압에 항의하는 국민 여론도 확산되었다.

1979년 10월 16일, 부산 지역의 대학생 7,000여 명이 "독재 타도, 유신 철폐"를 주장하며 시위에 나섰다. 시위는 18일에 마산과 창원으로, 24일에 대구로 확산되었다.

유신 정권은 부산과 마산에 군대를 투입하여 시위를 진압하려 하였으나, 대규모 시위를 진압하기는 쉽지 않았다. 부·마 민주 항쟁

10월 26일 저녁, 박정희가 사망하였다. 중앙 정보부장 김재규가 총으로 쏜 것이다. 18년간 최고의 권력을 누려 온 박정희는 이렇게 비극적인 최후를 맞았다. 10·26 사건 이로써 유신 체제도 종말을 향해 치달았다.

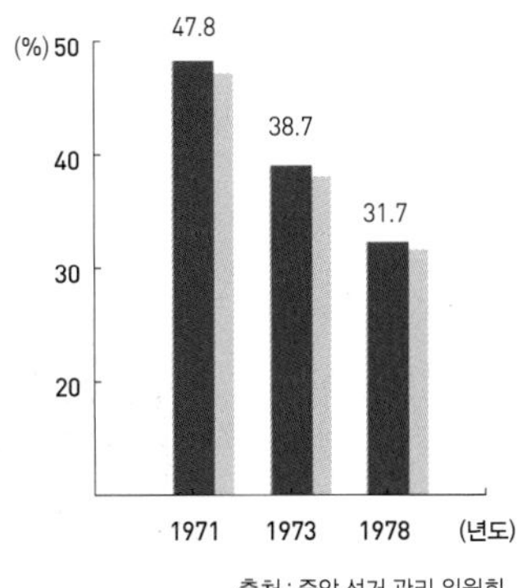

출처 : 중앙 선거 관리 위원회

국회 의원 선거에서 여당(공화당)의 득표율 변화 총선이 치러질 때마다 점점 득표율이 낮아진 공화당은 1978년 선거에서 제1야당인 신민당보다 1.1% 낮은 득표율을 기록하였다. 유신 말기의 어려워진 경제 상황과 계속된 독재 정치에 대한 국민의 반발을 보여 준다.

10·26 사건 1979년 10월 26일 김재규 중앙 정보부장이 박정희에게 총을 쏘는 장면을 재연하고 있다. 박정희는 부·마 민주 항쟁을 강경하게 진압할 것을 요구하였으나, 김재규는 지나친 강경 정책이 더 많은 저항을 불러올 것이라 여겼다.

12·12 군사 반란 박정희 사망 이후 전두환을 중심으로 한 군인들이 군 지휘권을 장악하였다. 반란 주도자인 전두환과 노태우는 후에 5, 6 공화국 대통령을 지냈다. 이들은 1996년에 군사 반란 등의 혐의로 유죄 판결을 받았다.

봄이 왔으나 봄이 아니다

유신에 맞서 싸웠던 이들은 독재자가 사라졌으니, 이제 민주주의가 실현될 것이라 믿었다. 그러나 유신 체제를 계승하여 군사 독재를 연장하려는 세력이 남아 있었다. 바로 전두환과 노태우를 비롯한 신군부 세력이었다.

1980년 봄, 국민들은 민주주의에 대한 새 희망으로 부풀었다. 구속되었던 양심수들이 풀려났고, 정치 활동 제한도 사라졌다. 유신 정권 아래 쫓겨났던 교수와 학생 들도 학교로 돌아왔다.

그러나 어떻게 새 헌법을 만들고, 새 정부를 구성할 것인지가 불투명하였다. 전두환 등 신군부 세력이 군사 반란을 일으켜 군부를 장악하고12·12 군사 반란,1979 이어서 정치 권력을 잡을 기회만 노리고 있었기 때문이다. 봄은 왔으나 봄이 아니었다.

5월 광주 …… 사랑도 명예도 이름도 남김없이

1980년 5월 14일과 15일, 더 이상 민주 정부 수립을 늦출 수 없다고 생각한 대학생들은 계엄을 해제하고 서둘러 헌법을 고칠 것을 요구하며 대규모 시위를 벌였다.

5월 17일, 신군부 세력은 사회 혼란을 막는다며 쿠데타를 일으켰다. 정부를 장악하고 국회의 기능을 정지시켰으며, 김대중, 문익환 등 정치인과 재야 인사, 학생 지도자를 체포하였다. 또한, 군인들이 모든 대학 캠퍼스를 점령하였다.

비상 계엄 확대 보도와 학생들의 반대 시위

계엄군의 진압

계엄군과 시민군의 대치

온 국민이 충격에 휩싸였고, 나라 전체가 다시 얼어붙었다. 그러나 광주의 학생과 시민은 쿠데타에 맞선 투쟁을 이어 갔다.

5월 18일, 광주의 학생과 시민 들은 계엄령을 철폐하고 민주 인사를 석방할 것을 요구하며 시위를 벌였다. 그러자 군인들이 이들을 향해 무차별 폭력을 행사하였고, 시위에 나선 학생과 시민 들의 희생이 잇달았다.

신군부의 강경한 진압에 분노한 시민들이 대규모 집회를 열어 항의하였으나, 돌아온 것은 더욱 무자비한 폭력뿐이었다. 5월 21일에는 군인들이 운집한 시위대를 향해 집중 사격을 퍼부었고, 수많은 시민이 그 자리에서 사망하였다.

신군부의 폭력에 맞서기 위해 시민들은 경찰서와 예비군 무기고를 장악하여 '시민군'을 조직하였다. 5월 21일 오후에는 시민군이 도청을 손에 넣었고, 군대는 광주 외곽으로 물러났다.

이튿날부터 시민들은 수습 대책 위원회를 구성하여 치안을 유지하면서 사태 수습을 위해 군·정부 관계자와 협상을 벌였다.

신군부는 "타 지역 불순 인물 및 고정 간첩이…… 계획적으로 지역 감정을 자극하고, 난동 행위를 선동한 것_{계엄 사령관 담화, 5.21.}"이라며 사태를 왜곡하기에 급급할 뿐, 과잉 진압을 인정하라는 수습 대책 위원회의 요구를 거절하였다. 5월 26일 저녁, 항쟁 지도부는 다음과 같은 요구를 내놓고 또다시 협상을 제안하였다.

임을 위한 행진곡 "사랑도 명예도 이름도 남김없이……"로 시작되는 이 노래는, 도청을 지키다가 진압군에게 사살당한 청년 윤상원을 기리는 노래이다. 황석영이 백기완의 시를 고쳐 노랫말로 삼았는데, 1980년대 이후 민주화 운동을 상징하는 노래로 불리고 있다.

포박당한 시민군

계엄군의 재진입

시민들의 무장

해방 광주

> 1. 과도 정부는 모든 피해를 보상하고 즉각 물러나라.
>
> 2. 무력 탄압만 계속하는 명분 없는 계엄령을 즉각 해제하라.
>
> 6. 우리는 진정한 민주 정부 수립을 요구한다.
>
> — 5월 26일 항쟁 지도부가 채택한 정부에 대한 요구

그러나 항쟁 지도부는 다음날 아침이 밝아 오는 것을 볼 수 없었다. 5월 27일 새벽 4시, 협상을 거부한 군대가 도청을 기습 공격하여, 이들 대다수가 사망하였기 때문이다. 그렇게 10일간의 치열했던 대투쟁이 막을 내렸다. 5·18 민주 항쟁

되살아난 군사 독재, 민주주의 열망이 더 뜨거워지다

사망 또는 실종자 224명, 부상자 3,028명. 10일간 국군에 의해 희생된 국민의 숫자이다. 신군부 세력은 이들의 희생 위에 군사 독재를 부활시켰다.

신군부는 유신 헌법과 비슷한 새 헌법을 제정하고, 여러 가지 반민주적인 악법을 만들었으며, 1981년에는 전두환이 새 헌법에 따른 대통령이 되었다. 제5공화국

민주주의를 짓밟고 부활한 군사 독재에 맞서 가장 열심히 싸운 것

부산 미 문화원 사건(1982. 3. 18.) 부산 지역의 대학생이 부산의 미국 문화원 건물에 불을 지르고, 비슷한 시각에 도심에서 미국에 반대한다는 내용이 담긴 유인물을 뿌린 사건이다. 문부식 등 부산 지역의 대학생이 주도하였는데, 민주 진영 내에서 반미 운동이 크게 일어나는 계기가 되었다. 오른쪽 사진은 1986년 인천에서 있었던 헌법 개정 요구 집회 장면이다.

은 청년 학생이었다. 1981년부터 해마다 4·19 혁명 기념일이 있는 4월에서 5·18 민주 항쟁이 있었던 5월까지, "학살 책임자 처단, 독재 타도"를 외치는 시위가 이어졌다.

노동자들은 민주적인 노동 조합 결성에 나섰으며, 여러 노동 조합이 연대 투쟁을 벌이기도 하였다. 학생과 지식인 들이 노동 운동과 농민 운동에 참여하거나, 그들과 연대하여 투쟁을 벌이는 일도 더욱 많아졌다.

청년 학생이 주도한 반미 운동도 일어났다. 청년 학생들은 광주1980, 부산1982, 서울1985에 있는 미국 문화원을 공격하여, 한국군 지휘권을 쥐고 있는 미국이 5·18 민주 항쟁 당시 군대의 이동을 승인하고, 전두환의 대통령 취임을 곧바로 환영하고 나선 데 대해 항의하였다.

1980년대는 신군부가 만들어 낸 죽음의 시대였으나, 시대의 어둠을 넘어 민주주의의 새날을 열어 간 시대이기도 하였다.

의문사 전두환 정권 아래 불법 구금, 강제 군입대, 의문사 사건이 잇달았다. 사진은 민주화를 위해 애쓰다 의문의 죽음을 당한 이들에 대한 진상 규명을 요구하는 집회 장면이다.

◈ '민중'이란 말은 무슨 뜻인가요?

민주화 운동이 불붙은 1980년대 전반기에 '민중'이란 말이 널리 쓰였다. '민중'이란 나라와 사회의 주인이자 역사의 주인공이면서, 실제로는 그런 대접을 받지 못한 존재를 말하지요. 한완상은 민중을 두 부류로 분류하였습니다.

즉자적 민중은 잠자는 민중이다. …… 정치적으로 부림을 당하고 경제적으로 교묘하게 빼앗기고 있으며 사회·문화적으로 차별받고 있지만, 이 같은 피지배를 예리하게 감지하지 못하거나 숙명적인 일로 체념하도록 훈련되어 있기에…….
　　대자적 민중은 잠에서 깨어난 민중이다. 잠에서 깨어났기에 자의식으로 초롱초롱하다. …… 자기가 부당하게 조종·동원되고 억울하게 빼앗기고 있으며, 비참하게 따돌림을 당하고 있다는 사실을 깨닫고 있다. 그뿐만 아니라 분개하고 있다.
－ 한완상,《민중과 사회》

전두환 정권은《민중교육》을 출간한 교사와 《한국민중사》를 펴낸 젊은 역사학자들에게 국가 보안법을 적용하여 가혹하게 탄압하였다.

한완상은 즉자적 민중이 깨어나 대자적 민중으로 성장하는 과정을 의식화라 불렀으며, 민주화는 의식화된 민중에 의해 이루어진다고 믿었습니다. 독재자들은 민중을 말하는 사람을 경계하고 공산주의자로 몰아 탄압하였습니다.

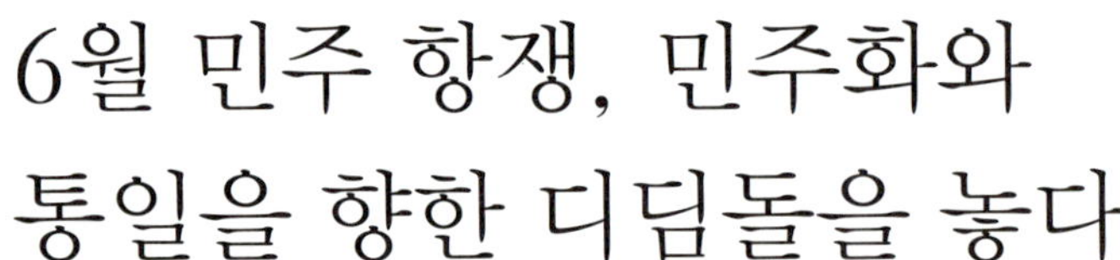

6월 민주 항쟁, 민주화와
통일을 향한 디딤돌을 놓다

박시백, 《한겨레》 만평

"호헌 철폐, 독재 타도"

> 오늘 우리는 전세계의 이목이 우리를 주시하는 가운데 40년 독재 정치를 청산하고 희
> 망찬 민주 국가를 건설하기 위한 거보를 전 국민과 함께 내딛는다. 국가의 미래요 소망
> 인 꽃다운 젊은이를 야만적인 고문으로 죽여 놓고, 그것도 모자라서 뻔뻔스럽게 국민
> 을 속이려 했던 현 정권에게 국민의 분노가 무엇인지 분명히 보여 주고, 국민적 여망인
> 개헌을 일방적으로 파기한 4·13 폭거를 철회시키기 위한 민주 장정을 시작한다.
>
> — 6·10 국민 대회 선언문

40년 독재 정치를 청산한 6월 민주 항쟁의 시작을 알리는 선언문이다. 항쟁이 시작된
1987년 6월 10일은 전두환의 뒤를 이어 군사 반란의 또 다른 주역인 노태우를 집권
당 대통령 후보로 선출하는 날이었다. 1980년에 고친 헌법에 따라, 체육관 간접 선거
로 노태우를 새 대통령으로 뽑으려는 속셈이었다.

대통령을 국민이 직접 선출해야 한다는 것은 대다수 국민의 뜻이었다. 헌법 개정을
약속한 야당이 국회 의원 선거에서 큰 승리를 거두었고, 1986년부터는 야당을 포함
한 민주 진영이 대대적으로 개헌을 요구하는 투쟁에 나섰다.

이를 잠재우기 위해 전두환 정권은 북한의 위협을 과장하고, 민주 인사를 공산주의
자로 몰아 강경한 탄압을 일삼았다. 1987년에는 대학생 박종철을 고문하여 죽음에
이르게 하였다. 공포 분위기 속에서 전두환 정권은 헌법을 바꾸지 않겠다는 이른바
호헌 조치를 발표하였다. 1987. 4. 13.

6월 항쟁, 민주주의 시대를 열다

민주주의를 열망하는 국민들이 마침내 철옹성 같던 군사 독재를 무너뜨렸다.

1987년 6월 항쟁은 이름 없는 시민들이 힘을 모아 이루어 낸 승리였으며,

그 승리는 다시 또 다른 승리를 위한 밑거름이 되었다.

1987. 1. 14.
박종철 군 고문으로 사망

1987. 4. 13.
호헌 조치 발표

1987. 5. 27.
민주 헌법 쟁취 국민 운동 본부 발대식

1987. 6. 9.
이한열 군 시위 중 최루탄에 부상(7월 5일 사망)

1987. 6. 10.
박종철 군 고문 살인 은폐 조작 규탄 및 민주 헌법 쟁취 범국민 대회

1987. 6. 26.
민주 헌법 쟁취 국민 평화 대행진

1987. 6. 29.
6·29 선언 발표

1987. 7~9.
노동자 대투쟁

6월 항쟁은 박종철 군 살인 규탄 투쟁에서 시작되었다.

6월 10일, 헌법 개정과 독재 타도를 요구하는 국민들의 함성이 치솟았다.

6·10, 6·26 시위 개최지

시위는 평범한 직장인들도 광범위하게 참가하였다.

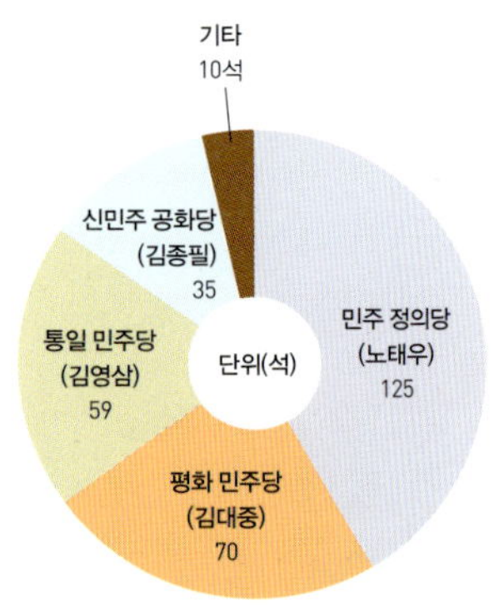

출처 : 중앙 선거 관리 위원회

1988년 국회 의원 선거 결과 6월 항쟁의 연장선 위에서 치러진 1988년의 국회 의원 선거에서 국민들은 야당 후보를 압도적으로 지지하여, 역사상 처음으로 여소야대 국회가 형성되었다. 야당은 국회 청문회를 실시하여 5공화국의 비리와 광주 학살의 진상을 밝혀냈다.

민주 진영은 박종철 군을 추모하며 고문 살인을 자행한 정권을 규탄하고, "호헌 철폐, 독재 타도"를 외치며 투쟁을 벌였다. 1987년 5월에는 야당을 포함한 최대의 민주화 운동 단체인 '민주 헌법 쟁취 국민 운동 본부'를 결성하였다.

6월 10일, 전국 22개 도시에서 '박종철 군 고문 살인 은폐 조작 및 민주 헌법 쟁취 범국민 대회'가 개최되었다. 항쟁은 날마다 이어졌으며, 6월 18일과 6월 26일에는 헤아릴 수 없이 많은 인파가 모여 독재 정권을 규탄하였다.

시위 현장에 학생들만 있었던 것은 아니다. 대도시의 도심 시위에는 넥타이를 맨 직장인들이 수없이 참가하였고, 중소 도시의 시위에는 평범한 시장 상인이나 농민 들의 모습도 드물지 않았다. 온 나라가 "호헌 철폐, 독재 타도"의 함성으로 가득 찼다.

6월 29일, 마침내 전두환 정권은 헌법 개정과 민주 선거를 약속하였다. 군사 독재가 항복한 것이다. 탄압 속에서 계속된 민주화 운동의 결과였으며, 민주 진영이 야당까지 포함한 광범위한 민주 대연합을 구성하여 함께 싸워 거둔 성과였다. 5·18 민주 항쟁 이후 반미 운동에 직면한 미국이 시위 진압을 위한 군대 동원을 반대한 것도 영향을 끼쳤다.

민주화 시대가 열리다

6월 항쟁 이후 국민들은 새로운 희망에 불타올랐다. 구속된 양심수들이 풀려났고, 언론의 자유도 확대되었다. 대통령 직선제를 포함하여 민주적인 권리가 담긴 새 헌법이 만들어졌다.

12월에는 대통령 선거가 있었다. 55%의 국민이 야당 지도자에게 표를 던졌으나, 당선된 것은 군부 출신의 노태우였다. 야당이 후보 단일화를 이루지 못한 결과였다. 그러나 노태우가 당선되었다고 해서 민주주의가 후퇴한 것은 아니었다. 국민들은 곧이어 열린 국회 의원 선거에서 야당을 지지하였고, 생활 현장에서 자주적인 단체를 결성하여 실질적인 민주화를 이루어 나갔기 때문이다.

6월 민주 항쟁을 거치며 노동 운동이 폭발하였다. 1987년 7월에는 울산 현대 계열사 노동자들이 민주 노조 건설, 근로 조건 개선 등을 요구하며 대규모 투쟁을 벌였다. 7월 말에서 8월 초에는 부산을 비롯한 경상 남도의 여러 공업 단지로 투쟁이 확산되었으며, 9월까지 전국 4,000여 사업장에서 민주 노조가 결성되었다.

사무직이나 전문직 종사자, 병원, 언론사 직원들도 노동 조합 결성이라는 사회의 움직임에 동참하여, 그동안 유명무실하던 노동 3권을 행사하고 나섰다. 교사들은 전국 교직원 노동 조합을 결성하여 교육의 민주화와 노동 기본권의 확대를 위해 싸웠다.

농민들은 군 단위 농민회를 조직하고, 전국적으로 단결하여 투쟁하였다. 1988년까지 전국의 농촌 지역 대부분에서 시·군 농민회가 조직되었으며, 이들은 전국 단위 조직인 전국 농민 운동 연합^{전농}으로 단결하여, 농산물 수입 개방 반대, 농산물 제값 받기, 농촌 의료 보험 개편 운동을 벌여 나갔다.

성장제일주의를 내걸고 개발로만 치닫던 지난날을 반성하면서 경제 정의의 실천과 환경 보호를 목표로 내건 시민 단체들도 여럿 탄생하였다. 남성 중심의 문화와 여성 차별적인 제도의 개혁을 목표로 자주적인 여성 운동도 활발해졌다.

바야흐로 민주주의 새 시대가 열리고 있었다.

남성 노동자들이 중심이 된 울산의 대규모 투쟁 1987년 7~9월 노동자 투쟁을 거치며 이전과는 달리 노동 운동에 대기업 남성 노동자들이 대거 합류하였다.

민주화가 남북 관계 개선으로 이어지다

6월 항쟁 1주년이 된 1988년 6월 10일, 2만여 명의 학생들이 연세대에 모여들었다. '남북 청년 학생 회담 성사 및 공동 올림픽 쟁취'를 위한 집회를 열기 위해서였다.

대회를 마친 학생 상당수는 판문점을 향해 길을 나섰다. 경찰의 저지로 학생들은 서울을 벗어나지 못하였고, 이들이 판문점에 도착했다 해도 남북 학생 회담이 열릴 수는 없었다. 그러나 이날 행사는 남북 관

악수하는 남북의 총리들

계를 개선하자는 여론이 크게 일어나는 계기가 되었다.

1988년 초부터 남북의 교류와 올림픽 공동 개최를 내건 학생과 재야 단체의 운동이 전개되었다. 북한이 불참한 가운데 '88 서울 올림픽이 치러진 뒤, 문익환 목사가 재야 단체의 대표 자격으로, 임수경이 대학생 대표 자격으로 북한을 방문하였다.

노태우 정부는 문익환, 임수경은 물론 관련자 상당수를 구속하고 학생 단체와 재야 단체를 강경하게 탄압하였다. 하지만 화해 협력과 평화적인 통일을 추진하자는 국민 여론을 수용하여 민족 문제의 평화적 해결에 기여할 새로운 정책을 추진하였다.

1988년에는 북한을 선의의 동반자로 규정하고, 교류 협력을 추진하자는 7·7 선언을 내놓았다. 이듬해에는 남북이 협력하여 공동 번영을 위해 노력하면서, 평화적이고 민주적인 방식으로 통일하자는 내용을 담은 새로운 통일 방안을 발표하기도 하였다.

1990년에는 박정희 시대의 비밀 협상이 아니라, 온 국민이 보는 앞에서 남북 정부 간 대화를 시작하였다. 남북 총리가 서울과 평양을 오가며 협상을 계속하였고, 1991년 마침내 "남과 북은 상대방의 체제를 인정하고 존중한다."는 내용의 '남북 간 화해와 불가침 및 교류 협력에 관한 합의서남북 기본 합의서'를 채택하였다.

북한과의 교류 협력을 내세운 정부의 정책은 북한을 반국가 단체로 규정한 국가 보안법과 충돌하는 것이다. 정부는 북한과 화해 협력을 추진하면서도 국가 보안법을 내세워, 민간 차원의 통일 운동을 엄격히 처벌하는 이중적인 모습을 보였다.

남북 관계가 원만하기만 하였던 것은 아니지만, 남북 관계 개선과 평화적 통일을 바라는 국민의 희망은 거역할 수 없는 큰 흐름이 되었다.

민주화에서 통일로

민주주의는 국민들이 통일을 말하고 실천할 수 있는 자유를 누릴 수 있으며, 정부가 통일을 원하는 국민의 뜻을 받아들여야 함을 뜻하기도 하였다.

문익환(1918~1994) 기독교 성서 공동 번역 책임 위원을 지낸 신학자이자 목사이다. 유신 체제와 전두환 정권에 맞서 민주화 운동을 전개하다 여러 차례 투옥되었으며, 1989년 북한을 방문하여 3단계 통일 방안을 김일성과 합의하기도 하였다.

임수경 방북 1989년 6월 30일, 임수경(당시 한국 외국어대 학생)이 평양에서 열린 세계 청년 학생 축전에 전국 대학생 대표자 협의회 대표 자격으로 참가하였다. 평양에 도착한 지 46일 뒤 판문점에서 휴전선을 넘어 돌아왔으나, 곧바로 구속되어 징역 5년형을 선고받았다. 1988년 이후 활발해진 대학생들의 통일 운동 연장선에서 이루어진 일이었는데, 이 사건을 계기로 통일 문제가 다시 한 번 국민적 관심사로 떠올랐다.

1987년 7월 9일 서울 시청 앞에서 열린 이한열 장례식

7

성장하는 경제, 변화하는 생활

1986~1988년 사이에 석유 가격, 달러 가치, 국제 금리가 낮게 유지되면서[3저 호황] 한국 경제는 지속적인 성장의 디딤돌을 마련할 수 있었다. 금리가 낮아 돈을 빌려 생산에 투자하기 좋았고, 달러 가치가 낮아 원자재 수입에 드는 돈보다 제품을 수출하여 벌어들이는 돈이 상대적으로 많아졌다. 에너지의 상당 부분을 석유에 의존하는 한국으로서는 석유 가격이 낮게 형성된 것도 큰 도움이 되었다. 이 기간에 많은 기업이 경쟁력을 강화할 수 있었으며, 기술 혁신과 첨단 산업 진출을 통해 지속적인 성장을 위한 기초를 만들 수 있었다. 무역 적자가 줄어들면서 경제 성장이 외국 빚의 증가로 이어지는 악순환도 어느 정도 완화될 수 있었다.

그리하여 1980년대 후반에는 경제 자립의 기초를 갖춘 근대적인 산업 국가의 모습을 갖추게 되었다. 사회 경제 구조가 산업화 이전과 크게 달라졌으며, 한국의 국제적 지위도 크게 높아졌다.

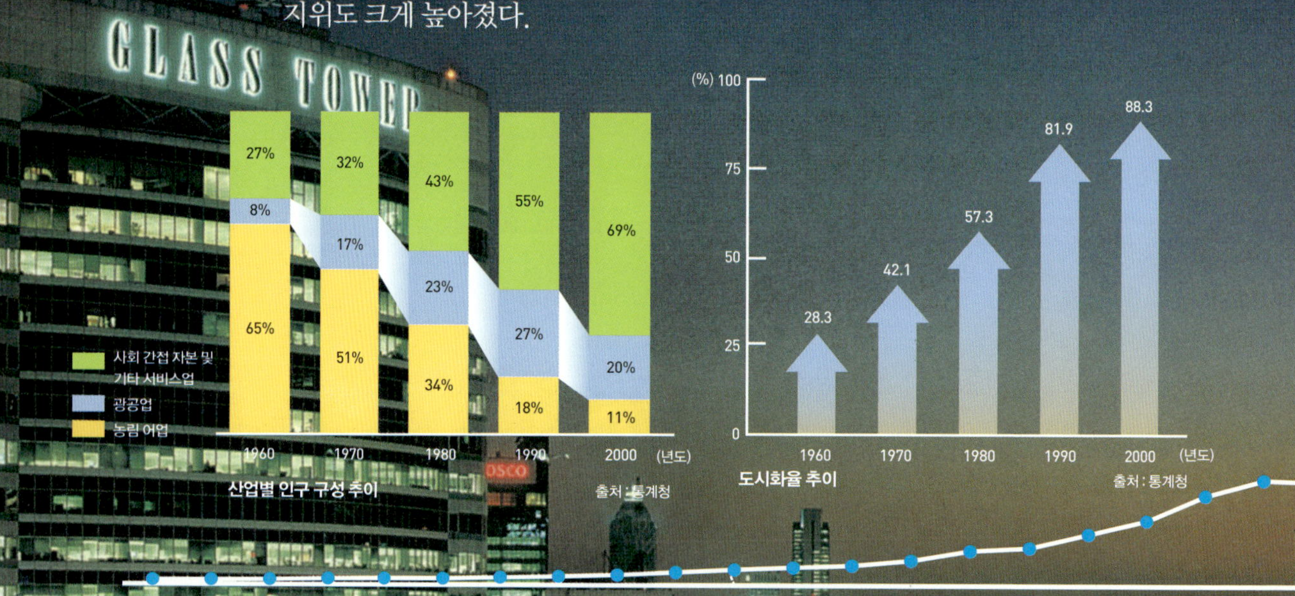

산업화의 두 얼굴

산업화가 계속된 1960~1980년대를 거치며 한국은 농업 사회에서 산업 사회로 전환하였다. 1960년대만 해도 인구의 대다수가 농업에 종사하였으나, 산업화가 시작되면서 광공업 종사자가 빠르게 늘었다. 농촌 인구는 급격히 감소한 반면, 도시 인구는 급속도로 증가하였다. 자영업자 수가 줄어들고, 취업자의 60% 이상이 타인에게 고용되어 급여를 받는 임금 노동자로 바뀌었다.

1인당 국민 소득도 꾸준히 증가하였다. 공업화가 진행되면서 일자리가 늘어난 데다 임금이 더디지만 꾸준히 상승하였고, 농업 생산성이 높아져 농민들의 소득도 점차 많아졌기 때문이다. 농촌에서 보릿고개란 말이 점차 사라졌고, 절대 빈곤층의 수도 크게 줄어들었다. 가구당 식료품비의 비중이 줄어든 대신, 의료, 교육, 교통·통신비 지출이 늘어났으며, 가전 제품도 빠르게 보급되었다.

국가 주도의 급격한 경제 성장이 만들어 낸 그늘도 짙었다. 수출 상품의 가격을 낮게 유지해야만 외국 상품과의 경쟁에서 살아남는다는 논리에 의해 노동자들은 낮은 임금을 강요당하였다. 근로 기준법조차 제대로 지켜지지 않았고, 노동자들이 노동 조합을 결성하여 권익을 지키기

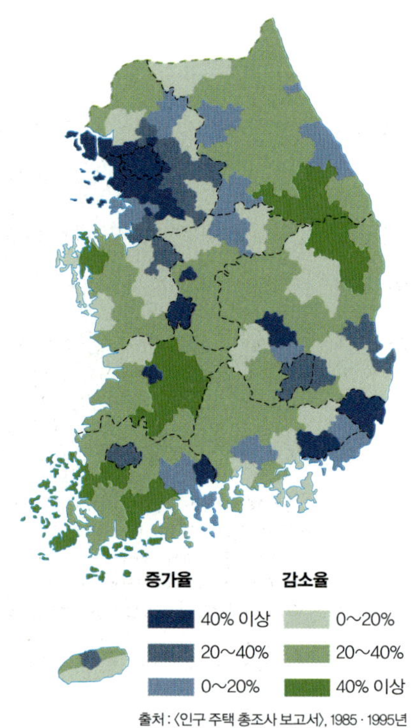

증가율 / 감소율

증가율	감소율
40% 이상	0~20%
20~40%	20~40%
0~20%	40% 이상

출처 : 〈인구 주택 총조사 보고서〉, 1985 · 1995년

불균형 성장과 인구 이동 공업화가 일부 지역을 중심으로 이루어지면서 수도권과 영남, 일부 대도시의 인구가 늘어난 반면, 농촌 지역은 인구가 급격히 줄어들어 지역 간 균형 성장을 기대하기 어려워졌다.

근로 기준법 1953년에 처음 제정되었으며, 근로 조건의 최저 기준을 정한 법률로, 근로 계약에서 이 법에 미치지 못하는 조항은 무효로 한다. 1997년에 이전의 법률을 폐지하고 새 법이 제정된 이후 계속 개정되고 있다.

위해 싸울 수 있는 권리는 종종 부정되었다.

노동자들의 임금을 낮은 수준으로 유지하기 위해 1960년대 내내 농산물 가격을 낮게 유지하는 등 정부의 농업 정책은 상당 기간 농민의 이익에 역행하였다. 농촌의 발전은 늦어졌고, 생계가 어려운 많은 농민들이 아무런 준비 없이 무작정 도시로 떠났다.

급격한 도시화는 일자리와 주택 부족 등 여러 가지 사회 문제를 낳았다. 일자리를 둘러싼 경쟁이 치열해지면서, 낮은 임금과 열악한 근로 조건은 개선되지 않은 채 오랫동안 유지되었다.

수도권이나 영남 일부 지역을 중심으로 공업화가 진행되면서 도시와 농촌의 격차가 심해지고, 지역 간 격차도 커졌다.

정부는 '선성장 후분배' 주장을 내걸었다. 그러나 1960~1980년대 내내 정부는 분배보다는 성장을 앞세웠으며, 최저 임금제 도입[1986], 남녀 고용 평등법 제정[1987], 국민 연금 제도 도입[1988], 전국민 의료 보험 제도 실시[1989]와 같은 기본적인 사회 보장 제도조차 노동 운동이 성장하고 민주화가 시작된 이후에야 도입되었다.

노동 운동과 농민 운동의 성장

2만 명이 넘는 종업원의 90% 이상이 평균 연령 18세의 여성입니다. …… 40%를 차지하는 시다공들은 평균 연령 15세의 어린이로 …… 저희들의 요구는 1일 14시간의 작업 시간을 1일 10~12시간으로 단축하는 것. 매달 두 번의 일요일은 휴일로 쉬기를 희망합니다. 건강 진단을 정확하게 하여 주십시오.

– 전태일 기념 사업회, 《내 죽음을 헛되이 하지 말라》

1970년 11월 13일, "근로 기준법을 지켜라!", "우리는 기계가 아니다."라는 구호를 외치며 자신의 몸에 불을 붙인 서울 평화 시장의 재단사 전태일이 유언처럼 남긴 글이다.

전태일(1948~1970) 평화 시장 봉제 공장의 재단사였던 전태일은 노동 조건의 개선과 노동 조합 건설을 위해 싸우다 여러 차례 좌절을 겪었다. 그는 지켜지지 않는 근로 기준법에 불을 지르며 분신 자살하였다. 아래 사진은 시민 모금을 통해 전태일이 분신한 곳에 세운 그의 흉상이다. 전국 민주 노동 조합 총연맹은 전태일이 세상을 떠난 날을 기념하여 해마다 11월 13일 전국 노동자 대회를 개최한다.

전태일의 희생 위에 평화 시장의 노동자들은 노동 조합을 조직하여 생존권을 지키려는 노력을 전개하였고, 이 사건을 계기로 지식인과 종교계의 노동 운동에 대한 지원 활동도 활발해졌다.

1970년대의 노동 운동은 주로 섬유 산업에 종사하는 노동자들, 특히 여성 노동자들이 중심이 되어 민주 노조를 세우거나, 자본가 편에 서 있는 어용 노조를 민주화하는 운동이 가장 활발하였다.

중화학 공업이 발달한 1980년대 이후에는 대기업 남성 노동자들의 참여가 확대되었다. 특히 1987년에는 대폭발이라 할 정도로 노동 운동이 크게 확산되어 생산직은 물론, 금융·언론·병원 등 사무·전문 직 노동자들이 활발한 움직임을 보였다.

청계천 평화 시장 앞에 세워진 전태일 흉상

농민들의 시위 1988년 11월에 개최된 전국 농민 대회의 모습이다.

1980년대에는 농민 운동도 활발하였다. 농민들은 지역별로 농민회를 조직하고, 정부의 잘못된 농업 정책에 맞서 농산물 제값 받기, 농산물 수입 개방 반대 운동을 벌여 나갔다. 농업 협동 조합이나 축산업 협동 조합을 민주적으로 개조하는 운동도 함께 전개하였다.

흔들리는 사회주의 – 1980년대 북한의 경제와 사회

북한은 사회주의 공업화를 이루었다는 1970년대까지 의식주를 국가가 책임지고, 무상 교육과 무상 의료를 실현했다고 주장하였다. 사회 보험법[1946]에 근거하여 각종 연금 제도와 산업 재해 보상도 실시하였다. 특히, 전 국민을 대상으로 하는 무상 치료제와 11년간의 무상 의무 교육 제도 실시[1975]는 북한의 자랑이었다.

1979년 북한의 1인당 국민 소득은 1,920달러로, 같은 해 한국의 국민 소득[1,636달러]을 웃돌았다. 그러나 중공업 중심의 성장이라 소비재와 곡물 부족 문제는 해소되지 못하였고, 1980년대 초부터 경제 성장률도 점차 떨어졌다.

문제는 산업화 전략과 관련이 있었다. 자체 자원과 기술에만 의존하여 추진한 자립 경제 노선은 빠르게 발전하는 해외의 기술 수준을 따라가지 못하였고, 중앙 집중식 계획 경제는 경제 규모가 커지면서 한계를 드러냈다. 좀처럼 줄지 않는 국방비도 북한으로서는 큰 부담이 되었다.

주체화를 강조한 제2차 7개년 계획[1978~1984]은 목표치에 이르지 못하였다. 2년의 조정 기간을 거쳐 1987년부터 제3차 7개년 계획을 시작하였으나, 처음부터 순조롭지 못하였다. 부족한 자원 지원과 신기술 도입에 커다란 도움이 되었던 소련과 동유럽 사회주의 체제가 무너지기 시작한 것이다.

성장이 벽에 부딪힌 1990년대, 북한의 국가 사회 보장 체제도 위기를 맞았다. 국가는 제도적으로 인민의 삶을 보장한다고 하였으나, 현실에서는 이를 충족시키지 못하였다.

동유럽 사회주의가 무너지다

소련과 동유럽 사회주의 붕괴

북한의 사회주의

1987 경제 성장 급격히 후퇴
1990년 이후 마이너스 성장

1990 우리식 사회주의 제창

1994 김일성 사망

1996~1999 최악의 식량 위기

1989년 12월, 미국과 소련은 정상 회담을 통해 "냉전이 끝났다."고 선언하였다. 미국은 소련에 대한 봉쇄 정책을 종결짓겠다고 하였으며, 소련은 핵무기 감축에 동의하였다. 개혁과 개방이라는 소련의 새로운 대외 정책이 가져온 결과였다.

소련의 지도자 고르바초프는 앞으로 동유럽에 개입하지 않을 것이라 선언하였고, 소련 내에서도 공산당 이외의 정당을 허용하고 민주적인 선거를 통해 새로운 정치 질서를 만들겠다고 약속하였다.

1989년 헝가리를 시작으로 동유럽 모든 국가에서 민중들이 봉기하였다. 공산당 정권은 무너졌고, 동독이 서독에 흡수되는 형태로 독일이 통일되었다. 1991년에는 소련이 러시아를 비롯한 14개 공화국으로 분리되었다. 러시아 혁명(1917)을 거쳐 형성된 소련이 70여 년 만에 역사 속으로 사라진 것이다.

동유럽 사회주의 정권의 해체, 사회주의 진영의 전반적 약화는 사회주의 국가인 북한에 큰 타격을 주었다. 북한은 '우리식 사회주의'를 내걸고 새로운 상황에 적응하려고 노력하였지만, 경제가 크게 악화되어 최악의 위기를 맞게 되었다.

"우리 아아들만은 좀 살리 주이소!"
산업화와 공해 문제

온산 공업 단지 공해 문제 온산 공업 단지의 공해 실태에 대한 보고서는 사회에 큰 충격을 주었다. 전두환 정권은 주민 피해가 기업이 유발한 공해 때문은 아니라고 주장하면서도 막대한 정부 예산을 들여 주민 모두를 다른 곳으로 이주시켰다. 사진은 1987년에 발간된 온산 공단 공해 문제에 대한 종합 보고서 격인 책이다.

온산 초등 학교 교정은 황량하였다. 화초는 찾아볼 수 없고 잎이 누렇게 변한 아름드리 은사시사철나무 한 그루가 덩그러니 서 있었다. 그 아래 여자 어린이들이 천연덕스럽게 고무줄놀이를 하고 있었다. 담임 선생님의 양해를 얻어 6학년 2반 교실에 들어간 그는 학생들에게 다음과 같이 말하였다.

"어린이 여러 분 중에 뼈마디가 아프거나 피부병이 있거나 눈병을 앓는 사람은 손들어 보세요."

52명 가운데 딱 절반인 26명이 손을 들었다. 불길한 예감일수록 적중도가 높은 것일까. 주민들을 만날수록 '공해병'이라는 의심은 확신으로 변해 갔다. ……
바다의 오염 정도를 조사하기 위해 해녀들을 인터뷰할 때였다. 이곳의 가난한 해녀들은 각종 어패류가 중금속에 심하게 오염된 것을 알면서도 어쩔 수 없이 채취해 먹기도 하고 내다 팔기까지 하였다. 이들에게는 건강보다 생존 문제가 더 무서운 것이었다.

"몸도 안 좋고 건지는 거 션찮다 캐도 안 하고 몬 사는 기 우리 아입니껴. 우야마 좋십니껴. 국민 핵교 댕기는 얼라도 뼈마디가 쑤시고 아푸다 카는데. 선상님요, 내는 살 만치 살았으이까네 우리 아아들만은 좀 살리 주이소! "

- 《뉴스메이커》, 2006. 3. 16.

온산 공업 단지 연기 나는 공장의 굴뚝, 그것은 산업화 시대 발전의 상징으로 예찬되었다.

환경 운동가인 최열과 한국 공해 문제 연구소가 1984년에 울산의 온산 공업 단지 내 공해 실태를 조사하는 과정을 기록한 글의 일부이다.

공해는 1974년에 개발된 온산 공업 단지만의 문제가 아니었다. 최초로 건설된 울산 공업 단지는 수질 오염과 대기 오염이 심각한 최초의 공해 단지가 되고 말았다.

> 산업 생산의 검은 연기가 대기 속에 뻗어 나가는 그 날엔 국가 민족의 희망과 발전이 이에 도래하였음을 알리며…….
>
> — 울산 공업탑에 새겨진 박정희의 연설

이후 건설된 공업 단지에서도 공해를 예방하기 위한 준비는 부실하였다. 경제 성장이 최고의 가치로 여겨지던 시대였기 때문이다. 기업 경영이 어려워진 일본의 공해 산업이 한국으로 이전되는 일도 많았고, 공해 문제 때문에 경제 활동이 방해받아서는 안 된다는 주장도 공공연하게 나왔다.

공해 문제 연구소를 만든 최열은 훗날 공해의 심각성을 인식하고 시민의 힘으로 이를 고치려는 환경 운동에 본격적으로 나섰다. 1988년에 여러 시민 단체들과 연합하여 공해 추방 운동 시민 연합을 결성하였으며, 1993년에는 환경 운동 연합이라는 더욱 확대된 시민 연대를 구성하였다. 환경 운동 연합은 환경 오염 방지와 환경적으로 지속 가능한 사회 발전을 목표로 활동하고 있다.

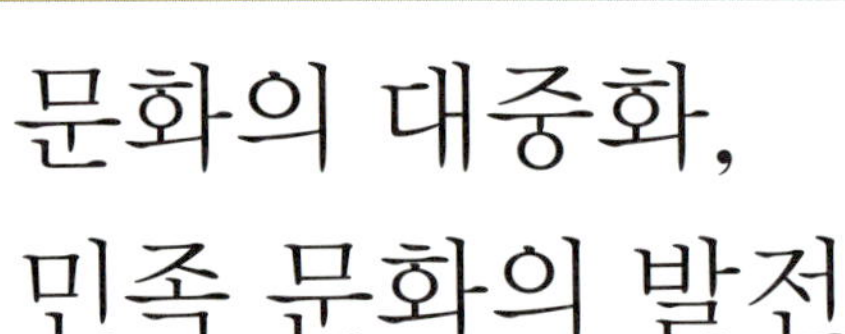

8 문화의 대중화, 민족 문화의 발전

산업화, 생활 문화를 바꾸다

산업화가 이루어지면서 생활 문화가 크게 바뀌었다. 농촌 인구가 대거 도시로 몰려들면서 이전과 뚜렷이 구별되는 주거 문화가 등장하였고, 갖가지 가전 제품이 보급되었기 때문이다.

1960년대에 등장한 아파트는 제2차 경제 개발 계획 기간에 점차 확대되더니, 1970년대부터는 중산층의 대표적인 주거 양식으로 자리 잡았다. 중앙 집중식 난방 장치가 도입되고, 부엌의 모습도 완전히 달라졌다.

아파트 보급과 비슷한 시기에 달동네라 불리는 새로운 주거지도 확산되었다. 개발 사업의 여파로 도심에서 밀려났거나 형편이 여의치 못한 사람들이, 수도와 화장실뿐만 아니라 부엌까지 함께 쓰는 산동네 공동 거주지를 형성한 것이다.

청계천 판자촌

부산 달동네

공동 수도에서 물을 길어 오는 모습

1964년부터 전기가 안정적으로 공급되었는데, 1974년에는 전기 보급률이 전체 가구의 90%에 이르렀다. 상수도 보급률도 점차 높아져 1980년에는 전체 가구의 54.6%가 상수도를 공급받았다. 1970년대만 해도 난방과 취사 연료로 석탄이 주로 쓰였으나, 1980년대를 거치며 도시 가스와 석유의 사용 비중이 크게 높아졌다.

이 같은 변화는 가정용 전기 제품의 폭발적 증가를 가져왔다. 보일러가 새로운 난방 장치로 등장하였고, 1974년에 처음 선보인 가정용 가스레인지가 1990년 무렵에는 거의 모든 가정에서 쓰였다. 1970년대 중반까지 1~2%에 불과하던 가구당 세탁기, 냉장고 보유율도 1990년 무렵에는 90~100%에 이르렀다. 텔레비전이 본격적으로 보급된 것도 1970년대 중반이었다.

전기 보급에 이은 가전 기기의 등장은 가사 노동 시간의 감소와 여가 시간의 증가에 기여하여 생활 문화를 크게 바꾸어 놓았다.

1970년대에 들어서면서 급격히 늘어난 가전 제품 광고들은, 가전 제품이 특히 여성의 가사 노동을 줄여 줄 것이라고 선전하였다. 가전 제품의 등장과 함께 실제로 가족 전체의 가사 노동은 줄어들었으나, 여성이 가사 노동의 전담자로 인식되는 한, 여성의 가사 노동은 줄어들 수 없었다.

도시화가 가져온 주거 생활의 변화 급격한 도시화가 이루어지면서 빈민의 집단 거주 구역이 형성되고 아파트라는 공동 주거 형태가 빠르게 확산되었다.

초기 아파트

초기 아파트의 입식 부엌

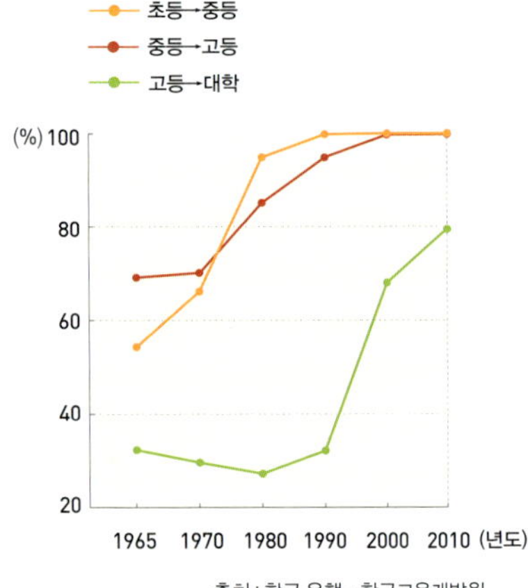

출처 : 한국 은행 · 한국교육개발원

상급 학교 진학률의 추이
1970~1980년대는 중 · 고교 진학률이,
1990년대 이후에는 대학 진학률이
급격히 늘었다.

문화의 대중화, 대중 문화의 성장

민주주의가 제도화되고 산업화가 이루어지면서 일부 상류층만 누릴 수 있던 고급 문화가 대중화되고, 다양한 대중 문화가 발전하였다. 생활 수준의 향상, 교육의 보급, 대중 매체의 발달 등이 직접적인 계기였다.

특히 1980년대 후반부터 대학 진학률이 크게 높아지고, 대학과 전문 대학의 수가 크게 늘어나 2000년에는 고등 학교 졸업자의 68%가 대학에 진학할 정도에 이르렀다.

대중 매체의 양적인 팽창도 이루어졌다. 신문이나 잡지의 종수나 부수가 꾸준히 늘어났으며, 라디오와 텔레비전 보급도 크게 확대되었다. 특히 라디오와 텔레비전 보급의 확대는 대중 문화의 형성에 크게 기여하였다.

1960년대에는 라디오와 영화가 대중 문화의 시대를 이끌었다면

국영 KBS TV 개국 이 해 마지막 날 첫 방송이 이루어졌다. 매일 4시간씩 방송하였는데, 이 무렵 전국에 1만 대가량의 텔레비전이 보급되어 있었다.

영화 관객 최다 동원 기록 수립
1968년 한 해 동안 212편의 한국 영화가 제작되었으며, 1969년 한 해 동안 1억 7,304만 명이 영화를 보았다. 1960년대는 그야말로 한국 영화의 전성기였다.

김민기가 지은 〈아침 이슬〉을 양희은이 발표
김민기와 양희은은 청바지와 통기타, 생맥주로 상징되는 1970년대 청년 문화의 상징이었다.

자유 언론 실천 선언 박정희 정권의 언론 탄압에 반대한 기자들의 운동으로, 동아일보는 113명, 조선일보는 31명의 기자를 해고하였다.

1970년대에는 본격적인 텔레비전 시대가 열려, 텔레비전이 여가 생활에서 중요한 역할을 담당하였다.

영화나 라디오와 텔레비전을 통해 흘러나오는 대중 가요와 드라마는 일상 생활의 친근한 벗이 되었다. 레슬링이나 권투 등의 프로 스포츠는 물론, 아시안 게임이나 올림픽 같은 국제 경기도 국민의 관심 속에서 치러졌다.

문화가 대중화되면서 수요가 늘어난 교육 서비스나 대중 매체가 기업화되었는데, 이들이 공익성보다 이윤 추구를 내세우는 바람에 문화가 지나치게 상업화되거나 질적으로 저하되기도 하였다.

대중 문화를 정권 홍보의 수단으로 삼으려는 독재 정권의 문화 정책도 이어졌다. 박정희, 전두환 정권은 보도 통제는 물론이고 영화와 드라마의 내용까지 일일이 간섭하였으며, 제멋대로 기준을 세워 수많은 대중 가요를 금지곡으로 묶었다.

텔레비전 400만 대 돌파 1968년만 해도 텔레비전 보급 대수는 전국적으로 겨우 10만 대에 불과하였으나, 1970년대 이후 급격히 보급되었다. 1980년에는 컬러 텔레비전 방영이 시작되었다.

프로야구 출범 MBC 청룡, OB 베어스, 해태 타이거즈, 삼미 슈퍼스타즈, 삼성 라이온즈, 롯데 자이언츠의 6개 팀이 탄생하였다. 스포츠로 대중의 정치적 무관심을 유도하여 독재 정치를 안정시키려는 정책이라는 의혹을 많이 받았다.

보도 지침 폭로 전두환 정권은 거의 날마다 각 언론사에 기사 게재 여부, 편집 방향에 대한 지침을 만들어 보냈다. 이 사실을 해직 언론인들이 시사 월간지 《말》을 통해 폭로하였다.

서울 올림픽 개최 아시아와 세계의 이목이 한국에 집중된 가운데, 아시안 게임(1986)과 서울 올림픽이 성공적으로 개최되었다.

근대화와 민족주의

산업화 시기에는 국가 주도의 산업화를 통해 농업 위주의 전통 사회
를 산업 국가로 발전시키자는 뜻의 근대화를 정책 방향으로 삼고, 이
를 뒷받침하기 위한 문화 정책이 시행되었다.

과학 기술 분야는 특히 장려되었는데, 정부는 한국 과학 기술 연구
원을 설립[1965]하고, 해외의 한국인 과학 기술자를 유치하는 등 과학
기술 연구를 중심으로 육성하였다. 1973년부터는 과학 진흥을 위한
풍토를 조성한다며 '전 국민 과학화 운동'을 추진하기도 하였다.

국민의 자부심을 높여 국력을 결집하려는 목적에서 전통 문화의 우
수성을 부각시키고, 국가 체육 활동을 권장하였다. 문화재 보호법을
제정[1962]하고, 국립 중앙 박물관을 새로 짓는[1972] 등 문화 유산 보호
및 개발 정책을 대대적으로 추진하였으며, 이순신과 세종대왕 등 역
사적 인물을 추앙하기 위한 사업도 벌였다. 또한, 국가 대표 선수들의
합숙 훈련장인 태릉 선수촌을 건립[1966]하고, 아시안 게임이나 올림픽
같은 국가별 체육 경기 참가자를 적극 후원하였다. 1986년에 아시안
게임, 1988년에 서울 올림픽을 개최하기도 하였다.

그러나 경제 성장을 최고의 가치로 내세우면서도 성장이 가져올 문
제를 성찰하지 않고, 개인의 자유와 권리보다 국가 발전을 강조하는
정부의 문화 정책에 대한 반대도 적지 않았다. 성장제일주의, 선성장
후분배, 선건설 후통일을 내세움으로써 결과적으로 균형 잡힌 성장,
민주주의와 분배 정의, 통일이라는 중요한 가치를 놓치기 쉬웠기 때
문이다.

한국 과학 기술 연구원(KIST) 국가적
필요에 부합하는 본격적인 연구 개발과
기업체에 대한 연구 개발 및 기술 정보
제공, 대학 및 타 연구 기관 활성화에
기여 등을 목표로 운영되었다. 1970년대
후반부터는 민간 기업 차원의 연구
개발 투자가 확대되고, 대학 연구소가
활성화되면서 그 중요성이 줄어들었다.

경제학계에서 자립 경제와 균형 성장을 강조하는 민족 경제론이, 역사학계에서 통일과 민주주의를 강조하는 민족 사학론이 대두한 것은 이런 배경에서였다. 탈춤과 같은 민중 문화의 전통을 이어 가려는 노력이나 교육을 통해 전인적 인격을 형성할 수 있어야 한다는 주장도 제기되었다.

우리는 자유와 평화와 정의를 사랑하고, 압제와 불의를 거부하는 민주 국민이다.
— 민주 회복 국민 회의, 민주 국민 헌장, 1975

물질보다 사람을 존중하는 교육, 진실을 배우고 가르치는 교육이 제대로 이루어지기 위해서는 교육의 참 현장인 학원이 인간화되고 민주화되어야 한다.
— 우리의 교육 지표, 1978

영릉과 광화문 이순신 동상 이순신 동상은 1968년에 건립되었는데, 동상의 글씨를 박정희가 썼다. 박정희는 현충사 같은 이순신 유적은 물론 임진왜란 유적, 강화도 국방 유적 복원에도 적극적이었다. 호국 인물 추앙과 국방 유적 복원, 충효 사상 강조는 군인 출신 대통령의 독재 정치를 합리화하는 측면도 있었다. 세종대왕의 무덤인 영릉 역시 박정희 정권 때 성역화되었다.

주체 사상과 북한의 문화

산업화가 이루어진 북한에서도 생활 문화의 변화가 뚜렷하였다. 1960년대에는 도시와 농촌에 문화 주택이라 불리는 새로운 주택이 공급되었으며, 평양이 사회주의적 계획 도시로 완성되었다. 보육 시설을 늘리고, 의무 교육을 확대하여 국가가 어린이의 양육와 교육을 책임지겠다고 나섰다.

문화 활동의 폭도 넓어졌다. 그러나 문화 활동은 당과 국가 정책을 홍보하는 성격이 강했으며, 집단 창작 방식이 강조되는 등 한국과 많이 달랐다. 영화 발전에 대한 국가의 각별한 배려, 대규모 가극, 집단 체조와 교예^{서커스} 활동은 이 같은 성격을 잘 보여 준다.

1960년대 이후 북한의 문화 활동은 주체 사상을 구현하는 데 주안점을 두었다. 1967년을 전후로 북한식 사회주의^{주체 사상}가 통치 이념으로 자리 잡은 것이다.

학교 교육에서 김일성과 그 동지들의 항일 무장 투쟁이 가장 중요한 교육 내용으로 자리 잡았으며, 연구와 문화 활동 역시 주체 사상을

주체 사상의 형성 과정

맹아 형성(1930~1955) 김일성이 처음으로 주체라는 말을 언급한 것은 1930년대 항일 무장 투쟁 때였다고 한다. 1955년까지는 다양한 출신의 사회주의자들이 당 내에 존재하였고, 주체 사상이란 말은 쓰이지 않은 채 북한이 사회주의 사회라는 관점을 내세웠다. 사진은 동북 항일 연군 교도려 부대에서 항일 무장 투쟁을 하던 당시의 김일성(두 번째 줄 가운데)의 모습이다.

자주 노선 강조(1955~1967) 김일성이 공식석상에서 주체를 처음으로 언급한 해가 1955년이다. 김일성은 중국과 소련이 분쟁을 벌이고, 북한의 중·소 관계가 원만하지 못한 이 상황에서 '사상에서 주체, 경제에서 자립과 국방에서 자위'를 함께 강조하였다. 사진은 1965년 비동맹 회의 10주년을 기념하여 인도네시아에 방문하였을 때의 모습이다.

벗어나지 않는 범위에서 이루어졌다.

평양의 김일성 생가나 백두산 일대의 항일 무장 투쟁 전적지 등을 순례하는 일도 일상화되었다. 주체 사상을 이론화한 것으로 알려진 김정일이 문화 예술 정책을 직접 관장하기도 하였다.

1986년, 김정일이 '조선 민족 제일주의'라는 주장을 제기하면서 봉건주의^{가족주의}라 비판받았던 전통적인 생활 문화가 부활하였다. '우리식 사회주의'를 내건 1990년대 이후에는 단군릉을 발굴하여 대대적으로 복원하고, 평양을 중심으로 한 대동강 일대가 세계 4대 문명과 비견될 만한 오랜 문화 중심지였다는 대동강 문화론을 주장하기도 하였다.

주체 사상과 조선 민족 제일주의가 강조되는 과정은, 국제적으로 고립되어 가던 북한이 인민의 단결을 강화하여 어려움을 극복하려는 노력의 일환이었다. 그러나 위기의 원인을 있는 그대로 진단하고 인민의 지혜를 모아 현실적인 대책을 모색하려는 노력이라 하기에는 어려웠다.

김일성주의화(1974~) 1974년부터 당의 최고 강령으로 온 사회의 주체 사상화가 제창되었으며, 이를 위해 사상·기술·문화의 혁신을 추구하는 3대 혁명 소조 운동이 전개되었다. 김일성 개인 숭배가 강화되고, 주체 사상을 이론화하여 김일성주의로 정식화한 김정일의 권력이 강화되어 권력 승계의 기초가 확립되었다. 사진은 김일성, 김정일 부자의 모습이다.

통치 이념으로 정착(1967~1974) 1967년에는 김일성 중심의 항일 무장 투쟁을 유일한 혁명 경험으로 인정하였으며, 1972년에는 주체 사상을 국가 활동의 지도적 지침으로 하는 사회주의 헌법을 제정하였다. 사진은 1972년 평양의 만수대에 세워진 김일성 동상이다.

'박정희 시대'를 묻는다

전두환과 노태우, 두 군인 출신의 대통령 시대에 박정희는 잊혀진 인물이었다. 그러나 1990년대 후반부터 박정희 재평가 논쟁이 일어나고 있다. 다음은 논란의 초기 모습을 보여 주는 자료(《한겨레》, 1997. 5. 13.)이다.

"난 이래서 좋다."
선악을 뛰어넘은 진정한 지도자

……그는 28세에 일본 육사를 나온 만주군 중위였고, 32세에 숙군 대상자로 재판받고 사형을 구형받은 남로당 군사부의 비밀 당원이었으며, 45세엔 자유 민주 국가의 헌정 질서를 짓밟은 군사 쿠데타의 주모자였다. 이 씻을 수 없는 죄과, 도덕적인 오점들이 자기 희생의 의지를 낳았던 것이다.

죽음의 힘은 그를 채찍질하여 국익에 이르는 좁고 험한 길로 앞뒤를 가리지 않고 달려가게 만들었다.…… 그러므로 우리는 이 사람을 위해 어떠한 변명도 할 필요가 없다. 그는 1961년 5월 16일의 그 새벽, 헌병대의 총탄이 날아오는 한강 인도교를 건너던 그때 이미 자기 운명의 찻잔을 마지막 한 순가락까지 다 재고 있었다. 전 국민의 반대를 무릅쓰고 경부 고속 도로를 놓았고, 전세계의 반대를 무릅쓰고 포항 제철을 세웠다. 유도탄을 개발하고 자주 국방을 주창할 때는 미국이 격분했고, 막대한 초기 투자가 필요한 중화학 공업 육성으로 불황이 찾아왔을 때는 모두가 그의 죽음을 원했다. ……

역사는 국민 모두가 만드는 것이다. 그러나 그 역사 창조의 방향을 제시하고 국민들에게 의욕과 자신을 불어넣어 주는 지도자, 투철한 국가관과 공인으로서의 사명감, 청렴성을 가진 지도자가 부재할 때 민생은 파탄되고 안보는 위협받으며 민주주의는 중우 정치로 타락한다.

— 이인화(소설가, 이화 여대 교수)

"난 이래서 싫다."
그의 독기는 살아 숨쉬고 있다

……프랑스의 역사학자 막스길로는 "역사 과정을 통해 인간 관계의 인간화는 축적되지 않으나, 악의 기술은 축적된다."고 지적한 바 있다. 선은 축적되지 않으나, 우리가 잘 알고 있듯이 사람 죽이는 기술도, 고문하는 기술도, 부패의 수법도, 독재 체제의 유지 방법도 끊임없이 축적된다. 이것이 바로 역사의 비극이며 우리가 단 한순간도 사회 비판과 투쟁을 게을리 할 수 없는 이유이다.

광주의 학살도 삼청 교육대도 박정희 일인 독재 체제의 앵톨레랑스(불관용)를 토대로 일어난 것이다. 삼풍(백화점)이나 성수 대교(의 붕괴)도 어제 오늘 갑자기 시작된 것이 아니다. 계량적 실적 위주의 성장 철학이 빚은 와우(아파트 붕괴)의 연장이며, 나랏돈—은행돈—대기업 돈—내 돈(이라 생각하는) 현상의 한보 사태들도 박정희 시대의 대기업을 중심으로 한 개발 독재와 정경 유착에 그 뿌리를 두고 있다.

나는 알고 있다. 약자의 고통과 탄식에 연대하는 대신 그들을 짓밟고 찬양가를 부를 수 있게 된 인간성의 실추, 그 뻔뻔스러움, 염치없음 역시 박정희 시대와 그 시대의 강자의 논리에서 비롯되었다는 것을.

— 홍세화《한겨레》기획 위원)

박정희와 이른바 박정희 시대를 긍정적으로 보는 사람과 부정적으로 보는 두 사람이 내놓은 근거를 비교하여 보자. 그리고 박정희 시대가 남긴 결과를 위 두 사람은 각각 어떻게 정의하고 있는지 파악하여 보자. 박정희와 박정희 시대에 대한 이들의 주장과 자신의 생각을 비교해 보자. 박정희와 박정희의 시대를 어떻게 보아야 할까?

새로운 미래를 꿈꾸며

국민의 힘으로 평화적인 정권 교체를 이루다

1987년 이후 우리 국민은 다시 우리 손으로 대표자를 선출할 수 있게 되었다. 그리하여 1992년에 군인 출신 대통령 시대를 끝냈으며, 1997년에는 처음으로 여당에서 야당으로의 평화적인 정권 교체를 이루어 냈다. 2002년에는 야당 내에서조차 비주류였던 노무현을 대통령으로 선출하였다.

1991년에는 지방 자치제가 다시 도입되었으며, 1995년 이후에는 국민이 직접 지방 자치 단체 장과 지방 의회 의원을 선출하게 되었다. 독재자 한 사람에 의해 좌지우지되던 국회가 실질적인 권력 기관으로 자리를 잡아 간 것도 중요한 변화였다.

국민이 나라의 주인이란 사실이 분명해지고, 국민의 힘으로 정치 권력을 교체할 수 있게 되면서 여러 분야에 걸쳐 민주화가 진행되었다.

신군부의 쿠데타, 5·18 광주 학살에 대한 진상 규명이 진행되고, 독재자들이 저질렀던 엄청난 부정 부패의 실상도 국민들 앞에 낱낱이 밝혀졌다. 군부의 정치적 중립성이 확인되고, 금융 실명제가 실시[1993]되고 부패 방지 위원회가 구성[2002]되는 등 부정 부패를 방지할 수 있는 제도적 장치가 마련되었다.

국가 예산이 투입되는 민주화 운동 기념 사업회가 조직[2001]되어 민주화 운동을 기념하게 되었으며, 친일 반민족 행위 진상 규명 위원회와 진실 화해 위원회가 조직[2005]되어 잘못된 과거를 되풀이하지 않으려는 의지도 분명히 하였다.

노태우[1988–1993] 전두환과 함께 12·12 군사 반란을 주도하였으며, 제5공화국에서 장관과 여당 대표를 지냈다. '보통 사람의 시대'를 내걸고 대통령에 당선되었다.

김영삼[1993–1998] 오랫동안 야당 국회 의원을 지냈으나 1990년 여당으로 옮긴 뒤 대통령으로 당선되었다. 군인 대통령 시대를 끝냈다며 '문민 정부'를 자임하였다.

김대중[1998–2003] 박정희, 전두환 정권 시절 두 번이나 죽을 고비를 넘겼다. 최초의 야당 출신 대통령으로, 민주화 시대를 뜻하는 '국민의 정부'를 자처하였다.

노무현[2003–2008] 제5공화국에 맞서던 인권 변호사 출신으로, 6월 항쟁 이후 야당 정치인이 되었다. 청년층의 지지를 받아 대통령이 된 뒤 '참여 정부'라 하였다.

환경부가 신설[1994]되어 환경 보전에 관한 국가의 역할이 커졌으며, 여성부가 신설[2001]되고 호주제 폐지가 결정[2005]됨으로써 성 평등을 향한 중요한 전환점을 이루었다. 2001년에는 국가 인권 위원회가 정부 기구로 설치되어 인권 증진이 국가의 중요한 역할이란 점을 분명히 하였다. 인권에 관한 우리의 헌법 정신에 조금씩 다가서고 있는 셈이다.

> 모든 국민은 인간으로서의 존엄과 가치를 가지며, 행복을 추구할 권리를 가진다. 국가는 개인이 가지는 불가침의 기본적 인권을 확인하고 이를 보장할 의무를 진다.
>
> – 현행 헌법 10조

지방 자치 단체 선거 재실시(1991) 박정희 시대에 없어졌던 지방 자치제 선거가 1991년에 다시 실시되었다. 당시에는 지방 의회 의원 선거만 치렀으나, 4년 뒤부터는 단체장 및 의원 선거도 실시되었다.

법정에 선 전두환, 노태우 전 대통령(1995) 문민 정부는 전두환, 노태우가 쿠데타를 일으킨 사실과 재벌 총수들로부터 수천 억의 뇌물을 받은 사실을 입증하여 재판에 회부하였다.

국가 인권 위원회 구성(2001) 인권 침해 및 차별 행위에 대한 진정을 접수하여 조사하고 바로잡는 활동을 한다. 인권 증진과 관련된 국가 정책을 종합적으로 구상하는 일도 한다.

호주제 폐지를 환영하는 여성계(2005) 헌법 재판소가 호주제를 양성 평등을 규정한 헌법에 위배된다고 판결함으로써 국회가 이를 바탕으로 민법을 개정하였다.

확대되는 자유, 발전하는 민주주의

자유의 확대는 무엇보다 소중한 변화였다. 언론은 더 이상 권력의 눈치를 살피지 않고 광범한 자율권을 누릴 수 있게 되었다. 새로운 신문이 창간되고, 인터넷 언론을 비롯한 다양한 언론 매체가 출현하여 각계각층의 의사를 자유롭게 게재하고 있다.

사상·표현의 자유도 더욱 확대되었다. 문화 활동에 대한 통제와 구속이 대부분 사라졌고, 창의적으로 사고할 수 있게 된 문화인들은 예술성 높은 작품을 창작하여 국민의 관심을 끌었다.

집회 및 결사의 자유도 광범하게 확대되었다. 정부 정책에 대한 찬반을 불문하고, 뜻을 같이하는 사람들끼리 단체를 만들고 개인이나 집단이 자신들의 의사를 표현하는 집회를 여는 데 큰 제약을 받지 않게 되었다.

참여 연대(1994) '권력 감시 및 시민 권리 획득'을 목적으로 창립된 시민 단체로, 정치·사법 권력은 물론 기업 활동도 감시한다.

오마이뉴스(2000) 인터넷 종합 일간지로, '모든 시민은 기자다'라는 기치를 내걸고 직업 기자와 생활인 기자가 작성한 기사를 함께 게재한다.

영화 〈공동 경비 구역 JSA〉(2000) 박찬욱 감독이 연출한 작품으로, 판문점 공동 경비 구역에 근무하는 남북한 병사들 간의 우정과 분단의 아픈 현실을 그렸다. 2000년에 가장 많은 관객의 사랑을 받은 영화였다.

국가 이익을 명분 삼아 인권을 침해하는 일도 점차 줄어들었다. 교원과 공무원의 노동 조합 활동이 가능해지는 등 기본권의 신장이 뚜렷하였고, 소수자에 대한 관심도 높아졌다.

반공을 구실로 사상과 양심의 자유를 제한하는 일도 점차 줄어들었다. "노동자와 민중 주체의 자주적 민주 정부를 수립"하여 '민주, 평등, 해방의 새 세상'을 만들기 위해 투쟁한다는 민주 노동당이 10명의 국회 의원을 배출[2004]하기도 하였다.

그러나 사상의 자유를 제한하는 국가 보안법이 여전히 존재하고, 교원과 공무원의 노동권은 불완전한 형태로 제도화되었다. 다수의 이익을 명분으로 소수자를 차별하는 일도 여전히 많다. 그럼에도 인권과 자유, 민주주의의 확대는 아무도 거역할 수 없는 흐름이 되었다.

민주 노동당 국회 진출(2004) 민주 노동당은 진보 정당으로서는 최초로 국회 진출을 이루었으며, 보수 정당이 여야로 나뉘어 대립하였던 의회 정치에 새로운 변화를 가져왔다.

전국 교직원 노동 조합 합법화 (1999) 1989년 창립 당시 정부의 탄압을 받아 교사 1,500여 명이 해직되기도 하였으나, 1999년에 단결권 및 단체 교섭권을 인정하는 법률이 제정됨으로써 합법화되었다.

세계 10위권의 경제 대국이 되다

1990년대 이후에도 한국 경제는 꾸준히 성장하여 여러 분야에서 세계적 수준에 이르렀다.

> 한국은 세계 223개국 중 국토 면적(108위)이나 인구(27위)는 보통 국가 수준이나, 경제 규모(11위)와 교역 규모(12위)는 세계적 수준에 이르렀다. 선박 제조와 D램 반도체, 박막 트랜지스터 액정 표시 장치(TFT-LCD) 제조가 세계 1위를 계속 유지하고 있으며, 철강 생산, 화학 섬유, 자동차 생산량과 산업용 로봇 보유 대수는 세계 5위권이었다. 정보 기술(IT) 강국의 위상도 여전하다.
>
> – 한국 무역 협회, 〈208개 경제·무역·사회 지표로 본 대한민국 2006〉

지속적인 성장으로 한국 경제는 자본이나 기술 면에서 어느 정도 자립적 기초를 갖추게 되었다. 지속적인 경제 성장과 소득의 증대가 국내 시장 확충으로 이어지고, 저축 증대가 투자 자금의 국내 조달을 이끌어 낸 결과였다.

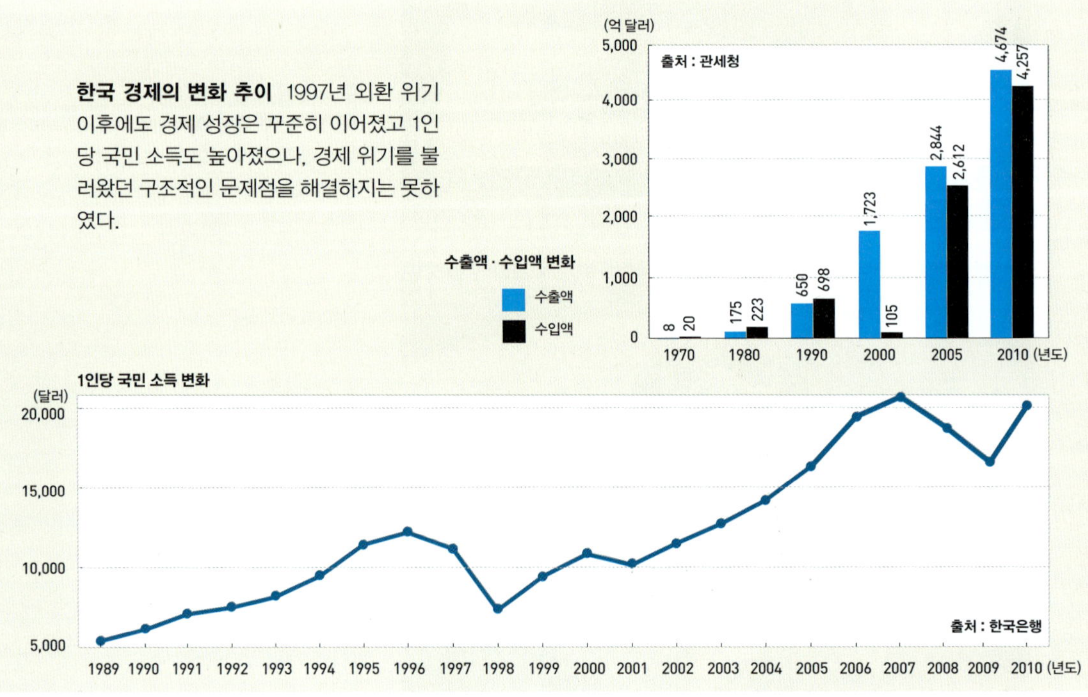

한국 경제의 변화 추이 1997년 외환 위기 이후에도 경제 성장은 꾸준히 이어졌고 1인당 국민 소득도 높아졌으나, 경제 위기를 불러왔던 구조적인 문제점을 해결하지는 못하였다.

1990년대 이후 정부는 국가 주도의 경제 개발 계획을 추진하지 않았다. 반면에 정부 개입을 줄여 기업 활동의 자율성을 높이고, 상품과 자본 시장을 개방하면서 수출 확대를 꾀하기 위한 정책을 확대하였다.

급격한 자율화와 경제 개방은 한국 경제를 위기로 몰아가기도 하였다. 무분별한 외화 빌리기, 빚으로 기업 규모 늘리기가 계속되다 보니, 어느 순간 해외에서 빌린 돈을 지불할 수도, 물건을 살 수도 없는 상황을 맞은 것이다. 외환 위기, 1997

국제 통화 기금(IMF)의 자금 지원과 금 모으기 운동 같은 위기 극복 노력이 맞물리면서 외환 부족 사태는 차차 극복되었다. 심각하게 후퇴하던 경제 성장률도 회복되었고, 정보 기술 산업 및 자동차와 조선 공업을 중심으로 경제 성장이 지속되었다. 그러나 외환 위기는 경제 전반에 심각한 후유증을 남겼다.

OECD 가입(1995) 문민 정부는 경제 개방을 강조하는 '세계화' 전략을 추구하면서, 경제 협력 개발 기구(OECD)에 가입하였다. 급격한 경제 개방은 심각한 경제 위기의 한 원인이 되었다.

외환 위기(1997) 기업 경영과 금융 부실로 인해 제조업, 금융업을 비롯한 다양한 부문에서 많은 기업이 도산하고, 엄청난 실업자가 양산되는 등 한국 경제는 최대의 위기를 맞았다.

정보 기술(IT)산업 활황 외환 위기 극복에는 정보 기술 산업의 비약적인 성장이 밑거름이 되었다. 반도체와 무선 통신 기기, 컴퓨터 관련 제품의 수출은 갈수록 확대되고 있다.

자유 무역 협정(FTA) 체결(2002~) 농산물 시장을 개방하고 공산품 수출을 확대하려는 취지에서 칠레와 최초의 자유 무역 협정을 맺었다. 2006년 미국에 이어 중국, 캐나다, 일본과도 논의를 준비 중에 있다.

민주화 30년 ······ 다시 민주주의를 말한다

앞에서 언급한 무역 협회의 자료에는 한국 경제의 문제점도 드러나 있다. 제조업 생산직 근로자가 받는 총 급여는 조사 대상 58개국 가운데 27위인 반면, 서울의 도시 생계비는 조사 대상 142개 주요 도시 가운데 두 번째로 높았다. 10위권이라는 경제 규모와 달리, 1인당 국민 소득은 조사 대상 208개국 중에서 47위, 삶의 질은 조사 대상 61개국 중에서 39위였다.

경제 성장이 소득 분배로 이어지지 못하고, 삶의 질이 전반적으로 나아지지 못하였다는 것을 뜻한다. 여전히 삶의 극단으로 내몰리는 절대 빈곤층이 줄어들지 않고 있다. OECD 가입국 가운데 소득 불평등 정도가 최상위권에 속하며, 중산층이 줄어들고 부유층과 빈곤층이 확대되는 양극화 현상도 심화되고 있다.

양극화는 외환 위기를 거치며 뚜렷해졌다. 일부 재벌에게 경제력이 더욱 집중되었으며, 부유층은 금융 자산과 부동산으로 재산을 더욱 늘렸다. 기업 경쟁력 강화가 강조되면서 직장을 잃거나 정규직에서 비정규직으로 내몰린 노동자가 많아졌다. 이들

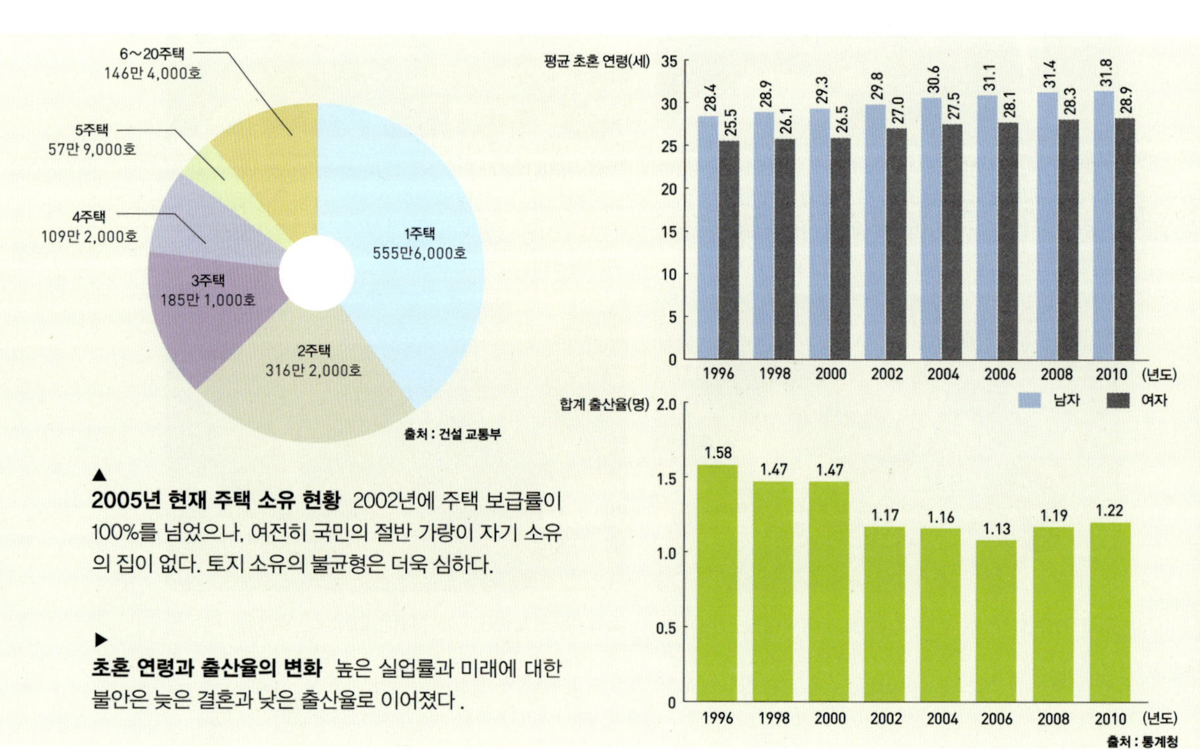

▲ **2005년 현재 주택 소유 현황** 2002년에 주택 보급률이 100%를 넘었으나, 여전히 국민의 절반 가량이 자기 소유의 집이 없다. 토지 소유의 불균형은 더욱 심하다.

▶ **초혼 연령과 출산율의 변화** 높은 실업률과 미래에 대한 불안은 늦은 결혼과 낮은 출산율로 이어졌다.

가운데 상당수는 절대 빈곤층으로 전락하고 말았다. 외환 위기 이후 김대중 정부와 노무현 정부가 성장 위주의 경제 정책을 강조한 결과였다.

국제 경쟁력과 시장의 자유, 경제 개방은 강조되었으나, 해고와 고용 불안에 맞서는 노동자들의 투쟁, 농민들의 농산물 수입 개방 반대 운동은 위기 극복의 장애 요소로 지목받았다. 정치적 민주화와 기본권의 확대가 노동자나 농민 들의 권리 신장으로까지 이어지지는 못하였다.

확대된 기본권을 누릴 수 있는 사람은 소수에 지나지 않고 대다수가 생존을 위해 허덕이는 상황이라면, 민주주의는 허울뿐인 민주주의에 불과하다.

선성장 후분배가 아니라 처음부터 성장과 분배가 함께하는 방안을 모색할 수는 없었을까? 자유만큼이나 평등이 중요하다는 사실을 잊지 않고 이를 함께 신장할 방안은 없었을까? 다수의 이익을 존중하되, 이를 위해 소수에게 희생을 강요할 권리를 없다는 사실을 인정하는 국가를 만드는 것은 과연 불가능할까?

정리 해고에 반대하는 노동자들 노동 운동으로 인한 구속자 수는 김영삼 정부에서 김대중, 노무현 정부로 갈수록 늘어났다. 정치적 민주주의가 사회·경제적 민주화로 이어지지 못한 때문이다.

경제 개방 반대 운동 경제 개방은 농업을 비롯하여 상대적으로 경쟁력이 낮은 업종에 치명적일 수 있고, 실업 증가와 빈부 격차 심화로 이어질 수 있다고 우려하는 이가 많다.

민주 · 통일의 새 시대를 꿈꾸며

분단이 벌써 70년을 넘기며 당연한 양 이어지고 있다. 국제적 냉전 질서가 빚은 결과이지만, 분단 상황을 이용하여 체제를 강화하고 권력 연장을 꾀한 통치자들과 다른 처지에 선 이들을 이해하고 배려하지 못한 문화 때문이기도 하다.

민주화와 함께 통일 논의도 발전하였다. 분단으로 왜곡된 경제 · 사회 · 문화가 바로 잡히길 바라는 이들이, 통일을 민주주의의 완성이라 여기는 이들이 앞장서서 교류하고 협상하며 통일로 나아가려는 운동을 이끌었기 때문이다.

문민 정부를 자처했던 김영삼 정부는 "어느 동맹국도 민족보다 나을 수는 없습니다. 어떤 이념이나 어떤 사상도 민족보다 큰 행복을 가져다 주지 못합니다."^{대통령 취임사}라며, 남북 정상 회담을 제안하였다.

국민의 정부는 햇볕 정책이라 불리는 대북 포용 정책을 추진한 결과 역사적인 남북 정상 회담을 이끌어 냈다. 남북 정상은 통일 문제를 우리 민족끼리 힘을 합쳐 자주적으로 해결해 나가며, 인도적 문제는 물론, 경제 협력을 통하여 민족 경제를 균형 있게 발전시키고, 다양한 부문에서 협력과 교류를 추진하여 쌍방 간의 신뢰를 다져 나가기로 합의하였다.^{6 · 15 남북 공동 선언}

남북 기본 합의서(1991)

북 · 미 제네바 기본 합의(1994)

소 떼 방북(1998)

남북은 총리 회담을 거듭하면서 남북 기본 합의서를 이끌어 냈으나, 북한 핵 문제를 둘러싼 대립, 김일성의 갑작스런 사망, 북 · 미 관계의 악화 등을 계기로 큰 진전을 보지 못하였다.

국민의 정부 성립 이후 정주영의 소 떼 방북, 금강산 관광 개시 등 경제 협력이 꾸준히 이어지면서 신뢰가 형성된 것이 남북 관계 발전에 긍정적으로 작용하였다. 오른쪽 사진은 고 정주영 현대 명예 회장이 북한에 지원할 소 떼를 몰고 판문점을 넘는 모습이다.

우여곡절이 많았다. 1994년에 예정되었던 김영삼-김일성 회담은 성사되지 못하였다. 북한 잠수함이 침투[1996]하거나 남북이 해상에서 군사적으로 충돌한 사건[1999, 2002]도 있었다. 무엇보다 북한 핵 개발을 둘러싼 남북 간 및 국제적 공방이 남북 대화의 진전에 걸림돌로 작용하였다.

남이든 북이든 상대를 경계의 눈초리로 보고, 협상을 통한 평화, 평화의 연장선에서 이루어질 통일의 가능성을 믿지 못하는 분위기도 적지 않다. 냉전은 끝났으나 한반도 주변의 국제적 대립은 여전하다. 그러나 무엇보다 중요한 것은 우여곡절 속에서도 교류와 협력은 이어졌고, 갈수록 확대되고 있다는 사실이다. 남북이 대화와 협력을 통해 문제를 해결하겠다는 뜻을 분명히 한 때문이다.

한국 문제는 해방 정국에서조차 미·소 양자의 의도대로만 되지는 않았다. 가장 중요한 것은 한국인의 의지였고, 한국의 입지가 더 커진 지금은 더욱 그렇다. 남의 일처럼 '그저 다가올 미래'를 예견하는 것이 아니라, '미래는 우리가 만들어가는 것'임을 인식하고 함께 이룰 미래상을 찾기 위해 토론의 장을 열자. 함께 합의하고 실천한다면 우리 손으로 우리 미래를 창조할 수 있는 것이다.

남북 정상 회담(2000)

개성 공단 최초 가동(2004)

북한 핵 실험과 6자 회담(2006)

2000년 6월 13일, 김대중 대통령의 역사적인 평양 방문이 있었다. 이후 이산 가족 상봉, 남북 철도 연결, 식량·비료 지원, 개성 공단 가동, 북한 응원단이 함께한 남한 체육 행사, 올림픽 공동 입장 등이 이어졌다. 그러나 제2차 북핵 문제가 불거지고, 북·미 대립이 북한의 핵 실험으로 이어지면서 남북 관계 개선은 예상보다 더뎌지고 있다. 오른쪽 사진은 남북한과 미국, 일본, 중국, 러시아가 북한 핵 문제 해결을 목표로 6자 회담을 하고 있는 장면이다.

살아있는 한국 근현대사 교과서

1판 1쇄 발행일 2006년 3월 20일
2판 1쇄 발행일 2011년 8월 8일
2판 14쇄 발행일 2025년 3월 17일

지은이 전국역사교사모임

발행인 김학원
발행처 (주)휴머니스트출판그룹
출판등록 제313-2007-000007호(2007년 1월 5일)
주소 (03991) 서울시 마포구 동교로23길 76(연남동)
전화 02-335-4422 **팩스** 02-334-3427
저자·독자 서비스 humanist@humanistbooks.com
홈페이지 www.humanistbooks.com
유튜브 youtube.com/user/humanistma
페이스북 facebook.com/hmcv2001 **인스타그램** @humanist_insta

편집주간 황서현 **편집** 이영란 신영숙 이효진 유은경 정영삼
표지 디자인 유주현 **본문 디자인** 윤현이 이소영 김지혜 정재욱 **일러스트** 조재석 이윤희 조승연
지도 일러스트 Maping **사진** 권태균 **이미지 제공** 신호적(동학농민혁명기념과 수장 : 유물번호 구입 783),
4·19혁명기념도서관, 눈빛 출판사(사진으로 엮은 한국 독립 운동사, 지울 수 없는 이미지), 연합 뉴스,
중앙 일보, 뉴스뱅크 이미지, 박시백 **용지** 화인페이퍼 **인쇄** 삼조인쇄 **제본** 해피문화사

ⓒ 김육훈, 2007

ISBN 978-89-5862-176-8 03900